昆山高新区（玉山镇）村志系列丛书

新乐村志

XINLE CUNZHI

昆山高新区（玉山镇）村志系列丛书编纂委员会 编

苏州大学出版社
Soochow University Press

图书在版编目（CIP）数据

新乐村志 / 朱彩华主编；昆山高新区（玉山镇）村志系列丛书编纂委员会编. -- 苏州：苏州大学出版社，2023.12

（昆山高新区（玉山镇）村志系列丛书）

ISBN 978-7-5672-4664-5

Ⅰ.①新… Ⅱ.①朱… ②昆… Ⅲ.①村史-昆山 Ⅳ.①K295.35

中国国家版本馆CIP数据核字（2023）第239753号

新乐村志

编　　者	昆山高新区(玉山镇)村志系列丛书编纂委员会
主　　编	朱彩华
责任编辑	马德芳
助理编辑	祝文秀
装帧设计	刘　俊
出版发行	苏州大学出版社
地　　址	苏州市十梓街1号
邮　　编	215006
电　　话	0512-67481020
网　　址	http://www.sudapress.com
邮　　箱	sdcbs@suda.edu.cn
印　　刷	苏州市越洋印刷有限公司
开　　本	787 mm×1 092 mm　1/16　插页16　印张29.75(共两册)　字数486千
版　　次	2023年12月第1版
印　　次	2023年12月第1次印刷
书　　号	ISBN 978-7-5672-4664-5
定　　价	120.00元(共两册)

版权所有　侵权必究

昆山市地方文献丛书编纂委员会

顾　　问：沈一平　单　杰
主　　任：朱建忠
副 主 任：吴　莺　苏　晔　程　知
成　　员：徐　琳　杨伟娴　何旭倩　杨　蕾

昆山高新区（玉山镇）村志系列丛书编纂委员会

总 顾 问：孙道寻
主　　任：陈青林
副 主 任：孔维华　沈跃新　范洪春　石建刚
委　　员：董文芳　王志刚　陈晓伟　刘清涛
　　　　　毛伟华　陆轶峰

审定单位

昆山高新技术产业开发区管理委员会
昆山市地方志编纂委员会办公室

昆山高新区（玉山镇）村志系列丛书编纂办公室

主　　任：刘清涛

副 主 任：姚　兰　管　烨　张振华

成　　员：姚　晨　赵赋俊　季建芬

编纂统筹：苏洪根

编　　务：朱小萍　周凤花　金小华

《新乐村志》编纂委员会

主　　任：朱彩华

副 主 任：盛惠华

委　　员：解　健　丁继琴　王　刚　盛小燕　夏　妍

《新乐村志》编纂组

主　　编：朱彩华

副 主 编：盛惠华

特聘总纂：晓　鼎

撰　　稿：张仁华（主笔）　陈炳权　朱根泉

编　　务：李建荣　徐帮富　罗乔林　苏红珍　王　洁
　　　　　李　菊　张培文

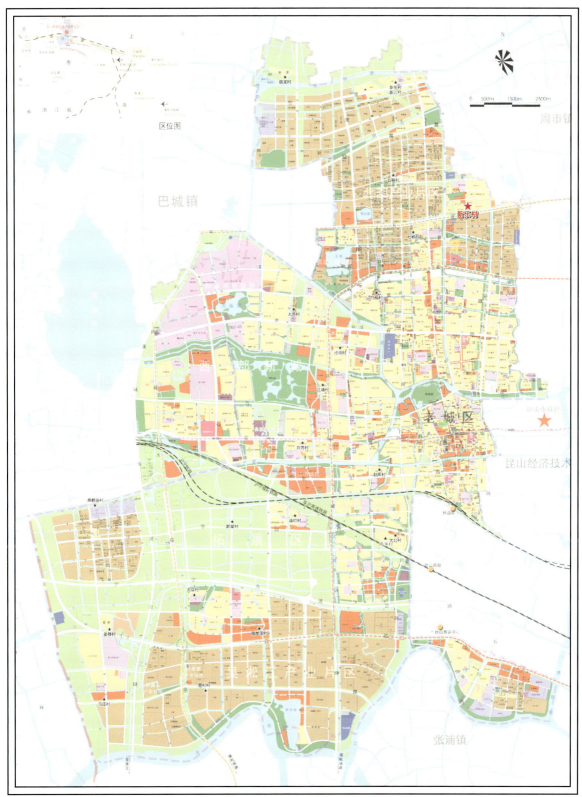

注：①本示意图由昆山高新区规划建设局提供（2020年）
②★表示新乐村在昆山高新区（玉山镇）的位置

昆山高新区（玉山镇）区划示意图

新乐村全景图（2021年，新乐村村民委员会提供）

▲ 新乐村村民委员会、新乐村党群服务中心（2021年，罗英摄）
▼ 新乐村村民委员会成员合影（2020年，罗英摄）
前排左起：夏妍、盛小燕、丁继勤
后排左起：盛惠华、朱彩华、解健、王刚

上 新乐村党群服务中心窗口（2020年，罗英摄）
中 中国共产党昆山市玉山镇新乐村第二支部委员会党员大会（2021年，新乐村村民委员会提供）
下 市镇两级人大代表选举大会（2021年，新乐村村民委员会提供）

上 2021年9月25日，国家乡村振兴局政策法规司司长陈洪波调研新乐村乡村治理及乡村振兴工作（2021年，新乐村村民委员会提供）

下 2021年10月22日，江苏省农业农村厅农村合作经济指导处党支部与新乐村党总支签订"结对共建协议书"（2021年，夏妍摄）

- 2021年3月,全市首家村民诚信积分管理大数据平台上线仪式举办(2021年,新乐村村民委员会提供)
- 2021年11月18日,昆山市有关部门领导参观新乐村智慧社区平台(2021年,新乐村村民委员会提供)

⬆ 曹里浜河（2020年，罗英摄）
⬇ 城北路新开河（2020年，罗英摄）

上　新乐锦园东区文化长廊（2021年，罗英摄）
下　新乐锦园东区文化长廊乐善亭（2021年，罗英摄）

⬆ 新乐锦园西区文化长廊乐廉亭（2021年，罗英摄）
⬇ 新乐锦园西区休闲凉亭（2021年，罗英摄）

健身广场（2021年，罗英摄）

新乐村社区卫生服务站（2021年，罗英摄）

新乐村便民充电桩（2021年，罗英摄）

新乐村喜宴日间照料中心（2021年，罗英摄）

新乐村积分超市（2021年，罗英摄）

新乐村生活配套设施

上 昆山同心表面科技有限公司（2020年，新乐村村民委员会提供）
下 昆山惠乐精密工业有限公司、昆山丘钛生物识别科技有限公司（2020年，新乐村村民委员会提供）

2020年重阳节，新乐村80岁以上老人合影（2020年，罗英摄）

新乐村夕阳红文艺队迎新年文艺演出（1）（2020年，新乐村村民委员会提供）

新乐村夕阳红文艺队合影（2021年，罗英摄）

新乐村夕阳红文艺队迎新年文艺演出（2）（2020年，新乐村村民委员会提供）

新乐村文艺活动

百叶包肉

红烧酱螺丝

红烧油泡

面拖蟹

青团子

粽子

新乐村农家菜、糕点（2020年，罗英摄）

半导体收音机

昆山牌台钟

宝石花手表

昆山粮票

老物件

草篮

拎桶

电力打风机

立桶

老物件

国家级、江苏省级荣誉

江苏省级、苏州市级荣誉

苏州市级荣誉

苏州市级荣誉

昆山市级荣誉

昆山市级荣誉

昆山高新区（玉山镇）级荣誉

上 《新乐村志》志稿撰写专家点评辅导会（2020年，新乐村村民委员会提供）
下 《新乐村志》编务人员合影（2022年，新乐村村民委员会提供）
　　前排左起：苏红珍、王洁、张仁华、张培文、李菊
　　后排左起：夏妍、朱根泉、盛惠华、罗乔林、陈炳权、李建荣

 # 总　序

　　值此全面贯彻落实党的二十大精神的开局之年，欣闻"昆山高新区（玉山镇）村志系列丛书"之《大公村志》《南渔村志》《江浦村志》《广福村志》《新乐村志》《群星村志》《马庄村志》《燕桥浜村志》《新江村志》《新生村志》10部村志即将付梓。编修乡镇村志是落实国家"十四五"规划纲要，助力乡村文化振兴的一项重要内容，任务艰巨、意义重大。

　　2018年，昆山高新区（玉山镇）启动22个建制村的村志编修工作，这既为探索新型城镇化的发展经验、发展模式、发展道路提供历史智慧和现实借鉴，也是响应国家"学党史、学新中国史、学改革开放史、学社会主义发展史"的生动实践。村落是乡土文化赖以生存的土壤，活态地保存着各种村庄形态、传统民居、传统美食和民俗风情。村庄里的一座座祠堂、一本本家谱、一口口古井、一条条古道，无一不是村落文化的印记。那些反映宗族文化的家风家训、乡规乡约，反映村民声音的方言俚语，反映传统生活方式的手工技艺、民俗节庆等，对生活在这块土地上的村民来说，是难以割舍的精神滋养。

　　"昆山高新区（玉山镇）村志系列丛书"脉络清晰、内容丰富，既有理论又有实践，既有历史又有现实，客观再现了村民们在伟大历史进程中的奋进足迹和优异成绩。村志作为省、市、县三级志书的延伸和拓展，其丰富多彩的体裁形式在一定程度上体现了盛世修志工作的灵活性、包容性和多样性。

　　希望"昆山高新区（玉山镇）村志系列丛书"能讲好昆山高新区（玉山镇）乡村振兴的故事，并把故事和智慧传递得更远。希望全区广大干部和村民能够持续聚焦乡村振兴，做这一历史伟业的见证者、记录者和传承者。

在此，谨向在昆山高新区（玉山镇）发展改革进程中洒下汗水、做出重大贡献的先辈们致以崇高的敬意！向辛勤编纂"昆山高新区（玉山镇）村志系列丛书"的编纂人员表示衷心的感谢！

是为序。

中共昆山市委常委
昆山高新区党工委书记

2023 年 12 月

序

盛世修志，继往开来。《新乐村志》是新乐村域有史以来第一部志书，这部志书的编纂，是新乐村发展史上的一大盛事，是一件值得新乐村广大干部群众庆贺的喜事，是一项惠泽后人的文化工程。

《新乐村志》以纪实求真的编写原则，丰富翔实的史料记载，全面、客观反映了新乐村自然、政治、经济、文化和社会等方面的发展情况，集中展示了新乐人艰苦创业、奋发图强、开拓创新、协调发展的精神风貌。《新乐村志》立足当代，融汇古今，集思想性、时代性、科学性、地方性于一体，是一部不可多得、通俗易懂的乡土读本，值得全村父老乡亲和所有关心家乡建设的各界人士一读。以志为证，以志为鉴。通过阅读该志书，我们可以加深对新乐村的了解，从而进一步激发我们联络感情、联结乡情、凝聚亲情、增进友情，共同努力把新乐村建成富强文明、和谐美丽、幸福宜居的经济强村。

《新乐村志》在编纂过程中，得到了昆山市地方志编纂委员会办公室和昆山高新区党工委、管委会的重视、支持及有关专家的悉心指导，凝聚了编纂人员的大量心血。编纂人员广征博采，伏案笔耕，不惜四易纲目，三改志稿，以较短的时间、较高的质量，完成了艰巨的编撰工作，可谓功在当代，利在千秋。值此《新乐村志》出版之际，谨向参加编纂工作的全体人员以及关心、支持志书编纂工作的专家、领导、社会各界人士表示诚挚的谢意。

是为序。

昆山高新区（玉山镇）新乐村
党总支书记、村民委员会主任
2023 年 10 月

 # 凡 例

一、本志以马克思列宁主义、毛泽东思想、邓小平理论、"三个代表"重要思想、科学发展观、习近平新时代中国特色社会主义思想为指导，坚持辩证唯物主义和历史唯物主义的立场、观点和方法，遵循实事求是原则，全面系统记述新乐村的自然、政治、经济、文化和社会等方面的历史和现状。

二、本志纵贯古今，按照详今明古的原则，上限力求追溯事物发端，下限为2020年年底。大事记下限延至2021年年底，志前彩页下限延至2023年年底。

三、本志记述地域范围为2020年新乐村行政区域，历史上村域根据变化如实记载。

四、本志采用章、节、目编纂体例，横排门类，纵述史实。所述内容用述、记、志、图、表、录并用的综合体裁，以志为主。概述叙议结合，大事记采用编年体和纪事本末体结合的方法编写。

五、本志地名、政区及机构记述均用当时名称，必要时加注现名。在文中第一次出现时使用全称并括注简称，其后则用简称。凡未用全称的"省""市""县""公社""乡""高新区"，均分别指江苏省、昆山市、昆山县、城北公社、城北乡、昆山高新技术产业开发区；未用全称的"镇"，以2000年8月为界，此时间之前指城北镇，之后指玉山镇。

六、本志的纪年，1912年以前使用朝代纪年，括注公元纪年；1912年以后使用公元纪年。文中未注明世纪的年代均为20世纪。

七、本志"人物荣誉"一章中收录新乐村各个历史时期、各行业领域的本籍人物，人物简介以生年为序；集体荣誉收录各条线、集体、个人历年来获得的昆山市（县）级及以上荣誉；个人荣誉收录各条线、集体、个人历年来获得

的镇级及以上荣誉。

八、本志所使用的标点、数字等,均按国家颁布的统一规范书写。数据以统计部门发布的为准,统计部门未提供的以相关部门提供的数据为准。计量单位的表述,原则上使用"米""千米""平方米""平方千米""克""千克"等法定计量单位,传统计量单位如"亩""公斤""公里"等保留使用。

九、本志资料来源于档案、图书、报刊和采访等,有关资料经考证后选用,不再指明出处。

目 录

001 / 概述
006 / 大事记

第一章 村情概览

036 / 第一节 建置区划
036 / 一、建置沿革
038 / 二、自然村落
048 / 第二节 自然环境
048 / 一、地貌
048 / 二、土壤
049 / 三、河流
053 / 四、气候
056 / 第三节 自然资源
056 / 一、土地资源
058 / 二、土地管理
058 / 三、动植物资源
060 / 第四节 人口
060 / 一、人口规模
062 / 二、人口结构
064 / 三、人口管理

第二章 党政群团

068 / 第一节 村党组织
068 / 一、组织沿革
070 / 二、党务工作
073 / 第二节 村级组织
073 / 一、新乐行政村
074 / 二、初级农业生产合作社
074 / 三、高级农业生产合作社
074 / 四、大队管理委员会
074 / 五、大队革命委员会
076 / 六、村民委员会
084 / 第三节 民兵组织
084 / 一、组织建设
085 / 二、民兵工作
086 / 第四节 群团组织
086 / 一、共青团
087 / 二、妇女组织
089 / 三、残疾人协会
089 / 四、关心下一代工作委员会

091／　　五、老年人协会

第三章　农　业

094／　第一节　农村经济体制改革
094／　　一、土地改革
095／　　二、农业合作化
097／　　三、人民公社
098／　　四、家庭联产承包责任制
099／　　五、土地规模经营
100／　　六、土地确权登记
101／　第二节　种植业
101／　　一、作物栽培
104／　　二、作物产量
107／　　三、作物品种
108／　　四、肥料种类
111／　　五、作物施肥
112／　　六、田间管理
112／　　七、病虫害防治
115／　　八、农技推广
116／　第三节　多种经营
116／　　一、家畜养殖
118／　　二、家禽养殖
118／　　三、水产养殖
122／　　四、水上运输
124／　第四节　农机农具
124／　　一、耕作机具
125／　　二、收割脱粒机具
128／　　三、积肥施肥机具
128／　　四、播种机具

128／　　五、灌溉机具
129／　　六、运输机具
130／　　七、粮食饲料加工机具
131／　第五节　农田水利
131／　　一、农田整治
132／　　二、治涝治渍
134／　　三、防汛排涝

第四章　村域经济

138／　第一节　企业
138／　　一、村办企业
139／　　二、民营企业
141／　　三、驻村企业
143／　第二节　商业
143／　　一、代购代销店
145／　　二、个体商店
147／　　三、商业街
150／　　四、资产租赁

第五章　村庄建设

152／　第一节　住房建设
152／　　一、农房翻建
153／　　二、动迁安置
153／　　三、新乐锦园
154／　第二节　基础设施
154／　　一、道路
160／　　二、桥梁
163／　　三、邮政电信

163 / 四、供电、供气、供水
165 / 五、公共交通
166 / 第三节　环境整治
166 / 一、卫生整治
168 / 二、村庄保洁
169 / 三、专项整治
170 / 四、环境绿化

第六章　文明乡风

172 / 第一节　思想道德建设
172 / 一、阵地建设
173 / 二、宣传教育
176 / 第二节　文明创建
177 / 一、文明新风户
178 / 二、文明和谐家庭
179 / 三、文明村

第七章　文教体卫

182 / 第一节　文化娱乐
182 / 一、文化设施
185 / 二、广播电视
186 / 三、群众文艺
193 / 第二节　教育
193 / 一、私塾
193 / 二、幼儿教育
193 / 三、小学教育
194 / 四、扫盲教育
195 / 五、驻村学校

197 / 六、新乐奖学金
198 / 第三节　群众体育
198 / 一、场地设施
200 / 二、体育活动
201 / 第四节　卫生健康
201 / 一、医疗卫生
203 / 二、血吸虫病防治
205 / 三、健康服务
206 / 四、疫病防治

第八章　民生保障

208 / 第一节　居民生活
208 / 一、住房
209 / 二、收入
212 / 三、消费
214 / 第二节　社会保障
214 / 一、养老保险
215 / 二、医疗保险
217 / 三、最低生活保障
218 / 四、社会救济补助
218 / 五、失地补偿

第九章　村落文化

222 / 第一节　地名文化
222 / 一、地名来历
226 / 二、消失地名
226 / 三、地名故事
228 / 第二节　儿时游戏

第十章　习俗方言

236 / 第一节　岁时习俗
236 / 一、春节
236 / 二、元宵节
237 / 三、清明节
237 / 四、立夏
237 / 五、端午节
238 / 六、七巧节
238 / 七、中元节
238 / 八、中秋节
238 / 九、重阳节
239 / 十、送灶君
239 / 十一、除夕
240 / 第二节　村民习俗
240 / 一、生活习俗
241 / 二、婚嫁习俗
243 / 三、殡葬习俗
244 / 第三节　方言、谚语、
　　　　　　歇后语
244 / 一、方言
250 / 二、谚语
253 / 三、歇后语

第十一章　人物荣誉

258 / 第一节　人物简介
261 / 第二节　人物名录
261 / 一、退伍军人名录
264 / 二、大学本科及以上毕业生
　　　　　　名录
266 / 三、教师名录
268 / 四、医务人员名录
269 / 五、各类工匠名录
270 / 六、在外副科级以上人员名录
271 / 七、在外副高职称以上人员
　　　　　　名录
271 / 八、下乡知青名录
273 / 九、城镇居民安家落户名录
274 / 第三节　荣誉
274 / 一、集体荣誉
278 / 二、个人荣誉

第十二章　新乐印记

284 / 第一节　人物风采
284 / 一、致富能手朱粉小
284 / 二、助人为乐陆建刚
285 / 三、一片爱心朱文琴
285 / 四、尊老敬老王荣根
286 / 第二节　新乐首事
286 / 一、第一个生产互助组
287 / 二、第一个农业生产合作社
287 / 三、第一个"万元户"
288 / 四、第一个种田大户
289 / 五、秋粮入库"三连冠"

290 / 附录
304 / 编后记

 概 述

新乐村位于昆山高新区（玉山镇）东北部，距昆山市城区6千米，东与周市镇永共村毗邻，南倚仁皇溇与新北社区隔河相望，北与周市镇兰泾村接壤，西傍昆北公路与五联村相隔。村域内主干道三纵四横，城北中路等公路穿村而过。村域东西最长1 880米，南北最长1 560米，总面积2.93平方千米。2020年，全村村民321户，总人口1 379人，有10个村民小组。新乐村1978年以来获"江苏省文明村""江苏省卫生村""江苏省生态村""江苏省民主法治示范村"等省市级荣誉48项。

一

新乐村历史悠久。《吴地记后集》记载，南宋嘉定十年（1217），属昆山县积善都；淳祐十一年（1251），属昆山县积善乡第二保；民国元年（1912），分属昆山县周墅乡、陆家桥乡。中华人民共和国成立初期，村域被划归巴城区金鸡乡。1950年1月，组建新乐行政村，属周墅区毛竖乡。1954年，属巴城区毛竖乡。1956年，属城北乡。1958年10月，组建新乐生产大队，属马鞍山人民公社。1959年6月，属城北人民公社。1983年6月，政社分设，设新乐村村民委员会，属城北乡。1990年，撤乡建镇，属城北镇。2000年8月，玉山、城北二镇合并设玉山镇，属玉山镇。2001年，新乐村纳入昆山高新技术产业开发区（昆山高科技工业园）规划建设。至2020年，隶属不变。

中华人民共和国成立后，新乐村隶属情况多次更迭，组织顺时而变，体制变革创新，面貌日新月异。在50年代的"闯试"年代，新乐人敢于"吃螃蟹"，于1951年3月，组建昆山县周墅区第一个农民伴工组；6月，组建昆山县第一

个常年性生产互助组——陈永福生产互助组。1953年，成功试办全县第一个初级农业生产合作社——新乐农业生产合作社。在60—70年代的"造田"年代，新乐人大搞水利建设和农田整治，在开挖丰产河、修筑灰土灌渠田间地下渠道、降渍害、平整方格化农田等方面成绩显著。在80—90年代的"造厂"年代，新乐人在发展农副业的同时，大力发展村办企业。1972—1990年，新乐村先后开办8家村办企业，1990年工业产值244.3万元，甩掉了工业生产落后的帽子。进入21世纪的"造城"年代，新乐人以昆山高科技工业园规划建设为契机，大力优化投资环境，引进驻村外资、台资企业，发展私营企业。同时，加快自然村落动迁和新乐锦园集居区建设，城市型新农村建设面貌焕然一新。至2020年，一个充满时代气息，展现城乡一体化、现代化新貌的农民集中居住区——新乐锦园全面建成。

二

新乐村地处太湖流域，属北亚热带南部季风气候区，土地肥沃，气候宜人，四季分明，日照充足，雨量充沛，适宜农业生产。60—70年代，主要种植水稻、三麦、油菜，为单一的农业经济。党的十一届三中全会后，突破了单一的农业经济结构，走农、副、工、商业全面发展的道路。农业稳步发展，产量逐年提高；家庭副业、集体经济并进，形成"一村一品"；村办企业蓬勃发展，取得明显经济效益。

中华人民共和国成立前，受封建制度束缚，加上洪涝灾害，粮食产量低、村民收成差。中华人民共和国成立后，废除了封建土地私有制，开展土地改革和农业合作化运动，调动了农民生产积极性。60年代初，兴修水利，治渍害，农业生产跃上新台阶。1969年，水稻亩产349.6千克，三麦亩产92.9千克，油菜籽亩产83.5千克，分别比1949年增长56.3%、46.1%、76.1%。60—70年代，新乐村开展大规模农田整治和水利基本建设，整治农田3 000亩。先后建造机电排灌站6座，建造水闸6座；达到农田方整化、圩区河网化、灌排机电化。80年代初，实行家庭联产承包责任制，进一步调动农民的生产积极性。80年代中期，调整农业产业结构，农业生产健康发展。1992年，实施农田规模经营，推进农业现代化、粮食商品化、管理专业化、生产集约化。1998年8月，第二轮农民土地承包确权,进一步稳定家庭联产承包责任制。1999年,水稻亩产527.5千克,三麦亩产250千克。

中华人民共和国成立前,新乐村工业为空白。70—80年代,大队先后开办粮食加工厂、电镀厂、砖瓦厂、特种灯泡厂、电子元件厂、拆旧厂等集体企业。2001年,新乐村域纳入昆山高科技工业园规划建设,村域内入驻外资、台资和民营企业17家。其间,在地方政府鼓励支持下,民营经济也得到了发展。2020年,村域内有上海人民企业集团昆山电器制造有限公司、恒瑞精密金属材料有限公司等私营企业20多家,年产值2.5亿元,村级经济收入1 722.12万元。改革开放后,个体经济迅速发展,全村开办各类商店,有个体经营户35户。2005年,村域内建成紫竹路段商业一条街,各类经营商铺62家。2020年,商业零售额1 500万元。

新乐村在工业、农业生产齐驾并进的同时,副业生产得到全面发展。70年代,发展集体养禽,年饲养种鹅1 800羽、蛋鹅1 200羽。80—90年代,村民家庭年饲养种鹅1 000羽、菜鹅1万羽,饲养珍珠鸡3 000羽。家庭养禽成为新乐村副业一大特色,成为新乐村"一品",成为村民增收致富的重要途径之一。

三

随着农、副、工、商业的全面发展,新乐村城乡一体化建设不断加快。中华人民共和国成立前,村民住房十分简陋,80%以上住的是泥墙柴扉、低矮破漏的草房。60年代后期,多数住房做了扩建。70年代,草房翻建平瓦房。80年代,平瓦房翻建楼房。1992年,全村有132户建楼房,总计774间,总面积2.56万平方米。1999年,全村319户村民,户均住房面积142.63平方米,人均居住面积40.3平方米。2000—2006年,全村6个自然村整体动迁,村民集中居住,统一建造别墅321幢,户均居住面积280.8平方米,人均居住面积78.17平方米。

中华人民共和国成立后,新乐村的邮电广播事业发展迅速。1956年,接通有线广播。1968年,大队安装手摇电话。1970年,开通邮路,邮件通过邮局送到大队。1986年,电话开始进入农户家,90年代末新乐村成为"电话村"。1998年,开通有线电视。2000年以后,新乐锦园内电信网络统一布置、安装,

家家用上数字电视、移动通信网络，村民生活进入了信息化时代。同时快递行业迅猛发展，邮件寄取更快捷、更便利。

70—80年代，村域内实施了道路改造建设，全村机耕路贯通，总长6 300米。90年代，村域内主干道全部硬化，修筑成砂石路，或修筑成水泥路。2000年，铺设砂石路6条，总长度7 850米。2000—2012年，村域内修筑有紫竹路、城北中路、勤昆路、融汇路等6条主干道。新乐锦园居民居住区实施高压电力线、低压电力线和通信电线"三线"入地，"三线"入地总长度63千米。居住区内道路平坦、宽敞，路面整洁，路灯亮化，绿树成荫，环境优美。同时，随着功能齐全、设施完备的商业中心街的建成，一个现代化格局的新兴社区基本形成。

四

新乐村的教育事业起步较早，民国时期村域内曾开办私塾。中华人民共和国成立后，党和政府重视教育事业，村域内先后开办农民夜校、耕读小学，同时开展以冬学为主的扫盲教学运动。随后，政府又增加教育投资，修建和扩建校舍，改善办学条件。1951年，创办新丰、新乐2所初级小学。1971年，开办新乐初级小学；1976年，开办"戴帽子"初级中学，后于1978年并入城北中心校。1980年，全村基本扫除文盲，达"无盲大队"标准，普及学前教育和九年制义务教育，入学率达100%。至2020年，全村有大学本科及以上学历73名，村域内建有昆山高新区紫竹小学、昆山高新区紫竹幼儿园，教学设施一流，改善了教育环境和办学条件，小学先后被评为"江苏省健康促进学校""江苏省少年军校工作先进单位"，幼儿园获评"江苏省优质幼儿园"等。

中华人民共和国成立前，村民缺医少药并深受血吸虫病流行之害。中华人民共和国成立后，农村医疗卫生事业有了发展。1965年，建成大队保健卫生室；1969年2月，实行合作医疗制度，建立合作医疗卫生室，培养"赤脚医生"，加强疾病防治工作；1987年，新乐村消灭了血吸虫病。1992年，村民享受农村医疗保险和大病医疗保险。2011年，建成玉山镇预防保健所新乐站，药房分设中成药和西药两个大类，备药150多种，实现村民"小病不出村，保健在家门"。2017年，实施村民普惠医疗保险，老年人、育龄妇女每年一次免费体检，村民健康水平普遍提高。

中华人民共和国成立前，新乐村域内除庙会外并无其他群众文化活动。中华人民共和国成立后，群众文化活动逐步丰富多彩。60—70年代，成立文艺宣传队。80—90年代，电影下乡，露天放映电影。1995年6月，新乐村成立昆山第一个村级门球队。村夕阳红文艺演出队多次参加区镇比赛并多次获奖。进入21世纪，有线电视进入村民家庭，群众文化生活得到丰富。2020年，新乐村投入750万元建成村民文化活动中心，图书室、棋牌室、老年活动室、健身房、影视厅等文化体育设施和休闲健身广场齐全，设施一流，群众业余文化体育生活多姿多彩，村民精神生活丰富健康。

随着农村经济的不断发展，村民生活水平也不断提高。1958年，人均收入38元。1978年，人均收入166元。1979—1989年，调整农业产业结构后，有半数以上的劳动力转移到社队办企业务工或从事"七种、八样、九行当"搞副业和多种经营，人均收入增加到1 166元，10余年增加了1 000元。2000年，增至5 623元。2002年，成立富民合作社。2004年，实施"三有工程"（家家有物业、个个有技能、人人有工作）推进富民强村，发展"三大合作"（富民合作社、土地股份合作社、社区股份合作社）经济组织，村民收入多元化。2006年，村民人均收入11 372元。是年，全村整体动迁入住新乐锦园，家家造别墅，户户有余房，村民余房用于出租。2020年，人均收入增至63 654元。是年，村民房屋租金收入3 805万元，房东经济成为新乐村民一笔可观收入。全村村民社会养老保险、医疗保险、最低生活保障等一系列政策措施得到全面落实。

随着村民生活水平提高和改善，耐用消费品也逐步普及，村民出行交通工具也从自行车改为摩托车、电瓶车，其后升级为家用小汽车。2020年，全村村民家庭有汽车334辆、电脑217台、手机991部、空调3 982台、彩电642台、冰箱385台、洗衣机462台，微波炉、电饭锅、电磁炉等也进入家庭厨房。

回首往昔，沧桑巨变。中华人民共和国成立以来，新乐村村级经济、社会事业发展和社区建设、村民生活水平提升等均取得显著成效。展望未来，信心倍增。站在新的历史起点上，新乐人将凝心铸魂，继续迈开坚实步伐，走中国式现代化道路，为实现中华民族伟大复兴的中国梦，续写新篇章，再创新辉煌。

大事记

宋朝—清朝

宋嘉定十年（1217）

是年，《吴地记后集》载，昆山有14都：朱塘、积善、全吴、沨水、永安、武元、安亭、临江、湖川、春申、惠安、醋塘、新安、王乐。村域属积善都。

宋淳祐十一年（1251）

是年，淳祐《玉峰志》载，昆山设9乡24保：积善乡、朱塘乡、全吴乡、沨川乡、武元乡、永安乡、湖川乡、新安乡、惠安乡。村域属积善乡第二保。

明正统六年（1441）

是年，昆山开浚皇仓泾。皇仓泾原称黄昌泾，南接北环城河（今张家港段），北通新塘河，全长7.3千米，流经村域段长2千米。

明弘治十一年（1498）

十月，提督水利工部郎中傅潮疏浚皇仓泾。

明嘉靖四年（1525）

是年，提督水利佥事蔡乾疏浚皇仓泾。

明嘉靖十七年（1538）

是年，嘉靖《昆山县志》载，昆山设7乡14保，积善乡在县西北，辖第一、第二保。村域属积善乡第二保。

清雍正二年（1724）

是年，昆山县分置新阳县，同城分治，新阳县设7乡18保。村域属积善乡第二保。

清道光六年（1826）

是年，昆山、新阳两县设9区23图。村域属新阳县积善乡第二保。

清光绪六年（1880）

是年，昆山、新阳两县设7乡14保，积善乡属第一、第二保。村域属积善乡第二保。

清宣统二年（1910）

是年，新阳县设1市17乡。村域属新阳县积善乡第二保。

中华民国

1912年

是年，新阳县并入昆山县，划1市17乡。村域属周墅乡、陆家桥乡。

1925年

是年，昆山设9区23图。村域宙区17、19图，荒区44图属周墅乡；洪区18、43图属陆家桥乡。

1929年

是年，昆山划为10个区237个乡41个镇。陆家桥乡、周墅乡合为第十区，村域属第十区。

1930年

是年年末，上海房姓业主在牛长泾自然村置地约150亩办公司，俗称房家公司。公司种植一熟水稻，雇长工4—5名、短工50—60人。公司于1949年前夕歇业。

1934年

是年，昆山划为8个区65个乡镇。村域属第一区汉坡乡。

1936年

是年，江都县郭村镇于启龙借曹里浜自然村陆志明家办私塾。1938年停办。抗战胜利后复办，有学生20多名。

1941年

4月初，多名日军闯进曹里浜自然村陆志明家，绑架鲍志富（日军疑其为中共地下党），之后鲍志富生死不明。

7月，日伪始行"清乡"，将至和塘以北16个乡镇单独划分为4区23乡。村域属第三区汉坡乡。

是月，多名日军烧毁小村自然村盛小兵家房屋1间，价值5.6石大米。

1942年

2月，昆山划为9区63乡（镇）。村域属第二区晚香乡。

12月，昆山划为11区72乡镇。村域属第二区晚香乡（周墅镇）。

1945年

是年，昆山复建8区64乡（镇）。村域属第八区晚香乡。

1947年

2月，昆山划为3个区，1个示范镇，1个实验乡，6个直属乡（镇）。村域属巴城区汉坡乡。

12月，昆山划为1个区，26个乡，1个镇。村域属金鸡乡。

1949年

5月13日，昆山解放，是日全境获得解放。

6月，昆山县人民政府建立6区27乡。村域属巴城区金鸡乡。

7月中旬至8月初，村域遭受两次台风暴雨，水位上涨至3.65米，村域农田受淹，低田水稻被淹，高田村民划船割稻穗。

中华人民共和国

1950年

1月，昆山划为94个乡（小乡），7个区属镇。设新乐村，村域属周墅区毛竖乡。

2—4月，修复、加固汉浦塘、皇仓泾圩岸，圩岸高3.9—3.98米，圩岸顶宽0.6—1米。

5月10日，昆山县建设科在皇仓泾东岸建造东横泾防洪闸。12日，在汉浦塘西岸建造牛长泾防洪闸，两闸为双槽插板式块石叠砌形水闸，用去人工450工。

8月，新乐村根据上级土地改革工作要求，划分阶级成分。村有地主5户、富农9户、富裕中农5户、中农6户、下中农12户、贫农38户、雇农5户。

10月，新乐村开展土地改革，组建农民协会。孙伯锦任村农会主任，卞正坤任村长。

1951年

2月，新乐村分南、北两片办学。南片在曹里浜自然村社堂庙内办新丰小学，北片在大村自然村卞正坤家办新乐小学。

3月，在周墅区委指导下，村民陈永福组建伴工组，属周墅区毛竖乡第一个农民伴工组。

是月，村民闵福安入伍，加入中国人民志愿军，赴朝参战。

4月，新乐村颁发土地证，全村80户村民分得土地942.06亩。

6月，新乐村组建昆山县第一个常年性生产互助组，名为陈永福生产互助组。

是月，昆山县调整区划，新乐村属周墅区城北乡、毛竖乡。

是月，村民严万松入伍，加入中国人民志愿军，赴朝参战。

10月，新乐村有农户80户，总人口280人，其中男145人、女135人。有水田638.31亩，水旱田655.73亩，旱田17.6亩。

1952年

2月，陈永福生产互助组被评为苏南地区模范互助组，陈永福被评为苏南地区劳动模范，出席苏南地区劳动模范代表大会。

是月，昆山县政府奖励陈永福生产互助组步犁1张、龙骨水车1部。

春，陈永福生产互助组水稻播种推行合式秧田，采用陈永康"落谷稀匀"育秧法育苗。是年，水稻亩产240公斤。

1953年

3月，以陈永福生产互助组为核心，组建昆山县第一个初级农业生产合作社——新乐初级农业生产合作社（以下简称"新乐初级社"），入社农户25户，入社土地419亩。

12月，孙伯锦任新乐初级社社长，陈永福任副社长，金伯生任会计。

是月，新乐初级社和全县27个互助组发出应战书，接受松江陈永康生产互助组发出的爱国增产挑战。

是月，新乐初级社向全县互助组发起挑战，开展爱国增产竞赛活动。

是年，新乐初级社使用脚踏滚筒式脱粒机。

1954 年

2月17—26日，新乐初级社在昆山县委举办的合作社干部训练班上做办社经验介绍。

8月，阴雨数月，村域水位4.03米。全村组织136人，调用14部人力水车，日夜排涝，半月有余，抢出水稻450亩。

9月，昆山县划为8个区，1个直属镇，102个乡，8个区属镇。村域属巴城区毛竖乡。

1955 年

6月，村域内改一熟制生产为两熟制生产，水稻种植品种由粳稻替代籼稻。

8月，新乐初级社实行"三定一奖"制，即定产、定购、定销，超产奖励到户，为全县粮食生产试点村。

是年，村域曹里浜南700亩农田并入同心圩。

1956 年

3月，昆山县划为5个区，1个县属镇，36个乡，3个区属镇，新乐村属环城区城北乡。

是月，新乐初级社转办为高级农业生产合作社（以下简称"高级社"）。合作社组织农业生产，实行包工、包产、包成本，超产奖励制度（以下简称"三包一奖"制）。

是月，金伯生任新乐高级社社长兼党支部书记。

春，在城北乡组织带领下，全村掀起群众性查灭钉螺高潮。

12月，昆山撤区并乡，全县划为5个县属镇、17个乡。新乐村属城北乡。

冬，农户耕牛折价入社归集体所有，实行耕牛饲养定人、定膘、定饲料、定任务、定报酬，超膘奖励的"五定一奖"制。

1957 年

6月20日至7月9日，连降暴雨，雨量266.8毫米，村域严重受涝。牛长泾自然村和曹里浜自然村近100亩水稻受淹，减产三成左右。

1958 年

1月，龚存周医师带领上海医疗队到村指导，开展血吸虫病防治工作。

5月，新乐高级社发动村民积"螺蛳高效肥"，组织5条农船耥螺蛳，将螺蛳磨烂与柴灰、烂草拌和做水稻基肥。

6月，新乐村500余名血吸虫病患者边劳动边接受治疗。

8月，新乐高级社组织村民开挖跃进河。

10月，昆山县玉山、城南、城北3个乡镇合并，设马鞍山人民公社（以下简称"马鞍山公社"）。撤新乐高级社，设新乐生产大队（以下简称"新乐大队"），属马鞍山公社，下辖9个生产队，有耕地3 031亩，社员186户，总人口536人。

是月，金伯生任中共新乐大队支部委员会书记。

11月，新乐大队按半军事化方式组织生产。生活实行供给制，大队办有6个公共食堂。

1959年

6月，撤马鞍山公社，建城北人民公社（以下简称"城北公社"）。新乐大队属城北公社，有15个生产队。

7月，新乐大队丁锡兴、罗玉堂、朱阿毛受城北公社委派，去苏北阜宁县江南大队传授水稻移栽技术。

是年，新乐大队组织劳动力参加皇仓泾束水段拓浚工程，昆山县政府投入17.53万元。该段长6.11千米，宽35米，底宽15米，堤顶高5米，岸坡比1：2，修筑石块护坡1.3千米。挖废耕地370亩，拆迁民房95间，动迁居民142人，挖土方37.15万立方米。疏浚后受益农田4.2万亩。

1960年

6月9—12日，日降雨量122.2毫米，新乐大队水稻大面积受淹，造成减产，有的田块颗粒无收。

7月，新乐大队实行"五定一奖"制发展集体养猪。"五定"即定产量、定饲料、定报酬、定防疫、定配种。

是年，新乐电力排灌站建成，装机容量38千瓦，灌溉面积947亩。

1961年

3月，昆山县委整顿农村公共食堂，新乐大队公共食堂解散。

4月，新乐大队50多名社员患浮肿病，大队卫生保健站在城北公社卫生院协助下组织治疗，患者全部被治愈。

5月，新乐大队社员人均分得自留田0.12亩。

6月，新乐大队试种水稻中熟晚粳品种"农垦58号"（又称"世界稻"）。

8月，新乐大队退回农民自留田。按耕田面积5%的标准，全大队共划分给社员自留田105亩。

10月，新乐大队组织社员在新开河两岸垦种杂边地，播种小麦20余亩。

1962年

1月，金伯生任中共新乐大队支部委员会书记。

3月，马三孝任新乐大队管委会大队长。

4月，新乐大队安置来自无锡、昆山的2户下放户，计15人。

是月，新乐大队使用五氯酚钠灭杀钉螺，做到不留一处空白。

5月，华东局工作组蹲点调查新乐大队。时有农户232户，总人口720人，耕地3 031亩，劳动力360个，人均耕地5亩，劳均耕地10亩。

8月，华东局农办、苏州地委农林局、昆山县委办公室组成调查组，蹲点调查新乐大队在度过三年困难时期，恢复农业生产、解决农民吃粮问题的情况。

12月，新乐大队传达贯彻中共中央《农村人民公社工作条例（修正草案）》（简称《农业六十条》），恢复农业"三包一奖"制。

1963年

5月7日，金伯生当选城北公社第三次党代会代表。

5月8日，新乐大队域内遭受冰雹灾害，全大队小麦、油菜受损面积达50%左右。

9月，第5生产队张继成考取北京工业学院（今北京理工大学），成为新乐大队第一个大学生。

是月，新乐大队安置来自无锡、上海的7户下放户，计21人。

是月，吴福康等9名苏州、昆山知识青年落户新乐大队。

1964年

3月，新乐大队9个生产队调整为17个生产队。

8月，新乐大队开展第二次全国人口普查工作，有农户259户1 294人，其中男643人、女651人。

10月，新乐大队有1名苏州知识青年落户，安排在第1生产队。

1965年

2月，新乐大队组成30人的查钉螺小组，开展历时10天的查螺行动，做到不漏查一寸土地。

春，新乐大队建造统一电力排灌站，装机容量为38千瓦，灌溉面积753亩。

7月，新乐大队开展以"四清"（清政治、清经济、清组织、清思想）为主要内容的社会主义教育运动，翌年4月结束。

9月至翌年7月，社员沈立根参加昆山县卫生局举办的乡村医生培训班。

是年，新乐大队安置苏州王玉田等下放户2户，计12人。

1966年

1月，张根生任中共新乐大队支部委员会书记，夏湖海任新乐大队会计。

2月，新乐大队17个生产队调整为11个生产队。

5月，第8生产队宋忙扣家遭雷击草房着火。

8月，开展"破四旧"运动，即破除旧思想、旧文化、旧风俗、旧习惯，草里大王庙遭损毁。

9月，新乐大队安置4名苏州知识青年插队落户。

10月，新乐大队在统一排灌站北侧建造粮食饲料加工厂。

1967年

1月，新乐大队成立革命生产领导小组。

7月，受"文化大革命"影响，第4生产队370亩水稻失去管理，经城北公社与周市公社协调，由周市永共大队社员帮助耘稻、耥稻，计人工300余工。是年，水稻亩产108公斤。

10月，新乐大队有1名昆山知识青年插队落户，安排在第3生产队。

1968年

1月，夏湖海任中共新乐大队支部委员会书记，朱尔民任新乐大队管委会大队长。

10月，新乐大队有14名苏州知识青年、2名昆山知识青年插队落户。

12月，孙伯锦任新乐大队管委会大队长。

1969年

2月，新乐大队成立革命委员会。张根生任革命委员会副主任。

4月，新乐大队有2名苏州知识青年、1名昆山知识青年插队落户。

12月，第6生产队社员周银寿遗体火化，成为新乐大队火葬第一人。土葬改为火葬渐成风气。

是年，新乐大队保健卫生室改为合作医疗卫生室。

1970年

4月，新乐大队在第11生产队统一电力排灌站西侧，扩建粮食饲料加工厂。

8月，修筑昆山至石牌的公路（以下简称"昆北公路"）。昆北公路新乐大队境内段长2千米，按4级标准设计，路基宽9米、面宽5米，系泥结碎石公路。

是月，新乐大队设立代购代销店（以下简称"双代店"），方便社员购置日常生活用品和小件生产资料。

是年，新乐大队有农户294户，总人口1 230人，其中男619人、女611人。

1971年

1月，盛火林任中共新乐大队支部委员会副书记，夏湖海任新乐大队革命委员会副主任。

2月，新乐大队开办新乐初级小学，设置3—5年级课程，有校舍10间，学生30名，教职员工5名。

4月，按照上级要求，新乐大队组织开展"一打三反"运动，即打击反革命破坏活动，反对贪污盗窃、反对投机倒把、反对铺张浪费。

6月，新乐大队开展"备战、备荒""深挖洞，广积粮"运动。每个生产队在公场建稻草编织土圆囤1—2只，全大队共建35只土圆囤储存稻谷。

7月，昆北公路昆山县城至陆桥公社段建成通车，新乐大队曹里浜自然村设农村公共汽车招呼站。

是月，新乐大队水面放养"三水一绿"270多亩，"三水一绿"即水花生、水葫芦、水浮莲、绿萍，为生产队农田增加绿肥。

是年，新乐东电力排灌站建成，装机容量27千瓦，灌溉面积719亩。

1972 年

2 月，新乐大队组织整治农田，回填潭、塘，还田 202 亩，改造荒田 40 余亩。

3 月，新乐大队购买第一台 28 型东方红拖拉机，由大队统一调度给各生产队使用。杨德美和罗银林为拖拉机手。

5 月，第 4 生产队购置大队第一台东风 12 型手扶拖拉机。

是月，新乐大队废除"大寨式"评工记分，实行定额记工。

是月，新乐大队划分社员自留地，人均 0.15 亩，其中水田 0.1 亩、旱地 0.05 亩。

6 月，新乐大队开办城北新乐电镀厂。1996 年 7 月关闭。

是月，连续降雨，造成收割后的三麦、油菜籽发芽，新乐大队各生产队将三麦、油菜籽分派到社员家庭单独保管，社员抢抓雨隙翻晒，减少损失。

11 月 26 日，新乐大队挑选 75 名社员组建新乐民工连，参加常熟白茆塘拓浚工程，翌年 1 月 2 日竣工。新乐民工连获城北公社表扬。

是月，新乐大队组织 120 多人，开挖群力河百余米，南自荒田溇，北接洋河洋；开挖生产河道 800 米，提升曹里浜、东横泾、小村 3 个自然村的排水能力。

12 月 26 日，新乐大队曹里浜中段长 1.8 千米的水利血防工程动工，翌年 1 月 12 日完工。用工 2.9 万工，挖土方 7 万立方米。迁移民房 33 户、集体用房 2 处，国家补助拆迁费 6 582.26 元。

1973 年

是月，新乐大队第 6 生产队赵根宝应征入伍，于 1976 年荣立三等功。

春，新乐大队建造新乐北机力排灌站，配置 25 马力（1 马力约合 735 瓦）柴油机，灌溉面积 500 亩。

11 月，新乐大队组织 700 余名劳力开挖生产河道 2 000 米，为第 3、9、13 生产队农田改善水利环境。

是年，新乐大队种植双季稻 1 414 亩，占总面积的 55% 以上。

1974 年

1 月，杜文明任中共新乐大队支部委员会书记。

春，新乐大队建造新乐南机力排灌站，安装 50 马力柴油机 1 台，灌溉面积

375亩。于1983年改建为电力排灌站。

10月，新乐大队有2名苏州知识青年插队落户。

1975年

2月，新乐大队设置知青点，昆山县粮食系统60名知识青年插队新乐大队。

春，新乐大队建造群力排涝站，装有100马力柴油机1台。1993年改为电力排涝，排涝面积3 541亩。

6月24日至7月4日，降雨374.5毫米，新乐大队境内水位达3.42米，水稻被淹，造成减产。

9月，新乐大队组织拓浚群力河，长2 100米，宽20米。

11月，新乐大队6个自然村开挖6条排涝河道，长2 000米，提升农田引排水能力。

12月，新乐大队11个生产队全部接通照明用电。

1976年

1月，国务院总理周恩来逝世。新乐大队组织干部群众进行悼念活动。

是月，盛火林任新乐大队革命委员会副主任。

9月，毛泽东主席逝世。新乐大队组织干部群众收听北京追悼大会实况广播。

是月，新乐大队开办"戴帽子"初级中学，设有初一、初二班级，有学生45名、教师3名。于1978年停办，后并入城北中心校。

10月，新乐大队在群力排涝站，安装昆山县抗旱排涝队研制的昆山第一台水泵传动齿轮箱。

1977年

12月1日，新乐大队组织300余名劳动力参加昆山县西娄江拓浚工程。

1978年

1月，新乐大队组织300名劳动力，参加昆山县东娄江拓浚工程，被娄江工程指挥部城北营授予"1978年决战娄江高速优质工程"称号。

3月，城北公社组织血防员用时9天，复查新乐大队原有钉螺地段，未发现活钉螺。

10月28日，新乐大队从南京引进种鹅300羽。

是年，新乐大队第2生产队社员王永家中购置1台银河牌14英寸黑白电视机，是村域内第一个购买电视机的家庭。

1979年

1月，盛火林任中共新乐大队支部委员会书记，杜文明任副书记。

春，新乐大队组织300名劳动力，参加城北公社团结河与风雷河开挖工程。

春，新乐大队贯彻中共中央《关于地主、富农分子摘帽问题和地、富子女成分问题的决定》，全大队摘帽14人，重新定成分10人。

7月，苏洪根任中共新乐大队支部委员会副书记，夏长静任新乐大队会计。

8月，新乐插队知识青年和安家落户人员按照政策，分批返城，未返城的人员统一就地安排工作。

9月，新乐大队为"文化大革命"造成的冤假错案和蒙冤人员，纠错平反。

10月，新乐大队第4、12生产队购买2台罗马尼亚产20英寸黑白电视机。

1980年

1月，新乐大队11个生产队调整为15个生产队。

7月，新乐大队在第3生产队组织双季后作稻莳秧比赛，15个生产队各派1名莳秧能手参赛，第15生产队沈正中获得第一名。

8月6日，新乐大队从苏州引进"苏秋"种鸭420羽。

12月，新乐大队组织群众学习中共中央发表的《关于控制我国人口增长问题致全体共产党员、共青团员的公开信》和《中华人民共和国婚姻法》，提倡晚婚及"一对夫妇只生育一个孩子"。有31对夫妇领取独生子女证。

是年，新乐大队有农户334户，总人口1 305人，其中男662人、女643人。

1981年

1月30日，新乐大队在曹里浜、群力河两岸种植水杉2 300棵。

3月，新乐大队开办新乐窑厂，1988年12月关闭。

11月，新乐大队试行小麦套播种植，在水稻收割前，将麦种播在稻田中，每个生产队种植10—15亩，简称免耕麦。

12月30日，新乐队办企业城北新乐电镀厂为全大队319户农户发放铜制汤婆子、铜脚炉、铜勺子、铜铲刀等生活用品。

1982 年

春,新乐大队第 2 生产队 1 户、第 12 生产队 2 户社员翻建楼房,房屋造型简称为"二上三下""二上三下一厢房"。

4 月,新乐大队实行家庭联产承包责任制。全大队耕地 2 448.81 亩,总人口 1 305 人,劳动力 724.5 个,劳均责任田 2.5 亩,人均口粮田 0.49 亩。

5 月,新乐大队 319 户农户全部安装舌簧喇叭。

是年,新乐大队第 11 生产队朱宝发、刘春桃合伙购买 1 条 12 吨水泥船从事水上运输。

1983 年

1 月,苏洪根任中共新乐大队支部委员会书记,李建刚任新乐大队会计。

4 月,新乐大队获昆山县人民政府发放的"水面使用证",时有水面 300.85 亩。

6 月,政社分设,建城北乡。撤新乐大队,设新乐行政村,辖 15 个生产队。村设经济合作社,李建荣任经济合作社社长。

是月,撤新乐大队党支部,设中共新乐村支部委员会。

是月,新乐村设有线广播转播室,村域田间安装 4 只高音喇叭。

9 月,新乐村用化工下脚料黑钾子替代沙石料,铺设村级道路。路面宽 2—2.5 米,总长 6.3 千米。

是月,夏长静当选新乐村村民委员会主任。

是年,新乐村翻建新乐南机电排灌站,灌溉第 7、10、14 生产队农田 375 亩。

是年,新乐村种植 1 500 亩"板田麦"。

1984 年

3 月,新乐村开办昆山县城北塑料五金厂,1996 年 8 月关闭。开办昆山县城北特种灯泡厂,1986 年 8 月关闭。

4 月,新乐村灭螺工作接受江苏省血防领导小组复查,未发现钉螺。

是月,夏长静任中共新乐村支部委员会书记,李建刚当选新乐村村民委员会主任。

5 月,新乐村(集体与村民)饲养种鹅 1 000 余羽,菜鹅 1 万余羽。

7月，夏根云任新乐村村民委员会会计。

8月，新乐村获评昆山县1983年血吸虫病防治工作"双无村"（无钉螺、无血吸虫病人）。

9月，李建刚任中共新乐村支部委员会书记。

10月，李建荣任新乐村村民委员会主任。

12月，新乐村建成昆山县商品鱼基地，水产养殖面积100亩。

是年，新乐村各生产队改为村民小组。

1985年

2月，新乐村幼儿园建成，入学幼儿40余名，有教师3名。于1991年停办。

3月，新乐村全年粮食统购改为合同定购到户，粮食定购价格按"倒三七"计算，即三成按定购价、七成按超购价。

是年，新乐北机力排灌站改为电力灌溉，装机容量25千瓦。

1986年

1月，苏红珍当选新乐村村民委员会主任。

7月，杜文明任中共新乐村支部委员会书记。

10月，新乐村开办昆山县城北无线电元件厂，1997年9月转制。

11月，新乐村第12村民小组盛国华家庭使用钢瓶液化气，为村域内第一个使用钢瓶液化气的家庭。

12月，新乐村第1村民小组陆永明承包土地57.78亩，为新乐村第一个农田承包经营大农户。后于1995年承包106亩，1999年承包145亩。

是年，新乐村第12村民小组盛国华家庭安装一部电话机，为村域内第一个使用电话机的家庭。

1987年

2月，新乐村建造新乐初级小学，设1—3年级，有学生40名，教师4名。

3月，新乐村组织村民集中拍照，办理第一代居民身份证。

4月20日，新乐村按照乡政府要求，完成认购国库券400元的任务，其中新乐村200元、昆山县城北塑料五金厂100元。

7月，朱维贤任中共新乐村支部委员会书记。

1988 年

1月，城北印染厂厂长夏正宝任中共新乐村支部委员会书记。夏正宝委派印染厂刘国安主持村工作。

是月，新乐村组织修筑群力河西岸防洪圩岸364米，加高加宽，修筑用土方3 300立方米。

6月12日，城北乡农业公司在新乐村大农户陆永明承包田召开三麦收割现场会，镇域各村选派大农户代表参会。

1989 年

1月，刘国安任中共新乐村支部委员会副书记。

7月，张林根当选新乐村村民委员会主任。

9月，昆山撤县建市，新乐村属城北乡。

11月，苏洪根任中共新乐村支部委员会书记。

12月，新乐村获"城北乡售粮工作红旗单位先进村"称号。

1990 年

6月，新乐村开办昆山市城北新乐拆旧厂，1997年9月转制。

是月，新乐村开办城北钣金厂，后改名昆山市环保水处理设备厂，1997年9月转制。

10月20日，城北乡撤乡建镇，实行镇管村建制，新乐村属城北镇。

是年，新乐村有农户348户，总人口1 280人，其中男642人、女638人。

是年，新乐村域内的2千米昆北公路，拓建为面宽7米的水泥路。

1991 年

1月，1990年灾害天气造成水稻、小麦、油菜不同程度减产，新乐村陆永明等133户农户获减免农业税3 700元。

3月，新乐村第5村民小组张培文获评昆山市农村集体经济"好管家"。

春，新乐村翻建群力排涝站套闸和阔端河套闸。

4月25日，新乐小学3—4年级学生转至新北小学就读。

是月，新乐村小范围调整农田承包面积。全村耕地面积2 235.45亩，总人口1 302人，劳动力789.5个，调整后劳均责任田1.84亩，人均口粮田0.6亩。

是月，新乐村为23户贫困户核销积欠社员"经济往来"1 614.8元。

6月，新乐村成立昆山市城北新乐经济发展总公司，苏洪根任总经理。

12月，陆永明等22户农户与村经济合作社签订水产养殖面积229.2亩的3年期承包合同，年上交承包费4.23万元，缴纳农林特产税2 292元。

1992年

1月，李建荣任中共新乐村支部委员会副书记，张建春任新乐村经济合作社社长。

7月8日，新乐村成立昆山市城北新乐经济实业公司，注册资金50万元。

9月，新乐村全村有7户种田大户，签约承包农田427.98亩。

是年，新乐村村民朱粉小饲养珍珠鸡10 000羽，规模饲养持续至1994年。

1993年

1月，崔阿明当选新乐村村民委员会主任。

4月，新昆山人王业虎承包第3村民小组农田108.51亩。

8月，新乐村投资10.2万元，购买2台中型拖拉机、2台中型三麦收割机。

1994年

4月，新乐村获"昆山市'六有十无'双文明村"称号。"六有十无"即有目标、有计划、有措施、有检查、有组织、有制度，无违法用地、无乱占乱建、无民转刑案件发生、无恶性刑事案件、无严重经济案件、无重大治安案件、无邪教等非法活动、无卖淫嫖娼、无吸毒贩毒、无聚众赌博。

7月，崔阿明任中共新乐村支部委员会书记，张培文当选村民委员会代主任。

8月，新乐村投入16.2万元，铺设3寸水管3 048米、2寸分支总管1 480米，实施自来水户户通工程。

9月，新乐村有9户种田大户，签约承包农田637.41亩。

12月，新乐村获"昆山市'五有六统一'（有办公场所、有组织体系、有规章制度、有工作报酬、有工作标识，统一标牌、统一印章、统一文书、统一标识、统一制度、统一程序）农业规模经营一级合格村"称号。

1995年

1月，新乐村319户村民家庭全部通上自来水。

是月，新乐村投入8万元，购置2台中型拖拉机和2台中型三麦收割机，全村共有4台中型拖拉机和4台中型三麦收割机。

春，新乐村建15家种鹅产蛋基地，年产种蛋10万枚；2家苗鹅孵化场，年孵化苗鹅8 000羽。

6月，张建春当选新乐村村民委员会主任，李克怀任村民委员会会计。

是月，新乐村组建昆山市第一个村级门球队，队长张友旺，有队员10名。

7月，陆永明等9户农田承包户，经营面积由637.41亩增加到839.48亩。

10月，第7村民小组村民范新春承包经营第4、7、12村民小组农田，总计221.1亩。第6村民小组村民夏长华承包经营本组农田112亩。全村共有11户种田大户，承包农田1 107.48亩。

秋，新乐村引进禽类自动化屠宰流水线一条，日屠宰能力5 000羽。

1996年

7月，新乐村清理从牛长泾河到四家溇段新开河河道300米。

1997年

3月，新乐村获昆山市绿化委员会授予的"绿化造村'千佳村'"称号。

8月，曹里浜自然村建三格式化粪池100个，消灭小粪缸和露天粪坑。

1998年

1月，郑国芳当选新乐村村民委员会主任，李克怀任新乐村经济合作社社长。

3月，城北镇政府拨款8万元，修筑村域阔端河河岸楼板护坡540米。

8月22日，新乐村第二轮土地承包确权农户337户，发放确权证书337本。

是月，城北镇政府拨款20万元，修筑村域皇仓泾楼板护坡2 760米。

是月，新乐村党支部组织党员群众抗洪抢险，用毛竹围固、草包泥加填曹里浜河北岸圩堤60余米、南岸危堤80余米。

是月，新乐村第6村民小组村民赵根宝开办哺坊，孵化苗禽。

9月，第9村民小组村民杨福兔承包农田69.57亩。新乐村有12户种田大户，承包农田1 125.77亩。

10月，新乐村被评为"昆山市卫生村"。

12月，新乐村发放居民村镇房屋所有权证340本。

1999 年

春，第 14 村民小组朱粉小开办玉山镇庆林特禽场，孵化苗禽。

6 月，新乐村规划 22 万平方米土地，筹建村民集中居住小区。

8 月，新乐村规划村民集中居住小区通水、通电、道路设施建设和下水道铺设等工程，为农户建房做前期准备。

10 月，新乐村开挖中心河道，东至周市永共村，西接阔端河，长 1 500 米，宽 30 米；建水泥平桥 3 座。

11 月，新乐村卫生室获昆山市卫生局授予的"星级卫生室"称号。

2000 年

3 月，第 14 村民小组朱玲芳被昆山市"双学双比"竞赛活动领导小组评为"昆山市'双学双比'竞赛活动先进女能手标兵"。

是月，新乐村妇代会获苏州市妇女联合会授予的"四好"妇代会称号。

5 月，第 14 村民小组朱粉小获中共苏州市委员会、苏州市人民政府授予的"苏州市农民致富能手"称号。

8 月，城北镇与玉山镇两镇合并，新乐村属玉山镇。

9 月，昆山市人民政府办公室《昆山简报》载，1999 年新乐村人均收入达 5 500 元。

是月，新乐村第 6 村民小组夏长城、夏林根、赵阳喜、赵粉宝为全村第一批移宅集中居住建房户。

10 月，新乐村开展第五次全国人口普查工作，全村有 319 户 1 129 人，其中男 566 人、女 563 人；集体户人口 78 人，其中男 35 人、女 43 人。

12 月，新乐村被昆山市民政局授予"昆山市村民自治模范村"称号。

2001 年

1 月，新乐村 15 个村民小组调整为 10 个村民小组。第 4、12 村民小组合并为第 4 村民小组；第 5、13 村民小组合并为第 5 村民小组；第 7、14 村民小组合并为第 7 村民小组；第 9、15 村民小组合并为第 9 村民小组；第 10、11 村民小组合并为第 10 村民小组。

3 月，新乐村投入 27.8 万元，铺设集中居住小区主干道水泥路，长 1 000 米，宽 8 米。

4月，新乐村投入4.37万元，建成24平方米水冲式公厕1座。

12月，新乐村被中共昆山市委员会、昆山市人民政府评为"双文明建设先进村"。

2002年

4月，新乐村第7村民小组朱粉小被评为昆山市劳动模范。

5月，新乐村获苏州市精神文明建设指导委员会授予的"2000—2001年度苏州市文明村"称号。

7月，新乐村投资270万元建造打工楼，建筑面积9 000平方米。

8月，新乐村在中环路55号建3幢标准厂房，计3 900平方米；模具路55号建3幢标准厂房，计4 200平方米。厂房用于租赁。

9月，昆山市老年人体育协会授予新乐村"以'三个代表'思想为指导，村办市赛，为我市发展精神文明建设作贡献"称号。

2003年

2月，新乐村获"2001—2002年江苏省文明村"称号。

3月，新乐村获昆山市委、市政府授予的"昆山市2000—2002年度人口与计划生育工作先进集体"称号。

9月，新乐村获昆山市人事局、昆山市老龄工作委员会授予的"2002—2003年度老龄工作先进集体"称号。

10月，新乐村获苏州市爱国卫生运动委员会授予的"江苏省卫生村"称号。

12月，新乐村第7村民小组朱粉小家庭获昆山市科技局、昆山市科协授予的"昆山市百家科技兴农示范户"称号。

2004年

1月，新乐村获"'亿万农民健康促进行动'苏州市先进村"称号。

2月，新乐村获昆山市精神文明建设指导委员会授予的"昆山市农村精神文明建设先进村"称号。

是月，新乐村成立夕阳红文艺队，有队员12名。

3月，新乐村第7村民小组朱粉小家庭获昆山市精神文明建设指导委员会办公室、昆山市妇女联合会授予的"文明家庭标兵户"称号。

5月，新乐村完成550米三相四线照明线路入地工程。

6月29日，新乐村6个自然村321户农户入住集中居住小区，昆山市地名办将其命名为"新乐锦园"。

8月，苏州市精神文明建设指导委员会授予新乐村"2002—2003年度苏州市文明村"称号。

是月，新乐村投资103万元，建造新乐菜市场和快乐购超市，建筑面积1 949.7平方米。

11月，郑国芳任中共新乐村支部委员会书记，张培文当选村民委员会主任。

12月，新乐村获昆山市老年人体育协会授予的"2004年度昆山市老年体育工作先进集体"称号。

是年，新乐村获苏州日报社授予的"党报村"称号。

2005年

1月，新乐村组建卫生保洁队，12名保洁员负责区域内日常卫生保洁工作。

3月8日，新乐村村民汤稍心、徐志成、王建良抓获3名流窜作案嫌疑犯，受到昆山市见义勇为基金会表彰和奖励。

是月，新乐村获江苏省环境保护委员会授予的"江苏省生态村"称号。

5月，新乐村开展曹里浜专项治理，清除滞留船只100多条，改善曹里浜河道环境卫生。

7月，张培文任新乐村经济合作社社长。

8月，盛惠华任新乐村村民委员会会计。

10月，新乐村投入90万元，实施道路亮化工程，安装路灯199盏。

11月，新乐村门球队获得昆山市门球协会授予的"昆山市双人制门球赛亚军"称号。

是年，新乐村建成紫竹路段商业一条街，长200米，宽20米，设店铺62间，计5 441.64平方米。

2006年

2月，新乐村村民委员会组织换发第二代居民身份证。

是月，新乐村夕阳红文艺队的广场舞《东北大秧歌》获昆山市精神文明建设指导委员会、市委宣传部、市文广局颁发的首届文明村特色文艺展演"最佳表演奖"。

3月，新乐村获昆山市依法治市领导小组授予的"昆山市民主法治示范村"称号。

4月，新乐村获昆山市司法局授予的"昆山市2003—2005年度安置帮教工作先进集体"称号。

是月，新乐村获江苏省环境保护委员会授予的"江苏省生态村"称号。

5月，新乐村获苏州市委授予的"实践'三个代表'实现'两个率先'先锋村"称号。

6月26日，新乐村成立第一届残疾人协会，张培文任主席。

8月，昆山一宿禅院移至曹里浜南岸原草里大王庙庙基，并重建。一宿禅院占地4 200平方米，设有山门殿、天王殿、大雄宝殿等5个殿和念佛堂、斋堂等。

9月，吴雪元任中共新乐村支部委员会书记。

是月，新乐村获昆山市关心下一代工作委员会、昆山市精神文明建设指导委员会授予的"昆山市关心下一代工作先进集体"称号。

是月，新乐村获苏州市村务公开和民主管理工作领导小组授予的"村务公开民主管理示范村"称号。

10月，新乐村获苏州市精神文明建设指导委员会授予的"2004—2005年度苏州市文明村"称号。

12月，新乐村获苏州市体育局、苏州市老年人体育协会授予的"2003—2006年度老年体育工作先进集体"称号。

2007年

1月，城北住宅公司在新乐锦园建造安置房147套。

2月，新乐村获昆山市精神文明建设指导委员会授予的"昆山市农村精神文明建设特色村"称号。

是月，新乐村第1村民小组卞玉香家庭获昆山市委宣传部、市精神文明办、市妇联、市文广局、昆山日报社授予的"昆山市好婆媳"称号。

3月，新乐村第5村民小组张培文获昆山市依法治市领导小组办公室授予的2006年度昆山市"'法治江苏合格市'创建工作热心人士"称号。

4月，新乐村获苏州市依法治市领导小组办公室、苏州市司法局、苏州市民政局授予的"苏州市民主法治村"称号。

5月，新乐村投入24万元，在新乐锦园安装24套监控装置，加强治安管理。

夏，新乐村一宿禅院被纳入昆山市佛教协会管理，有僧侣4名。

11月，朱长学任新乐村村民委员会主任。

12月，丁继勤当选昆山市第十五届人民代表大会代表。

2008年

1月，新乐村获"昆山市党员干部现代远程教育示范站点"称号。

2月，新乐村获昆山市老年人体育协会颁发的昆山市"闹元宵"老年人健身风采展农村组荷花奖。

5月22日，新乐村51名党员群众及新昆山人为汶川地震灾区捐款1万余元。

是年，新乐村第10村民小组村民严红林为汶川地震灾区捐款5 000元。

2009年

7月，新乐村投入461万元，建造2 863平方米村公共服务中心。

9月，朱长学任中共新乐村支部委员会书记。

是月，新乐村投资28万元，建造室内门球场，面积540平方米。

是年，新乐村获江苏省环境保护委员会授予的"江苏省生态村"称号。

是年，新乐村获苏州市精神文明建设指导委员会授予的"2006—2008年度苏州市创建文明村工作先进村"称号。

2010年

4月5日，新乐村一宿禅院举行觉山法师入塔仪式。

6月，新乐村被苏州市平安村创建活动领导小组、苏州市社会治安综合治理委员会办公室评为平安村示范点。

9月，经国务院批准，玉山镇建昆山高新技术产业开发区（以下简称"昆山高新区"），新乐村村域划入昆山高新区规划区域。

2011年

9月，新乐村新乐锦园实施雨污分离改造工程。

是年，新乐村有户籍村民326户，总人口1 330人，其中男664人、女666人。

2012年

1月，新乐村被昆山市委、市政府评为"昆山市文明村"。

2月，昆山高新区与玉山镇实行"区镇合一、以区为主"的管理体制，新乐村隶属昆山高新区。

是月，新乐村室内门球场被大雪压塌，修建费18万元。

3月，新乐村获昆山市消费者权益保护委员会授予的"昆山市农村投诉站工作先进集体"称号。

是月，新乐村投资700万元，建成4 010平方米车辆保养场，由海光集团租用，年租金55万元。

6月，新乐锦园铺设1 600米污水管道，接通汉浦路污水总管网。

8月，新乐村村民严根才两次救助落水者，获昆山市见义勇为基金会表彰奖励。

12月，新乐锦园增设27套监控摄像头，扩大电子监控区域范围。

是月，新乐锦园有线电视和电信通信管网全部入地。

2013年

6月，夏志云任新乐村经济合作社社长。

9月4日，新乐村投资29.58万元建造振华停车场，建筑面积1.24万平方米。

12月，新乐村获昆山市体育局授予的"优秀健身站点"称号。

是月，新乐村为入住新乐锦园的321户村民接通天然气。

2014年

7月，盛惠华当选新乐村村民委员会主任。

12月，新乐锦园设11个监控点，安装38套监控摄像头。

是月，新乐锦园铺设照明电缆2 540米，接通新增住户分电箱。

2015年

1月，丁继勤任新乐村村民委员会会计。

3月，新乐村对亭林变电站货场环境开展专项整治，搬迁小作坊7家。

12月，新乐村被昆山市体育局评为"昆山市二级优秀晨晚健身站点"。

2016 年

10 月,中共新乐村支部委员会改建为总支部委员会,下设 2 个党支部。朱长学任总支部书记,盛惠华任副书记兼第一党支部书记。

是月,新乐村团支部组织团员青年清除曹里浜河两岸、群力河西岸外来入侵植物加拿大一枝黄花,保障生态安全。

2017 年

5 月,新乐村综合整治新乐锦园,取缔"黑网吧"48 家、茶炉子 7 家,关闭无证、无照和卫生不达标餐饮店 35 家。

6 月,新乐村投资 850 万元,建造 2 840 平方米新乐锦园社区办公用房及配套用房。

8 月,新乐村投资 60 万元,完善模具路、中环路厂区消防设施。

2018 年

6 月,新乐村新乐锦园社区党群服务中心楼竣工。

9 月,新乐村被苏州市精神文明建设指导委员会评为"2015—2017 年度苏州市文明村"。

10 月,新乐村被昆山市精神文明建设指导委员会评为"2017 年度昆山市文明村"。

11 月,解健任中共新乐村总支部委员会副书记兼第二党支部书记。

2019 年

6 月 17 日,新乐村村民沈田民救助 2 位煤气中毒老人,受到昆山市见义勇为基金会表彰奖励。

7 月,朱彩华任中共新乐村总支部委员会书记。

是月,新乐锦园开展专项整治,关闭"三无"(无营业执照、无食品经营许可证、无实体店面)餐饮店 89 家。

8 月,新乐锦园安装绿化带围栏 7 000 米,设安全绿色围网 1 200 米。

10 月,新乐锦园实施垃圾分类,设 4 个垃圾投放点,每户配放 2 只垃圾桶,共配放垃圾桶 936 只。

11 月,新乐村投入 150 万元,粉刷紫竹路商业街店铺墙面,统一制作商店门牌。

是月，新乐村完成紫竹路商业街 26 户餐饮店气改电和油烟净化设备改造。

12 月 5 日，新乐村村民袁为林救助 1 名落水女子，受到昆山市见义勇为基金会表彰奖励。

是月，新乐村投入 18 万元，改造 9 间旧房为村综合服务办公室。

2020 年

1 月 26 日，新乐村成立新冠疫情防控领导小组，召开专题会议，部署在新乐锦园东、西两个区域安装隔离栏，实施封闭式管理。

1 月 28 日，新乐村组织成立志愿者队伍，加强对外来人员的管理和疫情防控工作。

3 月，新乐村被昆山市精神文明建设指导委员会评为"2019 年度昆山市文明村"。

4 月，新乐村投入 390 万元，在新乐锦园增设 259 个高清可变焦监控装置，做到监控全覆盖。

是月，新乐村被中共昆山市委员会评为"昆山市先锋基层党组织"。

是月，新乐村投入 120 万元，改造村日间照料中心、影视室和老年活动中心。

是月，新乐村投入 31 万元，改造新乐锦园 2 400 平方米机动车停车场。

6 月，王刚任新乐村经济合作社社长。

7 月，新乐村投入 70 万元，用 LED 新型节能灯更换居民居住区 150 盏路灯。

8 月 4 日，新乐村村民韩学根救助 1 名落水女子，受到昆山市见义勇为基金会表彰奖励。

9 月，新乐村投资 70 万元，改造居家养老中心，可供养 10 名"五保"老人。

是月，新乐锦园改造居民住宅防盗窗，改造合格户获奖励 1 500 元。

是月，新乐村投入 200 万元，为新乐锦园 321 户居民安装 5G 智慧烟感器。

10 月，新乐村投入 16 万元，建设四星级档案室。

是月，新乐村投入 160 万元，添置室外健身器材，建一组休闲长廊和 3 座凉亭。投入 60 万元，改造新乐锦园道路 710 米。投入 978.4 万元，改造村域紫竹路，长 185 米，宽 20 米，浇筑沥青混凝土路面 4 280 平方米；改造雨污水管 881 米。

12月，新乐村被中共苏州市委农村工作领导小组、苏州市农村人居环境整治工作联席会议评为"2020年度苏州市农村人居环境整治工作示范村"。

是月，新乐村被中共江苏省委全面依法治省委员会办公室、江苏省司法厅、江苏省民政厅评为"江苏省民主法治示范村"。

是月，新乐村开展第七次全国人口普查工作，有321户1 379人，其中男685人、女694人。

2021年

1月8日，新乐村投入1.2万元，更换生活区内100只生活垃圾桶。

1月19日，新乐村党总支改选，朱彩华任中共新乐村总支部委员会书记。

1月22日，新乐村为19名残疾人员、10名重大疾病患者、7名重残人员发放慰问金2.97万元；为373名60岁以上老人发放慰问金14.03万元。

1月23日，新乐村富民合作社为321户村民发放红利62.65万元。村社区股份合作社发放股权固化红利76.09万元。

2月28日，新乐村公布第十三届村民委员会换届选举选民榜，新乐村有选民1 175名。

是月，新乐村被昆山市农村人居环境整治工作联席会议办公室评为"昆山市农村人居环境整治'百日攻坚'专项行动红榜村"。

3月21日，朱彩华当选新乐村村民委员会主任。

3月26日，新乐村和昆山高新区司法所共建的村民诚信积分管理大数据平台上线，属昆山市首创。

是日，新乐村通过《关于推行昆山高新区新乐村微型消防站考核细则的通知》《关于推行昆山高新区新乐村保安和积分考核细则的通知》《关于推行昆山高新区新乐村积分管理的通知》。

是日，新乐村召开村民代表听证会，对玉城南路77号、3号厂房消防改造工程，雅博路南侧地块续租，购买第三方服务有关事项进行听证。

是月，新乐村被昆山市农村人居环境整治工作联席会议办公室评为"昆山市农村人居环境整治2020年第三期行政村红榜村"。

是月，新乐村被昆山市精神文明建设指导委员会评为"2020年度昆山市文明村"。

是月，新乐村被中共苏州市委农村工作领导小组办公室、苏州市农业农村局授予"苏州市农村人居环境整治优秀案例"称号。

4月20日，新乐村日间照料中心为全村65周岁以上老人提供中、晚餐，90周岁以上老人免费享用。

4月24日，新乐村股份经济合作社召开社员代表大会，朱彩华当选为理事长，李建荣、张培文、罗乔林任监事。

是日，新乐村投资10万元，在新乐锦园安装40套电瓶车充电桩。

是日，新乐村通过"331"合规房改造工程款，包括消防设施、消防软管、消防标识、逃生软梯和指示牌费用300万元的决议。

4月29日，朱彩华当选玉山镇第十五次党代会代表。

5月21日，新乐村投资152万元，建雅博路、昆北公路（农贸市场南侧）停车场2 000平方米。

是月，新乐村投资70万元，实施新乐锦园绿化改造工程。

6月，新乐村被中共昆山市委办公室、昆山市人民政府办公室评为"2020年昆山市农村人居环境先进村"。

7月，新乐村党总支组织党员干部疫情期间24小时轮流值勤，加强新冠疫情防控工作。

7月23日，新乐村组织村民接种预防新冠病毒疫苗，累计接种1 150人（次）。

7月26日，新乐村投入100万元在新乐锦园安装电瓶车充电桩400套。

7月28日，中共新乐村总支部委员会为党员罗乔林、陈金林、张友旺佩发"光荣在党50年"纪念章。

是月，新乐村被昆山市农村人居环境整治工作联席会议办公室评为"昆山市农村人居环境整治2021年6月红榜自然村"。

8月27日，新乐村对329户村民的自建房开展确权工作。

9月18日，新乐村党总支书记朱彩华在昆山市农村人居环境整治提升暨美丽乡村建设推进会和农村人居环境整治联席会议上做工作交流发言。

9月25日，国家乡村振兴局政策法规司司长陈洪波一行6人，调研新乐村乡村治理及乡村振兴工作。

9月29日,苏州市"331"机制办督查组、昆山"331"机制办一行3人,考察新乐村。

是日,吴江区江陵街道办党工委副书记、办事处主任余式汪一行5人考察新乐村"智慧平台"管理工作。

是月,昆山市特色田园乡村建设工作联席会议办公室授予新乐村"昆山市特色宜居乡村"称号。

10月19日,新乐村退役军人金建国为新乐村退役军人陈列馆捐赠仿真"立2"苏军轻型运输机、"苏杜20"、苏军60—70年代远程战略轰炸机、"强5"战斗兼轰炸歼击机模型各1架。

10月21日,新乐村党总支书记朱彩华在昆山高新区乡村振兴现场推进会上做"农村人居环境'智'理新模式"工作交流。

10月22日,江苏省农业农村厅农村合作经济指导处党支部书记、处长张玉庆,副处长徐琛一行考察新乐村,与新乐村党总支签订"结对共建协议书"。

11月4日,昆山高新区"331"专班验收新乐村合规房。

11月9日,苏州市行政学院教育长戴新一行8人,调研新乐村法治乡村建设工作。

11月12日,苏州市退役军人事务局党组书记、局长王俊,昆山市退役军人事务局局长许征一行,参观新乐村退役军人服务站,听取工作汇报。

11月16日,盈勤塑胶电子(昆山)有限公司与新乐村"村企联建",新乐村提供厂房4 090平方米,年增收67.8万元。

11月18日,新乐村村民委员会委员、新乐村第二网格网格长朱美华,入围昆山高新区第二届最美网格员。

是日,江苏省司法厅一级巡视员王君悦一行5人,由苏州市司法局局长王侃陪同,调研新乐村司法行政工作。

11月24日,中共无锡市新吴区旺庄街道工作委员会考察学习新乐村党建引领、经济发展、社区治理经验和做法。

是日,昆山市工商联副主席王晓东一行4人,调研新乐村退役军人管理工作。

11月28日,新乐村陈金林、孙伯弟、冯阳家庭获昆山市第二批五星级"美

丽庭院"称号，每户获奖金 5 000 元。

是月，新乐村获苏州市精神文明建设指导委员会授予的"2018—2020 年度苏州市文明村"称号。

是月，新乐村获昆山市农村人居环境整治工作联席会议办公室颁发的昆山市农村人居环境整治 2021 年第三期行政村进步奖。

12 月 2 日，新乐村召开昆山市人大代表候选人朱彩华与选民见面会，玉山镇人大代表候选人盛惠华与选民见面会。

12 月 8 日，新乐村召开昆山市人大代表、玉山镇人大代表选举大会，朱彩华当选昆山市第 18 届人民代表大会代表，盛惠华当选玉山镇第 20 届人民代表大会代表。

12 月 14 日，苏州市退役军人事务局副局长沈斌、苏州军分区政治工作处主任秦海宁一行 9 人，考察新乐村"双拥"模范创建工作。

12 月 18 日，新乐村投资 24 万元，安装充电棚视频监控装置。

是日，新乐村为 380 名 60 岁以上老人发放慰问金 14.29 万元。

12 月 25 日，新乐村发放 2021 年度智慧平台积分管理兑换物品 21 万元。全村 468 户村民，总积分 15.45 万分，户均积分 330 分，户均兑换价值 450 元生活日用品。

是月，新乐村获中共昆山市政法委员会授予的昆山市"枫桥式"村（社区）称号。

是月，新乐村被昆山市档案局、昆山市档案馆评为"2021 年度达到档案工作省四星级标准单位"。

第一章 村情概览

新乐村地处昆山市区之北，位于昆山高新区（玉山镇）东北部。东、北毗邻周市镇，西邻昆北公路，南与玉山镇新北社区相连，村域面积2.93平方千米，有6个自然村。2001年，新乐村由15个村民小组调整为10个村民小组。一直以来，新乐村存在农田多、人口少，外籍人口多、本地人口少的现象。村民收入单一，主要以水稻、小麦种植为经济来源。

中华人民共和国成立后，特别是1978年改革开放以后，新乐村实施农田规模经营，村民从单一的农业生产转向发展第二、第三产业。1998年，新乐村域成为昆山高新区北部工业开发区。2000年起，新乐村启动村民集中居住区建设，2004年全面建成新乐锦园，6个自然村整体动迁入住，同时6个自然村自然消亡。2002年，新乐村2 727亩土地被征为工业用地，成为"全失地村"。2020年，新乐村有10个村民小组，农户321户，总人口1 379人，其中男性685人、女性694人。

第一节 建置区划

一、建置沿革

宋嘉定十年（1217），昆山有14个乡52个保。《吴地记后集》载昆山有14都：朱塘、积善、全吴、押水、永安、武元、安亭、临江、湖川、春申、惠安、醋塘、新安、王乐。村域属积善都。

宋淳祐十一年（1251），昆山设有9个乡24个保：积善乡、朱塘乡、全吴乡、押川乡、武元乡、永安乡、湖川乡、新安乡、惠安乡。积善乡辖第一、第二保，村域属积善乡第二保。

明嘉靖十七年（1538），昆山设7个乡14个保。积善乡在县西北，村域属积善乡第二保。

清雍正二年（1724），昆山分昆山县和新阳县，新阳县辖7个乡18个保。村域属新阳县积善乡第二保。

清道光六年（1826），昆山、新阳两县设9个区23个图。村域属新阳县积善乡第二保。

清光绪六年（1880），昆山、新阳两县共有7个乡14个保。村域属新阳县积善乡第二保。

清宣统二年（1910），新阳县调整为18界，即1个市17个乡。村域属新阳县积善乡第二保。

1912年，新阳县并入昆山县，划为1个市17个乡。村域属周墅乡和陆家桥乡。

1925年，昆山设9个区23个图。村域宙区17、19图，荒区44图属周墅乡；

村域洪区 18、43 图属陆家桥乡。

1929 年，根据省颁《县组织法》，昆山划为 10 个区，237 个乡，41 个镇。陆家桥乡、周墅乡合并为第十区，村域属第十区。

1934 年 6 月，昆山划为 8 个区 65 个乡镇。村域属第一区汉坡乡。

1942 年 2 月，昆山县重划为 9 个区 63 个乡（镇）。村域属第二区晚香乡。

1945 年 9 月，抗战胜利，恢复战前区划。全县划为 8 个区，64 个乡（镇），513 个保。村域属第八区晚香乡。

1949 年初，昆山县实行"民众组训"，设 5 个督导区，分辖 26 个乡。村域属第一督导区金鸡乡。

1949 年 5 月 13 日，昆山解放，辖 6 个区 27 个乡（镇）。村域属巴城区金鸡乡。

1950 年 1 月，全县划为 94 个乡，7 个区属镇，村域属周墅区毛竖乡。毛竖乡下设新化、新民、新丰、新乐行政村，始有"新乐"村之名。

1954 年 9 月，昆山县划为 8 个区，1 个直属镇，102 个乡，8 个区属镇。新乐村属巴城区毛竖乡。

1956 年 3 月，昆山实行并区并乡，原城北、毛竖、广福 3 个小乡合并为城北乡，新乐村属环城区城北乡。12 月，昆山撤区并乡，全县划为 5 个县属镇、17 个乡，新乐村属城北乡。

1958 年 4 月，昆山重划为 17 个乡镇。城北乡辖 23 个高级农业生产合作社，新乐高级农业生产合作社属城北乡。

1958 年 10 月，昆山县建人民公社。城南、城北、玉山 3 个乡镇合建马鞍山公社。新乐高级农业生产合作社改制为新乐大队，属马鞍山公社，下辖 9 个生产队。

1959 年 6 月，昆山县撤马鞍山公社，建城北公社。新乐大队属城北公社。

1964 年 3 月，新乐大队 9 个生产队调整为 17 个生产队。

1966 年，新乐大队 17 个生产队调整为 11 个生产队。

1969 年 2 月，设新乐大队革命委员会。

1980 年 1 月，新乐大队 11 个生产队调整为 15 个生产队。

1983 年 6 月，政社分设，复建城北乡。撤新乐大队，设新乐行政村，辖 15

个生产队。

1984年12月,生产队改为村民小组。

1989年9月,昆山撤县建市,新乐村属城北乡。

1990年10月,城北乡撤乡建镇,实行镇管村制,新乐村属城北镇。

2000年8月,城北镇与玉山镇合并为玉山镇,新乐村属玉山镇。

2001年1月,新乐村由15个村民小组调整为10个村民小组。

2012年2月,昆山高新区与玉山镇实行"区镇合一、以区为主"的管理体制,新乐村隶属昆山高新区。

2020年,新乐村有10个村民小组,隶属不变。

二、自然村落

新乐村东与周市镇永共村毗邻,南至昆山高新区新北社区,西至昆北公路,北至周市镇兰泾村。昆北公路、紫竹路与城北中路纵横穿村而过。

新乐村东西最长1.88千米,南北最宽1.56千米,村域面积4 403.6亩,约2.94平方千米。1980年,有耕地3 198.44亩,河道面积660.7亩,宅基地540.9亩。

1950年至1999年12月,有6个自然村,即牛长泾、大村、小村、东横泾、大竹园、曹里浜。2000年起,6个自然村村民住宅分批整体动迁。至2004年,全村6个自然村15村民小组全部迁入规划集中居住区新乐锦园,6个自然村消失。

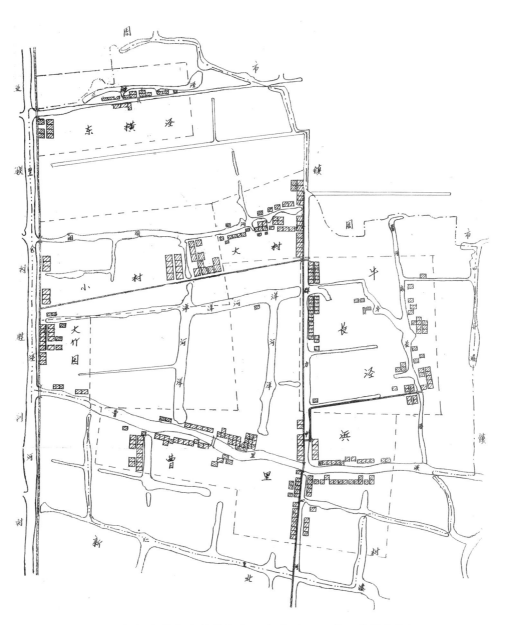

2000年新乐村自然村落分布示意图（2000年，张培文绘）

牛长泾 有第5、6、13三个村民小组。村庄东靠周市镇永共村，南临曹里浜河，西至群力中心河，北邻周市镇永共村。村民居住在牛长泾河东、西两侧，以河为界，河东为第6村民小组，河西为第5、13村民小组。1981年、1982年因新村规划拆迁，移入群力中心河河东33户，其中第6村民小组12户。村庄面积973.5亩，其中耕地面积730.7亩、居住面积131.7亩、河道面积111.1亩。

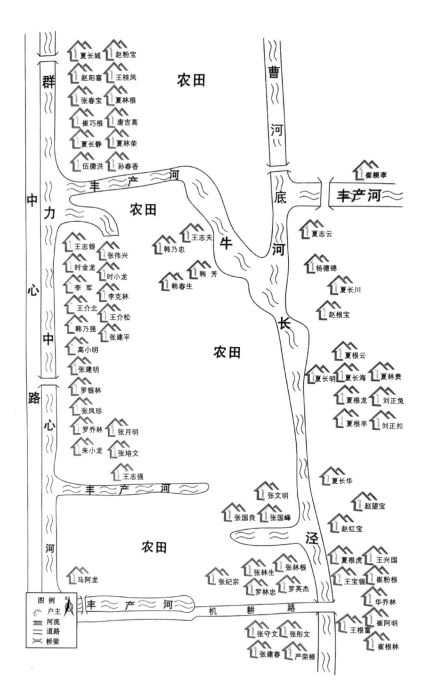

2002年牛长泾村民住房分布图（2020年，新乐村村民委员会提供）

有72户269人，其中男性126人、女性143人。其中56户是中华人民共和国成立前后，从江苏兴化、泰兴等地迁入的。村民中有张姓16户、夏姓14户、王姓9户、赵姓5户、崔姓5户、罗姓4户、韩姓4户、李姓2户、刘姓2户、时姓2户、华姓1户、伍姓1户、孙姓1户、高姓1户、马姓1户、朱姓1户、唐姓1户、杨姓1户、严姓1户。村民主要以农业为主，种植水稻、三麦和油菜。2000年2月至2006年12月，因高科技工业园区建设整体规划动迁，村庄消失，失地面积730.7亩。牛长泾村民迁移到新乐锦园小区，居住统一式样的别墅式楼房。

原牛长泾村域被规划为昆山高新区工业园区。修筑有汉浦路、开贵路，入驻企业近10家。有聚达电子、旭发电子、业旭亚电子化学、友缘化学、大东科技材料、全艺电子和昆山第三污水处理厂等。

大村 有第1、2两个村民小组。村民居住在阔端河南、北两侧，1981年、1982年因新村规划拆迁移入群力中心河河西15户，其中第1村民小组13户。村庄东邻周市镇永共村、牛长泾，南至洋河洋，西靠小村，北至东横泾。村庄面积661.1亩，其中耕地面积522.6亩、居住面积71.5亩、河道面积67亩。有46户141人，其中男性71人、女性70人。其中8户来自江苏泰州、兴化等地。村民中有陆姓7户、孙姓6户、卞姓3户、盛姓3户、陈姓3户、杜姓3户、吴姓3户、赵姓3户、季姓2户、金姓2户、芮姓2户、倪姓2户、王姓2户、徐姓1户、范姓1户、高姓1户、许姓1户、马姓1户。村民主要以农业为主，种植水稻、三麦和油菜。2002年6月至2004年12月，因昆山高科技工业园区建设整体规划动迁，村庄消失，失地面积522.6亩。大村村民迁移到新乐锦园小区，居住统一式样的别墅楼房。

原自然村域于2001年经规划建设的城北中路东西向贯穿其中，南北向公路东有紫竹路，西有昆北公路。同时建有新乐锦园、摩卡小镇（融城汇园）、新时代花园、紫竹品院4个居住小区，是新乐村村民委员会所在地。

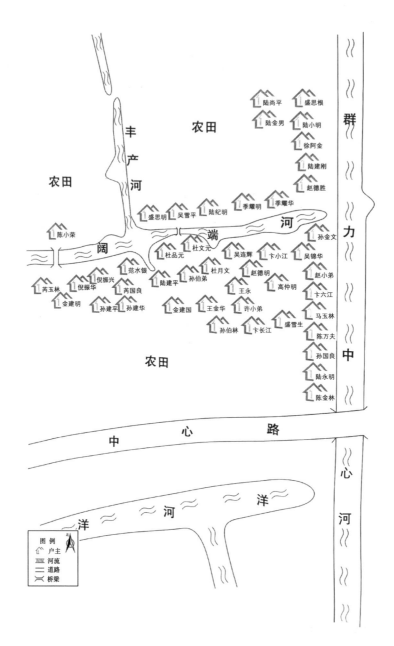

2002年大村村民住房分布图（2020年，新乐村村民委员会提供）

东横泾 有第3村民小组。村民居住在东横泾新开河南、北两侧，1981年、1982年因新村规划拆迁移入昆北公路东侧7户。村庄东邻周市镇永共村，南邻小村，西靠昆北公路（皇仓泾河），北邻陆杨镇换新村、周市镇永共村。村庄面积332.68亩，其中耕地面积260亩、居住面积20亩、河道面积52.68亩。有21

户 74 人，其中男性 40 人、女性 34 人。姓氏中有李姓 10 户、刘姓 3 户、陆姓 2 户、卞姓 1 户、阙姓 1 户、王姓 1 户、胡姓 1 户、杨姓 1 户、闵姓 1 户。村民主要以农业为主，种植水稻、三麦和油菜。2003 年 6 月至 2004 年 12 月，因高科技工业园区建设整体规划动迁，村庄消失，失地面积 260 亩。东横泾村民迁移到新乐锦园小区，居住统一式样的别墅式楼房。

原址经规划修筑公路，融锦路东西向贯穿其中。2015 年，在原址建造昆山高新区紫竹幼儿园和昆山高新区紫竹小学。

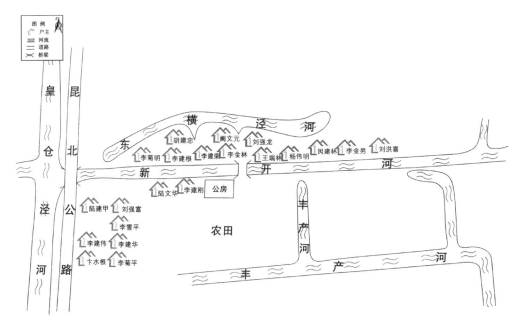

2002 年东横泾村民住房分布图（2020 年，新乐村村民委员会提供）

曹里浜 有第 7、8、9、10、14、15 六个村民小组，是新乐村最大的一个自然村庄。村民居住在曹里浜河南、北两侧，以河为界，河南为第 7、10、14 村民小组，河北为第 8、9、15 村民小组。1981 年、1982 年因新村规划拆迁，移入群力中心河，河东、河西两侧 37 户，其中第 8 村民小组 11 户，第 7、14 村民小组 26 户。村庄东至周市镇永共村，南至新北社区，西至昆北公路，北邻大村、小村。村庄面积 1 862 亩，其中耕地面积 1 238.50 亩、居住面积 248.30 亩、河道面积 375.20 亩。有 131 户 449 人，其中男性 212 人、女性 237 人。村民均是中华人民共和国成立前后，由江苏泰州、盐城等地迁入的。村民中有朱姓 12 户、夏

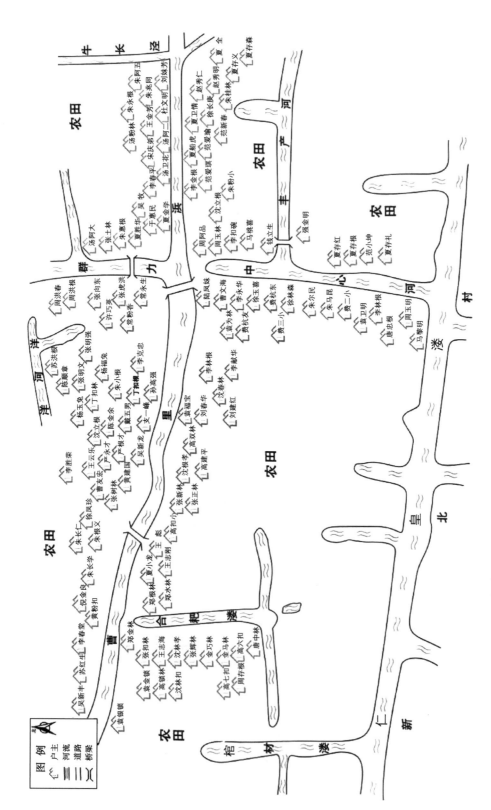

2002年曹里浜村村民住房分布图（2020年，新乐村村民委员会提供）

姓11户、张姓10户、李姓10户、高姓6户、周姓6户、沈姓6户、王姓5户、袁姓5户、徐姓4户、费姓4户、汤姓4户、范姓4户、刘姓3户、吴姓3户、郑姓3户、苏姓2户、常姓2户、马姓2户、严姓2户、唐姓2户、曹姓2户、黄姓2户、丁姓2户、金姓2户、赵姓2户、陈姓2户、杨姓2户、强姓1户、陆姓1户、杜姓1户、倪姓1户、戴姓1户、支姓1户、于姓1户、宋姓1户、钱姓1户、许姓1户、孙姓1户。村民主要以农业为主，种植水稻、三麦和油菜。2003年6月至2006年12月，因昆山高科技工业园区建设整体规划动迁，村庄消失，失地面积1238.5亩。曹里浜村民迁移到新乐锦园小区，居住统一式样的别墅式楼房。

原址经统一规划修筑公路，城北中路东西向横贯其中，紫竹路、同心路南北向分列，勤昆路居其中。2005年，紫竹路两侧分布有启发电器、勤昆科技、致伸东聚电子等企业15家。

大竹园 有第11村民小组。村民居住在昆北公路东侧，村庄东至丰产河，南靠曹里浜，西靠昆北公路，北邻城北中路（原新乐村中心路）。村庄面积159.5亩，其中耕地面积128.8亩、居住面积22亩、河道面积8.7亩。有22户67人，其中男性34人、女性33人。村民中有王姓4户、韩姓3户、朱姓3户、钱姓2户、李姓2户、刘姓2户、严姓2户（严红林2处住宅房）、陈姓1户、汤姓1户、冯姓1户、谬姓1户。村民主要以农业为主，种植水稻、三麦和油菜。80—90年代，村庄内办有粮食饲料加工厂、电镀厂、塑料五金厂、特种灯泡厂、无线电元件厂、拆旧厂、钣金厂和环保水处理设备厂等企业。2002年1月至2004年10月，因昆山高科技工业园区建设整体规划动迁，村庄消失，失地面积128.8亩。大竹园村民迁移到新乐锦园小区，居住统一式样的别墅楼房。

原址经规划修筑南北向紫竹路，有昆山市公安消防大队高新区中队、昆山市保安服务有限公司和昆山同心表面科技有限公司等单位和企业入驻。

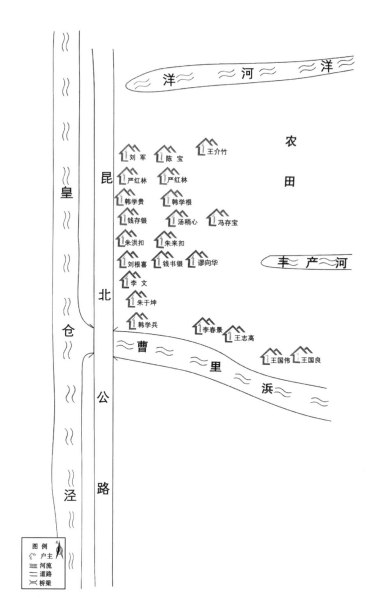

2002年大竹园村民住房分布图（2020年，新乐村村民委员会提供）

小村 有第4、12两个村民小组。村庄东至大村，南至洋河洋，西靠昆北公路，北邻东横泾。村庄面积411.25亩，其中耕地面积317.8亩、居住面积47.4亩、河道面积46.05亩。有30户129人，其中男性69人、女性60人。村民中有盛姓11户、周姓10户、叶姓5户、陈姓2户、侯姓1户、夏姓1户。村民主要以农业为主，种植水稻、三麦和油菜。2002年6月至2004年12月，因昆山高科技工业园区建设整体规划动迁，村庄消失，失地面积317.8亩。小村村民迁移到新乐锦园小区，居住统一样式的别墅式楼房。

原址经规划填塘筑路，城北中路东西向贯穿其中。南北向公路，东有紫竹路，西有昆北公路。建有摩卡小镇（融城公园）、新时代花园、紫竹品院3个居民小区。

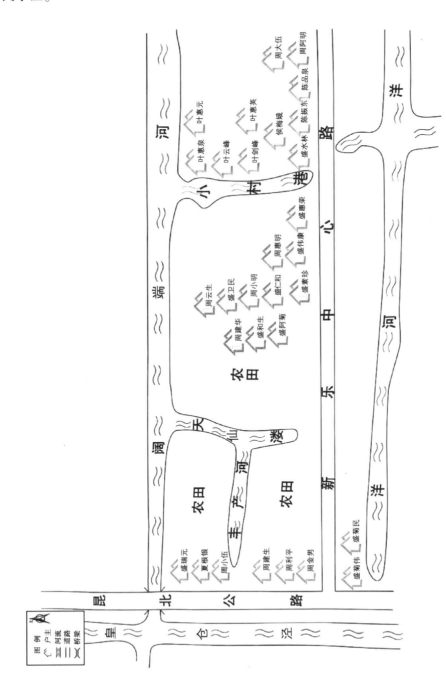

2002年小村村民住房分布图（2020年，新乐村村民委员会提供）

第二节 自然环境

新乐村地处北亚热带和中亚热带过境地带，属阳澄湖淀泖水系，村域多河、泾、浜、溇。雨水充沛，气候宜人、宜居。村域原来大多为三级中产土和四级中产土。自然资源充足，物产丰富，是宜产粮油作物的绿色基地。

一、地貌

新乐村地处娄江以北，七浦塘以南，属阳澄湖低洼平原区。地面为吴淞高程2.4—2.8米，耕地高程总体偏低。统计资料表明，1951年，新乐村实有耕地1 311.66亩，其中水田（俗称水沤田，常年浸水）655.73亩，约占总面积的50%。因地势低洼，村域农田被称为昆北的"镬底田"。

村域东西长约1 880米，南北宽约1 560米。属阳澄湖淀泖水系，村域遍布河、泾、溇、塘、浜，形成众多不规则洼地。70年代起，通过兴修水利、整治农田，田容、田貌得到彻底改观。1980年，村域总面积2.94平方千米，合4 403.60亩。其中，耕地3 198.44亩，占总面积的72.63%；水域660.7亩，占15%；宅基地540.9亩，占12.28%。

二、土壤

据昆山县第二次全国土壤普查资料，村域土壤以乌栅土和青泥土、僵土为主，土壤耕性较差。乌栅土土体缩胀系数大，土壤脱水后容易收缩裂坼，易崩塌漏水、漏肥，农作物发棵慢，产量一般。青泥土、僵土肥力差，作物难发棵，容易早衰。乌栅土和青泥土、僵土共同特性是含水量高，黏性大，通气性差，耕作层浅，作物产量提高难。村域青泥土、僵土面积有2 308亩，占昆山高新区青泥土、僵土总面积的50%。历经多年兴修水利、排涝降渍、水沤田改造为水旱田等措施，改变了土壤常年浸水、浸渍状态。从80年代中期至2000年，新乐村推广和实施油菜秸秆、麦秸秆还田以改变土壤结构，土壤理化性能得到改善，土壤质量得到提高；在合理使用氮肥基础上，配合施用磷、钾肥，土壤增产效果明显。

50年代起，新乐村全面采用水旱轮作方式，土地干湿耕作交替，轮换耕作明显，土壤中养分储量逐渐丰富，但还存在氮、磷、钾比例失调，有机肥料失调和耕作层浅等问题，其中磷、钾两项低于全镇平均指标。80年代中后期，实行土地承包责任制和规模经营，实施秸秆还田，适度增加了有机肥料施用，合理使用磷、钾肥，协调土地养分供求，土壤肥力得到普遍提高。2000年初，有可耕种土地使用面积1 146.91亩。是年末，昆山高新区拓展北部工业区，村域内1 146.91亩土地转为工业用地。2002年12月，新乐村域被纳入昆山高新区整体规划和开发建设，被征用土地1 217.9亩，新乐村成为无地村，村民不再从事农业生产。2020年，对村域内已被批租为工业用地、尚未使用的58亩零星土地，作为农业用地加以利用。

三、河流

（一）过境河流

皇仓泾　原名黄昌泾，于明正统六年（1441）开浚。1959年12月拓浚，翌年4月竣工。北起新塘河、南至张家港，全长7 300米，河面宽35米，流经村域西部，境内段长2 000米，是昆北地区引排水、泄洪主要河道之一。

皇仓泾（2020年，罗英摄）

(二) 境内河流

境内河流主要有群力中心河、曹里浜、一号河、城北中路新开河4条。

群力中心河 北起大村自然村，南出曹里浜自然村，流经新乐村中部。全长1 310米，河面宽14米，底宽3米，流域面积1.83万平方米。1971年，河道开挖至牛长泾自然村；1975年，开挖延伸至木桶溇。是村域主要泄水通道。河道南端建造有群力排涝站，遂改名为"群力中心河"，沿用至今。河道两侧筑有石驳护坡，长1 980米。

群力中心河（2020年，李菊摄）

曹里浜 又名草泥浜，位于村域南部，东通汉浦塘，西接皇仓泾。1972年12月26日，拓浚中段1 800米，翌年1月中旬竣工。全长2千米，河面宽30米，底宽20米，楼板护坡3 600米，流域面积6万平方米，是同心联圩与更楼联圩重要引排、泄水河道。

曹里浜（2020年，罗英摄）

一号河 位于村域中部，于2015年开挖，东至跃进河，西通皇仓泾，长960米，宽10米。

一号河（2020年，罗英摄）

城北中路新开河 位于新乐锦园南侧、城北大道北侧，2000年建造新乐锦园和修筑城北中路取土时形成，河以城北中路命名。河道东西流向，东接群力中心河，西连阔端河西段，连通皇仓泾。全长1130米，河面宽21.9米，河堤为石驳护坡，流域面积2.5万平方米。

城北中路新开河（2020年，罗英摄）

(三）泾

东横泾　位于村域北部，东起群力中心河，西通皇仓泾，全长500米，宽20米。

牛长泾　位于村域东部，南连牛长泾自然村，北通大村自然村，长800米，宽30米。

四家溇　呈椭圆形，位于村域东部，面积约4 000平方米，是村域主要蓄水河道之一。

钱家溇　呈不规则长条形，长1 000米，宽35米，面积3500平方米。

（四）界河

仁皇溇　位于村域南部与新北社区分界处。东起同心中心河，西接皇仓泾。长1.5千米，宽40米，流域面积6万平方米，是村域更楼联圩和同心联圩的主要引排水河道。

（五）填埋河道

1996年起，根据农田基本建设、水利建设和城乡一体化规划建设需要，对村域部分河道、浜、溇做填埋处理。至2006年，全村共计填埋河道13条，计6 550米；填埋浜、溇8个，计2 700米；总长度9 250米。1996—2006年新乐村被填埋河道、浜、溇见表1-1。

表1-1　1996—2006年新乐村被填埋河道、浜、溇一览表

序号	河名	流向	长/米	宽/米	起止	填埋时间
1	南北新开河	南北	150	20	大渠道—阔端河	1996年
2	曹里浜北牛长泾	南北	1 000	45	曹里浜—曹河底	2002年
3	曹里浜南牛长泾	南北	200	40	新北社区—曹里浜	2003年
4	1组新开河	南北	200	20	1、2、3组新开河—东横泾住宅前新开河	2006年
5	房家公司北新开河	东西	200	30	牛长泾—群力河	2002年
6	王志强老宅新开河	东西	400	20	大渠道—群力河	2002年

续表

序号	河名	流向	长/米	宽/米	起止	填埋时间
7	崔根孝老宅南新开河	东西	600	20	四家溇—牛长泾、曹河底	2002年
8	马阿龙老宅南新开河	东西	400	20	大渠道—群力河	2002年
9	11组公场南新开河	东西	400	20	西洋河洋—公场	2002年
10	钱立生老宅前老河	东西	300	30	牛长泾—同心中心河	2003年
11	东横泾住宅老河	东西	700	40	群力河北段—昆北公路	2006年
12	东横泾住宅前新开河	东西	1 000	20	群力河北段老河—皇仓泾	2006年
13	1、2、3组新开河	东西	1 000	20	群力河—昆北公路	2006年
14	小村港	南北	200	30	大渠道—阔端河	2002年
15	曹河底	南北	200	30	尖角平板桥—永共村	2002年
16	黑鱼溇	南北	150	30	仁皇溇—大渠道	2003年
17	佛堂溇	南北	300	35	曹里浜（北）—大渠道（南）	2003年
18	棺材溇	南北	400	35	仁皇溇—曹里浜	2003年
19	合盘溇	南北	300	30	阔端河—1、2、3组新开河	2006年
20	天仙溇	东西	150	20	南北新开河—昆北公路	2002年
21	洋河洋	东西	1 000	60	群力河—昆北公路	2002年

四、气候

新乐村属北亚热带南部季风气候区。四季分明，冬冷夏热，春温多变，秋高气爽，雨水充沛，光能充足，无霜期长。因冬夏季风交替的迟早和强度变化不一，天气多变，旱、涝、连阴雨、暴雨、寒潮、强对流天气等灾害性天气时有发生。

(一) 季节

春季 连续5天日平均气温稳定在10℃以上为春季开始，历年一般自4月2日至6月14日，历时74天。4月上旬，偶有低于5℃的天气为"倒春寒"，也称"拗春冷"。春季平均总降雨量288毫米。1998年3月21日，曾发生降雪现象，气温降至0℃。

夏季 连续5天日平均气温稳定在22℃以上时进入夏季。历年一般6月15日入夏，9月17日结束，历时95天。7月下旬至8月上旬为盛夏，最热时旬平均气温28.3℃，是全年最热月份。极端最高气温40.6℃，出现在2010年8月13日。夏季总降雨量410.10毫米，占全年降雨量的38.6%。初夏有一段时间集中降水，俗称"梅雨季节"或"黄梅天"。历年一般在6月18日入梅，7月9日出梅，梅雨期22天左右。平均梅雨量183.80毫米。1999年为丰梅年，梅雨量650.6毫米。常年出梅后有一段副热带高压控制的高温伏旱天气。8月是台风季节，时有暴雨，平均每年有2次台风影响新乐村。

秋季 连续5天日平均气温稳定在22℃以下为入秋。历年一般自9月18日至11月18日为秋季，历时62天，为四季中最短季节。秋季平均雨量243.70毫米，占全年降雨量的22.9%。入秋后有炎热天气出现，俗称"秋老虎"。随着副热带高压强度减弱，村域通常会出现"一场秋雨一场寒"的自然降温过程。

冬季 连续5天日平均气温稳定在10℃以下为入冬，历年一般11月19日入冬，至次年4月1日为止，历时134天。初冬，常受北方强冷空气影响，气温骤降。最冷时段在1月中旬至2月上旬，最冷时段为1月中旬，平均气温在2.6℃。冬季总降雨量121.9毫米，占全年降雨量的11.5%。受大陆冷高压控制，1990—2000年，气温低于0℃的日数占冬季的40%左右；2001—2020年，气温低于0℃的日数占冬季的30%左右。极端最低气温-11.7℃，出现在1977年1月31日。

(二) 气温日照

气温 据昆山市气象局气象资料，1959—1987年平均气温为15.3℃，1991—2020年平均气温为16.9℃。至2000年以来，极端最高气温40.6℃，出现在2010年8月13日；极端最低气温-11.7℃，出现在1977年1月31日。气温最宜人的是每年春季的 3—4 月和秋季的 9—10 月。

日照 一年之中，以夏季日照时间最丰富，秋季次之，1—2 月最少。1960—1990 年平均日照时数 2 156.7 小时，其中 7—8 月的月均日照时数 250 小时。1991—2020 年平均日照时数 1 827.1 小时，其中 7—8 月的月均日照时数 193.5 小时，日照百分率 60%，4—5 月和 9 月日照充足，麦、稻结实率高，千粒重增加。

（三）雨量

雨量 新乐村域雨量充沛，降雨主要集中在春、夏、秋三季，冬季一般干燥少雨。春季雨期在 4—5 月，有"发菜花水"的传统说法，汛期明显，雨量约占全年的 22%。夏季雨期在 6—7 月，多数年份连续下雨，俗称"黄梅水发"，雨量占全年的 40% 左右。梅雨期最长的是 1954 年，49 天。梅雨量最大的是 1999 年，雨量 650.6 毫米，是常年雨量的 3.1 倍。1959—1990 年，年平均降雨日 144 天，降雨量 1 063.5 毫米；1991—2020 年，年平均降雨日 124.3 天，降雨量 1 189.5 毫米。1982 年降雨日数最多，为 168 天。1971 年降雨日数最少，为 96 天。

（四）自然灾害

新乐村地处长江下游，受季风影响，天气多变，时有涝灾、风灾、雷击、雹灾、雪灾等灾害出现。中华人民共和国成立以后，各级政府重视农业农村工作，完善水利基础设施的建设和改造，新乐村抗击自然灾害能力得到提高。

涝灾 1946 年夏秋之交，淫雨成灾，曹里浜自然村 800 亩水稻受淹，减产五成。

1954 年，新乐村发生特大洪涝。是年 8 月中旬至 9 月下旬，连续降水，外河水位猛涨，河水倒灌，村域一片汪洋。全村组织劳动力用人力水车日夜排涝，突击半个多月，从水下抢出水稻 450 亩。

1957 年 6 月 20 日至 7 月 9 日，村域降雨量 266.8 毫米，受涝严重，造成牛长泾自然村和曹里浜自然村近 100 亩水稻减产，个别田块颗粒无收。

1960 年 6 月 9—12 日，日降雨量 122.2 毫米，村域受涝，造成大面积水稻减产，有田块颗粒无收。

1964 年 6 月 24—27 日，持续降雨 203 毫米，村域大面积水稻受淹，经突击排涝降水，仍有部分面积水稻受损失。

1972 年 6 月，持续阴雨，造成大量已收割小麦、油菜籽霉变。新乐大队动员全体社员，分户单独保管。社员抢雨隙翻晾小麦、油菜籽，损失减少。

1975年6月24日至7月4日，持续降雨374.5毫米，村域水稻受淹减产。

1995年5月19日，暴雨造成村域三麦不同程度倒伏。

1997年8月18—19日，11号台风伴随暴雨，对水稻扬花造成危害。

1998年8月，村域发生洪涝，村党支部组织村民突击抢险，采用毛竹围固、草包泥土加填筑堤，加固堤岸150余米，消除溃堤隐患。

2013年8月，降雨时间短、雨量大，由于村里采取提前预降内河水位等措施，村域农作物未受损失。

风灾 1962年，14号台风伴随暴雨，造成村域农田短时间受淹。

1981年的14号台风、1983年的10号台风，造成村域多间草房和牲畜棚受损。

2005年，9号台风"麦莎"和15号台风"卡努"风力较大。是年，由于村民已入住新乐锦园，故其工作、生活基本没有受到影响。

雷击 1966年5月，村域遭雷击，1人受伤。

雹灾 1963年5月8日，村域遭冰雹袭击，冰雹大如鸡蛋、小似豆，部分地段冰雹积厚约10厘米。9个生产队的小麦、油菜受损面积40%以上。

雪灾 2012年2月，遭受暴雪，新乐村室内门球场被大雪压坍。

1984年1月17—19日，降大雪，村域积雪平均1.8厘米，造成生产、生活不便。

第三节 自然资源

一、土地资源

中华人民共和国成立初期，新乐村有耕地432.36亩，经过土地改革，增加土地910.66亩。1951年，全村土地面积1 343.02亩，其中水旱田655.73亩、水田638.31亩、旱田17.60亩、竹园6.93亩、鱼塘5.95亩、坟地14.52亩、荒地1.56亩、池塘2.4亩。1958年，成立人民公社时，新乐大队有土地3 031亩，其中水田3 016亩、旱地15亩。1962年，有土地3 163.5亩，其中水田3 016亩、旱地15亩、农民自留地132.5亩。70年代初，通过平坟整田，有土地3 198.4亩。80—90年代，搞工业开发，建工业小区、建造学校、修筑道路、村民建房等，部分农田被开发利用。1992年，实有土地2 364.94亩。2000年末，昆山高新区拓展北部工业开发区，有1 147亩土地转为工业用地。2002年，新乐村被纳入昆山高新区整体规划和开发建设，至2002年12月，先后两次被征用土地1 217.9亩，新乐村成为无地（农田）村。

1962年新乐大队耕地面积统计情况见表1-2。

表1-2　1962年新乐大队耕地面积统计表

队别	耕地面积/亩			累计/亩
	水田	旱地	社员自留地	
1	482	—	18	500
2	382	—	18	400
3	262	—	10.5	272.5
4	412	—	18	430
5	282	—	14	296
6	382	—	12	394
7	332	—	18	350
8	382	—	18	400
9	100	15	6	121
合计	3 016	15	132.5	3 163.5

新乐村利用土地做到"寸土不让"，保护耕田意识强，土地利用率高，千方百计扩大种植面积。根据不同时期规划和建设的需要，在1970—1980年，平坟造田，围垦荒滩，平整潭、溇、浜，回填废弃河道，造田202亩；80年代中期，全面开展复耕还田工作，重点抓修渠、修路、开挖鱼塘、挖废耕地的回填和修

复，竹园基、宅基地复垦等工作，全村整理农田近千亩，改造低洼田 40 亩，增加了耕地面积。

1997 年 4 月，深化殡葬制度改革，清理墓葬用地。至年底，村域内坟墓全部迁移填平，墓地统一集中由玉山镇杜桥墓园管理，新乐村对原有坟地进行拆除、整理和复耕，增加土地面积近 100 亩。

二、土地管理

中华人民共和国成立之前，村域土地均由保长负责，包括土地纠纷调解、租田卖地、立契约担保、办田契等手续要务，以此保证土地私有制下管理经营者的合法权益。

中华人民共和国成立之后，村域内土地管理接受乡（镇）土地专管员业务指导，按照《中华人民共和国土地改革法》管理。1984 年，镇成立了土地管理所（以下简称"土管所"），村的农房建造、道路修筑、公益建筑、企业用地等建设项目均需申报审批，由土管所督促实施。村委会主任被聘为土地专管员（以下简称"土管员"），协助做好土地管理工作，负责村的农田保护、土地管理、土地监察、土地利用等具体与土地相关的工作，村委会积极配合协助开展工作。2002 年，新乐村成为全失地村，村委会将原来的土地管理职能——注重于农田、耕地的保护，转化为对村民集中居住区绿地进行保护，村委会及时制定村民集中居住区管理制度，防止毁绿占地和乱搭建现象发生，实施网格员巡视长效管理和专项整治活动相结合措施，将村域已批租的工业用地、尚未加以利用的 58 亩零星土地，作为农保地实施管理。2020 年，进一步加强对零星土地的管理，经村民代表听证后，村委会以外包形式委托农户种植和管理土地，杜绝耕地抛荒。

三、动植物资源

境内动植物种类较多，植物有农作物、林木、花卉等；动物有家畜家禽和野生畜、野生鸟类以及昆虫等。2000 年以后，6 个自然村整体动迁，村域停止农作物耕种和水产养殖等，农田发展为工业用地，动植物随之少见，有的已逐渐淡出人们视线和记忆。

(一) 植物

粮油作物 水稻（籼稻、粳稻、糯稻）、三麦（小麦、大麦、元麦）、油菜、玉米等。

豆类作物 黄豆、蚕豆、豇豆、刀豆、扁豆、豌豆、赤豆、绿豆等。

水生作物 荸荠、茭白、茨菰等。

蔬菜 土豆、芋头、青菜、小白菜、大白菜、卷心菜、菠菜、韭菜、苋菜、空心菜、金花菜、芹菜、萝卜、大蒜、莴苣、茄子、扁蒲、西红柿、紫角叶等。

瓜果 南瓜、西瓜、香瓜、田鸡瓜、老太婆瓜、黄瓜、丝瓜、生瓜、草瓜、冬瓜、桃、梨、橘、苹果、葡萄、枇杷等。

食用菌 香菇、平菇、金针菇等。

林木 柳、枫杨、水杉、刺槐、泡桐、梧桐、银杏、香樟、棕榈、女贞、黄杨、冬青、榆、楝、桑、松、柏等。

竹子 慈孝竹、孵鸡竹、大圆竹、五月竹、石竹、燕来竹等。

花卉 鸡冠花、凤仙花、菊花、芍药、美人蕉、文竹、天竺葵、一串红、牵牛花、爬山虎、天鹅绒、菖蒲、千日红、月季、茉莉、蔷薇、玫瑰、迎春花、腊梅、春梅、玉兰、广玉兰、白兰花、山茶、桂花、石榴花、牡丹、海棠、夹竹桃、六月雪、紫薇等。

(二) 动物

家畜 牛、猪、羊、兔、狗、猫等

家禽 鸡、鸭、鹅、鸽、鹌鹑等。

野生鸟类 麻雀、喜鹊、乌鸦、白头翁、黄鹂、杜鹃、家燕、野鸽、白鹭、猫头鹰等。

野生畜 鼠、野兔、刺猬、黄鼬等。

爬行类 水蛇、蝮蛇、赤链蛇、青梢蛇、秤星蛇、蜥蜴、乌龟、鳖等。

两栖类 青蛙、蟾蜍等。

软体类 蜗牛、河蚌、螺蛳等。

甲壳类 河蟹、虾、蟛蜞等。

昆虫类 蚕、蝶、蜂、蚱蝉、螳螂、蜻蜓、蟋蟀、蝈蝈、蚊、蝇、虻、蚂蚁、纺织娘、天牛、萤火虫、瓢虫、蠓虫、蝼蛄、蚱蜢、地鳖虫等。

鱼类 青鱼、草鱼、鳊鱼、鲢鱼、鲫鱼、鲤鱼、昂刺鱼、黑鱼、鳗鲡、黄鳝、泥鳅、塘鳢鱼、川鲦、螃鲏等。

第四节 人 口

一、人口规模

（一）人口总量

1951年，新乐村共80户280人，其中男性145人、女性135人。1962年，共232户720人，其中男性363人、女性357人，比1951年增长157%。1964年，共259户1294人，其中男性643人、女性651人，比1962年增长80%。1970年，共294户1230人，其中男性619人、女性611人。1980年，共334户1305人，其中男性662人、女性643人，比1970年增长6.6%。1990年，共348户1280人，其中男性642人、女性638人。2000年，根据第五次全国人口普查数据，新乐村共319户1129人，其中男性566人、女性563人，出现负增长，比1990年人口少11.8%。2011年，共326户1330人，其中男性664人、女性666人，比2000年人口增长17.8%。2020年，根据第七次全国人口普查数据，新乐村共321户1379人，其中男性685人、女性694人，比2011年人口增长3.7%。

1951—2020年新乐村户籍人口统计情况见表1-3。

表1-3　1951—2020年新乐村户籍人口统计选年表

年份	总户数/户	户籍人口/人	男性/人	女性/人
1951	80	280	145	135
1962	232	720	363	357
1964	259	1 294	643	651
1970	294	1 230	619	611
1980	334	1 305	662	643
1990	348	1 280	642	638
2000	319	1 129	566	563
2011	326	1 330	664	666
2020	321	1 379	685	694

（二）人口变动

新乐村人口变动除自然变动外，还有婚迁、升学、参军、外出工作等原因。1949年至1950年末，来自泰州、盐城等地的农民共89人迁入新乐村。1959—1962年，来自上海、无锡、昆山等地的15户城镇居民共71人落户新乐大队，参加集体生产劳动。1969年，迁出10人，迁入25人。1970年，迁出15人，迁入19人。1979—1980年，迁出34人，迁入9人。1990年，迁出8人，迁入12人。2000年，迁出11人，迁入21人。2011年，迁出4人。2020年，迁出1人。1990—2020年，累计迁出66人，迁入165人，迁入多于迁出99人。2020年，新乐村有户籍人口1 379人，外来居住人口1万多人。

1968年10月至1974年，18名苏州知识青年（俗称苏插）、3名昆山知识青年（俗称昆插）响应国家"知识青年到农村去，接受贫下中农再教育"号召，插队落户新乐大队。在这之前的1963—1967年，已有15名知识青年落户新乐大队，其中苏州13名、昆山2名。1963—1974年，新乐大队先后接受来自苏州、昆山的插队知识青年36名。知青插队落户时间长的有16年，短的也有3—4年。自1975年起，知识青年分批次返城，至1979年12月，插队新乐大队的知识青年除了已经在昆山当地安排工作的之外，其余的全部返城回原户籍地工作，户籍迁出新乐大队。

二、人口结构

(一)籍贯

2020年,根据昆山市公安局城北派出所户籍资料统计,新乐村有常住户321户,其中,昆山户籍252户,占总户数的78.5%;江苏省其他县市户籍69户,占总户数的21.5%。其中泰州籍53户、盐城籍10户、扬州籍3户、常州籍3户。

(二)性别

历年来,新乐村男性人数略多于女性人数。1951年,新乐村总人口280人,男性145人,占总人口的52%;女性135人,占总人数的48%。1962年,总人口720人,男性363人,占总人数的50.4%;女性357人,占总人口的49.6%。1970年,总人口1230人,男性619人,占总人口的50.3%;女性611人,占总人口的49.7%。1980年,总人口1305人,男性662人,占总人口的50.7%;女性643人,占总人口的49.3%。1990年,总人口1280人,男性642人,占总人口的50.2%;女性638人,占总人口的49.8%。2000年,总人口1129人,男性566人,占总人口的50.1%;女性563人,占总人口的49.9%。2011年,总人口1330人,男性664人,占总人口的49.9%;女性666人,占总人口的50.1%。2020年,总人口1379人,男性685人,占总人口的49.7%;女性694人,占总人口的50.3%。

(三)姓氏

2020年,新乐村户籍人口1379人,由125个姓氏组成。其中,张姓75人、王姓66人、李姓63人、夏姓58人、朱姓55人、周姓48人、陆姓44人、盛姓41人、吴姓40人、陈姓39人,排名靠前10个姓氏人口为529人,占总人口的38.4%。

2020年新乐村人口姓氏人数情况见表1-4。

表 1-4　2020 年新乐村人口姓氏一览表

姓氏	人数	姓氏	人数	姓氏	人数	姓氏	人数	姓氏	人数	姓氏	人数
张	75	马	21	姚	7	宋	4	奚	2	彭	1
王	66	罗	21	津	7	陶	4	卢	2	查	1
李	63	范	21	葛	7	华	4	伍	2	程	1
夏	58	许	19	董	7	蔡	4	方	2	屈	1
朱	55	叶	19	冯	7	谷	3	施	1	沙	1
周	48	唐	18	时	6	傅	3	纪	1	林	1
陆	44	钱	18	常	6	支	3	卫	1	鲍	1
盛	41	费	17	季	6	吉	3	祁	1	成	1
吴	40	严	17	梁	5	闫	3	稽	1	齐	1
陈	39	金	17	邹	5	谢	3	乔	1	柏	1
刘	38	苏	15	姜	5	龚	3	聂	1	贺	1
赵	37	倪	15	强	5	俞	3	仝	1	桑	1
沈	34	芮	14	戴	5	何	2	男	1	鲁	1
徐	34	胡	12	秦	5	花	2	於	1	田	1
杨	28	曹	12	蒋	4	邵	2	邱	1	钮	1
高	28	汤	12	于	4	余	2	郁	1	贾	1
韩	26	黄	11	江	4	诸	2	毕	1	龙	1
杜	25	郑	11	肖	4	汪	2	石	1	魏	1
孙	23	卞	11	缪	4	凌	2	浦	1	归	1
崔	22	袁	10	候	4	包	2	耿	1	薛	1
顾	21	丁	9	闵	4	菅	2	章	1	—	—

（四）年龄

1980 年，新乐村人口 1 305 人。其中，1—15 周岁的有 397 人，占总人口的 30%；16—58 周岁的有 784 人，占总人口的 60%；59 周岁以上的有 124 人，占总人口的 10%。在 2020 年末人口统计中，新乐村总人口 1 379 人，其中，1—15 周岁的有 164 人，占总人口的 12%；16—58 周岁的有 806 人，占总人口的 58%；59 周岁以上的有 409 人，占总人口的 30%，其中 90 周岁以上的有 9 人，占总人口的 0.7%。2020 年新乐村 90 周岁以上人员见表 1-5。

表1-5　2020年新乐村90周岁以上人员一览表

姓名	性别	出生年月	姓名	性别	出生年月
纪美英	女	1924年2月	赵小妹	女	1926年10月
崔士杰	男	1925年2月	时文进	男	1930年4月
陈金娥	女	1925年9月	宋忙扣	女	1930年5月
张友旺	男	1925年9月	秦阿林	女	1930年7月
李英娣	女	1926年1月			

（五）文化结构

中华人民共和国成立前，农村绝大多数贫困子弟没有学上，女孩上学的更少。即使能入学也只是读两三年，学龄前儿童入学率低。成年人中虽有少数人识字，也不过初小水平，更多的人不认识自己的名字。中华人民共和国成立后，经济发展，生活水平提高，学龄儿童能上学读书；政府重视教育，开办夜校扫盲班，在成年人中开展扫盲识字教育，扫除了一大批文盲。随着经济和教育事业的不断发展，60年代中期，小学入学率达20%。70年代，初中入学率达40%。80年代，普及九年制义务教育，初中、高中学生不断增多，每年都有学生考上大学。此外，通过函授自学成才的不乏其人，全村人口总体文化水平不断提高。

2020年，新乐村有学龄前儿童75人，占总人口的5%；小学文化水平的有475人，占总人口的34%；初中文化水平的有320人，占总人口的23%；高中文化水平的有68人，占总人口的5%；大专及以上学历的有293人，占总人口的21%。

三、人口管理

（一）生育管理

中华人民共和国成立前，新乐村民受世俗生育观"早生儿子早享福""多养子女多得福""养儿防老，传宗接代"的影响，一般一对夫妇生育4—5胎，甚至更多，造成家庭贫困，人口素质低。中华人民共和国成立后，党和政府重视人口控制和提高人口素质。60年代，公社卫生院派出医务人员进村入户做好控制人口宣传工作，动员生育2—3胎夫妇的其中一方做节育手术，控制无计划的生育。1978—1979年，已婚有生育条件的育龄夫妇节育率分别为84%、85%。80年代，计划生育工作进入常态化，倡导"一对夫妇只生一个孩子"，推行申报"独生子女""优生优育"等一系列措施。90年代，推出上门咨询婚育服务，开展送资料、送药具、送温馨、送健康、送知识等活动，发现问题及时采取补救措施，巩固计生成果。进入2000年，计划生育工作已成为村民自觉履行的义务和自觉承担的职责。

2016年1月，实施一对夫妇可生育两个孩子的政策。当年，新乐村有2对夫妇办理生育登记，村卫生保健站及时跟进，办理生育登记服务单、生育保险联系单，上门或电话采集信息，并开展怀孕、哺乳期卫生知识培训。在哺乳期做好上门服务工作，落实产后各项护理措施。至2020年，新乐村共有41对夫妇生育2个孩子。

2020年，新乐村人口出生率为5.8‰，人口自然增长率为-3.6‰。

（二）外来人口管理

新乐村地处昆山高新区工业园规划区域，工商业十分发达，外来人员居住密度较高。据统计，至2020年底，新乐村域内有外来务工人员10 491人，其中男性7 041人、女性3 450人。承租村民住宅的有10 330人，租住公司集体宿舍的有161人。

随着外来人口的不断增加，2012年，新乐村设立由村委会、警务站、网格化信息管理站组成的外来人员管理机构，加强对外来人员的管理。做好外来人员的"入住、入职、入学、入户"管理。建立外来流动人员台账，全程跟踪管理，入住或承租民房的外来人员须签订入住承租协议。由于外来人员大多来自外省，生活习惯、语言文化存在着差异，新乐村选配外来人员中具有一定组织能力和群众基础的参与管理，使外来人员感到更亲近、易接受，起到事半功倍的效果。

村委会根据外来人员入住后的生活需求，在抓好管理的基础上做好服务工作。针对外来人员对子女入学、申请经营等缺乏了解的现象，村委会在外来人员管理机构开设了咨询服务窗口，帮助解决外来人员的实际困难。在全面开展外来人口管理工作的同时，村委会组织开展形式多样的活动，定期送图书或组

织外来人员观看电影,丰富其业余文化生活;开展科技、文化、卫生、法治、体育等活动,把知识技能送到外来人员之中,为他们提供面对面的服务,满足他们的精神文化需求。真正做到本地百姓和外来人员"共聚一地,共建家园,共享平安,共创繁荣"。

第二章　党政群团

1950年10月，新乐行政村成立农会、妇女联合会、民兵营、共青团组织，在土地改革、农业生产互助合作化运动中，发挥了积极作用。1958年10月，成立马鞍山公社管理委员会，组建新乐大队管理委员会，建立中共新乐大队支部委员会。1969年2月，设新乐大队革命委员会。1983年6月，撤社建乡，建立中共新乐村支部委员会，设立新乐村村民委员会。2016年10月，新乐村党支部改建，建立中共新乐村总支部委员会。

村党总支全面开展思想建设、组织建设、制度建设，切实加强基层党组织建设和党员管理工作，不断增强党组织的凝聚力和战斗力，充分发挥党员先锋模范作用。推行村民自治，注重民主管理。村党总支、村委会负责村级经济发展、精神文明建设、社会稳定等工作。至2020年，新乐村先后获得"江苏省文明村""苏州市文明村""苏州市农村人居环境整治工作示范村""苏州市村务公开民主管理示范村""昆山市先锋基层党组织"等称号。

 第一节 村党组织

一、组织沿革

中共新乐大队支部委员会 1958年10月，建中共新乐大队支部委员会，金伯生任书记，有支委3名，党员7名。大队党支部属中共马鞍山人民公社委员会领导。1969年3月，新乐大队党支部设副书记一职，设支委3名。党支部活动趋于正常，党员发展工作正常开展，党员队伍逐步扩大。

中共新乐村支部委员会 1983年6月，政社分设，撤新乐大队设新乐行政村，建中共新乐村支部委员会，党支部设书记1名、支委4名。党支部下设2个党小组。

1958—2016年新乐村（大队）党支部书记、副书记见表2-1。

表2-1 1958—2016年新乐村（大队）党支部书记、副书记一览表

名称	职务	姓名	任职时间
新乐大队党支部	书记	金伯生	1958年10月—1965年12月
		张根生	1966年1月—1967年12月
		夏湖海	1968年1月—1973年12月
		杜文明	1974年1月—1978年12月
		盛火林	1979年1月—1982年12月
		苏洪根	1983年1月—1984年3月
	副书记	盛火林	1971年1月—1978年12月
		杜文明	1979年1月—1979年6月
		苏洪根	1979年7月—1982年12月

续表

名称	职务	姓名	任职时间
新乐村党支部	书记	夏长静	1984年4月—1984年8月
		李建刚	1984年9月—1986年6月
		杜文明	1986年7月—1987年6月
		朱维贤	1987年7月—1987年12月
		夏正宝	1988年1月—1989年10月
		苏洪根	1989年11月—1994年6月
		崔阿明	1994年7月—2000年11月
		郑国芳	2004年11月—2006年8月
		吴雪元	2006年9月—2009年8月
		朱长学	2009年9月—2016年9月
	副书记	刘国安	1989年1月—1990年12月
		李建荣	1992年1月—1993年12月
		盛惠华	2015年6月—2016年9月

注：1. 2000年12月至2003年12月，新乐村不设村党支部书记一职。
　　2. 1971年之前，新乐村不设村党支部副书记一职。

中共新乐村总支部委员会　2016年10月，中共新乐村党支部改制为中共新乐村总支部，设总支部书记1名、副书记1名，总支委4名。总支部下设2个党支部，4个党小组。2019年6月，新乐村总支部改选，设总支部书记1名、副书记2名，总支委4名。总支部下设2个党支部，6个党小组，支部书记由总支副书记兼任。

2016—2020年新乐村党总支书记、副书记见表2-2。

表2-2　2016—2020年新乐村党总支书记、副书记一览表

职务	姓名	任职时间	备注
书记	朱长学	2016年10月—2019年6月	
	朱彩华	2019年7月—2020年12月	

续表

职务	姓名	任职时间	备注
副书记	盛惠华	2016年10月—2020年12月	兼第一党支部书记
	解　健	2018年11月—2020年12月	兼第二党支部书记

二、党务工作

党员发展　1953年3月，新乐初级社有党员3名。1956年，创办新乐高级社，有党员5名。1958年，建中共新乐生产大队支部委员会，有党员7名。1965年，发展党员6名。70年代，发展党员9名。1980—1999年，发展党员28名。2000—2019年，发展党员26名。2020年，党总支有党员66名，其中第一党支部41名、第二党支部25名。

思想建设　中华人民共和国成立后，村（大队）党组织在土地改革，建立农会，组建互助组、初级社、高级社过程中发挥积极作用。党组织结合反对贪污、反对浪费、反对官僚主义的"三反"运动，开展整党整风活动。

60年代初，党组织组织党员参加整风、整社，纠正"五风"（"共产风"、浮夸风、干部特殊风、命令风、对生产瞎指挥风）和"一平二调"（平均分配、无偿调拨集体和个人财产）的运动。1965年7月至1966年3月，开展社会主义教育运动，即"四清"（清账目、清仓库、清财物、清工）运动。

1975—1980年，党组织开展党的基本路线教育活动。1978年10月起，揭批"江青反革命集团"，整党整风，端正思想路线，恢复和发扬党的优良传统，密切党群、干群关系。冬天，基层党员集中到县进行轮训，俗称"冬训"。

1981年起，冬训转为以公社（乡镇）为单位开展。党组织针对农村党员思想实际，开展党的路线、方针、政策和坚持四项基本原则（坚持社会主义道路，坚持无产阶级专政，坚持中国共产党的领导，坚持马列主义、毛泽东思想）的教育，振奋精神，转变思想观念。每年冬训，党组织组织党员听政治、经济形势报告，组织学习讨论，开展民主评议党员活动，整顿思想作风，增强组织纪律性，发挥党组织战斗堡垒作用和党员先锋模范作用，推进农村改革和"两个文明"（物质文明和精神文明）建设。

90年代中后期，以党校为阵地开办党员培训班，开展党的基本路线、基本知识和党性、党风、党纪教育，提高党员素质。新乐村以"党员之家"为阵地，定期对党员进行党的路线、方针、政策和党风、党纪教育。开展"讲学习、讲政治、讲正气"的"三讲"教育，使广大党员牢固树立全心全意为人民服务的宗旨意识，多办实事，密切党群关系。

2000年，组织开展"双思"教育，引导党员"致富思源，富而思进"。开展"三个代表"重要思想学习教育，结合党员先进性教育，进一步增强党员的政治意识、宗旨意识、责任意识、奉献意识和廉政自律意识，保持共产党员的先进性，争做勤劳致富带头人。2002—2003年，在党员中开展"两个率先"和牢记"两个务必"教育，引领党员干部按照科学发展观，学当"两个率先"的排头兵。2005年，结合党员先进性教育，全面落实党风廉政建设责任制，让党员充分认识到新时期掌握和提高经济建设能力的重要性。全面贯彻科学发展观，开展社会主义荣辱观教育，要求党员以人为本，弘扬求真务实、艰苦奋斗精神，保持共产党员清正廉洁政治本色，提高拒腐防变和抵御风险能力，保持党的先进性和纯洁性。2008—2009年，在党员中开展加强党性修养，坚持廉洁从政和廉勤"五个一"等党性、党风、党纪主题教育，进行"七笔账"违法成本大讨论。开展"三讲三评"（讲党性，强学习，评服务标兵；讲品行，强素质，评道德标兵；讲表率，强作风，评勤廉标兵）思想道德建设，推进社会主义核心价值体系建设和农村精神文明建设。结合保持党的纯洁性和先进性教育实践活动，开展"四治四兴"（治脱离实际、脱离群众之病，兴为民惠民之风；治急功近利、不负责任之病，兴实干担当之风；治懈怠自满、享乐安逸之病，兴改革攻坚之风；治挥霍奢靡、铺张浪费之病，兴勤政清廉之风）教育，着力解决宗旨意识、工作作风、精神状态、廉洁自律等方面存在的突出问题，从抓党性修养"根本"入手，从抓作风建设"关键"突破，活动取得实效。

2017年，组织开展聚力创新，聚焦富民，"四讲四看"（讲政策，看从严治党；讲创新，看转型升级；讲市情，看全面小康；讲典型，看城市文明）主题教育。2018年，组织开展"学习宣传贯彻十九大，开启改革开放新征程——走基地、看变化、聚力量"主题教育实践活动。唱响爱党、爱国、爱社会主义的主旋律，激励党员不忘初心、牢记使命，开展"学讲话、悟初心"主题党日活动。2019年，组织开展"不忘初心、牢记使命"主题教育，全面把握"守初

2006年1月7日，新乐村党员在沙家浜红色教育基地学习时合影
（2020年，新乐村村民委员会提供）

心、担使命、找差距、抓落实"要求，通过主题教育达到"五深化五增强"（深化理论学习，进一步增强发展本领；深化党性锻炼，进一步增强政治能力；深化担当作为，进一步增强斗争精神；深化为民服务，进一步增强群众观念；深化从严治党，进一步增强勤廉意识）。

2020年10月，按照昆山市委部署，组织开展党员先锋"十带头"实践活动。全体党员积极行动，在推动经济发展、城乡建设、文明建设、环境建设等方面做示范、做表率，务实奋进，建功立业，涌现出一批先锋党员"十带头"典型事例和先进个人。是年，新乐村党总支分别被中共昆山市委、中共昆山市委高新技术产业开发区工作委员会评为"昆山市先锋基层党组织""高新区一星级党建品牌"。

制度建设 60年代，党支部坚持"三会一课"制度，贯彻上级党委布置的工作任务，每月召开支部大会向党员通报工作，结合上级下发的党课教材，为全体党员和入党积极分子上党课。每季度召开一次党支部扩大会议，吸收入党积极分子和生产队长参加，开好民主生活会，开展批评与自我批评，帮助党员克服工作中存在的问题。

70年代末，党组织恢复活动后，发挥党员先锋模范作用，着重抓制度建设，完善了岗位责任、蹲点挂钩、党员联系户等工作制度。制度建设促进了农业生产发展，队办企业实现了以工补农的目标。多种经营发展实现了以副促农、全面发展，社员分配水平有所提高，村民得到了实惠。

80年代，实现家庭联产承包责任制。党支部以"党员之家"为平台，发挥桥梁作用，学习计划、活动记录、各项制度上墙公示，接受群众监督。党支部、村委会主要领导干部分工负责，切实抓好农机、农电、农技、农艺、农药、化肥六大服务工作，确保农户按季节完成收、种、管各项生产任务，及时解决问题，把为民服务工作做到家。

90年代，党支部进一步健全党内各项制度建设，重点加强党员岗位责任制、目标考评制建设，教育党员干部敢于担当、乐于奉献、全心全意为人民服务。

2010—2016年，开展"五规范"建设，即规范农村基层组织网络体系设置、规范农村基层工作运行程序、规范农村党员队伍管理、规范社会主义新农村载体建设、规范村级监督考评机制，从而更好地发挥党支部核心作用、战斗堡垒作用，充分发挥党员先锋模范作用。

2017年，为增强党务工作的透明度，让党员和群众有充分知情权和监督权，实施党务公开制度。2018年，全面认真实施党员勤政廉政制度，对党员干部加强廉政建设教育。至2020年，新乐村先后获得"江苏省文明村""苏州市文明村""苏州市农村人居环境整治工作示范村"等荣誉称号。

 ## 第二节　村级组织

一、新乐行政村

1950年1月，组建新乐行政村，隶属毛竖乡。卞正坤任新乐行政村村长。

二、初级农业生产合作社

1953年3月,新乐村创办初级社。初级社设社务委员会,有委员7名,孙伯锦任社长,陈永福任副社长,徐丽芬任妇女委员,金伯生任会计。为方便管理,初级社划分为5个生产小队,生产小队设正副队长、会计、记工员。

三、高级农业生产合作社

1956年3月,新乐初级社转为新乐高级社,实施"社代村",新乐行政村组织职能由新乐高级社替代。金伯生任社长兼党支部书记,盛国华任会计,徐丽芬任妇女委员。

四、大队管理委员会

1958年10月,城北乡和玉山镇、城南乡合并成立马鞍山公社。撤新乐高级社,设新乐大队,金伯生任大队长,盛国华任会计,徐丽芬任妇女主任。

1962年,贯彻《农村人民公社工作条例(修正草案)》和关于改变农村人民公社基本核算单位问题的指示,确立了公社、大队、生产队三级所有、队为基础,以生产队为基本核算单位的经济管理体制。大队设团支部书记、妇女主任、副业主任等职。每个生产队设生产队长和政治队长,设会计、记工员各1名。

五、大队革命委员会

1969年2月,新乐大队成立革命委员会,新乐大队管理委员会撤销。大队革命委员会设1名副主任负责大队全面工作。

1981年,恢复新乐大队管理委员会。1962—1983年新乐大队管委会大队长、革命委员会副主任见表2-3。

表2-3 1962—1983年新乐大队管委会大队长、革命委员会副主任一览表

名称	职务	成员姓名	任职时间
新乐大队管理委员会	大队长	马三孝	1962年3月—1967年12月
		朱尔民	1968年1月—1968年11月
		孙伯锦	1968年12月—1973年2月
新乐大队革命委员会	副主任	张根生	1969年2月—1970年12月
		夏湖海	1971年1月—1972年12月
		杜文明	1973年1月—1975年12月
		盛火林	1976年1月—1981年12月

注：1982—1983年，新乐大队不设大队管委会大队长一职。

1958年10月至1964年2月，设9个生产队。1964年3月至1966年1月，设17个生产队。1966年2月至1979年12月，设11个生产队。1980年1月至1984年11月，设15个生产队。

1958—1963年新乐大队9个生产队队长、会计见表2-4。1964—1965年新乐大队17个生产队队长、会计见表2-5。1966—1979年新乐大队11个生产队队长、会计见表2-6。

表2-4 1958—1963年新乐大队9个生产队队长、会计一览表

队别	队长	会计	队别	队长	会计
1	王志忠	孙寿岐	6	徐长庚	夏湖海
2	盛火林	叶伯锦	7	张友旺	孙志宏
3	胡庆宝	闵福安	8	张根生	金友法
4	张耀明	李恒道	9	盛小炳	于惠明
5	杨德美	夏长海	—	—	—

表2-5 1964—1965年新乐大队17个生产队队长、会计一览表

队别	队长	会计	队别	队长	会计
1	孙寿岐	陆尚平	10	徐长庚	范爱琪
2	倪和尚	王志忠	11	王玉田	夏湖海
3	胡庆宝	闵福安	12	张友旺	徐凤珍
4	陈品泉	叶伯锦	13	沈正中	孙志宏
5	盛火林	周文龙	14	张根生	高双苗
6	张培康	张守文	15	金于美	金于法
7	张耀明	李恒道	16	严万松	朱宝发
8	杨德美	夏长海	17	盛洪如	于惠明
9	王六孝	崔士杰	—		

表2-6 1966—1979年新乐大队11个生产队队长、会计一览表

队别	政治队长	生产队长	会计	队别	政治队长	生产队长	会计
1	陈金林	孙寿岐	陆尚平	7	范爱琪	钱立生	朱桂林
2	金伯生	杜品元	王志忠	8	杜文明	朱阿五	吴牧
3	李林根	李波生	李金男	9	张友旺	苏高才	孙志宏
4	盛火林	杜凤林	叶伯锦	10	刘春华	王志朋	袁福宝
5	张守文	张水生	张耀明	11	王志高	陆维华	朱宝发
6	杨德美	崔根孝	夏根银				

六、村民委员会

1983年6月，政社分设，撤新乐大队设新乐行政村。9月，夏长静任村民委员会主任，李建荣任经济合作社社长，李建刚任会计，赵根宝任民兵营营长，陆永明任团支部书记，李建玲任妇代会主任。1984年12月，撤生产队设村民小组，新乐村辖15个村民小组。2001年1月，调整为10个村民小组。

1983—2020年新乐村村民委员会主任、经济合作社社长见表2-7。

表2-7 1983—2020年新乐村村民委员会主任、经济合作社社长一览表

名称	职位	姓名	任职时间
新乐村村民委员会	主任	夏长静	1983年9月—1984年3月
		李建刚	1984年4月—1984年9月
		李建荣	1984年10月—1985年12月
		苏红珍	1986年1月—1989年6月
		张林根	1989年7月—1992年12月
		崔阿明	1993年1月—1994年6月
		张培文	1994年7月—1995年5月（代）
		张建春	1995年6月—1997年12月
		郑国芳	1998年1月—2004年10月
		张培文	2004年11月—2007年10月
		朱长学	2007年11月—2014年6月
		盛惠华	2014年7月—2020年12月
新乐村经济合作社	社长	李建荣	1983年6月—1991年12月
		张建春	1992年1月—1997年12月
		李克怀	1998年1月—2005年6月
		张培文	2005年7月—2013年5月
		夏志云	2013年6月—2020年5月
		王　刚	2020年6月—2020年12月

民主管理　90年代，村民委员会健全村民自治、财务管理、集体资产管理、财务审计等一套决策民主、管理有序的制度。村务工作推行并坚持做到"三公开、四民主、一满意"，即党务公开、村务公开、财务公开，民主管理、民主决策、民主监督、民主理财，让村民满意。完善民主管理制度及公开办事制度，村民直接行使民主权利，参与管理村级公共事务和公益事业。2000年，建立民主管理和监督机制，把村里的重大决策、重大工作、重大活动、大额开支等村务重大事项，作为民主监督领导小组监督重点。2010年，实施村级重大事项决策听证制度，村里重大事项实行村民一起参与管理、参与讨论、参与监督、参与听证，将集体经济的年度财务预算和收益分配方案以及重大资金（5 000元以

新乐村村民代表听证会现场
（2020年，新乐村村民委员会提供）

上的）安排，集体资产承包、变卖、租赁以及土地征用补偿费分配方案等重大事项，作为听证的内容，增强了重大事项决策透明度。决策听证事项以党务、村务、财务"三公开"形式，定期在村务公开栏内公示，每半年在村民代表大会上公布，常规村务公开做到每季度公布一次。实施村民代表会议制度，每10户村民推选产生1名村民代表，村两委会成员为当然代表（即非选举产生的代表）。村民代表广泛听取村民意见，村民代表会议每年举行一次，参与村相关事务的管理。2006年，新乐村获"苏州市村务公开民主管理示范村"称号。

村民自治 根据村民委员会的村民自我管理、自我教育、自我服务的基层群众性自治组织特性，下设村民小组，定期召开村民代表会议，参与村务工作管理。90年代初，为了加强和保障村民自治，由村民依法办理自己的事情，发扬基层民主，维护村民合法权益，促进社会主义新农村建设，新乐村制定6章28条新乐村村规民约。2019年，完善和重新修订由52句364字组成的新乐村村规民约。村规民约朗朗上口、通俗易懂，受到村民欢迎。村规民约对村民自我学习、自我管理、自我教育起到促进作用。2000年，新乐村获"昆山市村民自治模范村"称号。2020年，全村共10个村民小组，有18名村民小组长、6名妇女小组长，常年协助和配合村委会，开展各项村务管理工作和村民自治工作。

附：新乐村村规民约

新乐村村规民约

新乐村民争先进，制订村规立民约，步调一致跟党走，热爱祖国爱家园；
修正家风去糟粕，志向高远明善恶，举止言谈讲文明，行为端正有准则；
青春少年勤于学，提倡勤俭不懒惰，遵纪守法扬正气，不信谣言不传谣；

抛弃陋习树新风，不搞迷信不赌博，禁止黄毒要坚决，拒绝邪教远离恶；
文明养犬要做好，公共绿化要爱护，红白之事应节约，大操大办要不得；
邻里之间互依托，尊老爱幼需牢记，诚实为本信为诺，修身养性有美德；
车辆停放有秩序，消防通道不能占，踊跃报名去参军，接受祖国严挑选；
狠抓环保意识强，注重垃圾四分类，节约用水节约电，鼓励使用新能源；
珍惜粮食不浪费，光盘行动我先行，志愿活动勤参与，热爱公益乐奉献；
房内屋外不乱堆，脏水污水不乱排，出租房屋有标准，合规改造安全住；
水电燃气隐患多，安全观念常记心，农房翻建有规范，私自违建不可取；
文体活动齐参与，锻炼身体爱运动，医疗社保及时交，就医养老有保障；
全体村民齐配合，新乐发展你我他，遵守村规守民约，大家一起同欢乐。

会议制度 2004年11月，新乐村召开第一届村民代表大会，选举产生村民代表47名，村民小组长为当然的村民代表，村民代表大会代表每届任期3年。2007年，第二届村民代表大会召开，有村民代表27名。2010年，第三届村民代表大会召开，有村民代表29名。2013年，第四届村民代表大会召开，有村民代表35名。2016年，第五届村民代表大会召开，有村民代表35名。每届代表名额数由上级有关部门指定，第五届村民代表大会代表任期为5年。村民代表大会承担选举村民委员会主任和村重大事项审议、听证等职能。村民代表会议每半年召开一次，村遇有重要事项，应村总支委员会、村民委员会建议，举行临时会议。村民代表会议听取村委会年度工作汇报，修订和修改村民自治章程、村规民约。讨论决定村发展规划、新建和扩建项目，兴办各项公共福利事业、重大投资项目以及各种形式的经济生产承包责任制，审查村年度收支预决算、重要经济合同，讨论有关于村民利益的重大事项等。

2007年，村民代表会议对新乐村村规民约做修订。2019年6月，对新乐锦园安装4组电瓶车充电桩工程事项进行听证。11月，就村内紫竹路商铺立面改造、接入天然气和采购200套50升垃圾桶等事项进行听证。2019年，对村规民约进行修改。2020年1月，对新乐村2019年度发放"三老人员"（中华人民共和国成立前参加革命的农村老共产党员、老游击队员、老交通员）补贴、春节慰问残疾人员及村微型消防站购置电动消防车进行听证。4月，村民代表会议通

过 2019 年村级经济资金收支决算和 2020 年村级经济资金预算情况报告，2019 年村生态补偿专项资金使用方案，村域益胜路东侧空地发包，中环路 55 号厂房、新乐村看护点维修和新乐锦园更换 288 套路灯工程的结算等事项。5 月，通过新乐锦园公厕建造和廊亭景观工程、1—3 号桥停车位路面硬化工程等事项。6 月，对新乐锦园小区智慧路灯、智慧烟感、智慧音箱建设工程听证。9 月，村民代表会讨论通过，58 亩农保田委托外包种植事项。

1953—2020 年新乐初级社社委会、高级社社委会、大队管委会、村民委员会会计见表 2-8。

表 2-8　1953—2020 年新乐初级社社委会、高级社社委会、大队管委会、村民委员会会计一览表

名称	姓名	任职时间	名称	姓名	任职时间
新乐初级社社委会	金伯生	1953—1956 年	新乐村村民委员会	李建刚	1983—1984 年
新乐高级社社委会	盛国华	1956—1958 年		夏根云	1984—1989 年
新乐大队管委会	盛国华	1958—1965 年		张培文	1989—1995 年
	夏湖海	1966—1967 年		李克怀	1995—2005 年
	朱尔民	1968—1979 年		盛惠华	2005—2014 年
	夏长静	1979—1982 年		丁继勤	2015—2020 年

1980—2000 年新乐村（大队）15 个村民小组组长（生产队队长）、妇女组（队）长见表 2-9。

表 2-9　1980—2000 年新乐村（大队）15 个村民小组组长（生产队队长）、妇女组（队）长一览表

组（队）别	村民小组组长（生产队队长）	妇女组（队）长
1	孙寿岐、盛思根	吴菊芳
2	孙伯弟、潘雪明、马玉林	梁玉英
3	阚文元、李建荣、李建华、李建伟	李爱妹、蒋春英
4	叶惠泉、叶剑峰	王菊珍、顾雪琴、陆晶兰
5	张惠新	王凤英

续表

组（队）别	村民小组组长（生产队队长）	妇女组（队）长
6	夏长华、夏林根	刘正女、夏船桂
7	范爱琪、费士进	秦巧珍、夏当英
8	范爱琪、汤阿大、汤阿二、刘永庆	朱巧珍
9	杨玉兔	李扣珍、李和英、李梅英
10	高扣小	金桩英、高巧珍、肖春扣、高凤珍
11	钱树芳	稽凤英
12	盛仁和	陆晶兰
13	严万泉、王介忠	张小妹
14	李扣碗	强芬珠
15	朱根义	李梅英

2001—2004年新乐村村民小组组长、联组妇女组长见表2-10。

表2-10　2001—2004年新乐村村民小组组长、联组妇女组长一览表

组别	组长	妇女组长	组别	组长	妇女组长
1	陈金林、倪美芳	罗彩英、顾文娟、常粉香、苏红娟	6	夏长华	罗彩英、顾文娟、常粉香、苏红娟
2	倪振兴、陆永明		7	李扣碗	
3	李建华、李建荣		8	杜文明、朱惠根	
4	叶惠泉、盛和生		9	朱根义、苏红珍	
5	张惠新、罗乔林		10	高扣小、沈根孝	

注：联组妇女组长对10个村民小组负责，具体工作不分组别。

2005—2007年新乐村村民小组组长、村民代表见表2-11。

表2-11　2005—2007年新乐村村民小组组长、村民代表一览表

组别	组长	村民代表
1	陆永明	陈金林、吴连辉、吴菊芳
2	倪振兴	杜品元、梁玉英
3	李建华	蒋春英、胡建忠

续表

组别	组长	村民代表
4	叶惠泉	陈振东、叶建峰、盛和生、盛惠明、陆晶兰
5	张惠新	时金龙、马三小、罗乔林、王凤英
6	夏长华	夏传桂、杨德锦、王建良、赵根宝、夏长城
7	李扣碗	徐长庚、范新春、朱尔民、朱粉小、张粉珠、范爱琪
8	杜文明	汤阿大、朱巧珍、朱惠根
9	朱根义	张友旺、李胜荣、苏红珍、沈立根
10	高扣小	高凤珍、严红林、汤稍心

注：村民小组组长兼村民代表。

2008—2010年新乐村村民小组组长、村民代表见表2-12。

表2-12　2008—2010年新乐村村民小组组长、村民代表一览表

组别	组长	村民代表
1	陈金林	盛思根
2	陆永明	梁玉英
3	李建华	李建荣
4	叶惠泉	陆晶兰、陈振东、盛和生
5	张惠新	王凤英、罗乔林
6	夏长华	杨德锦
7	李扣碗	朱粉小、范爱琪
8	杜文明	—
9	苏红珍	沈立根
10	高扣小	严红林、高菊芳、沈根孝

2011—2013年新乐村村民小组组长、村民代表见表2-13。

表2-13　2011—2013年新乐村村民小组组长、村民代表一览表

组别	组长	村民代表
1	陈金林	盛思根
2	陆永明	梁玉英
3	李建荣	唐解萍
4	盛和生	叶惠泉、周惠明、盛伟民
5	罗乔林	王凤英、张水泉
6	夏长华	杨德锦、华金敏
7	李扣碗	范爱琪、夏存义、朱粉小
8	朱惠根	张金娥
9	苏红珍	沈立根、严根才
10	沈根孝	高扣小、高菊芳、李春景

2014—2016年新乐村村民小组组长、村民代表见表2-14。

表2-14　2014—2016年新乐村村民小组组长、村民代表一览表

组别	组长	村民代表
1	倪美芳	陈金林
2	陆永明	梁玉英
3	李建荣	唐解萍
4	叶惠泉	周惠明、侯美娥、盛和生
5	罗乔林	罗彩英、张水泉、张惠新、马阿龙
6	夏长华	夏芝忠、陆秀娣、赵根宝、杨德锦
7	李扣碗	苏红娟、范爱琪、朱尔民、夏存义
8	朱惠根	常粉香
9	苏红珍	陈顺章
10	沈根孝	张扣林、高菊芳、李春景、张正林、高凤珍

2017—2020年新乐村村民小组组长、村民代表见表2-15。

表 2-15　2017—2020 年新乐村村民小组组长、村民代表一览表

组别	组长	村民代表
1	倪美芳	陈金林
2	陆永明	梁玉英
3	李建荣	唐解萍
4	叶惠泉	侯美娥、盛和生、周惠明
5	罗乔林	张水泉、张惠新、马阿龙、罗彩英
6	夏长华	陆秀娣、赵根宝、杨德锦、夏芝忠
7	李扣碗	范爱琪、朱尔民、夏存义、苏红娟
8	朱惠根	常粉香
9	苏红珍	陈顺章
10	沈根孝	张扣林、高菊芳、李春景、张正林、高凤珍

 第三节　民兵组织

一、组织建设

50 年代初，新乐村民兵分为基干民兵和普通民兵。年龄 17—25 周岁的村民和 18—30 周岁的复员军人被编为基干民兵，26—45 周岁的村民被编为普通民兵。50 年代末，实行全民皆兵。县建立民兵师，公社建立民兵团，新乐大队成立民兵营，各生产队建立民兵连。1964 年，城北公社成立武装、基干民兵营，新乐大队成立武装、基干民兵排，隶属县人民武装部领导。

80 年代初，遵照上级指示精神，公社人武部将武装、基干、普通 3 种民兵

重新调整为基干民兵和普通民兵2种。民兵年龄在18—28周岁之间，其中18—25周岁为基干民兵，其余为普通民兵。1988年，新乐村民兵营建有"民兵之家"，重视制度化建设，坚持党管武装的方针。2020年，新乐村民兵营有基干民兵3人、普通民兵125人，均为男性。

二、民兵工作

中华人民共和国成立之初，为了保卫胜利果实，新乐村组织民兵维护社会治安，夜间巡逻，协助搞好土地改革、统购统销、抗美援朝战争、互助合作等各项工作。

"文化大革命"期间，实施人民防空运动，响应"备战、备荒、为人民"的号召，提高警惕，挖防空洞，进入战备状态。1978年开始，加强民兵组织建设，做到"三落实"，即组织落实、政治落实、军事落实，提高民兵素质。做好兵役登记工作，选送优秀适龄青年入伍。

2000年后，新乐村进一步加强民兵的政治教育，明确民兵的地位和作用。村民兵营因地制宜，组织民兵开展学雷锋送温暖、扶贫帮困、帮耕助耕等活动。农忙季节有针对性地为军属、缺少劳力家庭排忧解难。组织民兵维护社会治安，配合村两委开展环境整治及讲文明、树新风活动。在抗击"非典"、新冠疫情防控等专项工作中，民兵发挥了积极作用。2006年，新乐村民兵营获镇"双带双扶"鼓励奖和2006年度先进集体称号。

2006年后，村民兵营组织民兵深入学习科学发展观，按照"持久打基础、贴心做准备、积极抓融合、创新求突破"和昆山市委提出的"三保、三促"总要求，加强思想政治建设、提高国防观念，认真贯彻

新乐村卫星消防站（2020年，罗英摄）

党的军事方针，加强国防动员工作，发挥民兵带头作用。2018 年，民兵连组织开展以"增强大雪防范及应对能力"等为主题的相关知识宣传活动，为村民发放宣传资料，提高居民对大雪天气的防范意识，并组织民兵清扫村内道路积雪，保障村民出行安全。"春运"期间，组织基干民兵参与昆山火车站安全执勤。2019 年，组建微型消防站，村内民兵组成消防应急连，担任消防值守工作。2020 年，发现和成功处置火警隐患 66 起，为新乐村村民的安居保驾护航。

1961—2020 年新乐大队（村）民兵营营长见表 2-16。

表 2-16 1961—2020 年新乐大队（村）民兵营营长一览表

名称	姓名	任职时间	名称	姓名	任职时间
新乐大队	张友旺	1961—1963 年	新乐村	夏根云	1984 年 7 月—1984 年 12 月
	陈金林	1964—1967 年		张建春	1985—1996 年
	杜文明	1968—1973 年		夏志云	1997—2016 年
	苏洪根	1974—1976 年		王 刚	2017—2020 年
	赵根宝	1977—1984 年 6 月			

第四节　群团组织

一、共青团

50 年代，在土地改革运动、抗美援朝战争中，新乐村共青团组织发动和带领团员青年，配合政府积极宣传党的方针政策，在党组织领导下，积极参加互助组，有 7 名共青团团员带头参与组建新乐村农业生产合作社，在发展农业生产、应征入伍、农民夜校扫盲等活动中发挥了党的助手作用。

1963年,毛泽东主席发出"向雷锋同志学习"的号召,全大队团员青年积极响应,做好人好事不计个人得失,助人为乐。在团支部带领下,组建铁姑娘队,在生产中发挥突击队作用。组织文艺宣传队,编排文艺节目为社员演出,受到欢迎。

"文化大革命"期间,共青团组织活动处于停顿状态。1974年以后,开始整团、建团,恢复活动。发展团员3名。1976年,开展"学雷锋树新风"活动。80年代,组织青年参加"全国文明礼貌月"活动,广泛开展"五讲"(讲文明、讲礼貌、讲卫生、讲秩序、讲道德)、"四美"(心灵美、语言美、行为美、环境美)、"三热爱"(热爱祖国、热爱社会主义、热爱中国共产党)活动。开展农村青年实用技术培训,对务农青年开展农副业技术培训。广泛开展"学雷锋、树新风,做'四有'新人"主题活动,陶冶团员青年共产主义道德情操,树立社会主义新风尚,开展帮困助耕等活动。

2000年后,组织团员青年积极参加青年志愿者活动。开展"青春路上、你我同行"昆山高新区百名好青年寻访活动。至2020年,团支部有注册志愿者50名。

1959—2020年新乐村(大队)团支部书记见表2-17。

表2-17　1959—2020年新乐村(大队)团支部书记一览表

姓名	职务	任职时间	姓名	职务	任职时间
陈秀芬	书记	1959—1962年	陆小明	书记	1983—1986年
张彤文	书记	1963—1965年	张建春	书记	1987—1989年
倪美芳	书记	1966—1968年	崔阿明	书记	1990—1991年
沈佳元	书记	1969—1971年	周芬英	书记	1992—1996年
苏洪根	书记	1972—1974年	夏志云	书记	1997—2014年
李金男	书记	1975—1975年	夏晓园	书记	2015—2017年
李建刚	书记	1976—1982年	解健	书记	2018—2020年

二、妇女组织

50年代初,在农业合作化运动中,新乐村初级社、高级社社委会设有民主

妇女联合会。1953年建初级社，徐丽芬任妇女委员。1958年成立新乐大队，大队设有妇女联合会。

60年代，妇女代表大会任务是培养和提高妇女政治觉悟，发动妇女参加集体生产劳动，教育妇女勤俭持家，培养好下一代，关心妇女、儿童身体健康等。新乐大队设妇代会，生产队设妇女小组长。"文化大革命"期间，妇代会组织瘫痪，1973年恢复活动。

80年代，妇女工作紧紧围绕经济建设这一中心，动员妇女发扬自尊、自立、自信、自强的"四自"精神，投身"两个文明"建设和维护妇女、儿童合法权益工作，在改革与建设实践中不断加强自身建设。

进入2000年，村妇代会组织妇女围绕以经济建设为中心这一主线，带领妇女扎实做好四项工作。鼓励妇女发展第三产业，走共同富裕之路；关心妇女健康，定期组织妇女病检查和育龄妇女健康检查，每年组织100多人次参与检查；开展"文明家庭""巾帼致富带头人"等评选活动，提高妇女的社会地位；维护妇女、儿童合法权益，开展敬老爱小、爱心助学活动，做好弱势群体帮困工作。2019年，组建新乐村家长学校，帮助学生家长优化家庭教育环境，促进家庭精神文明建设，组织开展"平安家庭""十佳女性创新、创业人才"等创建活动。至2020年，新乐村妇代会获得苏州市妇女联合会颁发的"四好妇代会"称号，1人获得"苏州市'双学双比'竞赛活动先进女能手标兵"称号；1人获得"昆山市'双学双比'劳动竞赛生产能手"称号，1户获"昆山市好婆媳"称号。受到区镇表彰的有慈善结对助学2户2人、慈善之星1人、十佳优秀母亲1人、好婆媳家庭2户，1人获"城北镇'双学双比'竞赛活动粮农妇女生产能手"称号。

1953—2020年新乐大队（村）妇女组织负责人见表2-18。

表2-18　1953—2020年新乐村（大队）妇女组织负责人一览表

姓名	职务	任职时间	姓名	职务	任职时间
徐丽芬	妇女委员	1953年3月—1958年9月	陈秀芬	妇代会主任	1960—1969年
徐丽芬	妇代会主任	1958年10月—1959年12月	倪美芳	妇代会主任	1970—1972年

续表

姓名	职务	任职时间	姓名	职务	任职时间
吴桂英	妇代会主任	1973—1982 年	周粉英	妇代会主任	1989—2007 年
李建玲	妇代会主任	1983—1988 年	丁继勤	妇代会主任	2007—2020 年

三、残疾人协会

2006 年 6 月，新乐村成立第一届残疾人协会，张培文任主席，朱粉小任副主席，委员有周粉英、夏志云、倪正华。2006 年，新乐村有残疾人 41 名，其中男性 22 名、女性 19 名。包括视力残疾 12 名、听力残疾 1 名、肢体残疾 22 名、智力残疾 4 名、精神残疾 1 名、多重残疾 1 名。按残疾等级划分，有一级残疾 10 名、二级残疾 8 名、三级残疾 23 名。办理残疾证 23 张。

村残疾人协会制定协会工作制度，明确工作职责和助残服务项目等。逢年过节，协会组织走访慰问活动，上门为残疾人发放节日礼品和过节费，按照残疾人健康状况和年龄层次发放不同标准慰问金，使残疾人的生活得到保障和改善。

2006 年 6 月 26 日，新乐村第一届残疾人协会
第一次会员代表会议召开
（2020 年，新乐村村民委员会提供）

2020 年，新乐村有残疾人 62 名，其中男性 28 名、女性 34 名。包括视力残疾 12 名、听力残疾 6 名、肢体残疾 31 名、智力残疾 5 名、精神残疾 6 名、重度残疾 2 名。有一级残疾 12 名、二级残疾 24 名、三级残疾 17 名、四级残疾 9 名。

四、关心下一代工作委员会

1994 年，新乐村成立关心下一代工作委员会（以下简称"关工委"），崔阿明任主任，周芬英、张建春任委员。村关工委设未成年人工作领导小组，设 1

名主任、2名副主任。关工委负责全村下一代工作,在家庭教育、学校教育、社会教育三者之间发挥组织协调作用,形成上下纵横、互相配合的组织网络。做到教育有阵地、活动有场所、工作有抓手。为全面加强未成年人教育工作,村关工委组建关心下一代工作校外教育辅导站、心理健康辅导领导小组、关心下一代"五老"(老干部、老战士、老专家、老教师、老模范)志愿者服务团队,选聘"五老"代表任网吧和电子游艺场所义务监督员。村关工委利用寒暑假,定期组织开展有针对性的学习教育,为未成年人开放图书室、阅览室等文化娱乐场所,利用家长学校开展丰富多彩的文化和体育活动,寓教于乐,加强与未成年人之间交流沟通。组织举办思想道德讲座,举办摄影、书画展,加强青少年"三热爱"教育和社会主义法治教育,增强未成年人的自我保护意识。家长学校充分发挥监护人的作用,维护和保障未成年人合法权益。村关工委充分发挥"五老"优势,由5名老党员组成的关心下一代工作校外辅导员,有针对性地开展帮教转化工作。组织开展未成年人"零犯罪"村创建工作,全面创建关心下一代工作"五有五好"("五有"指有班子、有队伍、有阵地、有经费、有制度,"五好"指领导班子建设好、"五老"作用发挥好、制度健全执行好、积极搜索创新好、活动经常效果好)示范村,引导青年人崇德向善、崇尚文明,推进未成年人思想道德建设。积极发挥网吧义务监督员作用,加强网吧义务监督,杜绝未成年人进入网吧。同时做好外来务工者子女关爱工作,帮助他们融入新乐村的社会生活。

2010年,村关工委组建关心下一代"五老"志愿者队伍,15名志愿者利用寒暑假开办兴趣小组。组织开展"学双百,争三好"(学习100位为新中国成立作出突出贡献的英雄模范人物和100位新中国成立以来感动中国人物的事迹,在家争做好孩子,在学校争做好学生,在社会争做好公民)主题教育,鼓励青少年在校做好学生、在家庭做好孩子、在社会做好公民,使学校、家庭、社会教育有机衔接,把思想道德教育融入日常生活中。至2020年,新乐村先后获得"昆山市2003—2005年度安置帮教工作先进集体""昆山市关心下一代工作先进集体"等称号。

五、老年人协会

1989年8月,新乐村成立老年人协会,张友旺任会长。老年人协会组织有领导班子、活动有场所、管理有制度、工作有计划,老年工作有序开展,取得实效,扩大了影响。老年人老有所养、老有所乐、老有所学、老有所为、老有所依,在新乐村逐步形成敬老爱老风气。

每逢重阳节等传统节日,老年人协会邀请老年人参加茶话会、座谈会等多种形式的节庆活动。老年人协会组织走访慰问老年人活动,关心和了解老年人生活、身体健康状况,及时为他们提供帮助,组织老年人学习《中华人民共和国老年人权益保障法》等。1995年6月,老年人协会组建昆山市第一支村级门球队,时有队员10名,门球队参加区、镇以上比赛,并多次获奖。2005年11月,获昆山市双人制门球赛亚军。2020年,新建老年活动室,设书场、影视室、棋牌室、阅览室等,为全村老年人提供良好的活动场所,丰富老年人的精神文化生活。

在区镇老龄会的协助下,做好农村基本养老保险制度实施工作,较好地解决了老年人养老问题。按照昆山市老龄会统一部署,为全村60岁以上老年人办理乘车、游园等"敬老优待证",为70岁以上老年人办理免费乘坐公交车优待证。2009

新乐村老年人棋牌室活动场景(2020年,罗英摄)

年起,由政府出资为65岁以上老年人每年免费体检一次,检查率100%,老年人的生活质量得到提高。

2020年,新乐村老年人协会先后获得"2002—2003年度昆山市老龄工作先进集体""昆山市老年体育工作先进集体""2003—2006年度苏州市老年体育工作先进集体"等称号。

第三章 农 业

　　旧时,新乐村土地贫瘠,多洪涝灾害,农耕环境差,粮食产量低,村民生活苦。中华人民共和国成立以后,经过土地改革,新乐村组建农业生产互助组,经过农业生产合作化、人民公社化,村民生产积极性高涨,农业生产得到发展。1982年,全面推行家庭联产承包责任制,打破了"大锅饭"的生产管理模式,村民种田积极性得到调动。村民在种好责任田的同时,发展种植、养殖业等副业生产,搞多种经营。实施家庭联产承包责任制后,农村劳动力大量转移,新乐村及时对家庭联产承包土地作合理调整,并实施土地承包规模经营。1993年8月,进行第二次土地确权登记工作,稳定家庭联产承包责任制。1998年,贯彻中共中央关于农村工作的16号文件《关于进一步稳定和完善农村土地承包关系的通知》精神,延长第二轮土地承包30年,为农户颁发农村集体土地经营权证,加快了农业生产发展。1999年,新乐村纳入昆山高新区北部工业区发展规划。2002年以后,传统的农业生产和种、养殖业终止,土地承包经营全面结束。

第一节 农村经济体制改革

中华人民共和国成立之前,新乐村村民都是一家一户单独种田,生活贫穷。村域有耕地1 300亩,绝大部分土地被地主、富农所占有。其中,5户地主耕地面积550亩,占42.31%;9户富农耕地面积318亩,占24.46%;80户农民耕地面积432亩,占33.23%。中农有少量土地,贫农、雇农则是少田或无田可种,有的农户只能靠种"租田"或帮人打工维持生计。旧社会,富裕人家耕作农具齐全,干活人手多,他们可与贫困人家以人力置换农具的使用,一般都能按时完成生产。贫困农户因"调人工""伴工帮忙"后再做自家农活,容易误农时而影响收成等,往往水稻亩产不足150公斤,小麦亩产不足50公斤,油菜籽亩产不足20公斤。

一、土地改革

1950年6月,《中华人民共和国土地改革法》颁布。10月,土地改革工作按照土地登记、分户造册、划定成分、查清各阶层土地占有情况等分阶段进行。11月,新乐村土地改革工作全面推开。土地改革前,新乐村有村民80户,人口280人,土地432亩,户均5.4亩,人均1.54亩。1951年10月统计,经过土地改革,新乐村村民分得土地910.65亩,全村合计有土地1 343亩,户均16.77亩,人均4.79亩。全村土地面积组成为水田638.31亩、水旱田655.73亩、旱田17.61亩、竹园6.93亩、鱼塘5.95亩、坟地14.53亩、荒地1.56亩、池塘2.4亩。

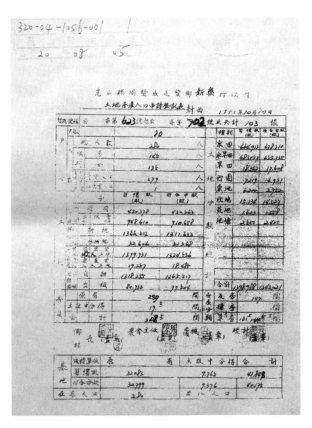

1951年新乐村土地房产人口登记表（2020年，新乐村村民委员会提供）

二、农业合作化

互助组 土地改革后，广大村民视土地为宝，辛勤耕种。但是因土地属村民私有，村民有出租、出售土地的自由，翻身后的贫雇农在没有耕畜、缺农本、缺劳力，种田有困难的情况下，出现了卖土地、做雇工的现象。1951年春，在周墅区委指导下，村民陈永福带头组织起周墅区第一个农民伴工组。6月，正式组建全县第一个常年性生产互助组，名为陈永福生产互助组。参加互助组的农户有5户，其中贫农2户、中农3户，全组22人，有11个劳动力。互助组有耕地90.7亩，耕牛2头、农船2条、牛力水车2部、人力水车4部。当年，陈永福生产互助组水稻获得丰收，产量高于单干户。1952年2月，陈永福生产互助组被评为苏南地区模范互助组，陈永福被评为苏南地区劳动模范，并出席苏南地区劳动模范代表大会。在陈永福生产互助组的影响和带动下，新乐村常年性

互助组发展至8个,参加村民54户,占到全村总户数的68.35%。

初级农业生产合作社 1953年3月,全面贯彻党在过渡时期总路线,昆山县政府号召农民组织起来走合作化道路。昆山县委在新乐村试办全县第一个农业生产合作社——新乐村初级农业生产合作社。孙伯锦任社长,陈永福任副社长,金伯生任会计。新乐初级社有农户25户,其中雇农2户、贫农17户、中农6户,入社农户占全村农户总数的31.25%,初级社总人口100人,60个男、女正半劳动力。有耕地419亩,其中水田206.41亩、水旱田209.5亩;耕牛5头,大型农船9条,大小犁18张,耙5张,牛力水车4部,人力水车14部,轧稻机1台。

初级社实行土地入社(入股)分红和劳动工分取得分配。首先是"评产入股",经社员大会集体讨论、民主协商,入股土地按质量优劣、耕作的难易程度、田块布局远近及常年产量等,评选出标准田。再根据标准田评出全社各块农田的亩产量,依次列出各田块的等级和产量。定为一等的水田有117.61亩,亩产量定为203.5公斤;二等的水田有88.86亩,亩产量定为185公斤。一等水旱田有128.18亩,亩产量定为212.5公斤;二等水旱田有81.31亩,亩产量定为195公斤。初级社设有社务委员会,配有正、副主任各1名,委员7名。初级社实施统一经营、统一管理、统一组织生产、统一分配管理制度,克服了单干户或互助组时农户难以克服的困难。组建合作社第一年,水稻产量比上年提高三成,社员增收粮食少的有几百公斤,多的有1 000公斤以上,其中增收500—1 000公斤的有5户,1 000公斤以上的有6户,最多的一户比1952年增收2 650公斤。

1954年,农业生产合作社发展到62户,占全村总户数的78.48%。为便于管理,初级社划分为5个生产队,生产队设队长、副队长、会计、记工员各1名。全社有251人,136个劳动力,950亩耕地。1955年,又吸收3户单干农户入社,全社有农户65户263人,有耕地1 021亩。

高级农业生产合作社 1956年3月,新乐初级社联合邻近的3个初级社、5个互助组,成立新乐高级农业生产合作社。高级社有村民259户931人,耕地面积3470亩。高级社组织生产实行土地、劳力、耕畜、农具"四固定"和包工、包产、包成本一奖一赔制,即超产奖励、减产赔偿。高级社土地归集体所有,耕牛归集体饲养，社员不得买卖耕牛，大型农具折价归社。同时取消原先的土地分红，实行定额记工，按劳计酬，年终由社委会统一制定分配方案，按照"三包"情况和结果，结算到队分配到户。

三、人民公社

1958年10月，城北乡和玉山镇、城南乡合并，成立马鞍山公社。撤新乐高级社，设新乐大队。1959年6月，撤马鞍山公社，新乐大队划归分建后的城北公社。公社组织劳动生产，实行的是半军事化管理制度，生产生活集体化，经济分配由公社一级核算。全大队办有6个公共食堂，"吃饭不要钱，再发零用钱"，分配搞"平均主义"，平调集体财产和社员的私有财产，出现浮夸风、瞎指挥等不正风气。农业生产脱离了新乐大队发展的实际情况，挫伤了村民的生产积极性。此后又经历三年困难时期，粮食产量下降，村民口粮严重不足。1962年，新乐大队为尽快恢复农业生产，在生产管理上施行"水稻田间管理包工到户"的做法，全大队9个生产队，将3000亩水稻的田间管理分到186户社员家庭包工管理，负责从插秧后到除草、耥稻、耘稻、拔除稗草等收割前所有田间管理农活。工分的结算方面，结合田间管理的要求，达到田间管理质量和标准的，以种一熟水稻总用工量的三分之一计算工日、工分。这一办法较好调动了村民的生产积极性，农业生产逐步得到恢复、发展。1964年，全大队粮食总产量达88.84万公斤。1962年新乐大队农业生产基本情况见表3-1。

表3-1　1962年新乐大队农业生产基本情况表

| 队别 | 三车/部 | | | 人力脱粒机/台 | 犁/部 | 耙/张 | 喷雾器/台 | 机电排灌面积/亩 | 耕牛/头 | | 木质农船/条 | 耕地面积/亩 |
	合计	风车	牛车	人力水车						总数	可使用		
1	2	—	2	—	3	5	2	—	400	7	6	4	482
2	3	1	2	—	3	6	2	1	382	6	5	3	382
3	2	—	1	1	2	4	2	1	262	2	2	2	262
4	3	1	1	1	3	5	2	—	250	3	2	3	412
5	2	—	1	1	2	4	2	1	282	4	3	3	282

续表

队别	三车/部			人力水车	脱粒机/台	犁/部	耙/张	喷雾器/台	机电排灌面积/亩	耕牛/头		木质农船/条	耕地面积/亩
	合计	风车	牛车							总数	可使用		
6	2	—	—	2	3	4	2	1	—	4	3	2	382
7	3	1	—	2	1	5	2	1	200	3	2	3	332
8	3	1	—	2	2	5	2	1	382	3	3	3	382
9	1	—	—	1	1	3	1	6	—	1	1	3	115
合计	21	4	7	10	20	38	17	12	2 158	33	27	26	3 031

1966年，"文化大革命"开始，农业生产处于无序状态。1967年夏，第4生产队有370亩水稻失管，后经城北公社与周市公社协商，约请毗邻的周市公社永共大队帮助第4生产队耘稻和耥稻，突击水稻田间管理，累计用300多工，是年，第4生产队水稻亩产108公斤。

1962—1971年，贯彻中央《关于农村人民公社分配问题的指示》后，吃"大锅饭"、"大寨式"评工分等现象逐步得到纠正。劳动管理实行定额到人、评工记分，在上级计划指导下，合理规划播种水稻、三麦、油菜。实行三级所有、队为基础的经济管理体制，在大队农业生产中发挥作用。在财务管理上，做到社员工分和报酬、生产队日常收支等账目定期公布。在生产队干部带领下，全体社员艰苦奋斗、辛勤劳作，粮油产量连年稳中有升。

四、家庭联产承包责任制

1978年，党的十一届三中全会以后，改革农村经济体制。1982年4月，新乐大队实行家庭联产承包责任制，即分田到户。大队有耕地2 448.81亩，劳均责任田2.5亩，人均口粮田0.49亩。1991年4月，新乐村有耕地2 235.45亩，劳均责任田1.84亩，人均口粮田0.6亩。村民承包的耕地所有权归集体，村民有使用权无买卖权。土地承包后农户自主经营、自负盈亏，经济上不再由生产队核算分配，但必须完成国家下达的粮食征购、超购、议购任务，同时要承担"两金一费"，即向村民委员会上交公积金、公益金和管理费。实行家庭联产承包责任制后，生产队原有的大型农具、拖拉机、挂机船等作价卖给农户，其他农具如脱粒机、农船等根据拥有量和农户绝对数，以户为单位平均分摊到户共同使用。家庭联产承包责任制施行后调动了村民种田积极性。

五、土地规模经营

随着农业机械化水平的提高，务农劳动强度的减弱，以及村镇工业的迅速发展，新乐村务农劳动力逐步向务工、经商、搞副业转移。一部分农户自愿减少部分承包土地，而有的农户备有大型农具又有种田技术和经验，愿意多承包土地搞经营，经村经济合作社流转，土地逐步向种田能手转移，农业规模经营开始形成，新乐村出现承包成片种植土地的大农户。

1986年12月，第1村民小组村民陆永明成为城北乡第一批、新乐村第一位承包土地大农户。当年承包土地57.78亩，其中小麦20亩、大麦14亩、油菜籽12亩，来年就获得丰收。1992年春，村民委员会根据各村民小组和农户家庭劳动力变化情况，对全村土地承包经营做小范围调整，产生第1村民小组陆永明、第8村民小组刘永庆、第10村民小组沈林孝、第13村民小组王介忠、第14村民小组袁伟明、第15村民小组朱根如、第7村民小组范新春等7户种田大户，总计承包农田427.98亩，户均61.14亩。朱根如承包76.7亩，为最多，最少的也有51.36亩。1993年，第3村民小组王业虎成为种田大户，全村共有8户种田大户，承包农田536.49亩，户均67.06亩。1994年，第2村民小组陈万夫成为种田大户，全村有种田大户9户，承包农田637.41亩，户均70.82亩。1995—1996年，新乐村共有种田大户11户，承包农田1 107.48亩，户均100.68亩，范新春承包221.1亩。1997—1998年，全村有种田大户12户，承包农田1 125.77亩，户均93.81亩，范新春承包213.55亩。随着工业开发利用土地力度加大，1995年，第3村民小组成为全失地小组。

1999—2000年，全村12户种田大户，承包经营农田1 146.91亩，户均95.58亩，最多的一户承包184.96亩。对规模经营户，村委会制定有相应的扶助措施，对种田大户实行"六优先"，即农业贷款预付定金优先发放、肥料农药优先供应、农机使用优先安排、优良品种优先调拨供应、出售粮油优先照顾、农业技术优先辅导。在经济上予以适当照顾，按田亩补贴或与出售商品粮挂钩补贴，从而使土地规模经营取得良好社会效益和经济效益。土地规模经营的形成，有利于农村劳动力向非农产业转移，使农民各展其长、各得其所，促进二、三产业的发展。2002年末，新乐村终止农业生产规模经营和土地承包经营责任制。

1992—2000年新乐村土地规模经营统计情况见表3-2。

表3-2　1992—2000年新乐村土地规模经营统计表

姓名	组别	承包农田面积/亩								
		1992年	1993年	1994年	1995年	1996年	1997年	1998年	1999年	2000年
陆永明	1	55.46	55.46	55.46	106.24	106.24	105.20	105.20	145.04	145.04
陈万夫	2	—	—	100.92	116.15	116.15	115.96	115.96	132.31	132.31
李建华	3			129.79	129.79	97.45	97.45	118.63	118.63	
王业虎	3	—	108.51	108.51	—		—			
夏长华	6	—	—	—	112	112	110.81	110.81	126.12	126.12
范新春	7	54.51	54.51	54.51	65.10	65.10	70.68	70.68	62.54	62.54
刘永庆	8	51.36	51.36	51.36	59.78	59.78	59.78	59.78	63.73	63.73
杨福兔	9	—	—	—	—	69.57	69.57	69.57	69.57	
沈林孝	10	55	55	55	110.52	110.52	104.8	104.8	87.38	87.38
王介忠	13	73.5	73.5	73.5	67.42	67.42	63.06	63.06	63.77	63.77
袁伟明	14	61.45	61.45	61.45	65.36	65.36	65.36	65.36	79.4	79.4
朱根如	15	76.7	76.7	76.7	119.12	119.12	120.23	120.23	76	76
范新春	4、12	—	—	—	156	156	142.87	142.87	122.42	122.42
合　计	—	427.98	536.49	637.41	1 107.48	1 107.48	1 125.77	1 125.77	1 146.91	1 146.91

六、土地确权登记

1998年8月，根据中共中央办公厅、国务院办公厅发布的《关于进一步稳定和完善农村土地承包关系的通知》的精神，新乐村组织第二轮土地确权登记，全村农田面积2 004.43亩，发放确权证337本。对承包人所承包土地确权登记以后，给农户颁发农村集体土地承包经营确权证书，规定农户对所确权登记的土地享有30年经营权，但土地所有权是集体的。第二次土地确权登记后，绝大部分农户实际上没有耕种，而是把土地流转给大农户耕种，部分土地被开挖成鱼塘发展水产养殖，也有部分土地被征用为工业用地。第二轮土地确权登记时

的证书成为村民征地补偿的凭证，为合理发放失地经济补偿提供可靠依据。1998年9月，新乐村有15个村民小组，337户农户，总人口1 068人，经确认，实际发放确权登记证书337户，确权面积2 004.43亩。至2000年，全村大农户实际承包经营农田1 146.91亩。2002年，新乐村终止农业生产规模经营和土地承包经营。2003年，新乐村规划为昆山高新区北部工业核心区。2020年末，村域原有土地上建有各类企业20多家。

1998年新乐村土地承包经营权证书发放统计情况见表3-3。

表3-3　1998年新乐村土地承包经营权证书发放统计表

组别	农户/户	人口/人	面积/亩	组别	农户/户	人口/人	面积/亩
1	24	70	166	9	16	48	100.77
2	22	64	192.22	10	33	110	187.63
3	23	72	198.23	11	25	67	57.70
4	15	52	109.33	12	20	67	110.23
5	22	66	91.33	13	20	58	105.12
6	35	116	200.35	14	22	74	136.67
7	22	75	142.51	15	14	56	122.47
8	24	73	113.87	合计	337	1 068	2 004.43

第二节　种植业

一、作物栽培

水稻栽培　新乐村地处低洼圩区，地下水位高，历史上村域有半数以上耕

70年代集体生产时大田插秧
（2020年，新乐村村民委员会提供）

田常年浸水8—10厘米，历来是一年只种一熟水稻，水稻种植采用育秧移栽法。40—50年代，都为传统的旧式育秧，水稻各个品种混杂在一块秧田。育秧一般在清明浸种、催芽，谷雨播种。做秧田时秧板上留有一薄层水，俗称水落谷，小满前后移栽至大田。1952年，陈永福生产互助组组织生产，采用"落谷稀匀"育秧法，一亩秧田播种60市斤，秧田面积与大田面积之比为1∶10，稻种采用盐水选种。水稻种植的品种由籼稻改为粳稻、早稻改为晚稻。50年代中期，新乐村把水沤田改造为水旱田，变传统的一熟制为水稻、三麦两熟制。1957年，水稻种植面积占90%以上。

60年代后期种植双季稻，以绿肥田或冬闲田做通气秧田，有采用场地育秧的，也有覆以塑料薄膜育秧的。双季早作稻以秧苗带土移栽，讲究密植，双季后作稻移栽密度稍疏于早稻。1973年，新乐大队有耕田2 564亩，种植双季稻1 414亩，11个生产队，平均每个生产队种双季稻129亩。种植双季稻，时令紧张、肥料不足、花工多，生产成本高、劳动强度大。虽然粮食产量有所增长，但稻谷售价低，村民直接感受是"三三得九，不如二五得十"，即三熟制生产（种双季稻）所得，没有水稻、小麦两熟制产出高。1980年以后，新乐村双季稻种植面积逐步减少。1983年，停止种植双季稻。

80年代后期，以种植单季常规稻为主，水稻移栽密度和基本苗数量均有回落，逐步向"小壮高"，即小群体、壮个体、高积累方向发展。90年代后期，推广水稻精确定量栽培，讲究水稻生长各阶段管理要精细，各个环节管理要精良，播种、肥水要精准，精准管理全过程。自1992年起，全面实施农田规模经营。实施农田规模经营的9年间，水稻产量明显增加。其中1996—2000年，水稻亩产超500公斤，1998年产量为595.8公斤。2000年以后，村域纳入昆山高新区统一发展规划，土地集中被发展为工业用地，新乐村不再种植农作物。

三麦栽培 中华人民共和国成立前,村域水沤田面积占比高,常年浸水的低田不能播种三麦,村民没有种植夏熟作物的传统。中华人民共和国成立初期,三麦播种沿用传统耕作法,种植比较粗放,不施基肥,狭塄宽沟,播种量少,每亩播种3.5公斤,民间有"一斗麦种三亩地"之说,三麦播种面积相当少,产量不高。1953年,小麦亩产50公斤。50年代末至60年代初,在推进水利建设同时,把水沤田改造成为水旱田,扩大夏熟作物种植面积,同时改进三麦的耕作和播种方式,采用了一塄一沟施基肥的方式。播种后再加以"削麦子"(用宽齿铁镕将泥块削细,便于麦子发芽生长),减少露籽麦,提高出苗率。冬季辅以上麦泥、压麦泥等管理措施。同时开好"三沟",即总汇沟、排水沟、隔水沟,降低地层水,小麦产量逐步提高。1965—1968年,三麦亩产超过100公斤。70年代,全面推广沙洲县的塘桥式三麦高产种植技术,三麦播种采用瓦爿形宽塄,田间开深沟,横沟深0.6米,竖沟深0.67米,开深沟配有专用铁铲,特别强调和讲究"三沟"管理,坚持做到"三麦一条沟,从种管到收"。清沟、理沟配套的田间沟系管理,成为三麦生产的关键措施。三麦每亩播种数量各有不同,小麦每亩播种15公斤,元麦每亩播种13公斤,大麦每亩播种18公斤。70年代,三麦平均亩产170.8公斤,其中有2年亩产低于100公斤。80年代起,三麦播种实行"免耕麦"耕作制度。"免耕麦"俗称板田麦,种板田麦省工省本,经开沟、补肥、补盖子泥、施用除草剂,增产幅度大,得到村民认可。80年代,平均亩产238.8公斤,但年际波动大。1980年,亩产278.3公斤,而1981、1985、1989三年,亩产均在200公斤以下。1997年,亩产254.6公斤,1990年低于100公斤。1997—2000年,4年平均亩产250公斤以上。2002年以后,新乐村成为全失地村,不再种植三麦。

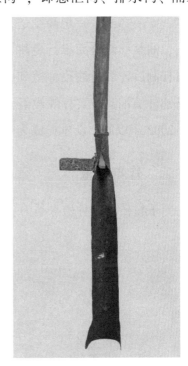

麦田开深沟所用铁铲
(2020年,新乐村村民委员会提供)

油菜栽培 油菜以移栽方式种植。中华人民共和国成立前,新乐村大部分农田是水沤田，不适宜种夏熟作物，村域几乎不种植油菜，仅有少数田块种植，亩产20公斤上下，系广种薄收，故乡间有"当头一枝花，六亩一山笆"的俗语。50年代末60年代初，油菜以移栽方式种植。移栽以打潭形式为主，田间先做小宽垄，用石锤（俗称菜花柱）打潭，一潭植一株，每亩约载3 600株。冬季壅土，俗称上菜泥、壅菜泥。随着田间水利条件的不断改善，水利设施日趋完善，经排涝降渍，土壤得到改良，加上油菜品种的改良，种植技术的进步，油菜产量不断提高。

60年代前期，油菜种植采用做大宽垄、套横肋的方式移栽。1965年，亩产超50公斤。1971年，亩产突破100公斤。70年代末，试行免耕套肋移栽方法，俗称"板田菜籽"（农田不翻耕做垄的田块为板田）。板田套肋移栽油菜，村民有"一铲一条缝，一把磷肥送，一穴两棵菜，一脚踏灭缝"的移栽口诀。80年代起，油菜移栽全面推行免耕套肋法，1983年亩产106公斤。实行家庭联产承包责任制后，因为油菜种植和收脱劳动强度大、用工量大、种植成本高，村民不愿意种植油菜。实行规模经营后，经营承包户考虑经营成本，一般不种植油菜。2002年以后，新乐村成为全失地村，油菜种植成为历史。

二、作物产量

新乐村传统以种植水稻为主，中华人民共和国成立前籼稻亩产量不足100公斤。夏熟三麦、油菜种植面积相当少，产量偏低，三麦亩产量不足50公斤，油菜籽亩产量不足20公斤。

中华人民共和国成立后，随着水利设施的逐步完善，耕作制度的改革，复种指数的提高，农业科技水平的提升，农作物产量随之逐步提高。1954年，水稻亩产170公斤。人民公社时期，水稻亩产200多公斤。1979年，粮油作物全面丰收，水稻、三麦、油菜平均亩产分别为480.1公斤、313.5公斤、123.5公斤，分别比1949年增

50年代村民掼麦
（2020年，新乐村村民委员会提供）

加380%、527%和518%。1983年，水稻亩产433.2公斤，三麦亩产201.8公斤。1992年，全面实施土地规模经营，陆永明等12户经营户连续9年种植水稻、三麦亩产量分别稳定在520公斤、230公斤左右。2002年以后，新乐村成为全失地村，不再种植水稻、三麦、油菜。

1983年新乐大队水稻、小麦、油菜产量统计情况见表3-4，1956—2000年新乐村水稻、小麦、油菜亩产情况见表3-5。

表3-4　1983年新乐大队水稻、小麦、油菜产量统计表

队别	水稻			小麦			油菜		
	面积/亩	单产/公斤	总产/公斤	面积/亩	单产/公斤	总产/公斤	面积/亩	单产/公斤	总产/公斤
1	195.00	410.19	79 987.05	109.74	217.27	23 843.21	56.71	99.45	5 639.81
2	216.00	433.08	93 545.28	95.10	220.30	20 950.53	67.78	96.11	6 514.34
3	237.00	418.79	99 253.23	130.11	208.57	27 137.04	65.49	101.38	6 639.38
4	158.00	430.49	68 017.42	101.07	218.08	22 041.35	47.87	116.81	5 591.69
5	145.00	437.41	63 424.45	86.94	175.43	15 251.88	45.73	112.09	5 125.88
6	230.00	435.29	100 116.70	137.78	183.03	25 217.87	67.94	102.86	6 988.31
7	134.00	461.52	61 843.68	71.00	235.28	16 704.88	48.58	115.66	5 618.76
8	111.85	442.78	49 524.94	68.61	159.66	10 954.27	36.69	100.00	3 669.00
9	137.50	424.33	58 345.38	81.82	203.46	16 647.10	49.22	98.23	4 834.88
10	107.07	413.34	44 256.31	66.47	204.35	13 583.14	32.78	100.00	3 278.00
11	97.00	424.48	41 174.56	62.65	225.34	14 117.55	28.32	112.51	3 186.28
12	158.00	468.30	73 991.40	92.19	186.92	17 232.15	49.38	126.36	6 239.66
13	139.00	428.01	59 493.39	75.12	191.62	14 394.49	47.14	99.70	4 699.86
14	147.06	444.40	65 353.46	85.97	206.11	17 719.28	57.01	100.00	5 701.00
15	137.50	434.25	59 709.38	77.51	195.11	15 122.98	38.29	134.60	5 153.83
合计	2 349.98	—	1 018 036.63	1 342.08	—	270 917.72	738.93	—	78 880.68

表 3-5 1956—2000 年新乐村水稻、小麦、油菜亩产一览表

年份	水稻/公斤	小麦/公斤	油菜/公斤	年份	水稻/公斤	小麦/公斤	油菜/公斤
1956	187.4	105	29.5	1979	480.1	313.5	123.5
1957	188.8	60	22.5	1980	421.1	278.3	111.5
1958	208.7	65.7	12.5	1981	327.8	187.1	103.5
1959	161.9	85.7	31.5	1982	368.6	245.9	124.5
1960	166.1	75.3	31	1983	433.2	201.8	105.8
1961	123.1	56.6	19.5	1984	387.2	217.4	111.5
1962	201.9	48.5	13.5	1985	382.5	163.9	87.5
1963	245.4	48.9	19.5	1986	406.9	222.1	81
1964	293.1	56.7	35.5	1987	382.5	212.5	82.5
1965	263.6	104.7	66.5	1988	391	199.8	90.5
1966	309.6	84.2	61.5	1989	411	191.3	98.5
1967	299.6	80.4	57.5	1990	375.8	81.2	—
1968	264.6	109.6	57.5	1991	386.1	85.1	—
1969	349.6	92.9	83.5	1992	520	216.8	—
1970	362.8	96.8	83.5	1993	460	216.8	—
1971	487.3	137	105.5	1994	515	191.8	—
1972	409.7	156	115.5	1995	465	216.8	—
1973	527	109.6	77.5	1996	521.5	246.5	—
1974	496.5	195.5	96.5	1997	523.5	254.6	—
1975	425.7	155.4	88.5	1998	595.8	250.5	—
1976	487.5	161.3	67.5	1999	527.5	250	—
1977	411.4	85	64.5	2000	550	250	—
1978	503.1	296.3	132.5	—	—	—	—

注：1992 年开始，新乐村农田实施规模经营，承包经营户不再种植油菜。

三、作物品种

水稻品种　中华人民共和国成立前，新乐村村民种植水稻以自留种为主。水稻以籼稻为主，品种有"六十日籼""脱壳白"等，粳稻品种有"石稻""一时兴"，糯稻品种有"香粳糯""野晚稻"等。中华人民共和国成立初，水稻品种仍以农家土种自选自留为主。1952年，在学习陈永康水稻高产栽培经验的同时，陈永福生产互助组调入水稻"老来青"品种，替代籼稻，把早稻改为晚稻。50年代中后期，水稻种子的选用，多为陈永康的"穗选法"。50年代末，籼稻基本绝迹。中、晚粳稻的良种取代了农家自留土种。60年代初，贯彻"四自一辅"种子工作方针，即自繁、自留、自选、自用，辅以适当调剂的方式，逐步形成公社、大队、生产队三级留种制度，并执行至60年代末。60年代，水稻品种以"农垦58"为主。至1965年，新乐大队90%以上农田种植"农垦58"水稻。

70年代初，水稻品种以种足种好双季稻为前提，大面积更换品种，一度造成品种多、乱、杂现象。经筛选，至1974年，品种简化并相对稳定，双季前作稻主要有"二九青""矮南早1号"，后作稻主要有"东亭3号""农虎23号"，单季晚稻主要有"广二矮""苏粳"等品种。1980年，新乐大队建造种子仓库，建立供种体系，优化品种，达到种子供应有基地、有仓库、有晒场、有专人负责的"四有"标准。1982年起，水稻由大队统一繁种，良种覆盖率90%以上。水稻品种以"昆稻2号""昆农选16号"为主要品种，种植面积占90%左右。1990年起，全村水稻又以"早单八""早秀水""太湖糯"为主。90年代后期至2000年，农业种植实施规模经营，经营户都选择产量高、米质优的品种，有"香玉1号""晚粳88121""晚粳88122""太湖粳2号"等品种。种子供应采用乡镇集中统一供种和农户自选种源并存形式，这一供种形式，延续至2002年新乐村停止农作物种植为止。

三麦品种　50年代，村域三麦种子选用，大多沿袭中华人民共和国成立之前农家自留品种的习惯。小麦种植比较多的品种有"丈四黄"。这一品种的特点是早熟，但品质较差。50年代中后期，在水沤田改水旱田之前，村民重水稻，轻三麦种植，对三麦种植不太讲究。60年代中期，小麦以"苏麦1号""华东6

号"取代原有品种。其中,"华东6号"种植面积多、时间长,一直保持到70年代。1982年起,小麦由大队统一繁种,小麦品种以"扬麦4号""扬麦5号"为主。大麦品种以"矮早三""沪麦4号"为主,良种覆盖率达90%。元麦品种以单一的"海麦1号"为主,种植面积相当有限。90年代后期至2002年,农业规模经营户选择的三麦品种,小麦以"扬麦5号""扬麦9号""宁麦"为主,大麦以"沪麦4号"为主。种子供应采用乡镇统一供种和农户自选种源两种方式,并延续至2002年新乐村停止农作物种植为止。

油菜品种 油菜种植在新乐村历史上比水稻、三麦种植时间更短,形成的品种很少。50年代末,种植的油菜品种以长萁白梗、藏菜为主,其特点是生长期短、成熟早、适应性强,但增产潜力小。60年代初,种植甘蓝型晚熟品种"胜利52号",又称"朝鲜菜"。1982年起,油菜由大队统一繁种、供种,以种植"宁油7号"品种为主。这一品种属中熟甘蓝型,具有抗病耐寒、熟期适中、千粒重高等优良性状,因而成为主要品种。"宁油7号"由乡镇统一供种。1982年,实施家庭联产承包责任制,新乐村逐渐不再种植油菜,因油菜种植成本高、用工多,村民不愿种植,仅有少数村民在路旁、河岸边、杂边地零星种植,产量甚少。

四、肥料种类

草塘泥 草塘泥是种植水稻的主要有机肥之一,用红花草(紫云英)加拌河泥沤制而成,含氮、磷、钾多种元素和大量有机质,对作物增产和培肥地力有积极作用。沤制草塘泥,预先在大田田块一角,开挖直径4米左右、深1.5米的泥潭,也称泥塘,挖出泥土做潭埂,压实使其不漏水。潭内前期沤制柴草河泥加适量猪粪,待4月下旬,红花草收割后,将河泥取出加水捣匀,加红花草入潭捣和(70年代用野草沤制草塘泥,以补充红花草的不足),再用脚踏实,河泥覆盖,让其充分发酵腐熟,以出现"蟹沫、绿泡、黑水、臭气"为宜,这一过程称为"塘草泥"。在插秧前,人工挑入大田,用作水稻基肥,每亩施用50担,也有80担的,"农业学大寨"时期的口号是"草塘泥每亩(施肥)100担"。

50年代,陈永福生产互助组为广积肥料,组织农户抢时间,赶在黄梅前摇农船去上海郊区割野草。村民摇船去上海,割满一船青草,一个来回需7天时间，也有 5 天可回程的。青草用来替代和补充红花草，沤制草塘泥做水稻基肥。70 年代，生产队种植双季稻，用肥量大，化肥紧缺，生产队也组织社员春季割青草，增加沤制草塘泥的原料。同时，充分利用集体水面，在河道水面放养"三水"，即水花生、水葫芦、水浮莲。村域放养"三水"的水面面积有 200 多亩。水花生、水葫芦、水浮莲作为草塘泥的主要原料，村民视以为宝。河底淤泥是传统的农家常用有机肥，但肥力差别很大。如水生动植物多，特别是当年放养"三水"的河面，植物经腐烂后，来年河泥肥力较

罱河泥（2020 年，孙清序绘）

高。河泥是种田的主要肥料。罱河泥时用 2 枝毛竹竿弯成钳状，根部装有罱网（网兜），用人力从河底夹取河泥。新乐村村民罱河泥时，一人摇船，一或两人在船头的右舷或左舷，以罱网用力夹取，盛于船舱，船舱河泥盛满后，将泥船摇到岸边，人工使用牵箅把河泥拷入泥塘，直接沤制草塘泥。或待河泥晾干后（称作"白河泥"），以人力用竹篾编织的土垯挑至大田边泥潭内堆放，用以沤制草塘泥。刚罱起的河泥，称"水河泥"。"水河泥"兼有抗旱、增肥和对三麦密缝、盖没露籽（麦）作用。

在城市河道罱取的称"黑泥"，肥力较高，可直接下田用作农作物苗期追肥。50 年代初至 70 年代初，新乐村村民有去上海（苏州河）罱黑泥积肥的传统习惯。在农闲时节，3 人摇一条船，背纤、扬帆（扯篷）星夜兼程，去上海罱满一船黑泥，3 天一个来回。拷河泥是力气活，劳动强度大，耗工又费力。80 年代后，"双三制"种植淘汰，化肥供应充足，生产队种植红花草沤制草塘泥用作水稻基肥。沤制和使用草塘泥，罱河泥，水面放养"三水"等，适合大集体生

产和使用，在农村实行联产承包责任制以后农户不再使用，因为一家一户的农业生产不具有大集体生产的优势和能力。2002年以后，全村停止农业种植，传统的积肥、施肥和罱河泥等原始的农活已消失。

人粪尿 是农家传统肥料，60年代起，除村民自积供生产队使用外，还有大量城市粪肥下乡。生产队开船去上海、苏州等地装运人粪尿，称"载大粪"或"拷粪"。70年代，来自城市的大量粪肥下乡供农村施用，满载粪肥的大吨位的驳船，泊在城区樾河和皇仓泾交汇处较宽阔的河道。大粪由公社生产资料部，以生产队田亩数为标准，限量、计划配给供应，生产队派社员摇农船从公社运回。昆山本地计划供应的粪肥，由在昆山城区南门粮库附近的环卫所配给。粪肥计划供应模式，一直延续至80年代初，农村实行家庭联产承包责任制以后取消。

化肥 60年代中期，有计划地供应化肥，水稻生产少量使用化肥，较早使用的是从日本进口、用纸口袋包装的氯化铵，一般用作水稻孕穗肥。60年代后期至70年代，较多使用的是碳酸氢铵，种植双季稻用作面肥。在计划经济年代，化肥由昆山县农资部门供应。昆山化肥厂曾经为农村供应氨水，所谓的氨水，是工厂在三废治理的废水中加入适量的氨作为肥料。昆山化工厂还供应石灰氮。同时期还有去上海、苏州白洋湾等地，运载外协供应昆山的化肥的。

家畜粪肥 主要是养猪积肥，俗称猪窠灰。新乐村有养猪传统，有"养猪不赚钱，回头看看田"的俗语。猪多、肥多、粮多的良性循环，推动养猪业发展。生产队鼓励社员养猪，社员出售给生产队的猪窠灰计量计价作为投资，年终，由生产队结算给社员。同时，生产队给予社员一定数量的稻谷奖励，俗称"肥料粮"。70—80年代初，生产队办的集体饲养场和社员家庭养猪所产猪窠灰，每年可解决生产队三分之一农田的一次用肥量。农村实行家庭联产承包责任制以后，生产队的养猪场停办，农户家庭也不再养猪，水稻、小麦的种植施肥也不再以传统的家畜粪肥做基肥，而是由以化肥替代。

秸秆还田 70年代末，新乐村红花草种植面积减少，增加化肥用量，造成有机肥和无机肥施用比例失调。1984年，实施秸秆还田，全村有80%的油菜萁直接还田，之后每年坚持，秸秆还田率100%。实践证明，秸秆还田有利于养分转化，增加土壤肥力，增产效果明显。全村实施土地规模经营以后，规模经营户坚持秸秆、麦草还田。秸秆还田在增加肥力的同时，使土壤也有了质的变化。规模经营户对秸秆还田作用的总结是："田脚由僵变松，耕性由差变好，耕作层由浅变深，土色由青变黑，土壤由瘦变肥，杂草由多变少。"

五、作物施肥

水稻施肥 水稻基肥以草塘泥为主，追肥以大粪为主。大多数稻田不施追肥。50年代中期，改籼稻为粳稻时推行处暑施化肥作为孕穗肥，又称"捉黄塘"，增产效果好。60年代初，全面推广陈永康创导的"三黄三黑"看苗施肥技术。主要基肥有草塘泥、猪窠灰。70年代，种植双季稻，对早稻施肥的要求：前期轰得起，中期稳得住，后期不早衰。各季稻施肥讲究"重施攻前头、各期保清秀"。80年代，全面推广秸秆还田，化肥深施与面施相结合。90年代，土地实施规模经营，坚持秸秆还田与使用多元复合肥并举，生产效果好，得到村民认可。

三麦施肥 中华人民共和国成立之前，村域种麦有不施基肥习惯。播种小麦时在田中间犁一条沟，耕翻的泥块，经冰冻风化后拍碎覆盖麦苗。50年代，种麦施基肥仍不多，一般在压麦泥前施一次腊肥。60年代，推广沤制草塘泥做基肥，猪窠灰、牛粪为腊肥。开春以化肥做返青肥。70年代，种麦采用沙洲"塘桥式"分层施肥法，即底肥施草塘泥，中层施化肥，腊肥施大粪或用碳酸氢铵兑水泼浇，经拍压后浇水河泥，开春施化肥做返青肥。60年代中期至70年代前期，集体生产有冬季为小麦浇水河泥的习惯。从河里罱取河泥，拷入河泥塘，用粪勺舀入粪桶，再人工挑至田间泼浇小麦，一担水河泥重量约有80公斤。小麦浇水河泥既能抗旱、防冻又能施肥（河泥有肥力），可谓是"一举三得"。但此农活用工量特别大、劳动强度大，劳作相当的辛苦，此后最终放弃。80年代推行免耕麦，施化肥以盖麦子后追施腊肥拍压，开春后施化肥为返青肥。

油菜施肥 50年代之前，油菜移栽不用基肥，施肥以人粪尿居多。60年代中期，开始施用基肥，施大粪为追肥。在苗肥中搭配磷肥，增产效果显著。70年代初，以化肥为基肥，遇上干旱天气以化肥兑水或用少量人粪尿泼浇。70年代后期，以氮、磷、钾三元复合肥为基肥。腊肥深施，开春施抽薹肥，抽薹肥以碳酸氢氨为主。

六、田间管理

中耕除草 60年代，水稻除草推行"一垄二耥三耘"的除草工序。一垄，人工用四齿小钉耙，将水稻行距间长草的土垄翻，把草压入泥土中。一耥，用装上竹竿作手柄的除草专用工具——耥，在水稻行距间来回推拉，除去杂草，兼有松土作用。二耘，就是耘稻，人工弯腰或跪行稻田泥水中，用双手将水稻行距、株距间泥土抠松，把杂草清除掉。一般稻田耘稻2次，杂草多的田块，也有连续耘稻3次的。"一垄二耥三耘"除草方法用工多、时间紧，时值盛夏，劳动强度大，俗称"耘耥黄梅"，与"莳秧黄梅"一样重要，一样辛苦。70年代后期之前，水稻田间管理以中耕除草为重点，工序有拔草、耥稻、耘稻、拔稗草等，俗称"做耘耥"。农谚说得好，"六月稻里拔棵草，冬至可以吃一饱"。70年代后期，全面推广使用化学除草剂，水稻在移栽后，三麦在播种前，在大田撒施或喷洒除草剂，就能达到除草功效，解除农业生产中除草这一大负担。化学除草剂的施用，革除了稻、麦、油生产中人工除草的生产环节。

水稻水浆管理 水浆管理是促进和控制水稻生长的关键措施。60年代前，稻田灌溉以人力水车和牛力水车为主，很难满足水稻生长需求。1960年，新乐大队建造第一座电力排灌站，电力化农田灌溉逐步替代人力、牛力车水，随着机电灌溉设施的不断增加和完善，为水稻水浆科学管理创造了条件。新乐村按照水稻生长"三黄三黑"的管理要求，将水浆管理分为2个阶段：前、中期为黄秧活棵期，即浅水移栽，深水活棵，平时覆一薄层水，俗称玻璃水，稻棵封行后，搁稻分次轻搁，还水后做到干干湿湿，以湿为主；后期水稻抽穗后，干湿适中，收割前一周脱水搁田。

七、病虫害防治

随着农业技术水平的提高，药剂药械的配套，防治病虫害率提高，各种病虫害都能得到有效控制。

水稻病害及其防治 （1）条纹叶枯病，是灰飞虱传播引发的一种病害。防治时间主要在5月底至6月上旬、6月下旬及7月中旬，用10%吡虫啉加48%毒死蜱或80%敌敌畏防治。（2）纹枯病，是水稻生育期中的多发病，危害叶鞘和叶片，严重时危害稻穗和茎秆。防治要掌握适时用药，防治抓住初发期，在8月下旬，视病情用药，并结合其他病虫兼治。使用12.5%纹霉清水剂，每亩200—500毫升加水50—70公斤喷施；或12.5%纹霉清，每亩300毫升加水50—70公斤喷施；或用5%井冈霉素水剂，每亩用300毫升兑水50公斤，喷于水稻中下部。(3) 稻瘟病，是水稻的常见病，发病于水稻整个生育期，容易造成严重减产。防治措施为在水稻移栽时用750倍稻曲宁，或用20%三环唑克理性粉剂100克，兑水70—80毫升浸秧把3—5分钟，取出后闷20—30分钟再移栽，控制病情在大田发生。大田发生稻瘟病，视病情用75%三环唑粉剂，每亩20—30克，或稻瘟灵乳剂每亩70毫升，或可湿性粉剂每亩70毫升，或2%春雷霉素水剂每亩75毫升喷施防治。(4) 稻曲病，是危害水稻穗部的病害。抓好种子处理，淘汰病粒，播前采用盐水或石灰水浸种，可以消除恶苗病、稻曲病病毒。化学防治，在水稻抽穗前7—10天，或在预测到稻曲病发生时，抓住稻穗破口初期，每亩用12.5%纹霉清水剂400—500毫升，或用5%井冈霉素水剂400—500毫升，兑水37.5公斤喷施防治。

水稻虫害及其防治 (1) 稻飞虱，常见有灰飞虱、白背飞虱和褐飞虱，有着以高龄若虫扩散和远距离迁飞的习性。成虫和若虫群集在稻株的下部，吸食植株组织汁液，导致"冒顶"。稻株变形，瘫痪倒伏，造成严重减产或失收。防治采用"治上压下"的策略，每亩用10%吡虫啉可湿性粉剂20克，或每亩用5%锐劲特胶悬剂30—40毫克，或25%扑湿灵粉剂30克，兑水37.5公斤喷施防治。(2) 稻纵卷叶螟，又称刮青虫、白叶虫、苞叶虫，是水稻生产中一种常见虫害，成虫集群在嫩绿、阴湿、湿度大的稻丛间，导致水稻枯白，严重的甚至颗粒无收。防治抓住分蘖期和穗期，每亩用51%稻农一号可湿性粉剂50克，或1%灭虫清悬浮剂40—50克，或36%苦参碱水剂60—70毫克，或46%特杀螟可湿性粉剂50—60毫升，施药期间保持3—6厘米浅水层。(3) 二化螟，防治坚持"狠治一代""普治二代"的策略，掌握虫情，选准药剂，保证效果。在卵孵化盛期，对每亩卵量50块以上的及时防治，防枯心、枯梢，在蚁螟期用药。防白穗，在水稻破口10%左右时用药，虫量大时，在用药5—7天后第二次用药，每亩用药为2 000国际单位/毫升苏云金杆菌悬浮剂200—400毫升，或8 000国际单位/毫升可湿性粉剂200—300毫升兑水喷施防治，40天后用5%稻农一号50

克，46%特杀螟60克，兑水37.5公斤喷施。（4）三化螟，是单食性害虫，导致枯心苗、白穗，影响水稻产量。药物防治，用大水泼浇或喷施，兑水量每亩不低于60公斤，用药与防治二化螟相同。

水稻草害及其防治 （1）秧田杂草及防治，秧田杂草主要有稗草、牛毛草、节节草、矮慈姑等。防除方式除人工拔除外，一般在播前进行土壤处理，落谷前2—3天，每亩用50%杀草丹乳油150—250毫升，或12%恶草灵乳油100—150毫升，兑水喷施，或96%禾大壮（禾草敌）乳油100—180毫升，拌细潮土10—15公斤，撒施大田。施药时田间应灌浅水，用药后建水层2—3天，排水落谷。（2）播后处理，按秧叶和杂草叶龄，分别选用杀草丹、禾大壮、丙草胺、丁苄除草种，轮作换茬，避开草害，抓好秸秆还田，防止杂草种子复入猪圈有机肥料沤田带来草害。恶草田用灭生性除草剂灭杀，人工拔出秧田杂草。

大田杂草防除 （1）移栽前2—3天，每亩用12%恶草灵乳油125—150毫升或50%杀草丹100—150毫升，兑水喷施，药后移栽，保水3—4天。（2）移栽后5—7天，选用杀草丹或恶草灵、灭草松、扑草净、苄嘧磺隆、吡嘧隆其中任何一种除草药在栽后15—20天施用，有效防治一年生和多年生阔叶杂草和莎草科杂草。

麦田病害及其防治 （1）赤霉病，赤霉病是新乐村小麦主要病害之一。防治策略是"主动出击，防治为主，肥药混喷、保粒增重"，用50%多菌灵可湿性粉剂每亩20克，或40%多菌灵胶悬剂每亩150克，40%禾枯灵可湿性粉剂每亩75—100克，12.5%治萎灵水剂每亩300毫升或60%可湿性粉剂60克，防霉宝每亩50克，33%纹霉净每亩75克，46%克赤增（多菌灵原粉和强力增产素复配）每亩85克，兑水喷施。第一次喷施若遇上雨天，隔5—7天再用药一次，达到防治效果。（2）白粉病，是村域小麦主要病害之一。防治白粉病用特效药粉锈宁，对白粉病菌和锈病病菌有彻底铲除的效果。结合赤霉病和麦黏虫、麦穗蚜综合防治，每亩用20%粉锈宁乳油30毫克，或15%粉锈宁可湿性粉剂25—50克，兑水50—60公斤喷施。（3）纹枯病，采用5%井冈霉素300—500毫升，兑水100—200公斤，在小麦拔节初期大水泼浇或机动喷施，提高防治效果。（4）黑穗病，黑穗病防治使用多菌灵200克加水50公斤，浸麦种30—35公斤，浸36—48小时，捞出即播种，对防治黑穗病有效。

麦田虫害防治 （1）麦蚜，危害苗期蚜枝率在40%—50%，穗初期蚜穗率在15%—20%，用25%蚜青宁每亩50毫升，或25%快杀灵每亩50毫升，兑水50公斤喷施；也可用40%氧化乐果每亩50毫升兑水喷施，有效杀灭蚜虫。（2）行军虫，用50%抗蚜危可湿性粉剂6—8克，或10%吡虫啉，或蚜虱净10—20克兑水喷施。（3）蝼蛄，用5%辛硫磷，或40%甲基异柳磷、50%"1605"500克，加水25公斤拌麦种500公斤，可以有效防治蝼蛄危害。毒饵诱杀也能防治蝼蛄危害，用麦麸或菜饼肥5公斤，炒香拌40%乐果乳油或90%晶体敌百虫，加水500公斤稀释拌匀，傍晚施入沟穴，盖上薄土，也可在蝼蛄发生田内，每隔3—5米挖碗大一个坑，投入毒饵，覆上薄土，亩用毒饵量1.5—2.5公斤，达到灭蝼蛄效果。

小麦草害及其防治 小麦草害主要有看麦娘、野燕麦、硬草、罔草等单子叶杂草，以及猪殃殃、荠菜、繁缕等30多种杂草。杂草与小麦争光抢肥，容易导致小麦倒伏，影响产量。防治方法为精选麦种，淘汰劣种及含杂草籽的种子，轮作换茬，避开草害，抓好秸秆还田。加强田园建设，清除田边杂草，恶草田用灭杀性除草剂灭杀。除使用灭草剂外，结合中耕松土，在早春人工拔草时消灭麦田杂草。

油菜病虫害及其防治 油菜主要害虫是蚜虫，蚜虫繁殖蔓延极快，但易防治，及时用乐果、乐胺磷等药兑水喷施，效果明显。油菜菌核病是一种真菌病害，年均自然发生的田块产量损失在6%—10%，特殊发生年份产量损失可达30%—50%，防治油菜菌核病，抓住盛花期，用复方多菌灵、井冈霉素等药防治，可兼治白粉病、霜霉病。60年代起，引进甘蓝型油菜取代土种，并全面推广药剂治蚜虫，病害程度减轻。随着农技水平的不断提高，防治病虫害率也随之提升，各种病虫害都能得到有效控制。

八、农技推广

50年代中后期，新乐初级社根据乡安排，有组织地推行陈永康的水稻"穗选法"选种。60年代初，建立大队、生产队二级留种田制度。1964年5月，大队设农技推广组，社员徐长庚为大队第一任农技员。农技员担负良种自选自留、农作物施肥和农药使用等指导工作。"文化大革命"期间，农技推广工作进展不大。

70年代初，推广双季稻种植，复种指数提高，作物品种多而繁，农技推广工作从上到下得到重视。农技员在双季稻品种选用，秧田、绿肥田、茬口的布局，科学掌握双季稻（中茬、晚茬）播种期、秧田播种量和秧龄控制等方面，做出技术指导工作，农业技术的推广得到重视，农技员也得到社员的尊重。70年代中期，农业技术推广以指导"双三制"水稻栽培技术为主，同时期的田间绿萍放养和绿肥利用也取得很大进展。1974年，夏长静任大队农技员。1977年，新乐大队建农科队，各生产队配有1名农技员，从而建成公社、大队、生产队三级科技网。1979年，洪先进任大队农技员。80年代的农技工作，主要推广三麦、油菜免耕栽培技术和油菜秸秆还田增肥、改良土质工作。1982年以后，农业生产实行家庭联产承包责任制，传统的农技指导工作转变为为农户提供咨询服务，传统的农业技术服务工作至1984年末结束。1985年起，原来由大队农科队主要负责的农技服务工作和服务职能，转由村经济合作社担负。村经济合作社利用广播，布置落实植保和防病治虫工作，为农户提供农技知识和指导服务。农田全面实施规模经营后，则通过村经济合作社召集大农户、机电排灌站站长召开专门会议等形式，布置和指导植保工作，落实农作物各项防病治虫和农技指导工作。

 ## 第三节　多种经营

一、家畜养殖

牛　牛是新乐村传统饲养的家畜，主要为农业生产服务，是耕田、车水的主要畜力，素有"耕牛是个宝，种田不可少"的俗语。1951年，组建互助组时，有耕牛2头。1953年，成立初级社时，有耕牛5头。1956年，成立高级社时耕牛归集体饲养。1962年，新乐大队饲养耕牛33头。1972年，饲养耕牛40头。1982年，实行家庭联产承包责任制后，生产队集体不再饲养耕牛。

猪 养猪是新乐村一项传统副业。中华人民共和国成立前村民家庭几乎不养猪，中华人民共和国成立后，政府制定奖励政策鼓励村民养猪。种田讲究养猪积肥，村民养猪多起来。1957年底，为发展集体养猪，高级社曾办有百头养猪场，不久因粮食紧缺，于1958年停办。1965年，政府号召发展养猪，集体、个人一起养猪。

70年代生产队饲养场（2020年，孙清序绘）

各生产队办有集体饲养场，一般饲养20—30头不等，兼养母猪繁殖苗猪。生产队倡导农户家家养猪，事实上养猪本身不赚钱，为的是增加肥料。时有流行语"猪多肥多，肥多粮多"，说的就是养猪的好处。生产队鼓励社员养猪，设有"饲料粮"（稻谷）的奖励。1976年，社员家庭饲养1头生猪奖励20公斤稻谷，出售1头生猪奖励15公斤，有的生产队奖励40公斤；饲养1头母猪奖励50公斤，出售1头苗猪奖励10公斤。1976年，11个生产队的社员家庭饲养母猪8头、生猪1099头，当年出售1069头，其中第7生产队社员家庭养猪200头。1980年，为鼓励发展家庭养猪，在原有奖励标准基础上，又增加奖励饲料粮的幅度，社员家庭每饲养和出栏一头生猪，各增加奖励饲料20公斤和15公斤；每饲养一头母猪奖励50公斤，出售一头苗猪奖励10公斤。1981年末，新乐大队生猪存栏数为生产队饲养场54头、社员家庭744头。90年代初，农田实施规模经营，社员家庭不再养猪。1982年以后，生产队不再办饲养场，集体和社员家庭不再养猪。90年代中期，新乐村养猪绝迹。

兔 新乐村村民饲养家兔历来不多。1981年，新乐大队出售221只，年末实有饲养数190只。当年主要饲养的是肉兔，产量并不高且售价低，村民家庭养兔积极性不高。至1984年末，新乐村村民家庭不再养兔。

二、家禽养殖

新乐村家家户户有养鸡、鸭习惯,少则几羽多则十几羽,多为放养,也称散养。禽蛋以自用为主,少量出售。鸡、鸭喂养也不讲究品种选择,习惯自繁自养。1973年,第3、4、5、9生产队办有家禽饲养场,主要饲养种鹅和蛋鸭,兼养少量的肉鸡,每个饲养场配有2名饲养员。常年饲养种鹅150—300羽,蛋鸭300羽。家禽所食用饲料由国家计划供应,生产队饲养场所产肉鸡和种蛋全部出售给国家。1974年,第8、10生产队建饲养场,年饲养种鹅300羽。1978年,新乐大队8个生产队饲养场结束禽类饲养。1981年,新乐大队社员出售肉鸡4680羽。年末,实际饲养3940羽,其中集体饲养300羽。

1982年,实行家庭联产承包责任制后,村民务工、务农、副业生产全面发展,新乐大队社员开始发展家庭养禽,以养菜鹅和种鹅为主。1983年,第6生产队夏春玉,第10生产队王志朋、周存根、刘春华、高孝扣发展家庭养禽,以饲养菜鹅为主,年饲养菜鹅400羽,多时达1000羽。高孝扣先是饲养种鹅,1985年起,饲养菜鹅。是年,第9村民小组朱根如、杨玉兔参与家庭养禽。全村参与家庭养殖的农户有17户,养殖时间在3年以上。养殖时间最长的夏长风,始于1983年终于1997年;杨玉锦饲养种鹅10年;崔根孝、夏林根等农户年饲养菜鹅200羽,饲养时间有6年;周存根、王志朋等5户农户年饲养1000羽以上。朱粉小自1992年起持续4年,年饲养珍珠鸡3000羽。1998年,新乐村近20户家庭年饲养种鹅1800羽,饲养菜鹅近1万羽。1999年,新乐村村民家庭养禽基本结束。

2000年以后,村民分批迁入居民集中居住区生活,随着居住环境的改变,传统的家庭养禽无法展开,新乐村的家禽养殖业随之终止。

三、水产养殖

新乐村域河网密布,淡水资源丰富,有水产养殖优势。村域可养殖水面近200亩。中华人民共和国成立前,放养鱼种以鲢鱼为主,养殖粗放,不讲究养殖产量和质量。50年代后,河塘归集体所有,由所在各生产队管理和使用。

1980年,鱼塘由生产队发包社员使用。1983年4月,昆山县人民政府发放

"水面使用证",经核准新乐大队有水面300.85亩。1984年,新乐村建成昆山县商品鱼基地,养殖面积100亩,鱼塘为非耕地开挖而成。商品鱼基地坚持以鱼为主、多种经营综合发展原则,落实养殖工作责任制,签订养殖承包合同,基地当年水产品生产总量70吨,做到当年建基地、当年有收益。

1984年新乐村建立商品鱼基地批文(2020年,新乐村村民委员会提供)

1985年,张惠新、朱小弟、吴宝林、张树林、盛人和、陈振东、盛小炳、周阿林、阚文元、陆志明等12户村民与新乐经济合作社签约,承包鱼塘93.3亩,发展水产养殖。1988年,全村水产养殖发展迅速,各村民小组将低洼田、边角田改造成鱼塘,水产养殖面积446.42亩,由第1、4、5、6、12、13村民小组陆永明、陈仕江、张培文、夏林根、盛仁和、王介忠等承包养殖。同期,还有罗巧林等10户村民利用河滩边零星水面养殖河蚌育珍珠。水产养殖成为村民主要增收来源之一。

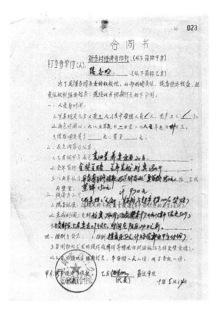

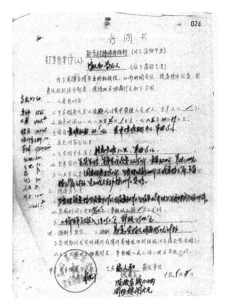

1985年新乐村经济合作社水产养殖合同书023　　1985年新乐村经济合作社水产养殖合同书024
（2020年，新乐村村民委员会提供）　　　　（2020年，新乐村村民委员会提供）

1985年新乐村经济合作社水产养殖合同书025
（2020年，新乐村村民委员会提供）

1997年，新乐村实有河沟养殖面积202.7亩，分别由9个村民小组的胡建忠、盛惠忠、杨德锦、费三孝、徐玉喜、汤阿大、王志朋、王介忠等20户村民承包养殖。1999年起，有17户村民参与水产养殖，承包鱼塘446.42亩。村民以养殖鲢鱼、草鱼、鲫鱼及河虾为主，平均亩产量700—800公斤。2000年末，实施退渔还田，部分养殖户停止水产养殖。至2005年12月，全村终止水产养殖。退渔还田后的农田，由昆山高新区整体规划用作工业用地。

1997年新乐村村民水产养殖承包情况见表3-6，1999—2005年新乐村鱼塘养殖承包情况见表3-7。

表3-6　1997年新乐村村民水产养殖承包情况一览表

组别	承包人	河道名称	面积/亩
1	吴进华	新开河中心河	10
3	胡建忠	垃圾场、新开河北小塘	2
3	杨伟明	横泾河中段	3
3	刘洪喜	横泾河东段	7
4	盛惠忠	前介溇	23.1
4	叶剑峰	阔端河	20
6	崔粉根	东洋河洋	23.1
6	杨德锦	牛长泾	20
6	赵粉宝	四家溇	5
7	徐玉喜	钱立生前塘	4
7	夏存银	7组工场东	3.5
7	费士进	7组工场边	3.5
8	汤阿大	8组中心河	20
10	王志朋	双槽溇	8
10	王洪扣	黑鱼溇	20
13	王介忠	新乐窑厂西	6.5
14	费三孝	7组中心河	10
14	朱庆林	费三孝前塘	4
14	袁伟明	14组工场	4
14	陆秀龙	三角溇	6

表 3-7　1999—2005 年新乐村鱼塘养殖承包情况一览表

组别	承包人	鱼塘	面积/亩	承包期限
1	陆永明	6 组新村边	11.18	1999 年 12 月—2005 年 12 月
4	陈仕江	横三尖	21.1	1999 年 12 月—2005 年 12 月
4	杜小伍	4 组家西定心溇	29.6	1999 年 12 月—2005 年 12 月
5	王志强	荒田头	9.93	1999 年 12 月—2002 年 12 月
5	张守文	荒田头	9.78	1999 年 12 月—2002 年 12 月
5	张培文	荒田头	4.27	1999 年 12 月—2002 年 12 月
6	夏林根	四家溇	22.4	1999 年 12 月—2005 年 12 月
6	夏林贵	四家溇	21	1999 年 12 月—2005 年 12 月
6	夏长华	四家溇	35.16	1999 年 12 月—2005 年 12 月
6	夏长华	十六亩	13.04	1999 年 12 月—2005 年 12 月
12	盛仁和	4 组家西	13.5	1999 年 12 月—2005 年 12 月
13	王介忠	窑厂北	31.14	1999 年 12 月—2005 年 12 月
13	马阿龙	荒田头	5.8	1999 年 12 月—2002 年 12 月
—	陆　雨	北站西	76.5	1999 年 12 月—2005 年 12 月
—	潘小根	北站东	35.5	1999 年 12 月—2005 年 12 月
—	林福兴	荒田头	34.2	1999 年 12 月—2005 年 12 月
—	潘小根	8 组新开河南	49.3	1999 年 12 月—2005 年 12 月
—	陆伟龙	13 组	16.02	1999 年 12 月—2005 年 12 月
—	唐培兴	北站 1 组边角田	7	1999 年 12 月—2004 年 12 月

注：未标注组别的为外村村民至新乐村承包鱼塘养殖。

四、水上运输

1982 年，实行家庭联产承包责任制后，村民有更多的时间发展家庭副业。水上运输业是新乐村村民增收的又一产业。村民在农闲季节以家庭为单位，驾机动船"跑运输"。所驾驶的机动船只一般载重 12 吨，运输船以东风 12 型柴油机为动力。"跑运输"多为两人搭档，有夫妻档，也有父子档和兄弟档。运输船在城乡之间做短途运输，以运输建筑材料为主。80年代，时值农村"草改瓦（房）"，平房建楼房，村民建造房屋所用砖瓦、水泥、沙子等建筑材料数以吨计，水路运输便利，运价又相对便宜，符合市场发展的需求，农村"造房热"为发展水路运输提供机遇。

1982年初，第11生产队社员朱宝发和刘春桃合开一条12吨水泥船搞水上运输。1983年，第3生产队杨惠明、第4生产队盛建明、第10生产队苏金山3户村民，有3条水泥船，总载重量44吨，参与水路运输。1984—1987年，第14村民小组朱粉小、第4村民小组陈仕江、第8村民小组刘永庆、第9村民小组张海山、第10村民小组沈根孝和沈林孝合作参与运输（1995年沈林孝单独开运输船），计6条运输船载重102吨。据统计，1990年初，全村有14户村民参与水路运输，有运输船13条，载重共计197吨。运输时间达10年以上的有盛建明、沈根孝、朱宝法、刘春桃等。水路运输经营至80年代末有8户，有4户经营至90年代中期。新乐村参与水路运输，最早的是第7生产队的葛福康和第2生产队的陈龙海，分别始于1959年、1960年；运输船载重最大的有25吨；运输时间最长的是第7生产队的葛福康，自1959年开始至1996年结束。2000年，随着全村整体动迁，村民迁移至居民集中居住区，运输户失去水路运输条件和优势，最终水路运输逐渐被陆路运输替代。新乐村盛极一时的水路运输业遂淡出运输市场，最终完全由陆上运输所替代。

1959—1999年新乐村（大队）村民参与水上运输情况见表3-8。

表3-8　1959—1999年新乐村（大队）村民参与水上运输一览表

组（队）别	姓名	载重/吨	起讫时间
2	陈龙海	16	1960—1980年
3	杨惠明	12	1983—1993年
4	陈仕江	12	1987—1995年
4	盛建明	12	1983—1993年
7	葛福康	23	1959—1996年
8	刘永庆	12	1984—1990年

续表

组（队）别	姓名	载重/吨	起讫时间
9	张海山	15	1987—1990 年
10	苏金山	20	1983—1993 年
10	沈根孝、沈林孝	15	1984—1995 年
10	沈根孝	25	1985—1996 年
11	朱宝发、刘春桃	12	1982—1999 年
14	朱粉小	23	1984—1990 年

第四节　农机农具

一、耕作机具

铁锸　以齿形分，有尖齿、宽齿、长齿等类型，分别在水田、旱田中使用。

铁锸（2020 年，
新乐村村民委员会提供）

犁（2020 年，新乐村村民委员会提供）

犁 有旱犁、水犁之分，分别用于耕翻旱田、水田。1952 年，陈永福生产互助组得到昆山县委的表彰，奖励步犁 1 张。1962 年，新乐大队有木犁 43 张、铁犁 46 张、水犁 13 张。

耙 耙有弯耙、平耙之分，平耙也称直耙。耙装有刀齿，分别将旱田塄形和水田泥块耙碎、耙平。1962 年，新乐大队有耙 17 张。1973 年，有耙 17 张。犁和耙是农业生产主要耕作机具。

塘耙 塘耙是用作稻田"做耘耥"的主要农具，俗称小塘耙。小塘耙为铁制四齿，形似铁镐，约有手掌宽，用于在水稻行距间垄肋、除草。

耥 耥也称耥板或耥钉板，长约 35—40 厘米，宽 8—10 厘米。耥的木板上装有"<"形 4—5 排铁钉，头尖呈锥形状，配上长竹竿作手柄使用，是稻田除草主要工具。

耥（2020 年，新乐村村民委员会提供）

拖拉机 1972 年 5 月，第 4 生产队购置第一台东风 12 型手扶拖拉机，俗称手拖。1975—1980 年，手拖耕田得到推广，手拖成为主要耕作机具，15 个生产队购置手拖 15 台，并配备开沟机 15 台。1983 年，新乐大队购置 2 台中型拖拉机，俗称中拖，由大队统一调度、统一管理、统一使用。传统的畜力农具基本停止使用。实行家庭联产承包责任制后，村组建有农机服务组，配备 4 名机务员，统一使用手拖，承担全村机耕、机务工作。1995 年 1 月，村投资 8 万元购买 2 台中拖。

二、收割脱粒机具

镰刀 中华人民共和国成立之前，镰刀是收割农作物的唯一农具。

稻扦子 由 3 根长 2—3 米毛竹扎成一撮，俗称三脚架、三脚撑。是从水沤田里收割水稻后，晾晒稻把必备农具，也是新乐村特有的收获农具。70 年代，村域内水沤田得到整治，收割水稻不再使用稻扦子。

稻床 是农家用于场头脱粒的农具。稻床由长方形木框组成，用细竹竿串成"丰"字形床面，形似龟背，两端有四脚支撑的，也有二脚支撑的，一端搁

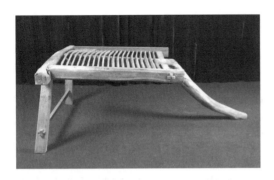

稻床（2020年，新乐村村民委员会提供）

在长凳上使用。使用时，人工用稻、麦拍打稻床，这种原始的脱粒方式称"掼稻""掼麦"。至60年代初，村域内不再使用稻床。

稻桶 由木板做成的四方形木桶，底部小因而呈倒锥形，是用在田间脱粒的工具。稻桶脱粒形式基本与稻床相同，境内使用不多。

脚踏滚动轧稻机 1953年，使用双人脚踏式滚动轧稻机给稻麦脱粒。轧稻机以双人脚踏，很费力，但相比人工掼稻、掼麦劳动强度减轻，效率提高2—3倍。1962年，新乐大队有人力脱粒机20台。1964年，有电动、人工电动脱粒机25台。电动脱粒机又称滚动式脱粒机，5人同时操作，效率高。1970年初，有万能脱粒机1台、电动脱粒机23台。80年代，有电动脱粒机29台。1983年和1993年8月，村先后购置4台中型联合收割机，实现三麦收割机械化。

70年代滚动式脱粒机（2020年，新乐村村民委员会提供）

手摇风车（2020年，新乐村村民委员会提供）

手摇风车 使用木制手摇风车，将脱粒后的稻谷和小麦扇净。80年代，各生产队（村民小组）置有扬场用排风扇15台，替代了传统的手摇风车。

此外，收割脱粒农具还有带纽木扁担、担绳（又称钩绳）、栲栳（又称挽子）、笆斗、斛子、连枷（又称鞭盖）、石臼等。随着收割、脱粒实施机械化，此类传统农具已被废置。

竹扁担（2020年，
新乐村村民委员会提供）

栲栳（2020年，
新乐村村民委员会提供）

连枷（2020年，
新乐村村民委员会提供）

1970—1990年新乐村（大队）农机农具情况见表3-9。

表3-9 1970—1995年新乐村（大队）农机农具一览表

队别	手扶拖拉机/台	开沟机/台	两用脱粒机/台	滚动脱粒机/台	弥雾机/台	排风扇/台	喷雾机/台	插秧机/台	中拖/台	联合收割机/台
1	1	1	—	2	1	1	1	—	4台（大队）	4台（大队）
2	1	1	—	2	1	1	1	—	—	—
3	1	1	—	2	1	1	1	—	—	—
4	1	1	—	2	—	1	1	—	—	—
5	1	1	—	2	—	1	1	—	—	—
6	1	1	—	2	1	1	1	1台（大队）	—	—
7	1	1	—	2	2	1	1	—	—	—
8	1	1	—	2	1	1	1	—	—	—
9	1	1	—	2	—	1	1	—	—	—
10	1	1	—	2	1	1	1	—	—	—
11	1	1	—	1	—	1	1	—	—	—

续表

队别	手扶拖拉机/台	开沟机/台	两用脱粒机/台	滚动脱粒机/台	弥雾机/台	排风扇/台	喷雾机/台	插秧机/台	中拖/台	联合收割机/台
12	1	1	—	2	—	1	1	—	—	—
13	1	1	—	2	1	1	1	—	—	—
14	1	1	—	2	1	1	1	—	—	—
15	1	1	1	2	1	1	1	—	—	—
合计	15	15	1	29	11	15	15	1	4	4

三、积肥施肥机具

有土垯、牵箅、粪桶、粪勺、扁担、竹奋箕、拉草铁锘等，是农业生产中施基肥、追肥必备农具。2002年以后村域内不再有农耕作业，停止农业生产，这类农具已绝迹。

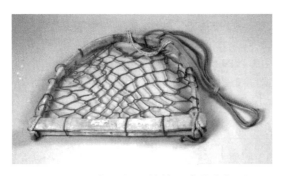
土垯（2020年，新乐村村民委员会提供）

粪桶（2020年，新乐村村民委员会提供）

四、播种机具

菜花柱 传统的油菜移栽和蚕头播种用具，石制圆锥形，以菜花柱柱尖打洞插入油菜。70年代后期，油菜以套肋方式移栽，80年代采用"板田油菜"移栽方式，不再使用菜花柱。

五、灌溉机具

"三车" "三车"即牛力水车、人力水车、风力水车（又称扬风车），中华人民共和国成立前是新乐村村民种田灌水和排涝的主要机具。1951年，陈永福组建互助组时有牛力水车2部、人力水车4部。1952年2月，陈永福互助组得到昆山县政府表彰，奖励龙骨水车1部。1954年农业合作化时期，全社有牛力水车4部、人力水车14部。1962年，全大队有人力水车10部、牛力水车7部、风车4部。1964年，全大队有人力水车16部、牛力水车7部、风车2部。60年代，"三车"主要用于零星田块和尚未连通灌溉水渠的田块灌排水。

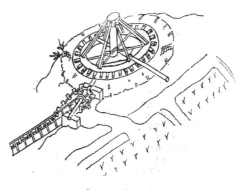

牛力水车示意图
（2020年，新乐村村民委员会提供）

人力水车示意图（2020年，
新乐村村民委员会提供）

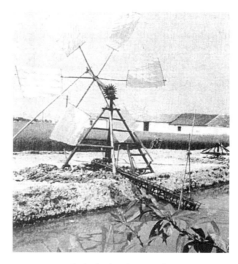

风力水车（2020年，
新乐村村民委员会提供）

六、运输机具

船　中华人民共和国成立之前，船是传统的农业生产工具和村民生活唯一的交通运输工具。1951年，组建陈永福生产互助组时有木质船2条。1953年3月，组建初级社时有木质船9条。1962年5月，新乐大队9个生产队有木质船26条。每年盛夏"大伏"季节，要把农船拔上岸，请木工维修，刷上桐油保养。

1964年，推广水泥制品船，俗称水泥船，新乐大队个别经济困难的生产队得到政府赠送的水泥船。第2、9、10、14、16生产队有5条水泥船，每条船载重4—5吨不等。1965年初，新乐大队有木质船39条。1973年，有水泥船34条，总载重135.5吨；木质船14条，总载重17吨。1980年，水泥船增至43条，总载重174吨；木质船减少至10条，随后被逐步淘汰。农村实行家庭联产承包责任制以后，原来集体所有的农船分摊至各村民使用和管理。

挂桨机 随着手扶拖拉机的普及，1974年，第4生产队首先购置使用"苏州—73型"船用挂桨机，以12马力柴油机为动力，使用方便，时速约10千米，适于运输，结束农村传统的顺风扯篷、逆风拉纤原始的驾船方式，大大减轻驾驶的劳动强度。1980年，新乐大队有挂桨机船7条。1982年起，有社员个人购置挂桨机船搞水上运输。1996年，全村有14户村民，有以柴油机为动力的挂桨机运输船14条，总载重200吨。农村实行联产承包责任制以后，原集体的挂桨机运输船，一般经生产队评估作价转让给村民使用，也有船只不作价的，由村民共同使用。

手拖挂车 手拖挂车以东风12型柴油机为动力，配有拖斗，载重1吨。手拖挂车采用制动鼓刹车，最高时速15千米，短距离装载运输机动灵活。新乐村有手拖挂车5辆，为村民私有，村集体有1辆东方28型中拖挂车。2000年起，全村6个自然村逐步整体迁移至村民集中小区居住，手拖挂车使用受到限制，此后又受道路交通管制而被淘汰，最终退出运输市场。新乐村集体所有1辆中拖挂车停运后由村机耕组管理，为全村村民提供收脱机耕服务。2002年以后，新乐村停止农业生产，村机耕组也不复存在，收脱机耕用中拖挂车也做转让处理。

七、粮食饲料加工机具

磨粉机 又称"小钢磨"，1972年新乐大队配置2台磨粉机，设在大队粮食饲料加工厂内，替代传统的石磨磨粉。

碾米机 50年代之前，农家大多用石臼舂米，碾米靠人力和畜力。1970年4月，大队扩建粮食饲料加工厂，置有2台碾米机，后改造为1台砻谷机，方便社员粮食加工，2000年8月停办。90年代后期，村民孙伯林经营流动碾米车，配备以柴油机为动力的小型碾米车,走村入户为村民碾米,至2000年歇业。

饲料粉碎机 是养猪必不可少的饲料加工机械。1970年4月,新乐大队扩建粮食饲料加工厂,配有饲料粉碎机3台,大型粉碎机1台,装机容量28千瓦。

打浆机 又称粉碎机、切草机,主要用于粉碎"三水"植物,制作猪饲料。70年代,新乐大队有打浆机8台,是生产队饲养场必备的饲料加工机具。80年代,"三水"植物不再是喂猪的主要饲料,粉碎机作用被淡化。此后随着生产队饲养场逐步停办,打浆机被废置,遂绝迹。

第五节 农田水利

一、农田整治

中华人民共和国成立之前,土地属私有,村域农田田块大小不一,田埂曲折,坟地散乱,"天井田""锅底田"比比皆是。农田分布高低落差大,直接影响农耕和农田引水、排水,耕作水平也难提高。

60年代末至70年代初,在"农业学大寨"高潮中,大队组织开展农田基本建设,掀起改造低产田,建设千斤田、吨粮田的热潮。依照建设小型水利工程要求,结合填旧沟、开新河,削高(田)填低(洼田),截弯筑直,拆坟填浜开展土地整治、整理工作。全大队平坟150多个,回填竖木溇等塘、浜、溇、潭,造田202亩,改造低田40亩,平整耕田近千亩。平整后的农田实现大田成片、小田成方,做到一个规格(田块长100米、宽15米)、一个朝向(以南北向为主),基本达到吨粮田的"六条标准",即田块成方、土地平整、灌排分开、丘灌丘排、各自分立、互不影响。与此同时,结合农田整治,加开排水沟,每3—4块田宽的距离,开1条排水沟,全面建成稳产高产、旱涝保丰收农田。建成后的标准农田为实现农业生产机械化和农田规模经营奠定了基础。按"六条标准"建成的农田大格局，延续至2002年村域终止农业生产。

70年代平坟造田（2020年，孙清序绘）

二、治涝治渍

农田排涝　中华人民共和国成立之前，村域河道圩堤低矮，河岸脆弱，水利设施简陋，由于地势偏低，遇到暴雨即受涝成灾，村域有近五成农田常年浸水。

1950年5月，在昆山县建设科帮助下，分别在村域皇仓泾东岸建造东横泾闸，在汉浦塘西岸建造牛长泾闸。所建造的防洪闸，均为双槽式和插板式块石叠砌形水闸。村域内东、西两道防洪闸的建造，防止了外来洪水的侵袭和外河水倒灌现象发生，增强了全村的防洪抗涝能力，为耕作制度改革的顺利推进，把只种一熟水稻的低洼田改造成能种水稻、三麦的二熟制田提供了保障。

60年代起，农业水利以增加灌溉面积、增强泄洪排涝能力为中心，保障农业生产发展。1960年，建造新乐电力排灌站，装机容量38千瓦，灌溉面积947亩（于2001年拆除）。1965年，建造统一电力排灌站，装机容量38千瓦，灌溉面积753亩（于2001年拆除）。1971年，建成新乐东电力排灌站，装机容量27千瓦，灌溉面积719亩（于2001年拆除）。1973年，建成新乐北机力排灌站，配备25马力柴油机一台，1985年重建后装机容量25千瓦，灌溉面积500亩，排涝面积3 541亩（于2001年拆除）。1974年，建成新乐南机力排灌站，配备50马力柴油机1台，灌溉面积375亩，1983年重建后装机容量20千瓦（于2001年拆除）。1975年，建群力排涝站，配备100马力柴油机1台，1993年重建后配备装机容量80千瓦电机1台，排涝受益面积累计5 514.3亩，全村机电排灌面积达100%（2002年改建，称新乐东站）。

1970年，建成更楼联圩，圩内2 289亩农田全部达到建设水稻、三麦稳产高产农田标准和日降雨量200毫米时不受涝的要求。联圩内建有机电排灌站3座、纯排涝站1座，总装机容量170千瓦，排水平均流量为340米³/秒，抗洪排涝能力为日降雨量100毫米时用24.8小时即可排出。2003年和2011年，先后建造新乐东站闸和新乐北站闸，进一步增强更楼联圩的防洪抗灾的能力，达到雨涝来时挡得住、降得下、排得出的抗洪排涝标准，做到日降雨量290毫米时不受涝的要求，村域的3 451亩农田建成旱涝保丰收的稳产高产良田。

1960—2020年新乐村（大队）机电排灌站情况见表3-10。

表3-10　1960—2020年新乐村（大队）机电排灌站一览表

所在联圩	站名	首建年份	重建年份	所有制	柴油机		电动机		灌排面积/亩	排涝面积/亩
					数量/台	功率/马力	数量/台	功率/千瓦		
同心圩	新乐	1960	—	全民	—	—	1	38	947	947
更楼圩	统一	1965	—	全民	—	—	1	38	753	—
更楼圩	新乐东	1971	—	全民	—	—	1	27	719	—
更楼圩	新乐北	1973	1985	集体	1	25*	1	25	500	3 541
同心圩	新乐南	1974	1983	集体	1	50*	1	20	375	375
更楼圩	群力	1975	1993	集体	1	100*	1	80	—	5 514.3
阔端河	新乐西	2002	—	全民	—	—	2	65	—	360.36

注：标"*"的为首建时配备动力。

农田排灌　新乐村因地势偏低，地下水、地层水位偏高，对夏熟作物生产影响较大。中华人民共和国成立以后，经过不间断搞水利和农田基本建设，农田整治和土地整理，疏通和开挖河道，预降内河水位，村域农田水利条件和水

70年代挖河挑泥（2020年，新乐村村民委员会提供）

利环境不断得到改善，提高了农田的引水、排水能力。

1952年冬，新乐初级社组织60个劳动力，突击10多天，开挖一条引水河，解决村域100多亩圩心田（村域地势最低田）的排水问题，以往"小雨小灾，大雨大灾，十年九灾"被动的农业生产局面得到初步改善。1958年，组织开挖跃进河。1970年，开挖和疏通丰产河15条计5.12千米，修筑、配套、调整灌排干渠11条计15千米。70年代，抓田间配套工程，加大治渍力度，并根据农业生产布局和茬口变动，以及农作物播种的变化，适时调整和增开田间"三沟"（横沟、竖沟、围沟）及"外三沟"（排水沟、总沟、隔水沟）。农田水利管理逐步达到"内外河分开，灌排分开，水旱作物分开，高低田分开"，坚持"控制预降内河水位，控制地下水位"的"四分开、两控制"标准。大部分农田达到丘灌丘排要求，田间的排水沟起到防水、抗涝、降渍作用，有效保证农作物稳产和高产，达成增产目标。

三、防汛排涝

新乐村域属阳澄淀泖区，地面高程在吴淞水位2.8米以下，由于社会因素、自然原因，历来多涝。1936年秋，淫雨成灾，曹里浜自然村800多亩水稻减收达五成。1954年7—8月，持续降雨，导致洪涝灾害，在县乡两级政府组织带领下，全社男女老少齐上阵，136名男女劳动力用14部水车，以人力水车为主要排涝工具，车水排涝，俗称"车大棚"。社员吃在田头，睡在田头，日夜奋战，做到人停车不停，艰苦奋战半月有余，从水面下抢出水稻450亩。1960年，新乐大队建造第一座排灌站——新乐机电排灌站，直接受益农田947亩。至1975年，村域建成机电排灌站6座。其中，更楼联圩内建造有4座机电排灌站，装机容量170千瓦、柴油机125马力，排涝面积3 541亩；同心联圩内建有2座机电排灌站，装机容量 58 千瓦、柴油机 50 马力，直接排涝受益农田 1 322 亩。

1992 年 8 月，持续降雨导致外河水位急剧上涨，造成村域圩堤多处出现险情。村党支部组织党员群众和民兵，组成抗洪抢险突击队，日夜守护险堤险段，组织分段抢险，加固两水夹一堤圩岸 1 200 米。东长泾圩岸发生险情，在组织突击抢险中，村党支部组成党员和群众 2 个抢险队，在东长泾南、北 2 个险段，筑堤、叠草包泥、打毛竹桩，加固堤岸 150 米。党员和群众突击抢险，奋战 6 小时，排除险情、消除安全隐患。因防洪抢险措施得当，村域 6.5 千米圩堤没有发生溢水和决堤，村域的工厂企业无一进水，全村生产生活秩序正常。自 1992 年以后，全村加强对"三闸"的更新和改造，在汛期到来之前，提前抓好预降内河水位等防汛工作。至 2000 年，在组织农业生产期间，村域没有发生灾情和汛期内涝、受涝现象。

抢险筑堤（2020 年，孙清序绘）

2002 年，新乐村停止水稻、小麦、油菜种植和水产养殖。季节性的抗洪排涝工作，由传统的保农业生产安全，转化为以保工业区安全、保居民集中居住区生活安全为主。村域 1960—1975 年建造的 5 座机电排灌站陆续被弃用，于 2001 年先后被拆除。原群力排灌站于 2002 年改建为新乐东排涝站，同年建造新乐西排涝站（又称阔端河站），两站一起担负村域 2.93 平方千米范围内的工业小区、新乐锦园居民住宅区以及周边片区的防汛排涝任务。原来以农业生产为主的防汛排涝工作，已转变成为工业生产、居民住宅区防汛排涝、保安全的一项常规性工作。

新乐东排涝站、防洪闸（2020年，罗英摄）

新乐西排涝站、防洪闸（2020年，罗英摄）

第四章　村域经济

70年代初，随着乡镇工业、社队企业的起步，新乐大队在建有粮食饲料加工厂的基础上，开始筹办队办企业。1978年后，社队工业发展步伐加快。80年代，完善企业承包经营责任制，带动了民营企业发展。至1990年，形成建材、粮食加工、五金电镀等行业，8家队（村）办企业固定资产22万元。90年代后期，部分集体企业转制。2000年，村委会盘活和利用土地等存量资产，建造标准厂房用于租赁，增加村级集体经济收入。2005年，村域建成1条商业街，有店铺62家。至2020年，全村有民营企业23家，外来驻村开办的企业17家。

60年代之前，村域无集体私营小商业。60年代初，昆山县供销社先后在大队设置2家农村商业代购代销店，简称"双代店"，方便村民购买生活用品和小件生产资料。党的十一届三中全会后，在壮大国营经济、发展集体经济的同时，扶持个体经济发展，"双代店"转为个体经营。至2020年，全村有个体经营户35户，包括村内开办各类商店22家和村外异地经营商户13户。新乐村商业街年零售额达4500万元。

第一节 企 业

一、村办企业

1966年10月，新乐大队为方便社员加工口粮、加工饲料，投资3万元，在第11生产队（沿皇仓泾、昆北公路西侧路边上）建造粮食饲料加工厂，1970年4月扩建。

1972年6月，新乐大队在第11生产队曹里浜北岸建厂房160平方米，辅房65平方米，开办城北新乐电镀厂，招用大队社员20余人。企业主要业务为加工金属镀锌，生产金属纽扣、金属多用刨等小件产品。职工年收入300—400元，厂长年收入500—600元。1978年，企业迁到新乐知青点生产，产品由金属镀锌转为塑料镀锌，企业发展良好。1984年，电镀厂被城北乡收归为乡办企业，继续生产，1987年之后归还给新乐村生产管理。

80年代起，新乐大队先后开办新乐窑厂、城北塑料五金厂、城北特种灯泡厂、城北无线电元件厂、城北新乐拆旧厂、城北钣金厂等8个村办企业。

1972—1997年新乐村（大队）村办企业情况见表4-1。

表4-1　1972—1997年新乐村（大队）村办企业一览表

序号	企业名称	法定代表人	经营范围	开业时间
1	新乐粮食饲料加工厂	周文龙	粮食加工	1970年
3	新乐电镀厂	金伯生	镀镍	1972年
2	新乐窑厂	陈金林	砖瓦制作	1981年

续表

序号	企业名称	法定代表人	经营范围	开业时间
4	昆山县城北塑料五金厂	洪先进	注塑件	1984 年
5	昆山县城北特种灯泡厂	叶惠泉、杨德锦	灯泡	1984 年
6	昆山县城北无线电元件厂	范爱琪	灭弧器	1986 年
7	昆山市城北新乐拆旧厂	倪振兴	废品收购	1990 年
8	昆山城北钣金厂（后改为昆山市环保水处理设备厂）	李介明	净化设备	1990 年

二、民营企业

1997 年，村办企业按有关政策实行转制，一批民营企业应运而生。

1997 年，朱文琴注册成立了昆山市俊达金属材料有限公司，注册资本 50 万元，是新乐村自主创业者之一。2002 年，建仓库 800 平方米。2008 年，购置土地 5 亩，建造 2 350 平方米厂房，经营范围扩大到钢材和金属材料、阀门、五金配件等。年营业额稳定在 600 万元，最高时达 1 200 万元。

改革开放的不断深入，加速了民营企业的发展。至 2020 年，新乐村域创办民营企业 23 家，有形成规模的江苏恒博保安服务有限公司、昆山金箭保安服务有限公司、昆山博立保安服务有限公司、昆山嘉轩集团有限公司、上海人民企业集团昆山电器制造有限公司、恒瑞精密金属材料有限公司以及汽车修理、五金电子等领域的企业，涌现一批创业型人才。2020 年新乐村民营企业基本情况见表 4-2。

表 4-2　2020 年新乐村民营企业基本情况一览表

序号	企业名称	法定代表人	经营范围	开业时间
1	城东汽修厂	杨德美	汽车修理	1986 年
2	江苏振侨建设工程有限公司	李俊	市政建设	1991 年
3	昆山市城北无线电元件厂	夏志云	电子元件	1997 年
4	旭鸿驾校	杨菊芳	驾驶员培训	1997 年

续表

序号	企业名称	法定代表人	经营范围	开业时间
5	昆山市俊达金属材料有限公司	朱文琴	金属材料	1997年
6	恒瑞精密金属材料有限公司	丁银珍	冲压五金黑色金属、有色金属	2001年
7	昆山消防器材有限公司	李胜荣	消防器材（灭弧器）	2001年
8	昆山伟强弹簧有限公司	袁伟强	各种童车配套弹簧、各种机械弹簧	2005年
9	上海人民企业集团昆山电器制造有限公司	崔阿友	电器制造	2005年
10	昆山博立保安服务有限公司	姚建华	保安服务、保洁	2005年
11	昆山积水塑胶有限公司	徐林森	塑胶	2007年
12	昆山市玉山镇新乐元件厂	范爱琪	"T"形阻容吸收器（灭弧器）制造	2010年
13	昆山市玉山镇乐行机械厂	盛雪生	机械加工	2010年
14	新恒元（罐业）昆山有限公司	罗海松	制造	2011年
15	昆山信荣纺织品有限公司	陈小荣	纺织品服装	2012年
16	昆山永春建筑防水工程有限公司	杜永春	建筑防水工程	2012年
17	昆山澳开联贸易有限公司	徐秀华	工业产品材料、五金产品销售	2012年
18	江苏恒博保安服务有限公司	夏芝芳	保安服务、河道、环境保洁	2013年
19	昆山嘉轩集团有限公司	李烽诚	会计事务	2014年
20	昆山创杰昕再生资源有限公司	崔阿华	废旧物资回收	2014年
21	昆山金箭保安服务有限公司	张根兴	保安服务、保洁	2016年
22	昆山玉山镇印海图文设计工作室	夏明华	图文设计、平面设计、企业形象设计	2019年
23	鸿福驾校	王兴国	驾驶员培训	2020年

三、驻村企业

2000年,随着新乐村6个自然村村民动迁入住新乐锦园,自然村整体动迁后,经规划新乐村域内"井"字形公路网相继形成。从东到西,南北向公路有汉浦路、同心路、紫竹路和昆北公路;从南到北,东西向公路有雅博路、勤昆路、开贵路、城北中路、融汇路和融锦路。

昆山聚达电子有限公司(2020年,罗英摄)

交通便利后,在公路的两侧入驻企业17家,有投资1 000万美元的勤昆科技(昆山)有限公司、投资2 000万美元的唯安科技有限公司、投资2 245万美元的昆山聚达电子有限公司、投资3 000万美元的昆山致伸东聚电子有限公司、投资3 700万美元的昆山旭发电子有限公司、投资5 380万元的昆山同心表面科技有限公司、投资1亿元的昆山启发电器制造有限公司。

昆山同心表面科技有限公司原是同心村村办企业,1997年转制。经过多年的经营,企业不断壮大。2005年,企业占地8.67万平方米,建筑面积5.6万平方米,生产业务涉及镀金、银、锌、铜、镍、铬及其他合金产品,公司取得ISO9001认证和ISO14001体系认证。2020年,产值3.6亿元,纳税3 000万元。

勤昆科技(昆山)有限公司(2020年,罗英摄)

2003年入驻的勤昆科技(昆山)有限公司,资产从1 000万美元增至1亿美元。2020年,产值8亿元,纳税1 836万元。产品多次获德国红点设计奖。

2020年新乐村驻村企业基本情况见表4-3。

表4-3 2020年新乐村驻村企业基本情况一览表

序号	企业名称	法定代表人	经营范围	开业时间
1	昆山开贵饰品电镀有限公司	李镇明	生产徽章、金属饰品电镀加工	1992年
2	业旭亚电子化学（昆山）有限公司	卓景雄	生产电子用高科技化学品、合成树脂及相关材料	1998年
3	友缘化学昆山有限公司	陈国堂	生产加工酸性、碱性蚀刻液	1999年
4	大东科技材料（昆山）有限公司	陈鍀鎕	生产加工乾膜光阻	2001年
5	昆山聚达电子有限公司	应心源	研发、生产、加工、分选测试、编带包装片式电阻器	2002年
6	勤昆科技（昆山）有限公司	朱永祥	设计、开发、生产非金属制品模具	2003年
7	昆山冠智科技电子有限公司	张雪芬	生产加工非金属制品模具	2003年
8	昆山旭发电子有限公司	谌碧霞	研发、生产、加工刚性印制电路板挠性印制电路板、刚挠印制电路板	2003年
9	北京菲美得机械有限公司昆山分公司	徐德民	生产铸造机械产品	2005年
10	昆山同心表面科技有限公司	张美生	电镀加工、添加剂、化工原料销售	2005年
11	唯安科技有限公司	何宁宁	移动通信系统设备及数字集群系统设备制造	2005年
12	昆山致伸东聚电子有限公司	李易儒	加工生产电脑键盘、多功能触控面板	2009年
13	昆山启发电器制造有限公司	应龙夫	家用小电器组装、办公设备生产、销售	2010年

续表

序号	企业名称	法定代表人	经营范围	开业时间
14	昆山利比利金属材料有限公司	陈坤泰	冷轧板、电解板、硅钢片等加工销售	2010年
15	昆山日达昌金属制品有限公司	许志峰	模具加工、五金加工	2020年
16	昆山宋驹商贸有限公司	吴丽云	金属材料、五金电机销售	2020年
17	苏州毅至峰电子科技有限公司	徐海伟	机电设备、模具加工	2020年

 第二节 商 业

一、代购代销店

70年代初，昆山县供销社根据农村商业网点设置现状，为方便村民购买生产资料和生活资料，在全县范围内开设农村代购代销店（以下简称"双代店"）。双代店作为农村基层供销社商业网点的组成部分，是发展农村经济的一支重要力量。

1970年8月到1973年4月，昆山县供销社在新乐大队设双代店，并派驻人员作为双代店售货员。1973年5月，双代店售货员由新乐大队选派，双代店工作业绩由县供销社统一考核，双代店售货员收入与生产队社员同工同酬，由大队负责分配支付。双代店售货员对双代店的财务、购销、安全卫生负责任。双代店认真执行国家物价政策，商品明码标价，不克扣斤两、掺杂作假、以次充好。由供销社配置商品和提供铺底资金，双代店按供销社要求陈列商品，确保整洁美观，商品质量可靠。双代店售货员每日记好销售商品备查簿、现金日记账，每日营业额及时存入银行。严格控制备用金，按月盘点，制作报表，报送县供销社。县供销社按月销售总额的5%向大队发放手续费。农村经济体制改革后，双代店转为个体经营，双代店售货员报酬直接由县供销社按销售总额的5%发放。

双代店成立初期，代销商品均凭票供应。凭粮票供应的食品有月饼、雪饼、云片糕、米花糖等，凭油票供应食用油，凭布票供应棉花、棉絮、鞋底线、各花色线圈，凭家庭购物卡供应食糖、香烟、酒、煤油、肥皂、草纸、粉丝等生活日用品。70年代后期，双代店增加代销家禽、蔬菜、禽蛋以及长毛兔兔毛、废塑料、废金属回收等业务。实行家庭联产承包责任制后，增加了代销化肥、农药的业务。80年代后，又增加代销鲜猪肉、咸猪肉、咸鱼等副食品的业务。

新乐村双代店每年的营业额，从初期的5 000—6 000元，70年代的1万元，80年代的2万元，发展到90年代的3万—4万元。1984年，新乐村为方便村民购买化肥农药，在昆北公路新乐粮食饲料加工厂旁设肥药供应店，由李建根负责经营。1987年，转为个体经营。

党的十一届三中全会后，贯彻"对外开放、对内搞活"政策，在壮大国营经济、发展集体经济的前提下，积极扶持个体经济，流通领域商业经济有了新的发展，双代店货品不再由县供销社供应，可以自行进货。随着改革开放的不断深入，农村有诸多村民开店经商。1984年起，新乐村双代店转为私人经营。2001年，双代店结束经营。

1970—1986年新乐村（大队）双代店情况见表4-4，1984—2001年新乐村肥药供应店见表4-5。

表4-4　1970—1986年新乐村（大队）双代店一览表

序号	双代店地址	双代店售货员	经营项目	经营时间
1	8队王伯云家	供销社派驻人员郁伟康、胡正男	凭票供应食品、油、棉、香烟、酒、肥皂、草纸等。	1970年8月—1972年3月
2	5队马三孝家	供销社派驻人员胡正男、郁伟康	凭票供应食品、油、棉、香烟、酒、肥皂、草纸等，代购废塑料、废铜烂铁等废旧物品。	1972年3月—1973年4月

续表

序号	双代店地址	双代店售货员	经营项目	经营时间
3	5队马三孝家	新乐大队社员陈秀芬、袁荣英	凭票供应食品、油、棉、香烟、酒、肥皂、草纸等，代购废塑料、废铜烂铁等废旧物品。	1973年5月—1975年3月
4	群力河大队部	新乐大队社员崔士杰、陈秀芬	凭票供应食品、油、棉、香烟、酒、肥皂、草纸等，代购废塑料、废铜烂铁等废旧物品。	1975年3月—1984年12月
5	曹里浜北岸（电镀厂门口增设）	新乐大队社员李春英、赵德胜	凭票供应食品、油、棉、香烟、酒、肥皂、草纸等，代购废塑料、废铜烂铁等废旧物品，代销化肥、农药。	1983年1月—1986年3月
6	群力河原大队部	新乐村村民张守文、陈秀芬	凭票供应食品、油、棉、香烟、酒、肥皂、草纸等，代购废塑料、废铜烂铁等废旧物品，代销化肥、农药。	1984年12月—1986年3月

表4-5　1984—2001年新乐村肥药供应店一览表

序号	双代店地址	双代员	经营时间
1	昆北公路新乐粮食饲料加工厂北	新乐村村民李建根	1984—1987年
2	昆北公路新乐粮食饲料加工厂北	新乐村村民张友旺	1987—1997年
3	昆北公路新乐粮食饲料加工厂北	新乐村村民钱树芳	1998—2001年

二、个体商店

1978年，改革开放以后，村民逐步改变以农业为主的单一生产经营方式，有的村民从事个体经营，如开店经商。1978—2020年，村民在新乐村注册经营各类商店22家（见表4-6）。1980—2002年在新乐村外注册经营各类商店13家（见表4-7）。

表 4-6　1978—2020 年新乐村（大队）域内商店一览表

序号	店名	店主姓名	经营范围	开业时间
1	姜林小店	罗乔林	烟酒糖杂货	1978 年
2	新红小店	王桂凤	小百货	1981 年
3	永明杂货店	吴永明	杂货	1985 年
4	富强小店	孙连富	烟酒糖杂货	1987 年
5	明明商店	李林根	小百货	1988 年
6	新北小店	支成根	小百货	1992 年
7	芳芳小店	王永芳	烟酒	1993 年
8	佳明燻鹅店	强佳明	燻鹅	1993 年
9	新乐小店	费士进	杂货	1993 年
10	文海小店	曹文海	杂货	1995 年
11	新乐锦园小店	陆凤妹	缝纫、杂货	1995 年
12	新乐饲料店	杨志明	饲料	1996 年
13	新乐小店	唐忠根	杂货	1998 年
14	新乐理发店	严永才	理发	2001 年
15	桂林商店	张云警	小百货	2002 年
16	小罗理发店	赵根宝	理发	2002 年
17	月兰小店	王兴国	小百货	2002 年
18	阳光便利店	刘正扣	小百货	2002 年
19	扣碗杂货店	李扣碗	烟酒糖杂货	2003 年
20	红林商店	严洪林	小百货	2014 年
21	富购源超市	韩春生	小百货	2015 年
22	芳芳小店	赵建明	小百货	2019 年

表 4-7　1980—2002 年新乐村（大队）村民在域外开办商店一览表

序号	店名	店主姓名	经营范围	开业时间
1	新乐村肉店	陆永明、王志忠、王志高	猪肉	1980 年
2	时代文服内衣店	孙金文	服装	1983 年
3	永林玻璃店	李林根	玻璃	1987 年
4	玉田面店	王玉田	面点	1987 年
5	鹿城饭店	陆维华	餐饮	1987 年
6	陆记旅馆	陆维平	旅馆	1987 年
7	玉珍摇面店	李建伟	摇面	1990 年
8	修式时尚服装店	盛雪平	服装	1990 年
9	鹤杨饭店	杨小明	餐饮	1991 年
10	玉林鱼摊	周玉林	水产	1995 年
11	盛玉娥服饰	盛玉娥	服装	1998 年
12	城北铁艺杂货店	陆建平	五金杂货	1999 年
13	夏全皮匠摊	夏　全	补鞋	2002 年

三、商业街

2005 年，新乐村在穿村而过的紫竹路段建商业街。商业街长 200 米、宽 20 米，沿街两侧建店铺 62 间，总面积 5 440 平方米。其中，街东侧有店铺 29 间，街西侧有店铺 33 间，店铺为上下两层，面积 85—95 平方米。商业街店铺主要经营餐饮食品、烟酒百货、鞋帽服装，还设有手机销售与维修门店以及药房、医疗门店等。

2019 年 11 月，新乐村投资 150 万元，对沿街店铺做立面改造，统一设置店招店牌，外立面粉刷，对店铺内外电器线路进行整治，统一安装空调外机机罩。对餐饮行业实行"瓶改电"和"电除油烟装置"安装，将使用钢瓶液化气改为使用电磁炉。统一改造室外三格式雨污水池、化粪池。做到门前"三包"（包卫生、包绿化、包秩序）、门内达标（文明经商达标、卫生整治达标、食品卫生安全达标），并配备"安全四小件"，即灭火器、防烟口罩、手电、口哨。2019 年

11月，投资80万元，在商业街（紫竹路西侧）路段，安装充电桩和搭建自行车棚，方便和规范经营户电瓶车的充电和停放。2020年10月，投资978.4万元，对商业街路面进行改造，浇筑沥青混凝土路面4 280平方米，改造雨污水管881米。新立路灯水泥杆10根，安装交通信号灯与探头1组，配置道路隔离带400米，两侧绿化设施分布到位。

2020年新乐锦园商业街（东侧）店铺情况见表4-8，2020年新乐锦园商业街（西侧）店铺情况见表4-9。

表4-8　2020年新乐锦园商业街（东侧）店铺一览表

序号	店名	业主	经营范围	开业时间
1	发发烟杂货店	沈广存	百货	2013年
2	应海兵包子店	应海兵	餐饮服务	2015年
3	七彩虹鞋服店	温晓浪	服饰、鞋、箱包	2015年
4	都市女人内衣店	王丽娟	服装、化妆品	2015年
5	王军百货商店	王军	日用百货	2015年
6	华之兴手机店	卿平君	手机及配件	2015年
7	团家馄饨店	陈建美	餐饮服务	2015年
8	胡国龙百货店	胡国龙	烟酒食品、日用百货、床上用品	2015年
9	黄焖鸡米饭店	常德猛	餐饮服务	2017年
10	苏军拉面店	苏军	餐饮服务	2017年
11	潮流风暴服装店	李金涛	服装、鞋子	2017年
12	李余海小吃店	李余海	餐饮服务	2018年
13	超入凡小吃店	何超	餐饮服务	2018年
14	赵宏龙小吃店	赵宏龙	餐饮服务	2018年
15	味之觉快餐店	李凤云	餐饮服务	2018年
16	郑国防小吃店	郑国防	餐饮服务	2019年
17	李殿玲小吃店	李殿玲	热食类食品制售	2019年
18	平价水果店	张加学	食用农产品销售	2019年
19	姜玉珠小吃店	姜玉珠	熟食类食品	2019年
20	建清廷麻辣烫店	张建廷	餐饮服务	2020年

续表

序号	店名	业主	经营范围	开业时间
21	橙果鲜生水果店	廖海燕	新鲜水果	2020年
22	新悦飘逸小吃店	刘保用	餐饮服务	2020年
23	蜜茶时光烘焙店	陈建美	蛋糕面包	2020年
24	孜香煎饼店	潘建林	餐饮服务	2020年
25	刘宏氏牛肉汤店	刘 宏	餐饮服务	2020年
26	锦园诊所	张 勇	医务门诊	2020年

表4-9 2020年新乐锦园商业街（西侧）店铺一览表

序号	店名	业主	经营范围	开业时间
1	上海华联超市	李宏运	食品、日用百货等销售	2005年
2	哎美呀饰品店	李凤琴	饰品、百货礼品、床上用品销售	2015年
3	塞纳印象餐饮店	周 晓	热食类食品制售	2016年
4	蔡健手机店	蔡 健	手机及配件销售及上门维修	2017年
5	张浦镇祥合悦手机店	赵林珍	手机配件	2017年
6	江苏百家惠大药房连锁店分公司	崔旭东	药品零售	2017年
7	荣艺美容美发店	罗碧荣	美容美发	2017年
8	严凯小吃店	严 凯	餐饮服务	2018年
9	燕加麦小吃店	燕加麦	餐饮服务	2018年
10	家园数码手机店	瞿国阳	手机数码配件销售	2018年
11	白色千香	张春阳	化妆品、美容	2018年
12	都市恋惠坊服装店	李金涛	服装饰品销售	2018年
13	雯彤服装店	熊保玲	服装销售	2018年
14	刘保用餐饮店	刘保用	餐饮服务	2018年
15	王艳军小吃店	王艳军	餐饮服务	2019年
16	朱尚云小吃店	朱尚云	早餐	2019年
17	杨国松牛肉汤店	杨国松	热食类食品制售	2019年
18	黄林生餐饮店	黄林生	热食类食品制售	2019年

续表

序号	店名	业主	经营范围	开业时间
19	梦萍饮食店	周丽	自制饮品	2020年
20	绿色小吃店	李强	餐饮服务	2020年
21	爱一尚餐饮店	许亚萍	餐饮服务	2020年
22	衢州风味鸭头店	梅敏	鸭头	2020年
23	自助骨头王店	燕少昌	餐饮服务	2020年
24	齐满小吃店	程博	餐饮服务	2020年
25	乐道熟食店	张新杰	餐饮服务	2020年
26	新乐锦园药房有限公司	汪燕伊	餐饮服务	2020年
27	继之革面馆	李继革	餐饮服务	2020年

四、资产租赁

新乐村6个自然村整体动迁后，牛长泾、大竹园、曹里浜、东横泾4个自然村的土地用于发展工业经济，成为民资和外资投资区域。

2002年6月，新乐村富民公司投资240万元，在中环路55号建标准厂房2 600平方米。8月，新乐村投资240万元，在模具路55号建3幢标准厂房，面积4 200平方米；新乐村富民公司投资120万元，其中村民入股39.6万元，在中环路55号建标准厂房1 300平方米。2005年，新乐村投资800万元，其中村民入股199.4万元，在玉城南路77号建造标准厂房5 100平方米。12月，在完成"两通一平"（通水、通电、道路平整硬化）后对外招租。承租的企业有盈勤塑胶电子（昆山）有限公司、昆山日达昌金属制品有限公司、昆山宋驹商贸有限公司、苏州毅至峰电子科技有限公司等8家，租金为15元/平方米，2006年租金收入140万元，2015年租金收入266万元，2020年租金收入404万元。2009年7月，投资461万元，在新乐村500号建设新乐村公共服务中心2 863平方米，出租给学前儿童看护点，年租金42万元。2013年，投资820万元，其中村民入股308万元，在昆北公路1899号建四层综合楼4 300平方米，承租单位为苏州宝瑞园林建设工程有限公司，年租金68万元。2020年租金收入为514万元。

第五章　村庄建设

　　旧时，新乐村房屋以草房、泥屋为多，少有砖瓦房。60年代后期，有农户开始建造五路头平瓦房。70年代，草房翻建瓦房有所增加。1975年12月，新乐大队11个生产队通上照明用电。80年代起至90年代末，全村有半数以上村民建造楼房。2000年起，新乐村6个自然村整体动迁，村民入住新乐锦园，家家住进别墅式楼房。

　　70年代初，村域修建村级道路10条，长度6 300米。2000年，修筑砂石路6条，总长度7 850米。村域内道路连接市、镇公路。2000年，开通了城市公交车。

　　新乐村交通便捷，村民生活富裕，生活环境整洁优美。至2020年，先后获得"江苏省卫生村""江苏省生态村""昆山市绿化造村千佳村""昆山市清洁村庄、清洁家园"等多项荣誉称号。

第一节 住房建设

一、农房翻建

中华人民共和国成立前,新乐村村民住房十分简陋,少数村民住五路三间低矮瓦房,曹里浜、牛长泾、大竹园3个自然村的90%以上村民住的是泥墙柴扉、低矮破漏的草房。

60年代后期,农村经济略有好转,少数村民为改善居住条件,拆除简陋、破旧的泥墙草棚,建造五路头叠山头瓦房。有的农户建造瓦房时用平瓦替代小瓦(黑瓦)盖顶。1972年初,拓浚曹里浜,动迁了沿河南、北两岸第7、8、9、14生产队的33户草房,村域草房户的比例有所下降。

70年代末,农村经济发生变化,社员逐步将草房翻建为瓦房。1977年,新乐大队11个生产队中,有11户家庭建造平房共33间。1981年,15个生产队中,10个生产队的33户家庭建造新房115间,计2 580平方米,户均建房3.48间,户均面积78.18平方米;有草房户65户、草房174间,草房户最多的一个生产队有6户,少的有3户,总计草房面积5 360平方米。1980年之前,新乐大队农户没有经济能力造楼房。80年代初,随着改革开放不断深入,农村经济结构发生变化,村民收入大幅度提升,将平房翻建为楼房的农户逐渐增多。1982年,第1生产队吴雪琴,第2生产队倪振华,第4生产队周建生和盛菊民、盛菊伟兄弟,是新乐大队第一批将平房翻建为楼房的村民。楼房的房型有三上三下连一间(厨房间)的,也有二上三下连一间(厨房间)的,俗称"三间一转厩"。盛菊民、盛菊伟兄弟合用一块宅基地建造四上六下的楼房。外墙装饰由粉刷涂料改为瓷砖和玻璃马赛克、釉面镜砖;室内装潢由地面磨石子或贴地砖、大理石砖，逐步改为铺拼木地板或企口地板。1992年，新乐村有132户村民建楼房，计774间，总计面积2.56万平方米。1999年末，全村319户村民，户均住房面积142.63平方米，人均居住面积40.3平方米。

二、动迁安置

2000年，新乐村整体规划，动迁6个自然村，在新乐村中心位置建造村民集中居住小区。是年9月，夏长城、夏林根、赵阳喜、赵粉宝为新乐村第一批动迁至集中居住区建房户。此后，6个自然村15个村民小组的村民分批次整体动迁至集中居住区。2003年4月，东横泾第3村民小组李建荣等10户村民为最后一批进入集中居住区的建房户。至2006年12月，全村6个自然村10个村民小组，计321户村民整体动迁至集中居住区，入住新乐锦园，统一建造别墅式楼房，户均住房面积280.8平方米，村民住房条件、居住环境发生了根本性变化，生活质量得到全面提升。

新乐村整村动迁，村民整体移宅、集中一地居住，整村统一规格建造住房，在昆山市农村农房动迁改造工作中尚属首例。

三、新乐锦园

新乐锦园占地面积24万平方米，2000年9月启动建设，至2004年9月全面建成。全村15个村民小组的村民整体动迁，集中居住别墅式楼房。2001年，投入27.8万元，修筑长1千米、宽8米的水泥主干道；开挖景观河道1.5千米，布置景观绿化带，建3座景观桥。2004年，在玉山镇政府的支持下，投入4000万元，完善、更新新乐锦园的基础设施和生活设施，改善生活环境，美化居住环境。同时，配套建造村老年活动室、医务卫生站、村民健身广场、室外篮球场、休闲长廊，添置室外健身器材等。实施新乐锦园道路亮化工程，安装路灯199盏。2005年，建新乐村商业一条街，设有经营门店62间，计5441.64平方米。

2011年9月和2012年6月，两次实施雨污分离改造工程，铺设1.6千米污水管道，接入城市污水总管网。2019年8月，安装绿化带围栏7千米，设置安全绿色围网1.2千米。投入5万元，组建新乐村微型消防站，由村民兵组成消防应急连，担负新乐锦园消防安全值守工作，为村民安居保驾护航。

2020年，投入70万元，改用LED新型节能灯，更换村民居住区路灯150盏；为321户村民家庭安装天然气、5G智慧烟感器。投入31万元，改造和修建2 400平方米机动车停车场。投入390万元，增设259个高清可变焦监控装置，做到生活居住区安全监控全覆盖。新乐锦园日常管理做到专业队伍管理和全民参与管理相结合，常态化管理和专项整治相结合，专业人员巡查和网格化管理相结合。如今，新乐锦园成为新乐人和新昆山人安居乐业的一片新天地。

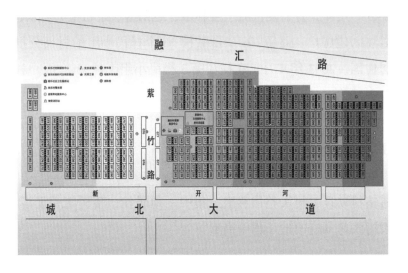

2020年新乐锦园平面图（2020年，新乐村村民委员会提供）

第二节 基础设施

一、道路

中华人民共和国成立之前，新乐村域的道路都是泥土路、田埂路、河岸路（俗称塘岸路），连通附近乡镇和县城。逢雨雪天气，泥泞不堪，行走十分困难。

村民形容乡间泥路是"晴天硬似刀，雨天黏似糕"。1971年7月，昆山县城至石牌公社的昆北公路建成通车，开通农村公共汽车线路，在村域西部设曹里浜乘客招呼站，方便村民出行。

（一）村级道路

机耕路 70年代，各生产队开始使用东风12型手扶拖拉机耕田。为方便拖拉机出行劳作，各自然村之间，修筑约2米宽的泥路，称之为机耕路，总长约5 000米。1983年9月，为方便村民出行，村委会用化工厂废弃的石灰氮下脚料黑钾子替代砂石料铺设机耕路路面，修成2—2.5米宽的黑钾子路，长度约6.3千米。

曹里浜南路 位于曹里浜南侧，东西走向，东至汉浦塘，西至昆北公路，全长1.2千米。80年代后期，铺设为砂石路。1996年3月，修筑成宽3米的水泥路。曹里浜南路连接第7、10、14村民小组，是村域的骨干道路。路因靠近曹里浜南岸而得名。2000年以后，第7、10、14村民小组先后整体动迁，曹里浜南路弃用。

曹里浜北路 位于曹里浜北侧，东西走向，东至汉浦塘，西至昆北公路，全长1.1千米。80年代后期，由原黑钾子路改为砂石路。1996年3月，修筑成宽2.5米的水泥路。曹里浜北路是村域的主要道路，连接第8、9、11、15村民小组，路因靠近曹里浜北岸而得名。2002年以后，4个村民小组整体动迁，曹里浜北路也随之弃用。

群力河西岸路 位于群力河西岸，南北走向，南至曹里浜，北至周市镇永共村，全长1千米，宽2.5米，因修筑在群力河西侧而得名，是连通村域南北的主要通道。2000年以后弃用。

新乐中心路 东西走向，东至群力河，西至昆北公路，全长1千米，宽2.5米。1996年3月，由原砂石路改建为水泥路，因位于新乐村中心地段而得名，是村域东西向主要通道。2001年5月，因修筑城北中路而弃用。

东横泾河南路 位于东横泾河南岸，东起群力河，西至皇仓泾，全长500米，宽3米。1996年3月，由原砂石路改建为水泥路，因临近东横泾河而得名，是连接第3村民小组的主要通道。2006年，大村整村动迁后，道路弃用。

东横泾河北路 位于东横泾河北岸，东西走向，东起群力河，西至皇仓泾，全长200米，宽3米。1996年3月，由原砂石路改建为水泥路，连接第3村民小组。2006年，第3村民小组整村动迁后，道路弃用。

（二）市镇道路

同心路　2000年6月动工，12月建成。位于村域中部、同心河西侧，南北走向，南起马鞍山东路，北至城北中路。长1.2千米，宽6米。混凝土路面，双向二车道。

同心路（2020年，罗英摄）

勤昆路　2004年12月动工，2005年2月竣工，总投资480万元。位于城北中路南侧，紫竹路东侧，东西走向，东起同心路，西至紫竹路。长500米，宽12米。混凝土路面。

勤昆路（2020年，罗英摄）

开贵路 2006年3月动工，10月建成。位于村域东部、城北中路南侧，东西走向，东起汉浦塘支河，西至汉浦路。长250米，宽12米。双向二车道，混凝土路面。

开贵路（2020年，罗英摄）

融汇路 2012年9月动工，2014年12月建成。位于新乐锦园北侧，东西走向，东起同心路，西至昆北公路。长1.1千米，宽24米。双向四车道，沥青路面。

融汇路（2020年，盛惠华摄）

（三）过境道路

昆北公路 1970年8月修筑，位于村域西部，南北走向。境内路长2千米，南起昆太路，北至迎宾路。公路按4级标准设计，路基宽9米，路面宽5米。1990年，路面拓宽至7米，为混凝土路面。

昆北公路（2020年，盛惠华摄）

城北中路 2000年5月开工，2001年5月建成。2011年3月，进行道路快速化改造，成为昆山市外环（北环）快速道路。东西走向，贯穿村域中部，东起汉浦路，西至湖滨路。长11.6千米，宽48米，境内路长1.16千米。双向六车道，沥青路面。

城北中路（2020年，盛惠华摄）

汉浦路 2001年建成。位于村域东南部，横穿曹里浜河，南北走向，南起萧林路，北至城北中路。长3.3千米，宽14米，境内路长1.1千米，南起仁皇溇，北至城北中路。混凝土路面。

汉浦路（2020年，罗英摄）

紫竹路 2001年1月动工，当年建成。位于村域中部、昆北公路东。南北走向，南起昆太路，北至城北中路。长4.2千米，路面宽14米，境内路长1.5千米，南起仁皇溇，北至城北中路。混凝土路面。

紫竹路（2020年，罗英摄）

至2020年新乐村道路情况见表5-1。

表5-1　2020年新乐村道路一览表

序号	路名	长度/千米	走向	修筑时间	起止点	备注
1	昆北公路	2	南北向	1970年	昆太路—迎宾路	过境
2	同心路	1.2	南北向	2000年	马鞍山东路—城北中路	

续表

序号	路名	长度/千米	走向	修筑时间	起止点	备注
3	城北中路	1.16	东西向	2000年	汉浦路—湖滨路	过境
4	紫竹路	1.5	南北向	2001年	昆太路—城北中路	过境
5	汉浦路	1.1	南北向	2001年	萧林路—城北中路	过境
6	勤昆路	0.5	东西向	2004年	同心路—紫竹路	
7	开贵路	0.25	东西向	2006年	汉浦塘四家溇——汉浦路	
8	融汇路	1.1	东西向	2012年	同心路—昆北公路	

二、桥梁

村域河道纵横，有南北向流经村域西侧的皇仓泾，有呈东西向流经村域的东横泾、阔端河、曹里浜、仁皇溇等河流。河流多、桥梁也多。1949年，村域有小木桥5座、石板平桥3座、竹夹桥1座，竹桥和木桥均属危桥。1950年，政府发动群众对所有危险桥梁进行全面修缮，把竹夹桥改建为木桥，对木桥做加固和改建。60年代后期至70年代初，村域竹、木桥改建为砖砌双曲拱桥和水泥平板桥。70年代末至80年代中期，建造水泥桁架拱桥和钢筋混凝土桥。2020年，新乐村有农用桥8座、公路桥9座、景观桥1座。

（一）新建桥梁

曹里浜桥 为水泥桁架桥，建于1971年，位于大竹园第11生产队，跨曹里浜，连接昆北公路。1990年加固，2008年拓宽，改建为水泥平板桥，长32米，宽4.45米。

阔端河桥 为水泥桁架拱桥，建于1971年，跨阔端河，连接昆北公路。1990年加固，2008年改建为水泥平板桥。长26米，宽14米。

东横泾桥 为水泥桁架桥，建于1971年，位于东横泾西侧，跨横泾河，连接昆北公路。2008年，改建为水泥平板桥。长25米，宽14米。

群力河桥 为水泥楼板桥，建于1972年，位于新乐排灌站东站南侧，跨群力中心河，连接曹里浜北岸。2013年，改建为水泥平板桥。长15米，宽7米。

北模具桥 为砖拱桥，建于1972年，位于村域南部，跨曹里浜河，连接模具路。1999年，改建为水泥装配式拱桥。长30米，宽4米。

新东桥　原名新乐桥，为砖拱桥，建于1972年，位于村域南部，跨曹里浜河，连接同心路。2006年，改建为水泥平板桥。长30米，宽7米。

民乐桥　为水泥片子桥，建于1978年，位于村域南部，跨仁皇溇，连接同心路。2006年，翻建为水泥平板桥。长20米，宽7米。

新乐景观桥　为木质平板桥，建于2000年，位于新乐东站东南侧，跨同心中心河。长28米，宽7米。

新乐桥　为水泥平板桥，建于2001年，位于新乐锦园南侧，跨城北中路新开河，连接紫竹路。长28米，宽18米。

新乐桥（2020年，李菊摄）

乐民桥　为水泥平板桥，建于2001年，位于新乐锦园南侧，跨城北中路新开河。长28米，宽7米。

乐民桥（2020年，李菊摄）

惠民桥　为水泥平板桥，建于2001年，位于新乐锦园南侧，跨城北中路新开河。长 28 米，宽 8 米。

惠民桥（2020 年，李菊摄）

汉浦桥 为水泥平板桥，建于 2001 年，位于村域东部，跨曹里浜河，连接汉浦路。长 30 米，宽 28 米。

同心河桥 为水泥平板桥，建于 2009 年，位于村域东部，跨同心中心河，连接城北中路。2011 年，改建为涵洞桥。长 30 米，宽 16 米。

皇仓泾桥 2009 年 2 月建成，位于村域西部，跨皇仓泾，连接城北中路。2011 年，改建为高架跨线桥梁。双向六车道，长 37 米，宽 45 米。

融汇桥 为水泥平板桥，建于 2011 年，位于融城汇园东侧，跨群力河，连接融汇路。长 25 米，宽 28 米。

融锦桥 为水泥平板桥，建于 2014 年，位于融城汇园东侧，跨群力河，连接融锦路。长 30 米，宽 28 米。

一号河桥 为水泥平板桥，建于 2017 年，位于紫竹北路，跨一号河，连接紫竹路。长 25 米，宽 28 米。

紫竹路桥 为水泥平板桥，建于 2020 年 6 月，位于村域南部，跨曹里浜河，连接紫竹路。长 30 米，宽 28 米。

(二) 拆除桥梁

横泾桥 为水泥平板桥，建于 1964 年，位于小村第 4 生产队，跨横泾河，连接昆北公路。长 14.7 米，宽 4.9 米，于 2006 年拆除。

弯溇桥 为水泥平板桥，建于 1964 年，位于东横泾第 3 生产队，跨弯溇河。长 14.7 米，宽 4.9 米，于 2006 年拆除。

东横泾桥 为水泥桁架拱桥，建于1971年，位于东横泾，跨东横泾新开河。长14米，宽4米，于2006年拆除。

三、邮政电信

邮政 中华人民共和国成立之前，村民邮寄信件、包裹等要去县城办理。外来的信件，一般邮寄至昆山东门外大街指定的商铺再转至新乐村，或有乡人上街取回和托人捎回。60年代中期，外来邮件至东门外大街商铺，转交给在一笑茶馆设补鞋摊的鞋匠高双福带回村。1970年，新乐村开通了邮路，邮件通过邮局投递员送到目的地。1976年，村域邮政编码为215316。2006年起，新乐锦园内开设有顺丰、圆通等多家快递经营网点，使邮件的寄取更快捷、更便利。

电信 50年代初之前，村域无电话线路。50年代末至60年代初，村域开通了电话线路，大队装有1台手摇电话机，几个大队合用1条电话线路。电话线和有线广播两线合用，使用电话必须待有线广播播音结束才能通话，电话使用率低，通话效果差。80年代中后期，2个大队合用1条电话线路。社队办企业设有独立的专用电话线。80年代末，村办企业都装有电话。1996年，安装程控电话。90年代末，村民家庭90%以上安装固定电话。2000年，村民整体动迁入住新乐锦园，电信网络统一设计、统一布置，安装更方便。入住新居的村民，家家户户配有电脑，互联网上网率达97%。至2020年，有约30%村民家庭利用互联网做起"电商"。

四、供电、供气、供水

供电 中华人民共和国成立之前，农村生活照明依靠油盏灯，用蜡烛照明的仅为少数富户。农业生产灌水、排水全靠畜力、人力，农作物脱粒靠人工掼稻、掼麦。

中华人民共和国成立后，农村照明普遍使用煤油灯。遇红白喜事，条件好一点的乡间或家里用汽油灯照明。60年代初，村域建造第一座排灌站——新乐电力排灌站。1964年，靠近电力排灌站附近的生产队，用电线接通照明电，生产队有少数社员家庭通上照明电。一户只能安装一盏15瓦白炽灯，并限量、限时使用，半年结算一次电费，俗称"包灯头"。农村电力供应不足时，首先要保

证生产队脱粒、灌水、排水等生产用电，社员家庭用电得不到保证。

70年代初，由生产队出资架设简易电线杆，用来通照明电，社员家庭开始通照明电。农村用电首先要确保农业生产用电，社员家庭照明用电仍受限制，生活用电无保证。1974年末，新乐大队仍有5个生产队的82户社员家庭未通照明电。其中，第1生产队6户、第2生产队29户、第3生产队1户、第7生产队8户、第9生产队38户。随着社队办工业兴起，农村供电逐步有了保障，社员家庭用电照明逐步放开，社员家庭照明用电不再受限制。1975年12月，新乐大队11个生产队全部通照明电。社员家庭用电由生产队统一安装电度表计量，为确保用电安全，又为社员家庭装上了用电保护器。村域家庭照明用电全面普及。至1976年初，建成5座电力灌溉站，总装机容量365千瓦，村域农田电力灌溉面积达100%。90年代，经过电网改造，增设变压器、更新用电设施，提高和保障村民生产生活用电质量和用电安全。

1999年，在规划全村整体动迁至集中居住区时，村委会首先为村民移宅建房提前做好通电的准备工作，确保满足村民建房用电需求。2005年，投资90万元，为村民集中居住区安装路灯199盏，实施道路亮化工程。现在村民家庭生活用电量已成为评判村民生活质量的一个标准。

供气 改革开放前，新乐村村民生活中烧水煮饭的燃料以稻草为主，家家砌有两眼的柴灶，也有简易的单眼灶，俗称腹壁灶。也有个别村民家庭烧树枝（硬柴），俗称煨行灶。

1986年11月，第12村民小组盛国华家庭是全村第一户使用钢瓶液化气的家庭。至80年代末，全村约有40户村民使用钢瓶液化气。1997年，全村钢瓶液化气使用户达到30%。1990—2013年，全村使用钢瓶液化气的有300多家，液化气全面替代原始的柴草，成为家庭生活燃料。村民使用的钢瓶液化气，由玉山镇万隆液化气公司供应，公司设在玉山镇，村民换瓶充气有诸多不便。之后，供气站提供上门换气的服务，方便村民调换钢瓶液化气。2013年12月，新乐锦园开通民用天然气管道，天然气用户有100多户，2018年为250户。2020年12月，增至300多户，全村天然气使用率达98%。

供水 改革开放前，新乐村村民生活用水主要从河道汲取。农户家中灶间备有水缸，提汲河水存入水缸，待澄清后，用以烧饭。也有个别农家自挖水井，用井水烧饭，用井水做饮用水。1964年，新乐大队组织各生产小队在6个自然村农户居住相对集中地段，开挖深井25口，以井水替代河水。

1994年8月，新乐村全面启动改水工程。村投资16.2万元，铺设3寸（1寸≈3.33厘米）自来水总管道3 048米、2寸分支管1 480米，村民配合挖沟铺设管道，配合实施自来水进村入户工程。自来水管道连通镇区自来水总管道，所用自来水由昆山自来水公司供应。初期，由村委会出资，统一为村民家庭安装水管、阀门、水表等，把自来水管接进户。村民家庭则承担少部分入户分水管安装费，每户出资400元，统一安装2只水龙头、1只水阀、1只水表。1995年1月，全村319户农户全部用上自来水。

五、公共交通

50年代前，新乐村村民出行主要靠手摇木船走水路，陆路只有田埂小路，外出只能步行。1971年7月，昆山县城至石牌公社的昆北公路开通农村公共汽车线路，村域设曹里浜招呼站，给新乐村村民出行带来了方便。2000—2012年，新乐村先后修筑紫竹路、同心路、汉浦路、勤昆路、开贵路、融汇路、城北中路等骨干道路，对村域原有的道路进行全面改造。

2000年5月，新乐村开通第一条公交线路——2路公交车线路，每10分钟发一班车，方便了村民出行。至2020年底，村域开通2路、6路、53路、58路、105路、115路、129路、134路、137路、150路等10条城市公交线路，设有公交车换乘站点10处，村民出行十分便捷。2020年，新乐村

新乐村公交车站（2020年，罗英摄）

设置公共自行车停放点3处，村民只要凭身份证办理借车卡，交上保证金即可开通使用。公共自行车1小时内免费使用，为村民出行提供了方便。2020年新乐村城市公交线路情况见表5-2。

表 5-2　2020 年新乐村城市公交线路一览表

线路名称	起点—终点	村内站点（站台）
2 路	汽车客运南站—开发区综合保税东区	紫竹路城北路
6 路	昆山汽车客运南站—金茂工业园	汉浦路开贵路
53 路	昆山火车站北广场—国防园	紫竹路城北路
58 路	机器人产业园—新乐村	紫竹路城北路
105 路	昆山火车站北广场—石牌	昆北路曹里浜
115 路	昆山花鸟市场—巴城客运站	昆北路曹里浜路
129 路	汽车客运北站—城铁阳澄湖站	城北路紫竹路
134 路	昆山南站—创业生活园	城北路紫竹路
137 路	汽车客运北站—南港汽车站	城北路汉浦路
150 路	黄浦江北路迎宾路—新乐村	城北路汉浦路

第三节　环境整治

90 年代初，新乐村成立环境整治领导小组，建立村环境保洁制度，成员分工明确。村专职保洁员负责 6 个自然村的道路清扫、路面清洁、厕所保洁工作，责任到人。

一、卫生整治

中华人民共和国成立初期，新乐村村民的泥墙草房占 70%，家庭养猪、养鸡、养鸭，卫生环境脏、乱、差。1952 年，新乐村开展大规模的爱国卫生运动，村民将爱国卫生运动与农村清洁村庄、家庭卫生、清除垃圾、清除房前屋后杂草结合起来，用清除的生活垃圾开塘沤肥。对家庭卫生进行监督，制定家庭卫生基本要求，确保卫生达标，提高村民的卫生意识，同时发动组织村民接种牛痘、霍乱、鼠疫疫苗，促进村民身心健康。

1958年，新乐大队开展以除"四害"为重点的爱国卫生运动，人人动手灭苍蝇、蟑螂、老鼠、麻雀。大队按村民上交的老鼠尾巴、苍蝇、蟑螂数量奖励工分。一时间"四害"几乎绝迹，爱国卫生运动取得显著成绩。但村民洗刷马桶、人畜下河洗澡等生活习惯没有得到改变。

1959年，新乐大队开展清洁卫生运动，组织大扫除，清除村民住宅前后、道路、河道周边的杂草，包括竹园、树丛的杂草。宣传提倡饮食卫生和个人卫生，做到不喝生水、不吃隔夜剩菜、勤刷牙漱口、勤洗衣洗澡、勤理发洗发、勤剪指甲、勤刮胡子等。农村环境卫生得到改善，个人卫生意识得到提高。

60年代，新乐大队开展查灭钉螺和消灭血吸虫病工作。通过多年工作，血吸虫在新乐村基本被消灭。20年间，村里办了六件实事：一是在每个生产队开挖深井，供社员用水；二是淘汰家庭露天粪缸，粪坑由生产队集中管理，加盖陈封；三是每个生产队选派一名清洁员，集中洗刷马桶，杜绝马桶下河；四是生产队每月开展一次环境大扫除，保持道路整洁、村庄整洁；五是清洁家庭卫生，做到屋前屋后整洁；六是配合医疗机构服用预防药，注射疫苗，预防传染病发生。

80年代，随着村民生活水平的提高，草房改建瓦房、楼房，脏、乱、差的现象少有出现。村里的道路、河道环境得到改善，村民由原来的饮用河水、井水，改饮自来水。家庭改用冲洗式马桶，粪便通过三格式化粪池净化处理。村委会将爱国卫生工作与"两个文明"建设结合起来同时抓，村民的健康水平得到提高。从根本上改变村容村貌。

进入2000年，新乐村在玉山镇政府的支持下，实行整村迁移，每家统一建造别墅楼房，居住环境焕然一新，新乐村进入创建"文明村"的快车道。村委会认真抓好八件实事：一是建设新乐一条街；二是村民居住区道路硬化；三是每户通上自来水；四是"三线入地"；五是建成新乐锦园南侧沿河长2 000米、宽10米的绿化带；六是组建保洁队伍，负责卫生保洁和河道清洁工作；七是消灭柴灶烧煮，家家户户使用天然气；八是建造图书馆、乒乓室、篮球场、门球场、老年人活动室。

2018年，开展"263"专项整治（指"两减六治三提升"生态保护和环境治理专项行动。"两减",即减少煤炭消费总量、减少落后化工产能;"六治",即治理太湖及长江流域水环境、治理生活垃圾、治理黑臭水体、治理畜禽养殖污染、治理挥发性有机物、治理环境隐患;"三提升",即提升生态保护水平、提升环境经济政策调控水平、提升环境执法监管水平)。根据市委、市政府对农村提出的实现"河道清洁、河水清澈、河岸美丽"的目标,新乐村对河道管理实行河长制,组织村民清理河道漂浮物,清理有积淤的河道,规划建设河道两岸绿化带,使得河水更清,环境更美。通过"263"专项整治,清理屋前屋后杂物184处,取缔"三无"餐饮店50家和"黑中介""黑网吧"48家,村域生活环境更为整洁舒适。

2019年,新乐村把垃圾分类工作提上议事日程,组建以村党支部书记朱彩华为组长的工作班子,分工负责。发挥党员干部、老党员的作用,倡导"红色党建引领,绿色垃圾分类""烟头不落地""绿色生活我先行"等活动。开展垃圾分类入户宣传活动,发放宣传资料1万多份,全村建成4个垃圾投放点,每户配放2只垃圾桶,并将垃圾分类工作纳入村智慧管理平台,通过和村民签订垃圾分类管理积分考核合同,强化管理,提高村民参与垃圾分类的积极性。2000—2003年,新乐村获得昆山市"清洁村庄、清洁家园"、昆山市"双文明建设先进村"、"江苏省卫生村"称号,2020年获评"苏州市人居环境整治工作示范村"。

二、村庄保洁

90年代初,开展"清洁村庄、清洁家园"创建活动。建立垃圾"户集、村收、市处理"的处置模式,先后投入6万多元,购买垃圾箱,添置垃圾运输车等硬件设施。成立由12名村民组成的专职保洁队伍,以自然村为单位,负责收集各家的生活垃圾,负责公共场所和沿路、沿河的卫生清扫和保洁,全村生活垃圾做到日收日清运,不留垃圾堆放死角,不留卫生死角。

建立粪便卫生管理制度,粪便管理无害化户户达标,开展卫生村创建工作。1997年8月,村投资10多万元,改造村民家庭厕所、化粪池。全村村民家庭厕所和化粪池全部统一改造成为长1.6米、宽1.9米、深1米的三格式砖混结构无害化粪池,改厕率达100%。做到粪便无害化管理,做到厕所、化粪池定期消毒,村域无露天粪坑、无害化粪池无异味的卫生要求。

三、专项整治

秸秆还田，禁止焚烧防污染 80年代中期，全力推广和实施秸秆还田，全面禁止露天焚烧秸秆，从源头上消除和堵住秸秆焚烧造成的空气污染，同时禁止将秸秆抛入河道或随意丢弃。秸秆还田工作由村民小组长全面负责、监督执行，90年代全村秸秆还田综合利用率达100%。

"263""331"达标治理 从2000年起，6个自然村分批整体动迁入住集中居住区，改变原有自然村格局，村民居住环境发生变化。村委会从实际出发，建立健全多项环境综合治理制度，从制度层面完善环境整治和环境保护措施。

为防止村民在新居住地私搭乱建的现象发生，村委会及时制定集中居住区管理制度。村干部以身作则，首先做到不违规，同时劝阻村民不乱搭建，对违章搭建建筑物一律拆除。2004年1月，新乐村重组村民集中居住区专业保洁队伍，在生活集中居住区设置22只固定垃圾箱。村民日产生活垃圾由专职保洁运输员负责清运集中处置。专业保洁员负责生活区内路面保洁。2006年12月，为每户村民家庭配备1只垃圾箱，有7名专职保洁员上门收集生活垃圾，通过垃圾清运车运送至垃圾中转站处理，生活区垃圾做到日产日清日处理。

2018年5月，结合"263""331"专项治理活动，以"六治"为主要抓手，开展专项整治，着力解决村民反映强烈的环境问题。集中整治违规小作坊7家，整治非法运营"茶炉子"7家、不达标餐饮店35家；查处违规使用钢瓶液化气200只；拆除违规搭建1800多平方米，消除安全隐患370处；清理和整治占道设摊、流动摊贩约150起（次）。2019年，责令关闭"三无"餐饮店89家。是年8月，结合环境整治，在新乐锦园安装绿化带围栏7000米，配置安全绿色围网1200米，村民居住区生活环境整洁有序。

垃圾分类积分化管理 2020年，实施垃圾分类，推行"家庭积分管理制"，落实家庭户主责任制。为每户家庭配备2只垃圾桶，总计配放垃圾桶936只。并辅以加减分的方式予以奖惩，对村民家庭生活垃圾分类投放、收运、处置情况进行积分考核。通过评选垃圾分类星级户，提高村民垃圾分类的自觉性、积极性和主动性。同时坚持日巡查制度，工作人员、网格员每天不定时巡查生活区，按照积分细则，对每户村民的垃圾分类进行考核。通过趣味讲解，普及垃圾分类知识，不断提高村民垃圾分类的意识。通过设置垃圾分类宣传板、电子显示屏、广播、微信公众号等宣传工具，进一步提高村民垃圾分类参与率和知识普及率。

生活区环境整治成效对比图照（2020年，新乐村村民委员会提供）

四、环境绿化

道路绿化 70年代中后期，村域修筑多条机耕路，大队采购水杉树苗1 500多棵，栽于机耕路两侧。80年代水杉树长成材，成为绿化景观带，机耕路绿树成荫。2000年之前，比较完整的道路绿化带有：曹里浜南、北两岸，西自昆北公路，东至群力河，长约2 000米；群力河西第8村民小组至中心路第10村民小组之间，长800米；第4村民小组至昆北公路，长1 000米；东横泾河南北两岸至新乐电力排灌站北，长1 000米；第7、14村民小组至新开河岸，长400米。村域6个自然村道路绿化长度总计5 200米，绿化面积4 000多平方米。1997年，新乐村获昆山市绿化造村"千佳村"称号。

2000年，新乐村域修筑融汇路、汉浦路、紫竹路、同心路等多条公路，总长计4 510米。公路两侧栽有香樟、水杉、广玉兰、银杏、雪松等，建成的林荫道长110米。公路两侧种植各种灌木、花卉、草，绿化面积约6.34万平方米。

村庄绿化 90年代初，围绕"幸福家园环境美"的建设目标，新乐村大规模实施环境建设工程，在村庄空间、村民宅基地和房前屋后，植树种花；河道堤岸以种植水杉、杨树为主，在洋河洋、荒田溇、阔端河、中心河等6条河道长9 200米的堤岸植树3 000多棵。2000年，6个自然村绿化地带总面积1.5万平方米。2004年，村民集中居住区新乐锦园全面建成，村民委员会对新乐锦园内绿化工作进行全面规划，分批实施，分段布置，分季节种植移栽，按照集中居住房屋形态设置绿化带，在村民住宅区别墅之间布置花坛；生活区中心路主干道两旁植树300棵，建成林荫道1 500米，新乐锦园绿化总面积7.64万平方米。

第六章 文明乡风

党的十一届三中全会以来，新乐村在上级党委、政府的部署和指导下，开展了群众性精神文明创建活动，做到物质文明与精神文明协调发展。

1981年起，新乐村以创建文明村为抓手，开展"五讲四美三热爱"活动。1986年起，开展创建和评比"五好家庭"活动。1987年，开展培养"四有新人"活动。90年代，开展"新风杯""新风户"创建活动，对村容、村貌、家庭卫生等进行整治。2000年，开展文明村、文明社区创建活动，全村涌现出一批"文明新风户"和"文明和谐家庭"。

第一节 思想道德建设

一、阵地建设

市民学校 1992年创办新乐村市民学校，有党支部、共青团、妇联、民兵营等条线，组织开展各类教育培训。市民学校结合主题宣传教育和阶段性教育活动，组织开展"六好"（领导班子好、思想道德好、经济建设好、事业发展好、环境卫生好、社会风气好）、"三德"（社会公德、职业道德、家庭美德）、"三礼"（礼貌、礼仪、礼节）等主题教育。定期请有关方面专家作专题、专项讲座。至2020年，新乐村共举办各类宣传教育活动、培训班330期，接受教育8 200多人（次）。

宣传窗口 新乐村结合新农村建设和村民集中居住区新乐锦园建设，2009年至2020年先后在村域醒目位置、村民集中活动区，建成宣传画廊、法治长廊、廉洁长廊、彩绘墙等5处固定宣传窗口，计1 490平方米。制作电子屏幕9块，计57平方米。窗口以"依法治村、以德治村、村民自治"为主题，开展经常性宣传，配合"江苏省文明村""江苏省民主法治模范村"等创建工作，有针对性地在宣传画廊布展法律知识、村规民约、家教家风、文明礼仪等知识和内容，推进社会公德、公民道德、职业道德、家庭美德建设。至2020年，宣传窗口共编排、刊发图照、画册，出板报150多期。

微信工作群 2018年，新乐村党总支通过建立微信群形式，不定期对党员干部开展党规党纪和党的基础知识教育，教育党员在工作中争创"先锋岗"，在社区家庭争做"示范户"，教育和激励党员牢记宗旨，永葆本色，收到了"小微信、大能量、教育深"的成效。

网络平台 2019年，新乐村建成智慧平台，推进"两个文明"建设。党总支组织开展"二学一做"（学党章党规、学系列讲话，做合格党员）等主题系列教育培训48期（次），参加学习培训1 920人次。利用网络平台，新乐村市民学校通过网络开展远程教育。依托数据平台，运用"诚信积分+智慧大脑"数字治理模式，助推乡村治理现代化。网络平台为村民提供政策咨询、家政服务、水电维修、医疗救助等服务，推出各项便民服务预约办理等。通过线上线下齐发力，以网络平台的"软实力"，打造新乐村的"民心工程""满意工程"。

二、宣传教育

1963年3月，毛泽东主席发出"向雷锋同志学习"号召，新乐大队开展学雷锋做好事活动。各生产队成立了青年突击队，在农业生产中发挥积极作用。

1981年3月，新乐大队发布《关于开展文明活动的倡议》和《关于开展文明礼貌运动的通知》，开展宣传教育活动，提倡"五讲四美三热爱"。学校、企业、各生产队掀起学习、贯彻、实施的热潮。工、青、妇、民兵各条线召开会议，大队利用广播站、黑板报、宣传栏进行宣传。以印发宣传资料等形式开展宣教活动，做到"横向到边，纵向到底"，家喻户晓、人人参与。社员受教育率在95%以上。

1990年以来，村委会组织村民学习《昆山市文明市民读本》《昆山市文明市民守则》及卫生健康、科学、法治等知识，大力弘扬"团结拼搏、负重奋进，自加压力、敢于争先"的精神。将精神文明建设同经济建设有机结合起来，融为一体，组织开展学雷锋、树新风活动，每年3月组织开展为民便民服务活动，为村民义务修理电器、义务理发、义务植树、义务诊治，为村民提供法律咨询，为残疾人员和军属送温暖，为贫困人员献爱心等。

1992年起，村委会将"四有""三热爱"教育活动与文明市民教育活动结合起来，开设市民学校，举办党支部、共青团、民兵组织、妇联、村民代表、老年协会各条线培训班，举行知识竞赛，组织演讲比赛，使《昆山市文明市民守则》中的"六要"（要热爱祖国、建设新农村、同心奋斗，勇于争先，要团结友爱、助人为乐、言行文明、自尊自重，要家庭和睦、邻里相亲、计划生育、拥军优属，要尊师重教、敬老爱幼、相信科学、移风易俗，要讲究卫生、美化环境、义务植树、爱护花木,要遵纪守法、维护公德、诚实守信、优质服务)和"十不准"(不准粗言秽语、仪容不整,不准随地吐痰、乱丢乱倒,不准乱停乱行、妨碍交通,不准乱设摊点、无证经营,不准乱搭乱建、影响市容,不准乱涂乱贴,损坏公物,不准毁草伤林、破坏绿化,不准好逸恶劳、奢侈浪费,不准大操大办、聚众赌博,不准违法乱纪、失诚失信)内容家喻户晓,深入人心。

2000年,新乐村启动村民整村动迁至集中居住区建房工作,村党支部将村民动迁和文明创建工作有机结合,开展一系列文明创建活动。利用市民学校开展文明市民守则、文明市民公约以及"三德""三礼"教育,引导村民树立社会主义道德新风尚。以"六好"为标准,引导和教育村民,树立共建文明村思想。

村宣传栏(2020年,罗英摄)

2001年10月,村党支部、村民委员会召开学习贯彻《公民道德建设实施纲要》精神,对村民小组组长、村民代表、全体党员进行培训,组织学习。下发学习资料1 200余份,制作宣传栏3个,挂横幅标语18条,推动公民道德教育活动深入开展。

2005年,组织党员群众开展"两个率先""三个代表"教育活动。2006年,开展社会主义荣辱观教育和文明礼貌、社会公德、讲究卫生活动,大力倡导乡村文明。2007年,开展"讲文明话、办文明事、做文明人"教育活动。2008年,开展社会主义核心价值观教育活动。2010年,开展"三严、三实"(严以修身、严以用权、严以律己,谋事要实、创业要实、做人要实)教育活动,2012年,开展"两学一做"主题教育。把敬业奉献、助人为乐、诚实守信、见义勇为、孝敬老人等朴实优良品格,融入生活之中,融入文明创建之中。2019年,开展"不忘初心、牢记使命"主题教育,在党员中开展"党员先锋十带头"活动,将一系列宣传教育活动贯穿于创建文明村、卫生村、民主法治示范村、特色宜居乡村和红榜村工作之中。

新乐村结合创建文明村、卫生村，开展精神文明建设。投资9.8万元，安装电子宣传屏幕，对创建工作的部署和要求进行滚动宣传。利用宣传画廊，对创建工作中涌现的好人好事、模范事例加强宣传。如勤劳致富带头人朱粉小，种田大户陆永明，见义勇为汤稍心、徐志成、王建良、沈田民、袁为林、韩学根、严根才，助人为乐好辅警陆建刚，尊老爱幼道德模范张金娥、王荣根，爱心助学朱文琴等。同时，村文艺宣传队把创建工作中涌现的先进事迹和先进人物，以村民喜闻乐见的说唱形式自编自演文艺节目，加强文明创建工作的宣传力度。并把创建工作宣传资料发放到每家每户，做到人人了解创建工作，人人参与创建工作，形成浓烈的创建氛围。

王建良见义勇为荣誉证书
（2020年，王建良提供）

倪学贵见义勇为荣誉证书
（2020年，倪学贵提供）

严根才见义勇为荣誉证书
（2020年，严根才提供）

沈田民见义勇为荣誉证书
（2020年，沈田民提供）

确认袁为林见义勇为决定书
（2020年，袁为林提供）

确认韩学根见义勇为决定书
（2020年，韩学根提供）

2018年，投资20余万元创办了党员活动室、青少年综合活动室、志愿者服务站、科技图书馆、妇儿之家、中老年活动室、市民学校等精神文明建设阵地。加大志愿服务推进力度，招募志愿者，开展关爱他人、关爱环境，"大手牵小手、党心耀童心"等活动，新乐村有来自各行业的志愿者近百人，每年开展各项志愿者服务36期。在党员教育活动中，弘扬社会主义核心价值观、弘扬文明理念、推进"两学一做"学习教育。定期组织村民小组组长、村民代表开展学习教育，通过村情民意宣传党的政策、评选身边好人好事，学先进树典型，引导广大村民向身边的榜样学习，传递正能量，提升全体村民的精神文明素质。

第二节　文明创建

2000年，新乐村在昆山市委、市政府《关于广泛深入开展创建文明新风户活动的通知》文件精神指导下，围绕创建全国文明城市、省级卫生村的目标，组织开展文明村、文明新风户等文明和谐家庭系列创建活动。2004年，新乐村深化文明新风户的评选工作，组成由村党支部书记任组长、村委会主任任副组长的领导小组。每季度领导小组对照创建要求，通过"三评三选"活动，对全村300多户村民以打分形式评比新风户。活动中，村民积极争取，不甘落后，当年新乐村新风户达标率100%。

通过创建文明新风户、文明和谐家庭，进一步增强创建文明村的力度。2004—2020年，新乐村先后获得"昆山市双文明建设先进村""苏州市文明村""江苏省文明村""江苏省生态村""江苏省卫生村""苏州市农村人居环境整治工作示范村"等多项荣誉称号。

一、文明新风户

新乐村在创建文明村的同时，组织开展文明新风户和文明和谐家庭评比活动。2000年，昆山市委、市政府下发《关于广泛深入开展创建文明新风户活动的通知》，由村党支部书记、村委会主任郑国芳任组长，村委会副主任张培文任副组长，具体负责创建文明新风户工作。文明新风户的评比标准为五个好：爱国守法、热心公益好，学习进取、爱岗敬业好，男女平等、尊老爱幼好，移风易俗、少生优育好，勤俭持家、保护环境好。通过家庭自评，群众互评，领导小组初评、复评等环节，评选后将评选情况张榜公布，村委会对评选上的文明新风户上门挂牌，给予精神鼓励和物质奖励。

2004年，新乐村评出区、镇级文明新风户12户，有李克怀、朱根义、朱粉小、崔根孝、夏志云、盛和生、李林根、郑水林、李建荣、张友旺、张培文、马三小。2006年，评出文明新风户20户，有陆永明、陈金林、李建华、李建荣、张培文、张守文、夏志云、夏长静、崔根孝、杨德锦、王建良、马桃喜、朱伟根、吴牧、杜文明、周芬英、张友旺、郑国芳、马三小、朱尔民。2009年，评出星级文明户19户，有韩巧喜、陆永明、梁玉英、叶惠泉、张玉明、胡建忠、罗海松、王荣根、杜品元、李建刚、周玉林、李建荣、杜小伍、张建春、夏存红、夏长静、张向东、周云生、沈立根。

二、文明和谐家庭

2010年,高新区(玉山镇)将文明新风户的评比改为文明和谐家庭创建和评比,将精神文明创建活动推向纵深。文明和谐家庭评选条件如下:

家风文明:崇尚科学,移风易俗,诚实守信,性别平等。

遵纪守法:学法用法、守法遵纪,坚持正义,抵制邪恶。

勤劳致富:勤俭持家,科学生产,辛苦劳作,生活宽裕。

家庭和睦:尊老爱幼,和睦互助,崇德尚教,教子有方。

婚育合法:观念先进,模范带头,晚婚晚育,少生优生。

邻里团结:相互尊重,平等对待,团结互助,和睦相处。

家居整洁:家院整洁,窗明几净,绿色环保,环境宜人。

身心健康:心情舒畅,精神饱满,热爱生活,身体健康。

2010年,新乐村评选出文明和谐家庭4户,分别为吴牧、苏红生、王巧珍、陆文荣家庭。2011年,评选出文明和谐家庭5户,分别为陈金余、张友旺、王巧珍、王荣根、朱文琴家庭。2012年,评选出文明和谐家庭1户,为张建春家庭。2013年,评选出文明和谐家庭5户,分别为卞玉香、张友旺、王巧珍、王荣根、朱文琴家庭。2014年,评选出文明和谐家庭7户,分别为徐海根、丁六宝、陈金林、朱尔民、高六扣、李建荣、梁月英家庭。2015年,评选出文明和谐家庭1户,为沈立根家庭。2016年,评选出文明和谐家庭1户,为张金娥家庭。2017年,评选出文明和谐家庭3户,分别为李建刚、叶惠泉、陆永明家庭。2018年,评选出文明和谐家庭3户,分别为唐瑜妹、严根才、常粉香家庭。2019年,评选出文明和谐家庭3户,分别为吴新龙、戴坤明、周芬英家庭。2020年,评选出文明和谐家庭4户,分别为吴雪峰、孙伯弟、朱文琴、钱立生家庭。其中,2014年李建荣家庭、2020年吴雪峰家庭分别被昆山高新区评为文明和谐家庭和最美家庭。

李建荣家庭（2020年，罗英摄）　　　吴雪峰家庭（2020年，吴雪峰提供）

三、文明村

进入21世纪，随着"两个文明"建设的不断深入，新乐村党支部、村委会重视文明村的创建工作。2004年开始，把文明村创建工作纳入"一把手"工程，重点放在对村民的思想道德教育和法治教育，提高村民的思想道德素质和法治意识。村党支部书记担任创建工作领导小组组长，村委会主任任副组长，共青团、妇联、民兵、治保和老年协会负责人为领导小组成员，利用广播、宣传栏、横幅、电子屏、宣传资料等形式开展宣传教育。制定各条线创建工作目标、措施，健全创建工作制度、创建工作内容要求，提高村民创建意识。通过文明创建活动，村民思想道德素质得到提高，文明意识增强，文明创建活动取得成效。2005年，新乐村被苏州市精神文明建设指导委员会评为"2004—2005年度苏州市文明村"；2006年，被江苏省环境保护委员会评为"江苏省生态村"，被苏州市体育局、苏州市老年体育协会评为"2003—2006年度苏州市老年体育工作先进村"，被昆山市依法治市领导小组评为"昆山市民主法治示范村"；2007年，被苏州市依法治市领导小组办公室、苏州市司法局、苏州市民政局评为"苏州市民主法治村"；2009年，被苏州市精神文明建设指导委员会评为"2006—2008年度苏州市创建文明村工作先进村"；2011年，被苏州市文广新局评为"苏州市公共卫生服务示范村"；2012年，被昆山市精神文明建设指导委员会评为"昆山市文明村"；2018年，被苏州市精神文明建设指导委员会评为"2015—2017年度苏州市文明村"，被昆山市精神文明建设指导委员会评为"2017年度昆山市文明村"。

2019年，新乐村的创建工作在昆山高新区的指导下，建成智慧平台，把积分管理形式融入创建工作。在充分尊重村民意愿的基础上，制定《昆山高新区新乐村积分管理细则》。《管理细则》分为"人居环境""房屋安全""垃圾分类""生命通道""村规民约""乡风文明"。依照《管理细则》，每个家庭每月有300分基本分，并根据家庭实际执行和考核情况予以奖罚。有1万多名租住在新乐村的新昆山人，是新乐村的管理重点，村委会把租住户管理的责任归于房东，承租户发生违反《管理细则》的行为，房东会被扣分。为了调动承租户参与创建的积极性，村委会将承租户纳入积分管理范围，享受同样积分待遇。村智慧平台将积分情况及时推送到村民的手机上，村民与承租户可以通过手机，得到各自执行《管理细则》的考核结果。对于扣分事项，如能在规定时间内整改，则可归还被扣分数。为了严格管理，提高村民的自身素质和

新乐村积分超市（2020年，罗英摄）

增强执行力，村党总支要求党员干部家庭要起到表率作用，设定扣分标准高于村民家庭5—20分。至2020年底，全村经整改项目2 469项（次），村民家庭（包括承租户）考核所得积分可以通过村"积分超市"兑换米、面、油等生活用品，调动了全民参与的积极性。

通过智慧管理平台，将创建工作与智慧管理有机结合。2020年，进一步深化文明村创建工作，取缔村里所有"黑网吧""黑诊所"、麻将室、违规餐饮店，清理乱堆放杂物2 200余处，清理乱张贴小广告1 000余处，清理垃圾1 500多吨，新乐村的村貌焕然一新。同年12月，新乐村被中共江苏省委全面依法治省委员会办公室、江苏省司法厅、江苏省民政厅评为"江苏省民主法治示范村"，被中共苏州市委农村工作领导小组办公室、苏州市农村人居环境整治工作联合会议评为"苏州市农村人居环境整治工作示范村"。

第七章 文教体卫

随着经济、社会的发展，新乐村的文化、教育、体育、卫生事业也得到了全面发展。

文化方面，60年代，新乐大队组建文艺宣传队，开展适合农村的群众性文娱活动。建设和完善各类文化活动设施和场馆，村民业余文化生活丰富多彩。教育方面，30年代，新乐村域办有私塾。50年代，创办2所初级小学。70年代，创办"戴帽子"中学。2012年，新乐村设立奖学金鼓励学子发奋学习。2015年，昆山市教育局在新乐村开办全日制小学和幼儿园。体育方面，1995年6月，新乐村组建昆山市第一支村级门球队。群众性、传统性文体活动充满生机。卫生方面，50年代，开展大规模查灭钉螺的群众运动。60年代，新乐大队建立合作医疗站，配备"赤脚医生"。90年代，农村合作医疗水平提升，村民享受医疗保险、大病风险基金等保障。2020年，建成昆山高新区新乐社区卫生服务站，配备执业医师、全科医生、主治中医师，新增中医医疗服务。方便村民求医问诊，为特殊患者提供签约服务。

第一节 文化娱乐

一、文化设施

2020年，新乐村建成综合办公大楼，综合办公大楼增设图书室、放映室、听书室、儿童活动室等，为新乐村村民的文化娱乐生活提供了良好的场所。

图书室 面积80平方米，藏书2 000册，存有政治、经济、科技、社会科学、文学艺术类书籍，免费向新乐村村民开放。

图书室（2020年，罗英摄）

退役军人服务站 面积80平方米，设置新乐老兵荣誉展示栏、老战士物品展示柜、解放昆山模拟实景电子沙盘等国防教育设施，以及老兵风采展示墙、军人书吧、红色放映厅等，彰显了退役军人风采，弘扬了新乐村的红色文化。

退役军人服务站（2020年，罗英摄）

听书室 面积140平方米（含说书台20平方米），备八仙桌凳6套，每桌备青花瓷壶、杯1套，不定期为村民上演评弹节目。

听书室（2020年，罗英摄）

书画室 面积50平方米，设施齐全，为新乐村书画爱好者提供学习、交流场所。定期为中、小学生开办暑期书画练习班。每年组织开展"翰墨飘香，书写幸福时光"老年书法交流活动。

书画室（2020年，罗英摄）

放映室 面积160平方米，设阶梯式座位100个，丰富了老年人的精神文化生活。

放映室（2020年，罗英摄）

儿童综合活动室 设4个教室。其中，绘画室50平方米，是假期儿童学习绘画的场所，室内硬件设施配置齐全，并配备培训老师2名，为儿童学习绘画提供专用纸张、颜料和笔等学习用品；亲子阅读室50平方米，藏有儿童阅读书本500册；儿童棋室40平方米，有军棋、象棋、跳棋，为儿童学习各种棋提供条件；综合活动室64平方米，为少年儿童提供各种有趣的活动。

儿童综合活动室（2020 年，罗英摄）

文化长廊 2020 年 3 月，新乐锦园内建两条文化长廊。乐善亭长廊长 100 米，宽 3 米；民法典长廊长 70 米，宽 3 米。长廊设宣传牌，宣传习近平总书记关于"三农"问题的论述、警句等，宣传乡村振兴相关论述以及《中华人民共和国民法典》中关于居民居住权、婚姻法规等方面的法律知识。

文化长廊（2020 年，罗英摄）

二、广播电视

有线广播 1956 年 2 月，昆山县开通有线广播，新乐村用毛竹、树棍做广播线杆，广播支线采用单根铁丝传输。由于路途远和广播材质问题，广播传输音质较差。当时，通到村农业生产合作社的广播仅有 2 只。

1966年，城北公社成立广播工作领导小组，农村大办广播。1968年9月，新乐大队6个自然村田头装有广播10只，村民在田间劳作时能听到广播。1970年，夏船虎担任大队广播线务员。

20世纪末，农村用5.2米水泥方杆和6米水泥杆替代毛竹竿、树棍。之后换成7米标准水泥圆杆，提高了广播线杆的质量和抗击自然灾害的能力。1982年，根据昆山县广播站"关于推进农村有线广播达标村"的要求，6个自然村319户农户安装舌簧喇叭，入户率100%，张培文担任大队广播线务员。

1987年，将新乐大队319户农户安装的舌簧喇叭改装为铜圈喇叭，音响效果显著提高。1990年，村民严万全、胡建忠担任大队广播线务员。2000年，因整村动迁至新乐锦园，有线广播的历史就此结束。

有线电视　1978年，新乐大队第2生产队社员王永购置14英寸银河牌黑白电视机，是新乐村第一个购买电视机的家庭，收看电视用室外天线调节收视清晰度，主要接收中央台、上海台等电视台的节目。1986年，第1村民小组村民吴锦华购置金星牌彩色电视机，之后电视机逐步走进村民家庭。1998年6月，城北镇实施有线电视村村通工程。是年11月，新乐村完成有线电视安装，319户村民都能收看到有线电视。

2004年，新乐锦园实施三线（供电、通信、有线电视线路）入地整治工作。每户装有1个终端，每个终端可接通2台电视机。每年每户收费240元，有线电视故障由原城北镇文体广播站有线电视维修人员负责维修。

三、群众文艺

拉山歌　村民在田间劳作和劳作之余，喜欢拉山歌、唱民谣。在田间耘稻时，经常"一对一""一对二"对歌，拉山歌。比较流行的有田间山歌、耘稻歌、小情歌等。唱田间山歌没有固定场合，不论条件，即兴即唱，场面有大有小，也有一人唱多人和。新乐村的村民拉山歌、田间唱山歌习俗至"文化大革命"时期消失。

挑花篮　挑花篮是新乐乡间娱乐形式之一。旧时，逢时逢节或者村上办喜事时为助兴而表演。50年代，新乐村倪振兴与杨欢喜搭档演挑花篮。表现形式为男手摇蒲扇（或毛巾、鞭杆），女挑一对花篮，边跳边唱。

文艺演出 1965年，农村兴起学习毛泽东的"老三篇"（《为人民服务》《纪念白求恩》《愚公移山》）热潮。新乐大队在团支部书记倪美芳带领下，成立新乐大队文艺宣传队。倪美芳为队长，有队员17名，队员们白天劳动，晚上集中排练，随时为社员演出。宣传队自编自演锡剧小戏《一块露底砖》，讲述地主解文卿把农民在旧社会欠他的租金以及中华人民共和国成立后受到处理的信息刻在砖上，作为"变天帐"埋在竹园里，妄想报复，被民兵发现。剧情围绕"一块砖"展开，小戏受到村民的喜爱，在昆山县各公社巡回演出。

夕阳红文艺队 2004年2月，新乐村成立夕阳红文艺队，卞玉香任队长。队员有夏扣粉、张凤珍、高巧扣、高菊芳、王梅珍、戴龙粉、李妹娟、张桂玲、吴阿扣、孙月宝、费怀珍。夕阳红文艺队经常参加昆山市委宣传部、市文联和昆山高新区文联举办的各类演出，至2020年，演出达280余场次，获奖50多项。2004年以来，由村民徐海根编写创作的《新乐村处处换新貌》《唱唱农村新面貌》《婆婆唱新歌》《逛新村》等文艺作品，多次获得昆山高新区文艺汇演奖。其中，说唱《新乐村处处换新貌》获2006年昆山市首届农村特色文艺汇演一等奖。

新乐村夕阳红文艺队排练（2020年，新乐村村民委员会提供）

附一：民歌节录

田间山歌

（一）

咿呀哎，哎哎哎，嘿嘿哎……

山歌好唱口难开。

白米饭好吃田难种（哟）。

仙桃好吃树难栽，面饼好吃磨难牵。

我唱山歌谁来对，我在田里莳黄秧。

六棵秧苗直喵喵，隔壁姑娘（来）对山歌。

（二）

早上起来露水多，姐姐打扮送情哥。

满帮花鞋跑湿了，怎么回家见公婆。

等到公婆问到我，我到田里看秧棵。

早稻田里还缺少，晚稻田里杂草多。

毛豆田里挂了牌，籽麻田里果子多。

婆婆听了笑嘿嘿，夸我是个好媳妇。

耘稻歌

耘稻要唱耘稻歌，两脚弯弯泥里拖。

眼观六棵棵里稗，十只指头捧六棵。

小情歌

东南风起墙门开，墙门里走出小娘来。

远远看郎近近来，眼睛瞄瞄郎不睬。

要唱歌来就唱歌，肚皮里来苦水多。

三间草屋吭柴盖，根根檐子全晒枯。

附二：夕阳红文艺队获奖作品

新乐村处处换新貌（说唱）

唱：东风万里红旗飘，改革开放形势好，

　　三个代表放光芒，农村形势实在好，

　　团结一心奔小康，农村到处换新貌。

白：兄弟姐妹听我讲，过去新乐村是穷地方，

泥土墙茅草房，今朝新乐村换新貌，
　　　统一规划楼房造，家家别墅生活好。
唱：一轮红日当空照，农村经济形势好，
　　　农民收入创新高，电话手机普及早，
　　　新买轿车村里跑，全靠党的好领导。
白：兄弟姐妹听我讲，党的富民政策好，
　　　户户物业收入高，还有入股分红好，
　　　信息交流（哈罗）你好，
　　　键盘一按（哥的百爱）再见了。
唱：万紫千红春来早，农村事业发展好，
　　　村民健身设施好，生病住院有医保，
　　　村民农保领钞票，农民生活乐陶陶。
白：兄弟姐妹听我讲，公交车通村实在好，
　　　购物办事效率高，垃圾污水处理好，
　　　环境卫生全达标，身体健康生病少。
唱：紫气东升气象好，生态农村品位高，
　　　鸟语花香景观道，绿树成荫空气好，
　　　江南水乡是瑰宝，文明新村早建好。
白：兄弟姐妹听我讲，金山银山我们要，
　　　绿水青山要保牢，持续发展稳步跑，
　　　千年农村变了样，农村处处换新貌。
唱：蟹肥稻香昆山好，古人名言要记牢，
　　　邻里和睦婆媳好，互相帮助品质高，
　　　敬老爱幼风气好，和谐社会来创造。
白：兄弟姐妹听我讲，聚众赌博很不好，
　　　不良恶习要去掉，计划生育要搞好，
　　　只生一个就是好，幸福生活好上好。
唱：莺歌燕舞人气高，农村处处换新貌，
　　　艰苦奋斗记得牢，勤俭节约是个宝，

　　　　干群团结快步跑，两个率先实现早。
白：兄弟姐妹听我讲，魅力昆山是骄傲，
　　　城乡一体同发展，新乐村目标创新高，
　　　共同富裕奔小康，感谢党的好领导。

唱唱农村新面貌（锡剧联唱）

一唱新乐村新面貌，经济发展快又好，
家家住上新楼房。高档轿车勿勿少。
二唱新乐村新面貌，三农政策执行好，
科学种田收成好，农村处处新面貌。
三唱新乐村新面貌，城乡一体搞得好，
地铁立交建设好，乡村振兴大提高。
四唱新乐村新面貌，环境优美绿化好，
百姓出行坐公交，人人称赞昆山好。
五唱新乐村新面貌，社会主义真正好，
人人看病有医保，幸福生活靠得牢。
六唱新乐村新面貌，家有物业收入高，
村民生活大提高，小康水平已来到。
七唱新乐村新面貌，文体活动开展好，
唱歌跳舞运动好，健康文明身体好。
八唱新乐村新面貌，经济富裕条件好，
结伴出国旅游好，身体健康乐陶陶。
九唱新乐村新面貌，邻里和睦风气好，
婆媳关系呱呱叫，村风民风换新貌。
十唱新乐村新面貌，文明建设大提高，
村里发展唱不完，全靠党的好领导。

婆婆唱新歌

老太婆活到六十几,以前初一月半烧香去,

洗衣烧饭扫扫地,一代一代传下去。

老太婆活到六十几,现在早上起来练身体,

一三五来排排戏,你说稀奇勿稀奇。

老太婆活到六十几,社保每月好几千。

医保看病按比例,村民们活得真福气。

老太婆活到六十几,重男轻女不要提,

婆媳之间要和气,乡邻团结笑嘻嘻。

老太婆活到六十几,帮助村里做事体,

社区安全勿忘记,互敬互爱记心里。

文明新村树风气,婆婆今朝来唱戏,

明朝旅游乘飞机,争取活到一百几。

逛新村(男女声二重唱)

男女合唱:三个代表放光芒,农村一片喜洋洋。

听说新乐建新村,父女双双去看一看哟。

男:女儿在前边走哟,我老汉在后边跟哟,跟得忙。

一心想去看一看,到底变了啥个样。

女:阿爸哎。

男:哎。

女:快快走。

男:噢。

女:看看新乐村新面貌。

男:女儿哎,等等我。

男女:快快走呀,快快行呀,哎哟哟哟。

男:哎、哎,为啥处处是楼房,一排一排好气派?

女:因为城乡一体化,统一规划建新村。

政府补贴搞搬迁,家家住进新洋房哟。

新乐村志

男：哎、哎，为啥马路绕村庄，路旁花草像公园？
女：因为富民政策好，轿车开进农家门。
　　人居环境大变样，幸福生活万年长哟。
女：阿爸哎。
男：哎。
女：快快走，看看新乐村新面貌。
男：女儿哎，等等我。
男女：快快走呀，快快行呀，哎哟哟哟哟。
男：哎、哎，为啥家家人来人往，又是谁家搬新房？
女：因为到处是工厂，大学生也来租住房。
　　新乐村家家都有出租房，小康生活乐陶陶哟。
男：哎、哎，看老汉出门又回家，婆婆为啥追得忙？
女：因为忘了医保卡，现在看病刷刷卡。
　　生活、健康有两卡，晚年生活笑哈哈哟。
女：阿爸哎。
男：哎。
女：快快走。
男：噢。
女：看看新乐村新面貌。
男：女儿哎，等等我。
男女：快快走呀，快快行呀，哎哟哟哟哟。
男：哎、哎，为啥小孩跑得快，为啥北边有唱歌声？
女：因为建了儿童乐园，小孩子常去喜欢玩。
　　唱歌、下棋、学跳舞，村民活动室办得好哟。
男女：新乐如今变了样呀，全面小康就要到。
　　幸福生活万年长，（加）幸福的生活万年长。

第二节 教 育

一、私塾

1936年，江都县郭村镇于启龙借曹里浜自然村陆志明家办私塾，有学生20多人。1938年，日军入侵昆山，私塾停办，抗战胜利后续办。私塾教学设有珠算和文化学习课程，初学《三字经》和《百家姓》，第二年学《千字文》和《中庸》，第三年学《论语》和《孟子》。私塾收费以大米结付。一个学期一般家庭交二斗五升，经济条件好一点的交五斗，富裕人家交一石。1951年，昆山县教育办公室在新乐村设立小学，私塾停办。

二、幼儿教育

1985年，新乐村开办新乐幼儿园，按年龄分为小班、中班。小班学生15名，主要学习唱歌、跳舞、数数、做游戏、讲故事、语言、常识。中班学生25名，主要学习算术、画画、音乐、唱歌、跳舞、语言、常识和体育。幼儿教师有朱梅蓉、夏芝芳、张志芳，教师报酬按村同等劳动力的平均水平分配。1987年，幼儿园分设大、中、小班，入学儿童60余名，幼儿教师有夏芝芳、张志芳。1991年，村办幼儿园统一划归昆山县文教局管理，并入城北中心幼儿园，新乐幼儿园停办。

三、小学教育

1951年，昆山县教育办公室在新乐村按自然村分布，分南、北片建2所小学，分别为新丰小学和新乐小学，各设1—4年级复式班。新乐小学有学生25

名，教师王荣光，校址设在大村自然村下正坤家。新丰小学有学生40多名，教师戴士杰、沈淼珍，校址在曹里浜自然村社堂庙内。教师报酬参照大队强劳动力水平分配。

1958年，新乐、新丰小学合并，移址新乐大队第3生产队办校。在"吃饭不要钱，再发零用钱"的情况下，学生和教师吃住在学校。任教教师有戴士杰、李敏夫妻二人。1960年，学校和食堂解散，学生回原南、北两片的学校继续学习。

1971年，新乐大队在第5生产队建造新乐小学，占地面积近1 000平方米。设教师办公室、教师食堂等。有教室10间，每间24平方米。设1—5个年级，有学生120余名，教师10名，校长王瑞康。1976年，学校增设"戴帽子"初中2个班级，有学生45名，教师有徐邦义、戴士杰、张金娥、李晓明等。先后有周剑平、梁萍、张菊生、朱慧敏、陆建甲、李晓明、许素珍等教师任教，还有插队新乐大队的苏州知识青年任教。教师报酬参照大队同等劳动力水平分配。"戴帽子"中学两年后停办，学生转入县级中学。

1991年，根据昆山市教育局要求，新乐小学归并到城北中心小学和市立小学，新乐小学撤销。

四、扫盲教育

1965年，为提高农村中青年农民的文化水平，新乐大队筹集经费，购置黑板、油灯和书籍，让村民学习文化知识。大队按自然村所在生产队参学人数的分布，办7个夜校扫盲班，学员50多名（见表7-1），校址设在生产队库房或住房相对宽敞的社员家中。教师由大队回乡知识青年担任。夜校以扫盲为主，利用农闲时节和夜间上课，村民学习文化的热情高，互帮互学氛围浓。至1968年，新乐大队农民扫盲率在80%以上。

表7-1　1965—1967年新乐大队夜校扫盲班一览表

队别	校址	教师	部分学员名单
第1、2生产队	孙伯锦家	倪美芳	陈建平、金小毛、孙秀芬、卞小江、盛思根、盛丽琴、陆小明等

续表

队别	校址	教师	部分学员名单
第3生产队	李弟男家	陆建甲	李妹花、李妹新、李小白、李秀英、李妹月、闵秀玲
第4生产队	叶剑峰家	洪先进	杜凤珍、周水娥、盛金芳、叶惠英、陈凤珍
第5、6生产队	张惠民家	张金娥	华金明、赵小红、夏志明、夏志忠、张建平、张凤珍、张水里、张梅珍、韩乃忠
第7、8生产队	徐帮富家	徐帮义	周玉珍、费春林、夏桂芬、夏冬英、马芬红、范秀英、夏红珍、李金娥
第9、10生产队	10队公房	李庄孝	杨士英、张巧龙、孙粉喜、王莲英、黄招娣、金桂英、金椿英、张金妹、张新妹、袁金锁
第11生产队	朱宝发家	朱宝发	钱小英、汤稍心、钱书英、马柴桂

五、驻村学校

昆山高新区紫竹幼儿园 2015年9月，建造昆山高新区紫竹幼儿园，位于原东横泾自然村，占地面积1.08万平方米，其中建筑面积8 147.51平方米，绿化面积2 714.17平方米，户外活动场地4 687.29平方米。幼儿园设12个班，有学生402名。教职员工50名。其中园长1名，专职教师27名；本科学历的有25名，占86%。幼儿教育工作受城北幼儿园的全程指导，工作内容有教幼儿清洁卫生、幼儿日常生活须知，教幼儿认数、唱儿歌、跳舞、做操，讲故事和开展各种幼儿游戏等，使幼儿的身心健康得到有益保障。2016年，幼儿园保健室食堂达到A级标准。2017年，创建A级萌芽保健室、

昆山高新区紫竹幼儿园（2020年，罗英摄）

苏州市卫生保健合格幼儿园。2019年3月，创建苏州市优质幼儿园。2020年5月，创建江苏省优质幼儿园。幼儿园设有美术室、建构室、图书室、科学发现室、生活操作室、多功能大厅等专用室。设有木工坊、刺绣坊、石磨坊艺术区。室外配有长廊、小草坡、玩沙玩水池、绿植、种植园地、饲养小动物区等场所。

2016—2017年，顾雯、任梨源、高梦晗等10余位教师获江苏省"蓝天杯"优秀教学设计评选活动二等奖4次、三等奖7次。2016—2020年，徐夏平、顾子伟、任梨源等20名教师撰写的《节日传递孩子爱的乐章》《幼儿园课程回归生活》《巧用生活教育思想舞出灵动区域》《互联网时代下幼儿教育的创新研究》等文章，获江苏省"蓝天杯""行知杯"一等奖5次、二等奖29次、三等奖29次。2018—2020年，金晨雨、姜昕玉、任梨源、马梦婷教师获苏州市、昆山市教育局自制玩具比赛二等奖2次、三等奖4次。2020年，马梦婷、赵磊、邓澄、韦婷婷等12位教师在教案内容评比中，有15人（次）获得苏州市级以上奖项。

新乐幼儿看护点（2020年，罗英摄）

新乐幼儿看护点 建于2013年，位于融汇路500号，占地面积3300平方米，建筑面积2200多平方米，户外活动场所1000平方米。看护点有教职工29名，设11个班级，其中小班4个、中班3个、大班4个，幼儿400多名。设置有绘画阅读、逻辑数学学习、玩各种玩具、唱儿歌、做早操、学习穿衣服穿鞋、学习整理床铺等有利于提升学前儿童智力、能力的活动。

昆山高新区紫竹小学 建于2015年，位于紫竹路2600号，原东横泾自然村境内。占地面积3.05万平方米，建筑面积2.4万平方米，绿化面积1.05万平方米，户外活动场地8378.65平方米。2017年9月投入使用。学校设6轨36班，教师60名，本科以上学历的58名。有苏州市、昆山市学科带头人各1名。2020年在校学生950名，其中新乐籍学生36名。学校设有美术室、科学教育室、音乐室、舞蹈室、合作探究室、心理咨询室等。图书馆藏书2.5万册。有足球场、环形跑道、室内体育馆、户外篮球场、网球场等。2018年，获评"江苏省健康促进学校""江苏省节水型学校"。2019年，组建少年军校，开设少年军校"蔚来实验室"等课程。2020年，获"江苏省少年军校工作先进单位"等称号。

昆山高新区紫竹小学（2020年，罗英摄）

六、新乐奖学金

2012年，新乐村设立新乐奖学金，鼓励本村学子努力学习，营造崇学重教的氛围。本村户籍的村民，凡享受土地补偿、口粮田及自留田土地补偿以及享受股权固化的均可申请奖学金。奖学金发放对象为当年参加高考并被重点大学录取的学生，一次性发放奖学金2 000元。至2020年获新乐奖学金的学生有8名，见表7-2。

表7-2　2012—2020年获新乐奖学金学生一览表

姓名	录取院校	奖学金/元	获奖时间
张　琴	江苏师范大学	2 000	2012年
盛晓芸	江苏师范大学	2 000	2012年
夏雨飞	南京师范大学	2 000	2012年
马佳慧	东北师范大学	2 000	2014年
李　荟	江苏师范大学	2 000	2014年
孙思敏	南京财经大学	2 000	2016年
杨旭镔	合肥工业大学	2 000	2015年
王　琴	江苏第二师范学院	2 000	2020年

第三节 群众体育

一、场地设施

新乐村重视群众体育运动的开展和村民体育设施的建设与投入。2020年，在村综合楼设有健身房和舞蹈室，在新乐锦园设置室外健身场地。

健身房 面积80平方米，配有跑步机1台、动感加力单车2台、风阻单车1台、单人仰卧起坐健身器1台、综合力量训练器1台、乒乓球桌1张、台球桌1张。

健身房（2020年，罗英摄）

舞蹈房 面积150平方米，设舞蹈练功房、更衣室，配有音响设备。平时用于夕阳红文艺队排练和瑜伽训练，寒暑假期间为学生舞蹈培训场所。

舞蹈室（2020年，罗英摄）

健身广场 2004年，新乐锦园建东、西区2处健身广场。东区健身广场面积80平方米，配有双人跑步机2台、臂力训练器2台、双位蹬力训练器2台，广场舞场地50平方米。西区健身广场面积100平方米左右，配有双人跑步机1台、臂力训练器1台、腰部按摩器1台、双人大转轮1台、腹肌板2块、肩关节训练器1个，广场舞场地70平方米。

健身广场（2020年，罗英摄）

二、体育活动

1949年前，新乐村没有什么体育活动，农闲时偶尔有放风筝、举石担、爬竹竿等带有锻炼和游戏性质的民间体育活动，这类活动一般处于分散、自发状态。1951年，新乐村办新乐小学和新丰小学，学校的体育设施和场地相对比较简陋，只能开展一些如跳绳、跳橡皮筋、踢毽子等简单的体育活动。1958年，2所学校合并，学校配备了一些必要的体育活动设施。学校设有早操、体育课，每个学期举行学生体育运动会，有乒乓球、200米短跑、车铁箍、拔河、跳绳等比赛。60年代中期，村基干民兵、武装民兵经常组织开展军事体育操练，当时还没有固定的活动场地，一般是利用生产队的晒谷场进行活动。2004年以后，建有室内健身房和户外固定的标准化体育健身运动场地。常年参加广场舞活动的村民有30多名，多次参加各类比赛并获奖。新乐村不定期举办村民喜闻乐见的体育活动，如打乒乓球、拔河等，受到村民欢迎。2007年5月，新乐村参加玉山镇举办的农民运动会，获得拔河比赛第一名。

1995年6月，新乐村在昆山市门球协会和城北镇政府的支持下，成立新乐村老年门球队，成为昆山市第一个村级门球队。队长为张友旺，队员有盛和生、徐长庚、罗养林、时文进、夏春玉、陈顺章、杜文元、张云警、崔阿友、王桂凤。门球场设在原新乐小学操场。1999年，门球场迁至第11村民小组，修建草坪门球场。2007年，李建荣任队长，队员有张友旺、陈顺章、杜文明、夏长静、盛和生、徐长庚、杜文元、夏春玉、时文进、罗养林、马小余、崔阿友、王桂凤、吉海扣、张云警15人。张云警兼任教练，陈顺章兼任裁判。2009年10月，新乐村建成室内门球场，吸收朱尔民、陆建甲、李元和为队员。2007年，获昆山市门球比赛第一名。2011—2013年，新乐村老年门球队分获昆山第十四届、十六届、十八届村级一分会门球赛第一名。2016—2019年，获昆山高新区村级门球赛第一名。2018年，获昆山市"门协杯"百队门球大赛第一名。2019年，获昆山市"牙博士杯"门球联谊赛第二名。

2006年4月8日，新乐杯第三届村级门球赛颁奖仪式
（2020年，新乐村村民委员会提供）

新乐门球队队员合影
（2020年，罗英摄）

第四节　卫生健康

一、医疗卫生

1936年，江苏江都郎中于鉴臣驻曹里浜自然村行医，擅长医治疮疖和其他常见病。

1965年，新乐大队建保健卫生室，吴雪琴任卫生保健员，医治点设在第8生产队王伯英家。医治点备有外用药品红汞、碘酒、紫药水等和医治常见病的口服药、消炎药、退热药品，同时备有橡皮膏、纱布、药棉、绷带等医疗用品。保健员常年走村入户开展卫生保健工作。是年年底，村民沈立根任卫生保健员。医治点从第8生产队王伯英家迁至第5生产队张惠明家。1967年，新乐大队先后选派陈振东、李青、张小英参加县卫生局和苏州医学院联办的农村卫生人员学习班。1969年，三人回新乐大队担任卫生保健员。是年，新乐大队保健卫生室更名为新乐大队合作医疗卫生室。1978年，大队合作医疗卫生室迁至群力河西侧的新乐大队部,面积100平方米。1984年,"赤脚医生"改称乡村保健医生。1986年,陈德明、陆凤英、金梅芳经江苏省卫生部门考核合格,发放"乡村保健医生证书"。1990年,村卫生室设置做到"三室分开",即门诊、药品、治疗室分开。同年,创建农村甲级卫生所。

2011年10月,新乐村设玉山镇预防保健所新乐站。预防保健所面积250平方米,药房分中成药和西药两大类,有各种药品150余种。赵艳霞为驻村医疗站站长、执业医师、全科医生,唐金花为助理医师、全科医生,张群为护士。2014年,医疗站迁至新乐村综合楼,面积250平方米,驻站医生有赵艳霞、唐金花、杨雷、陆亦婷,主管护师杨雷,护士陆亦婷。

2020年12月,昆山高新区新乐社区卫生服务站迁至新乐锦园综合楼,面积350平方米,医疗站增设中医,有针灸、拔罐、推拿和中医泡脚医疗项目。驻站医生有郭满天、唐金花、杨雷、陆亦婷,主治中医师郭满天。设药房、治疗室、换药室、康复室,全科诊疗,中医理疗。配有血糖仪2台、观察椅4张、空调5台、电视机1台。药房常用药有300多种,医疗服务收费实行医保联网结算。

新乐社区卫生服务站一角(2020年,罗英摄)

卫生服务站日常开展医疗、预防、保健、康复、健康宣传和计划生育服务六个方面工作。同时实行家庭医生签约服务项目,签约对象为因病、因残困难人员,计划生育特殊困难家庭,居家失能和半失能人员,高血压、糖尿病等慢性病患者,65周岁以上老人,孕产妇、婴儿,肺结核患者和严重的精神病患者。

2020年,新乐村签约服务因病、因残困难人员21人,计划生育特殊困难家庭3户(6人),居家失能和半失能人员5人,高血压患者730人,糖尿病患者176人,65周岁以上老人526人,孕产妇20人,婴儿24人,严重精神病患者5人。

二、血吸虫病防治

查螺灭螺　新乐村地处低洼地区，河塘纵横，芦苇荒滩较多。条条河沟有钉螺，村村户户有血吸虫病患者。50年代初，经查村域钉螺面积40.41万平方米，钉螺密度高的地块每平方米近1 000只。人民政府十分重视血吸虫病的防治工作，昆山县成立了血吸虫病防治站，在村域开展查灭钉螺工作。1955—1956年，每个自然村抽调1名社员，组成专业查钉螺队伍。钉螺分布于河道、田岸、宅基地、竹园滩、芦苇荡等地段，查钉螺采用专业队伍专职查和发动群众普查相结合的措施。结合兴修水利，开新沟、填老沟的"土埋法"消灭钉螺，用土将沟、塘、洼地填密压实，中间施以药粉灭杀钉螺，钉螺密度下降到每平方米100只左右。

1961年，新乐大队对钉螺较为密集的曹里浜两岸芦苇丛、牛长泾河滩、阔端河河滩、天仙溇河滩、大竹园四面滩岸等地段采取多种方式灭杀钉螺。

（1）开挖深沟灭杀。将芦苇荡、河道边的泥铲成"三面光"，将草皮钉螺泥块深埋在沟里，铺一层草泥施一层五氯酚钠药，层层压实，杀灭钉螺。

（2）泼浇药水灭杀。在有钉螺的稻田先上一薄层水，每亩配1.5—2公斤五氯酚钠稀释，均匀泼洒在田中。稻田灭螺采取"五先五后"的方法：先灭一熟田，后灭两熟田；先灭早熟田，再灭晚熟田；先灭有水田，后灭无水田；先灭钉螺严重的田，后灭钉螺相对较少的田；有螺田先灭后种，无螺田先种后灭。"五先五后"灭钉螺方法，既不耽误莳秧，又达到灭杀钉螺的效果。

（3）明火灭杀。在荒坟、荒地、荒宅基以及石驳岸、石河滩、石桥墩等难以灭杀钉螺的地方，采用高压喷火的方法灭杀。

通过坚持不懈的努力，至1972年，新乐村域未发现螺情。1976年后，经复查证实，新乐村域基本消灭钉螺。

血吸虫病检查　1956年，查治血吸虫病主要通过粪便检查，检查是否有虫卵或孵化毛蚴。当时村民对血吸虫病的认识不足，怕脏、怕烦，送检化验大便不配合。1964年，昆山县血防站加强查治工作力度，发挥社队干部和生产队卫生员（查螺员）作用，大便的送检率得到提高。1970年，血吸虫病查治工作由粪检逐步改为皮试和血清环卵试验相结合，提高了查病率。

血吸虫病治疗 1956年2月，昆山县血防站派出医务人员下乡治疗血吸虫病。是年，新乐大队有500多人，95%以上患有血吸虫病。1960年，新乐大队对573人进行粪检，检测为阳性的有286人，占送检人员的49.91%。一般患者采用静脉注射1%酒石酸锑钾治疗血吸虫病，20天为一疗程。1957年，推广使用1%酒石酸锑钾3日疗法。1965年采用血防-846（六氯对二甲苯）口服油剂7日、10日疗法。此疗法对人的神经系统影响较大，且疗效不是很理想，遂逐步被放弃。1964—1975年间、1979—1987年开展血吸虫病患者普查，新乐村未发现新的血吸虫病感染者。其间，1976年，村域血吸虫病患者降至18人。至80年代中期，新乐村最后一批血吸虫病患者被治愈。

1969年，大队建立合作医疗卫生室，城北卫生院对大队"赤脚医生"进行血吸虫病治疗业务培训，并加强现场辅导。大队的血吸虫病患者治疗由"赤脚医生"负责，其治疗方法根据患者身体健康状况而定，分别采用锑剂注射20天疗法、3天疗法和口服846油剂疗法，还采用过口服锑-273片剂15日疗法。1981年，国产口服吡喹酮新药问世，其疗效好、疗程短（3天）、副作用小。对一部分晚期血吸虫病患者，转送到公社（乡）卫生院，接受中西医结合治疗。2005年起，组织原血吸虫病患者定期去市级医院做健康治疗。至2020年，有40多人次得到进一步健康治疗。

防治管理 除了开展常规性查螺灭螺、普查医治外，在县政府和血防站的指导下，50—60年代，大队对各生产队的耕牛开展了查检工作，发现病牛同样给予治疗，同时抓好耕牛粪便管理工作。1965年，加强对人畜粪便的管理，做到生产、生活"三不下河"，即马桶洗刷不下河、所有粪具冲洗不下河、人畜大小便不下河。粪缸设置做到"三便一远"，即便于大小便、便于倒马桶、便于挑粪，远离河道。洗刷马桶由各生产队选派清洁员专门负责，另行设置清水缸洗刷，开挖深潭倾倒洗刷的脏水，并按时用药消杀。

70年代，推行改厕，实行一户一厕，粪缸设两、三隔式管理方法。2000年之后，新乐村村民整体入迁新乐锦园，家家户户住别墅，生活污水排放实行雨污分离。

三、健康服务

妇幼保健 旧时,妇女生育由民间接生婆凭经验接生,卫生条件差,受技术和设备所限,产妇和新生儿的安全难以得到保障。

1965年,新乐大队配有"赤脚医生",在宣传孕妇生育保健知识方面起到重要作用。孕妇生产由民间接生转为到公社卫生院生育。80年代,地方各级政府重视妇保工作,大队保健医生(1984年后改称乡村保健医生)负责全大队产妇的围产期监测工作,实现新法接生100%,做到无新生婴儿破伤风发生,有效保障了新生儿的生命安全。

为村民问诊(2020年,罗英摄)

1984年,村妇联对产妇实行定期四访制度,对产妇分娩后的身体状况和婴儿的生长情况跟踪登记,产妇的健康得到保障。1996年,新乐村加强对妇女病(宫颈息肉、卵巢囊肿、子宫肌瘤)的普查和治疗。自2000年起,每年组织100多名妇女参加"两癌"(乳腺癌、宫颈癌)筛查,检查资料统一备案,对查有问题的病例进行跟踪对照,及时准确掌握病情变化。2007年,通过"两癌"筛查,确诊1名乳腺增生和子宫肌瘤患者,及时对其施行手术治疗,村民健康得到保障。至2020年,累计有1万余人次参加妇女病的检查,做到早发现早治疗,妇女病的治愈率在95%以上。

儿童保健 中华人民共和国成立后,人民政府对儿童的身心健康十分关心。1952年,新乐村域开展牛痘接种工作。1959年,组织村域儿童接种麻疹疫苗、乙脑疫苗、霍乱疫苗、天花疫苗,服用小儿麻痹症糖丸,确保儿童的身体健康。

1984年,实现计划免疫,为儿童免费提供"四苗"(卡介苗、百白破疫苗、小儿麻痹症糖丸、麻疹疫苗)预防"六病"(结核病、百日咳、白喉、破伤风、小儿麻痹症、麻疹)。是年,新乐村"四苗"覆盖率98%以上,将预防接种作为必查程序，确保接种率100%，计划免疫接种率95%以上。至2020年，新乐村没有发生上述"六病"。

四、疫病防治

抗击"非典" 2003年4月初，"非典"疫情席卷而来，新乐村全体干部群众迅速响应，树立高度的责任意识和警惕意识，密切配合抗击"非典"。新乐村抗击"非典"领导小组认真抓好五件事：一是建立领导班子，负责全村抗击"非典"工作；二是抓好公共场所、村属企业、村民住宅区环境消毒工作；三是及时把抗击"非典"的宣传资料发送到户，加强抗击"非典"知识的宣传教育，消除村民对"非典"的恐惧心理，增强村民防治"非典"的信心；四是组织民兵、共青团员、村卫生人员，对外来人员加强管理，做好上门监测体温，严格管理人员外出和流入；五是记录抗击"非典"台账，随时接受上级部门的查阅。抗击"非典"工作历时2个多月，新乐村没有发生"非典"疫情。

新冠疫情防控 2020年春节前夕，新冠疫情蔓延。根据市、镇二级防控领导小组的指示精神，新乐村党总支、村委会成立疫情防控领导小组，认真部署防控工作，对入住新乐村的外来租住人员进行重点排查，一经发现实行隔离，医务人员随即跟上，检测体温、宣传政策，并给予生活照顾。对未返昆人员，通过电话劝阻暂不返昆（时有1万多名外来务工人员租住在新乐村）。防控领导小组在党总支书记朱彩华的带领下，将共青团、妇联、联防队人员组成3个小组，24小时在村域范围巡查，确保防疫工作不出差错。由村妇联主任丁继勤负责组成5人宣传小组，制作宣传条幅20余条，悬挂村主要路口、桥栏。印制防疫宣传单1万多份，发至每家每户，每个外来租住人员人手一份，起到宣传教育作用；同时通过电子屏滚动播放宣传资料，通过固定宣传栏、乡村大喇叭，宣传疫情防控知识。制作新乐村新冠疫情防控指南，通过"两微一端"网络平台，加大疫情防控宣传力度。2020年，新乐村没有疫情发生。

第八章 民生保障

旧时,新乐村村民饱受穷土恶水、封建土地私有制、血吸虫病及战乱之苦。中华人民共和国成立后,经过土地改革,农业生产走集体化道路;经过农田水利基本建设和血吸虫病防治,生产条件得到改善,村民生活得到保障。改革开放后,新乐村实施家庭联产承包责任制,为村级经济发展注入活力。2000年,推进社会主义新农村建设,新乐村组建三大合作社,实施富民强村"三有工程"(人人有工作、个个有技能、家家有物业),村民收入稳步增长。

2004年,新乐村整体迁入新乐锦园,家家住新型别墅,户户有房东经济。新乐村加强了社会保障事业建设,民生事业逐步得到完善。形成农村医疗保险、养老保险、城镇居民最低生活保障、征地补偿、拆迁补偿等保障体系。村民安居乐业,过上了"幼有育、学有教,就业有保障、居住有质量,老有所乐、老有所养,病有医保、弱有帮扶、贫有救助"的幸福生活。2020年,村民就业率达98%,村民人均纯收入63 654元。

第一节 居民生活

一、住房

中华人民共和国成立前，新乐村没有楼房，村民住房简陋，少数村民住五路三间低矮破旧瓦房，多数村民住泥墙草房。50年代初，新乐村有草房161.5间。6个自然村中曹里浜、牛长泾、大竹园3个自然村，90%以上的村民住的是泥墙柴扉、低矮破漏的草房。经过土地改革，村民分得土地和房屋，有少数无房村民共分得瓦房19.5间。

60年代后期，农村经济略有好转，少数村民为改善居住条件，建造五路头瓦房。70年代末，农村经济发生变化，村民把草房翻建成瓦房。1977年，新乐大队有11户社员建造平瓦房33间。1981年，33户社员建造新房115间，户均建房3.48间。住房呈"一"字形排列，俗称"车厢式"平房；也有3间正房连1间厢房，称为"手枪式"平房。80年代，随着改革开放不断深入，农村经济结构发生变化，村民收入有了大幅度提升，平房翻建楼房的农户逐渐增多。建造楼房的房型有三上三下连一间厨房的，也有二上三下连一间厨房的。1992年，全村建楼房的有132户，计774间，总计面积2.56万平方米。1999年末，新乐村有132户村民建造楼房，户均住房面积142.63平方米，人均居住面积40.3平方米。2000年，根据村镇总体规划建造新乐锦园，新乐锦园统一建造别墅式楼房321幢，户均住房面积280.8平方米，人均居住面积为78.17平方米。2004年，新乐锦园全面建成，村民住房条件、居住环境发生了根本性变化，生活质量得到全面提升。

60年代村民住房
（2020年，孙清序绘）

70年代农家灶间
（2020年，新乐村村民委员会提供）

二、收入

中华人民共和国成立后，新乐村经过土地改革，贫困村民分得土地和房屋，生活渐趋安定。通过农业合作化、人民公社化，农业走上了社会主义集体化发展道路，调动了广大村民生产积极性，村民生活水平有了一定程度的提高。1958年，人均年收入38元左右。"文化大革命"时期，人均收入增幅很小。1978年，人均年收入166元。1979—1989年，农村调整产业结构，有半数以上劳动力转移到社队办企业务工，有从事养殖业的，也有搞水上运输等多种经营的，人均年收入增加至1 166元，10年间增加了1 000元。2000年8月，昆山市计划委员会农民增收调

2000年9月1日，《昆山简报》发布
"城北镇新乐村农民增收调研情况"
（2020年，新乐村村民委员会提供）

查工作小组进村，就新乐村村民的增收情况做摸底调查，通过听情况介绍、走访村民家庭、召开村民座谈会等形式，了解村的产业结构调整和村民增收情况。新乐村实施农田规模经营，发展水产养殖和家庭养殖等，全村产业结构调整力度大，村民增收明显，人均纯收入增至5 500元。2002年，成立富民合作社。2004年，实施"三有工程"，推进富民强村，成立三大合作社，村民收入呈多元化。2006年，人均收入11 372元。

新乐村村民收入普遍提高，除政策性、保障性和福利性收入以外，绝大部分来源于务工、经商等。2015年，工资性收入1 676万元，经营性收入2 027万元，投资性收入125万元，资产性收入1 445万元，政策福利性收入163万元，其他收入116.3万元，全年总计收入5 552.3万元，人均收入4.17万元。2017年，工资性收入1 785万元，经营性收入3 018万元，投资性收入124万元，资产性质收入1 263万元，政策福利性收入189.8万元，其他收入178.98万元，全年总计收入6 558.78万元，人均收入4.87万元。2020年，新乐村村民工资性收入1 796万元，经营性收入3 801万元，投资性收入189万元，资产性收入2 119万元，政策福利收入347万元，其他收入498.88万元，全年总计收入8 750.88万元，人均收入6.36万元。

1950—2020年新乐村（大队）村民收入情况见表8-1。

表8-1　1950—2020年新乐村（大队）村民收入统计表

年份	人均收入/元	年份	人均收入/元	年份	人均收入/元
1950	20	1959	40	1968	122
1951	25	1960	48	1969	125
1952	28	1961	57	1970	128
1953	31	1962	62	1971	130
1954	35	1963	65	1972	136
1955	36	1964	72	1973	139
1956	38	1954	93	1974	141
1957	37	1966	98	1975	152
1958	38	1967	106	1976	158

续表

年份	人均收入/元	年份	人均收入/元	年份	人均收入/元
1977	163	1992	1 362	2007	12 630
1978	166	1993	2 177	2008	16 872
1979	180	1994	3 582	2009	18 576
1980	210	1995	3 971	2010	20 892
1981	223	1996	4 728	2011	24 677
1982	258	1997	5 123	2012	27 807
1983	293	1998	5 427	2013	31 956
1984	340	1999	5 589	2014	36 450
1985	599	2000	5 623	2015	41 684
1986	871	2001	5 811	2016	45 306
1987	1 115	2002	5 966	2017	48 728
1988	1 130	2003	6 800	2018	55 884
1989	1 166	2004	8 020	2019	59 760
1990	1 203	2005	9 000	2020	63 654
1991	1 287	2006	11 372	—	—

新乐村村民动迁入住新乐锦园后，家家有余房，大部分村民将余房出租，租金收入成为村民收入的主要来源，出租房屋获得租金收入成为新乐村房东经济形成和发展的主要途径。

新乐村房东经济的发展起步于2006年。新乐锦园环境优越、秩序规范、治安良好，加之商业街的形成，为外来人口提供了良好的生活环境和租住条件，成为外来务工人员求租首选地。2006年，321户村民出租房屋1 838间，租金收入705万元，户均收入2.20万元。2020年，出租房屋5 115间，租金收入3 805.56万元，户均收入11.86万元。其中，年租金收入在5万—8万元的有33户，9万—14万元的有252户，15万—20万元的有18户。

2006—2020年新乐村村民房屋租赁收入情况见表8-2。

表 8-2　2006—2020 年新乐村村民房屋租赁收入统计表

年份	房屋/间	月均单价/元	月均租金/万元	年均租金/万元	户均年租金收入/万元
2006	1 838	320	58.82	705.79	2.20
2007	1 979	340	67.29	807.43	2.52
2008	2 125	360	76.50	918.00	2.86
2009	2 285	380	86.83	1 041.96	3.25
2010	2 474	400	98.96	1 187.52	3.70
2011	2 661	420	111.76	1 341.14	4.18
2012	2 861	440	125.88	1 510.61	4.71
2013	3 076	460	141.50	1 697.95	5.29
2014	3 308	480	158.78	1 905.41	5.94
2015	3 557	500	177.85	2 134.20	6.65
2016	3 825	520	198.90	2 386.80	7.44
2017	4 117	540	222.32	2 667.82	8.31
2018	4 423	560	247.69	2 972.26	9.26
2019	4 757	580	275.91	3 310.87	10.31
2020	5 115	620	317.13	3 805.56	11.86

三、消费

1953—1978 年，新乐村村民家庭消费支出徘徊在 30—150 元之间，消费主要用来解决温饱问题，食品和衣着的消费总支出比重超过 70%。改革开放以来，村民家庭的消费支出随着收入的增加而增加，消费结构也随之发生变化。

1983 年，商品性消费比重占 75% 以上。吃、穿、住、用的消费结构，发生了根本性变化，衣食类支出仍居重要位置，但占比有所不同。为改善居住条件而支出的费用增速最快。新乐村村民消费主要围绕"造房子""讨娘子""养儿子"三个重点。村民住房变化较大，村民的投入也是最大。60—70 年代草房改建平房，80 年代平房改建楼房，2000 年改建别墅，村民也有去市区购买商品房的。虽然，人均居住面积倍增，但一般家庭多年积蓄都用于建房，也有个别家庭适度负债，提前消费。

随着生活水平的提高，大量的耐用高档消费品进入家庭，从自行车、缝纫机、钟表，到电视机、冰箱、洗衣机，再到空调、数码电视机、微波炉等。市场上供应的高档家电，村民家庭都有配置，这是不小的消费开支。据 2010 年统计，新乐村全年人均收入 20 892 元，生活消费占 55.02%。其中，食品消费占 20.82%，文化娱乐消费占 9%，医疗保健消费占 11%，交通和通信消费占 12%，设施用品费占 2.2%。

进入 21 世纪，交通工具和通信器材的消费支出大，家庭消费品比重大。从村民家庭普及的自行车、电瓶车升级为家用轿车，达到户均一辆的水平。家用电脑、宽带几乎每家必装，手机普及率 95% 以上。因此，交通和通信费用的支出占家庭消费支出的比重呈较高趋势。人情往来也是家庭一项重要支

自行车（2020 年，罗英摄）

出，包括传统的婚丧、做生日、当兵入伍、升学、置房、生育、探望病人等，也是不小的开支。户均年支出 3 000—5 000 元或 5 000—8 000 元不等。

电瓶车（2020 年，罗英摄）

小轿车（2020 年，罗英摄）

2020 年，新乐村村民户均消费在 2.2 万—4 万元，消费支出主要是交通旅游

占10%，购置住房占20%，购置车辆占20%，衣着占10%，饮食占30%，人情往来占10%。

2020年新乐村村民耐用消费品统计情况见表8-3。

表8-3 2020年新乐村村民耐用消费品统计表

组别	手机/部	电视机/台	空调/台	冰箱/台	洗衣机/台	电脑/台	自行车/辆	摩托车/辆	电瓶车/辆	汽车/辆
1	71	40	309	23	35	25	2	—	20	33
2	73	44	183	37	45	37	1	1	27	30
3	75	59	306	35	39	21	13	2	36	29
4	110	72	228	43	45	32	18	—	48	24
5	57	34	266	21	35	8	1	—	16	17
6	128	80	456	55	36	17	8	—	43	45
7	131	91	681	62	83	31	17	1	51	43
8	55	36	248	21	28	12	1	1	26	16
9	118	58	472	34	44	31	9	2	31	36
10	173	128	833	54	72	3	1	—	44	61
合计	991	642	3 982	385	462	217	71	7	342	334

第二节 社会保障

一、养老保险

（一）农村养老保险

农村基本养老保险俗称"农保"。2001年初，新乐村按照镇政府的统一部署，全面建立养老保险制度，全村每个家庭按有关规定，全面参加基本养老保险。参加保险人员，男性满60周岁、女性满55周岁，每月可享受100元的养老金，70周岁以上每月130元，之后逐年增长。2008年起，60周岁以上老年人养老金每月190元，70周岁以上养老金每月220元。

（二）城镇养老保险

2001年起，实行农村基本养老保险与城乡居民基本养老保险（俗称"城保"）并轨制。到年龄领取农保养老金人员，可以一次性补缴满15年的保险费，享受城保待遇。2003年，新乐村第一批74人参加城保。养老保险并轨制度实施后，农村老年人可享受和城镇老年人一样的养老待遇，解决了其后顾之忧，完善了民生保障体系，促进了农村和谐发展。2005年开始，新乐村有组织、有步骤地办理农保转城保手续，绝大部分领取征地养老保险金的人员及征地村民被划入城保范围。2009年，新乐村参加城保628人，其中，补交保险费156人，补交金额155.6万元。2015年，参加城保1163人，补缴保险费50人，补缴金额6.8万元。2018年，补缴保险费52人，补缴金额7.1万元。2020年，补缴保险费51人，补缴金额6.8万元。

二、医疗保险

（一）农村医疗保险

60年代，大队保健卫生室和合作医疗卫生室配有卫生保健员，被称为"赤脚医生"，主要为村民医治小毛小病。村民看病不付现金，由"赤脚医生"开药方，每次处方在0.3—0.6元，"赤脚医生"负责药方汇总，每月报大队会计，合作医疗卫生室为社员看病所产生的医药费由生产队年终分配时扣除，生活困难户医疗费由生产队给予减免。"赤脚医生"出诊治疗不收出诊费，报酬由大队参照同等劳动力水平分配计算。药品添置由"赤脚医生"开出单子，再由城北卫生院配给，药品费由城北卫生院按季向大队结算或每年结算一次。

1969年，新乐大队开办合作医疗卫生室，参加合作医疗的社员每人每年交4.8元，其中个人承担2元、生产队公益金负担2.8元。社员看病医药费报销分为三个档次：在大队合作医疗卫生室就诊的免费；在城北卫生院就诊的，医药费报50%；转县级医院就诊的医药费报20%—30%。1977—1980年，年报销医

药费限额为每人每年60元,1981—1987年为80元,1988年为100元。1990年,村民参加合作医疗,每人每年缴纳15元,其中村负担8元、个人负担7元,村医疗基金由村委会支付。2004年,提高农村医疗费缴纳标准,每人年缴200元,其中个人负担50元。60周岁以上老人免缴,由镇村两级财政负担。2009年,提高医疗保险缴纳标准,每人每年缴320元,其中个人负担80元。2012年,合作医疗费缴纳标准为每人每年交550元,其中个人负担150元、镇财政补180元、市财政补200元、村补20元。60周岁以上老人由市镇两级财政负责。新乐村对患重大疾病的村民在生活上给予补助,包括民政补助,并逐年增加。

(二) 社会医疗保险

90年代初,试行社会医疗保险,当时仅限于机关干部、事业单位编制干部、聘用干部和企业干部职工等,农村居民暂不能参加。1997年,新乐村全面执行社会医疗保险制度,参加社会养老保险的同时可以参加社会医疗保险,享受社会医疗保险待遇。社会医疗保险收费标准按平均工资总额的9%提取,其中8%由单位支付,个人负担1%。随着社会保障制度的完善,在政策允许下,农村居民可以与城镇居民享受同等待遇。实现农保和城保并轨,加强了农村社会保障的力度。2020年,新乐村有1 375人参保,享受社会医疗保险待遇,其中参加新农合的有37人。

(三) 大病风险基金

1994年,为了弥补农村合作医疗"报小不报大"、补偿能力弱的实际问题,为增强合作医疗吸引力,城北镇建立了大病风险基金,基金按照参加合作医疗人数,每人每年提取规定的资金作为大病风险基金,实现全镇范围内统筹,新乐村村民每年每人缴纳10元大病风险基金。基金建立有利于"百家带一家,大家带小家"。1996年11月,昆山市统筹实现了医疗服务保障,新乐村根据有关规定,村民大病(住院)统筹医疗,坚持自愿、适度发展和量入为出、定额补助的原则,基金分级筹集,风险分级负担,管理分级负责。2000年,完善了大病风险基金管理制度。新乐村村民患重病医药费报销分为四档:1 000元以上报销15%,超3 000元不满5 000元的报销25%,超5 000元的报销30%,住院患者年补贴费最高为6 000元。

对患有15种重大疾病的,规定一次性住院费用个人自付部分超出2 000元

（含 2 000 元）的，给予 20% 补助，当年度累计最高补助额，每人不超过 5 万元。2013—2020 年，新乐村总计为 165 名患重大疾病村民，补助大病风险基金 42.42 万元，减轻了个人医疗费用负担。

2013—2020 年新乐村村民重大疾病医疗补助情况见表 8-4。

表 8-4　2013—2020 年新乐村村民重大疾病医疗补助情况统计表

年份	人数/人	补助金额/元	年份	人数/人	补助金额/元
2013	19	46 596	2017	23	37 486
2014	26	51 395	2018	17	49 832
2015	22	55 388	2019	21	56 314
2016	17	76 733	2020	20	50 483

（四）普惠医疗保险

2017 年 1 月，新乐村建立普惠医疗保险制度，保险金由村民委员会筹措。新乐村户籍村民及享受土地补偿人员，均享受普惠医疗保险。当年度患病就医支出数额较大的村民，在本市就医的，根据定点医疗机构所规定医疗费用个人现金支付部分，给予相应补助。在外地就医的，根据个人实际支付医疗费用，也给予相应的补助。个人自付部分在 2 000—5 000 元的补助 15%，5 000—10 000 元的补助 20%，1 万元以上的补助 25%。

2017 年，新乐村享受普惠医疗保险的有 76 人，获得保险金 21.68 万元。2018 年 56 人，获保险金 11.2 万元；2019 年 104 人，获保险金 25.31 万元；2020 年 112 人，获保险金 30.62 万元。

三、最低生活保障

根据《昆山市居民最低生活保障制度实施办法》精神，政府对收入达不到政府核定的最低生活保障水平的人员，加大保障力度。并对城乡居民最低生活保障线，根据物价指数逐年做出调整。2010 年，城乡居民最低生活保障线为 960 元。2011 年，为 1 140 元。2014 年，为 1 480 元。2017 年，为 1 820 元。2020 年，为 2 020 元。村委会按照相关规定进行调查摸底，并及时做好核准和申报工作，做好最低生活保障户的补差工作。

2010—2020年新乐村最低生活保障差额补助情况见表8-5。

表8-5　2010—2020年新乐村最低生活保障差额补助情况表

年份	人数/人	年差额补助人均/元	年份	人数/人	年差额补助人均/元
2010	2	1 248	2017	1	2 340
2011	2	1 260	2020	1	4 080
2014	1	1 560			

四、社会救济补助

2017年起，对患有规定的15种重大疾病住院治疗的村民，给予住院期间每天50元的护工费补贴，每人当年度最多可享受护工费补贴60天。新乐村低保户、低保边缘户、一户多残的家庭，住院治疗的可得到每天100元的护工费补贴，补贴天数最多为60天。

持有残疾证的村民、80周岁以上的老人、重点优抚对象、困难党员、劳模、失独家庭村民，可享受住院期间每天80元的护工费补贴。个人当年度最多可享受护工费补贴天数为60天。

2017年，新乐村享受护工费补贴7人计5 680元；2018年，护工费补贴4人计2 900元；2019年，护工费补贴24人计5.23万元；2020年，护工费补贴35人计4.68万元。

五、失地补偿

（一）土地补偿

1998—2003年，玉山镇（城北镇）征（使）用土地补偿按"3、6、9"的标准实行，即按责任田每亩300元、自留地每亩600元、口粮田每亩900元的标准认定面积确定补偿。2001年，新乐村补偿土地2 594.9亩，补偿人数1 217人，补偿金额97.57万元。2002年，补偿土地2 562.4亩，补偿人数1 200人，补偿金额102.11万元。2003年，补偿土地2 712.4亩，补偿人数1 246人，补偿金额102.16万元。

2004—2012年，征（使）用土地按照"4、8、12"的标准补偿结算。即按责任田每亩 400 元、自留地每亩 800 元、口粮田每亩 1 200 元的标准认定面积确定补偿，停种、停养面积全部纳入征土补偿安置面积。至 2012 年，新乐村征（使）用土地补偿面积累计 2 727.71 亩，其中集体土地 2 486.24 亩、自留地 241.47 亩。2001—2012 年新乐村土地补偿情况见表 8-6。

表 8-6　2001—2012 年新乐村土地补偿一览表

年份	补偿面积/亩	补偿人数/人	补偿金额/万元
2001	2 594.90	1 217	97.57
2002	2 562.40	1 200	102.11
2003	2 712.40	1 246	102.16
2004	2 727.71	1 224	111.68
2005	2 727.71	1 311	167.42
2006	2 727.71	1 297	161.40
2007	2 727.71	1 291	160.15
2008	2 727.71	1 114	139.30
2009	2 727.71	1 285	158.87
2010	2 727.71	1 127	140.99
2011	2 727.71	1 113	138.08
2012	2 727.71	1 104	136.83

（二）安置补偿

2014 年，根据昆发办〔2014〕93 号文件精神，新乐村每人享受安置补偿金 2 万元，全村 1 286 人，累计发放安置补偿金 2 572 万元。未退休的村民可选择将征地补偿金存入个人账户，按照职工养老保险的缴费标准，转移折算相应的缴费年限。缴费不足 15 年的部分需补足。男性满 60 周岁、女性满 55 周岁，每月领取征地保养金，身故时有结算余额一次性退还。

第九章　村落文化

　　新乐村历史悠久，是昆北地区的文化中心之一，传统的村域文化与城市文化融合发展，形成了有其个性、特质的村落文化。

　　新乐村历史上存留和现今保留的路、桥、村、河流名，显现了新乐村特有的文化底蕴；传统的喜闻乐见的儿时游戏，尽管有的已在现代生活中消失，但能唤起人们对童年生活的记忆。一个个地名，一个个儿时的游戏，凝聚了村民在农业生产与生活实践中逐渐形成并发展起来的道德情感和行为方式，是一种文化记忆，是反映风土人情的一个个窗口，寄托了新乐人的乡愁；又具有独特的凝聚力和亲和力，这不仅仅是一种特殊的人文记忆，更承载了一段历史、一种文明。村落文化，从侧面反映了新乐村的历史文化和村民对美好生活的追求和向往，已成为新乐人坚定文化自信、提升文化软实力的重要载体。

第一节　地名文化

地名是一种文化记忆，新乐村地名包括村名、路名、桥名、河流名、排灌站闸名等固定的地理实体的名称。新乐村有地名84个，至2020年已消失41个，保留43个，将其逐一记录于志，以传后世。并通过对地名的了解和忆读，从而激发村民对脚下这片土地的热爱与共鸣，进一步增强对家乡的美好情感。

一、地名来历

新乐村有地名84个，其名称来历以村庄、河流、地理方位等居多。

行政村、自然村村名8个，其中，由行政部门起名1个，地名办命名1个，以河流取名2个，以动植物取名2个，以民间俗称取名2个。

道路名14个，其中，以河流取名7个，以地理位置取名3个，以企业取名2个，以社区取名2个。

桥梁名23个，其中，以河流取名10个，以村庄取名6个，以道路取名7个。

河流、溇名31个，其中，由行政部门起名1个，以地理位置取名4个，以道路取名1个，以村庄、小组取名7个，以宅基地取名6个，以农具取名1个，以庙宇取名2个，以数字取名1个，以动植物取名1个，以姓氏取名1个，其他6个。

机电排灌站、闸名8个，其中，以村取名1个，以农田灌溉区域取名1个，以地理位置取名6个。

行政村、自然村村名

新乐村，1950年由周墅区毛竖乡建村时取名。

新乐锦园，2004年由昆山市地名办命名。

东横泾自然村，因村内有东横泾河流而得名。

大竹园自然村，因早年村庄有一大片竹园而得名。

牛长泾自然村，因村庄穷，饲养的耕牛瘦弱得只剩一根筋，取谐音而得名。

曹里浜自然村，因村内曹里浜河而得名。

大村自然村，很久以前，村上曾经出了一名秀才。慕名而来者很多，更有人至村上长住，引得居住者越来越多，遂形成了一个大村庄，因此而得名。

小村自然村，紧靠在大村边上，旧时村穷，人烟稀少，最少时全村仅剩3户人家，与大村相比成了小村，遂因此而得名。

道路名

曹里浜南路，因道路紧靠曹里浜河南岸而得名。

曹里浜北路，因道路紧靠曹里浜河北岸而得名。

群力河西岸路，因道路在群力河西侧而得名。

东横泾河南路，因道路在东横泾河的南岸而得名。

东横泾河北路，因道路在东横泾河的北岸而得名。

同心路，因道路在同心河西侧而得名。

汉浦路，因依汉浦塘修筑道路而得名。

昆北公路，因公路位于昆山城区北部，通往原陆杨、石牌镇而得名。

城北中路，因道路位于昆山高新区（原城北镇）中心地段而得名。

中心路，因道路处在村域东西向中心地段而得名。

紫竹路，因道路经过紫竹公寓而得名。

勤昆路，因道路经过勤昆科技（昆山）有限公司而得名。

开贵路，因道路经过开贵电镀有限公司而得名。

融汇路，取融城汇园小区之名。

桥梁名

曹里浜桥，因桥梁跨曹里浜河而得名。

阔端河桥，因桥跨阔端河而得名。

东横泾桥，因桥跨东横泾河而得名。

群力河桥，因桥跨群力河而得名。

皇仓泾桥，因桥跨皇仓泾河而得名。

一号河桥，因桥跨一号河而得名。

横泾桥，因桥建在横泾村而得名。

湾溇桥，因桥跨湾溇河而得名。

横泾河桥，因桥跨横泾河而得名。

同心河桥，因桥跨同心河而得名。

新东桥，因桥建在新乐村域东侧而得名。

民乐桥，取"新乐村民生活乐陶陶"之意而得名。

新乐景观桥，因桥建在新乐锦园景观区而得名。

新乐桥，因桥连接新乐锦园而得名。

乐民桥，因桥连接新乐锦园，取"新乐村乐为村民服务"之意而得名。

惠民桥，因桥连接新乐锦园，取"新乐村为村民谋福利"之意而得名。

北模具桥，因桥连接北模具路而得名。

汉浦桥，因桥跨汉浦塘而得名。

同心河桥，因桥跨同心河而得名。

融汇桥，因桥建在融汇路而得名。

融锦桥，因桥建在融锦路而得名。

紫竹桥，因桥建在紫竹路而得名。

昆北桥，因桥建在昆北公路而得名。

河流、溇名

一号河，由昆山高新区水利站取名。

城北中路新开河，因河道紧靠城北中路而得名。

南北新开河，因新挖河道呈南北向而得名。

曹里浜北牛长泾河，因牛长泾河流经曹里浜北侧而得名。

曹里浜南牛长泾河，因牛长泾河流经曹里浜南侧而得名。

同心河，因河道紧靠同心路而得名。

东横泾河，因河流经东横泾自然村而得名。

牛长泾河，因河流经牛长泾自然村而得名。

1组新开河，新开河道地处第1村民小组地段而得名。

东横泾住宅老河，老河道地处东横泾自然村而得名。

东横泾住宅前新开河，新开河在东横泾自然村前（流至皇仓泾）而得名。

第1、2、3组新开河，新开河在第1、2、3村民小组地段而得名。

小村港，因河道地处小村自然村而得名。

房家公司北新开河，新开河道地处房家公司北侧而得名。

王志强老宅新开河，新开河道流经王志强老宅而得名。

崔根孝老宅南新开河，新开河道地处崔根孝老宅南侧而得名。

马阿龙老宅南新开河，新开河道地处马阿龙老宅南侧而得名。

11组公场南新开河，新开河道地处第11村民小组公场南侧而得名。

钱立生老宅前新开河，河道流经钱立生老宅前而得名。

合盘溇，因溇形似牛力水车的合盘（车盘）而得名。

佛堂溇，因靠近旧时草里大王庙的佛堂而得名。

仁皇溇，相传旧时溇的东南岸曾建有一座城隍庙，以"城隍"的谐音而得名。

四家溇，旧时有四户人家居住在溇旁而得名。

黑鱼溇，旧时溇内多产黑鱼而得名。

钱家溇，旧时溇旁有钱姓人家居住而得名。

阔端河，因河流西段联通皇仓泾，河面较阔而得名。

皇仓泾，原称黄昌泾，也叫黄草泾，相传旧时泾的两岸有万亩农田，稻谷产量多，被叫作皇家的粮仓，因而得名。

群力中心河，自荒田溇至群力河之间开挖的河道，因连接群力河而得名。

洋河洋，因河道与村域内其他河道相比较宽阔，故以"洋"取名，得名洋河洋。

曹里浜，原称草泥浜，70年代兴修水利，把草泥浜东、西段分别与汉浦塘和皇仓泾贯通而改名曹里浜。

棺材溇稍，因旧时溇的末梢一段，曾经是域内的荒坟地、乱葬岗而得名。

机电排灌站、闸名

新乐电力排灌站，是新乐大队建造的第一个电力灌溉站，故取新乐之名。

统一电力排灌站，因电力排灌站的建造，使新乐大队第1、2、3、4、9、15生产队的所有农田得到统一灌溉而得名。

新乐东电力排灌站，因电力排灌站建造在新乐村域东侧而得名。

新乐北机电排灌站，因机电排灌站建造在新乐村域北侧而得名。

新乐南机电排灌站，因机电排灌站建造在新乐村域南侧而得名。

群力排灌站，因排灌站建造在群力中心河南端而得名。

新乐东站闸，因防洪站闸建造在新乐村域东侧而得名。

新乐西站闸，因防洪站闸建造在新乐村域西侧而得名。

二、消失地名

至2020年，新乐村已消失地名41个（见表9-1），分别为自然村名6个、路名6个、桥名3个、河流名20个、站闸名6个。

表9-1　2020年新乐村消失地名一览表

类别	名称
自然村村名	曹里浜、大村、小村、牛长泾、东横泾、大竹园
路名	曹里浜南路、曹里浜北路、群力河西岸路、东横泾河南路、东横泾河北路、中心路
桥名	横泾桥、湾溇桥、横泾河桥
河流、溇名	洋河洋，牛长泾河，南北新开河，曹里浜北牛长泾河，曹里浜南牛长泾河，1组新开河，房家公司北新开河，王志强老宅新开河，崔根孝老宅南新开河，马阿龙老宅南新开河，11组公场南新开河，钱立生老宅前新开河，东横泾住宅老河，东横泾住宅前新开河，第1、2、3组新开河，小村港、黑鱼溇、佛堂溇、棺材溇稍、合盘溇
站闸名	新乐电力排灌站、统一电力排灌站、新乐东电力排灌站，新乐北机电排灌站、新乐南机电排灌站、群力排灌站

三、地名故事

曹里浜　曹里浜是东西向的一条浜，旧时名为"草泥浜"，百姓沿着草泥浜的两岸搭建泥墙柴扉屋居住。早年草泥浜两岸由于地势低洼，又长年积水，农耕产出低，村民收入少。有民谣谓之："草泥浜，草泥浜，小雨水汪汪，大雨白茫茫，十年九年荒。"明末清初，当地百姓曾以草泥浜为名，建造庙宇"草里大王庙"（方言"里"与"泥"谐音，建造庙宇取"里"），以寻求神灵保佑，祈求风调雨顺，但百姓一穷二白的贫穷生活和草泥浜的贫困面貌始终没有得到改善。

中华人民共和国成立以后，人民政府兴修水利、改造农田，建造旱能灌、涝能排，旱涝保丰收的稳产高产田。70年代初，拓浚了草泥浜河道。原草泥浜两岸的草泥房，先后拆除、移建、改建为砖瓦房。昔日的贫穷面貌就此一去不复返。为了庆贺草泥浜村民告别旧时代，过上新生活，故依"草泥浜"的谐音，改名为"曹里浜"。2003年6月，曹里浜自然村动迁至新乐锦园，自然村名消失。

大村 很久很久以前，村上曾经出了一名秀才。之后慕名而来者很多，为的是一睹秀才的风采。有的慕名而来者就不走了，在村里住了下来，更有甚者以"得秀气、才气"为名，迁至村上长住，就此引得村里的居住者越来越多，遂自然而然成为一个大村。之后大村被叫出了名，就此乡间约定俗成称之为大村。2002年6月，大村自然村动迁至新乐锦园，自然村名消失。

小村 小村紧靠在大村西边。早年，小村曾经是血吸虫病流行最严重的村落之一。村民罹患了血吸虫病后，缺医少药，且无钱医治，严重者被夺去生命。甚至出现了全家患病，门户倒闭的惨象。因此在相当长的一段时间内，一度出现村上没有生气、聚不起人家的境地。最少时全村仅剩3户人家，因此，被周边村称之为小村，并成为俗称。2002年6月，小村自然村动迁至新乐锦园，自然村名消失。

牛长泾 旧时本无名，因历史上土地贫瘠、田地低洼、多水涝、产出少，再加上血吸虫肆虐，农家一年苦到头，只落得个"缸空、甏空（没有粮食）、人家穷"，就连喂养的耕牛也是骨瘦如柴，被形容为瘦得只剩"一根筋"。村也就有了穷名声，被调侃为村穷、人穷，穷得"牛剩根筋"，天长日久被叫顺溜了，被叫成了谐音"牛长（剩）泾"，牛长泾也就由此而得名。2000年2月，牛长泾自然村动迁至新乐锦园，自然村名消失。

东横泾 明嘉靖年间，拓浚皇仓泾，皇仓泾呈南北向穿村而过，将原皇泾自然村一分为二，皇泾村处在新开的皇仓泾的东侧。之后，起村名时为了与皇仓泾不重名，又保留原自然村的风貌和特点，就取以皇仓泾的谐音，同时为了避免与皇仓泾的"皇"字重名，故取"横"字（"皇"和"横"在新乐村方言中发音相同），又因村在皇仓泾东侧，于是就有了村名"东横泾"。2003年6月，东横泾自然村动迁至新乐锦园，自然村名消失。

大竹园 历史上的大竹园村占地面积有40多亩，其中有竹园25亩。因竹园占地面积大，竹园茂盛，竹子品种又多（其时，栽有燕笋竹、孵鸡竹、篾竹等江南传统竹子），故村庄就被称为"大竹园"。明嘉靖年间，拓浚皇仓泾，皇仓泾穿村而过，大竹园村庄的竹园被开挖，之后大竹园村庄便无竹园，但"大竹园"这一村名却一直延续到现代。2002年1月，大竹园自然村动迁至新乐锦园，自然村名消失。

皇仓泾 旧时叫黄草泾，两岸土地面积约2万亩。传说，原来的黄草泾河道淤塞，两岸地势低洼，野草丛生，荒田连片。荒田里常年生长一种名为黄草的野草，且长得特别兴（疯涨），因此，河流被叫作黄草泾。后经不同朝代对黄草泾的多次拓浚、疏通，逐渐变水害为水利。得益于黄草泾的灌溉，慢慢河道两岸全种上了水稻，水稻田替代了原来大面积的黄草田。此后，黄草泾畔的大片农田有了相对稳定的产出，因稻谷产量稳定，而且数量多，被称为黄草泾畔的"粮仓"。后来，被叫作官府、皇家的粮仓。明代后期，改称"皇仓泾"，取皇家的粮仓之意。皇仓泾一名延续至今。

新乐锦园 始建于2000年，2004年竣工。由昆山市地名办命名为"新乐锦园"。"新乐"一词，取自新乐行政村村名，"锦园"意为居民家庭生活美好，新乐村前程似锦。

第二节　儿时游戏

玩泥巴（2020年，孙清序绘）

玩泥巴 将河边、稻田的烂泥挖上来，揉成凹字形状，放在手掌心，高高举起，用力向地上甩去，发出"叭"的一声响。通常是几个小伙伴放学后聚在路边场地上一起玩，谁泥巴摔得声音响谁就获得大家的称赞，乐此不疲。

捉迷藏（藏猫猫） 几个孩子约好一起玩捉迷藏，玩前约定哪些人捉，哪些人藏，一般是对等的，比如三人捉，三人藏。从游戏开始到藏好一般在3—5分钟，之后开始捉，捉到了所有藏着的人就算赢。然后双方轮换，藏的变捉，捉的变藏，很是有趣。

撞拐（斗鸡） 玩游戏时两人为一档，双方单腿着地，用双手将另一条腿抬起，相互撞击，谁先把对方撞倒谁就赢。过程中讲究方法和技巧，并不是纯拼力气，是斗智斗勇的游戏。

捉迷藏（2020年，孙清序绘）

撞拐（2020年，孙清序绘）

丢沙包 沙包一般5厘米见方，用布做成，里面灌有黄沙或米，玩的时候两三个或三四个人轮流丢。一般是5只沙包，玩的时候用右手抓一只沙包向上抛去，在沙包还未落下时，再用右手快速抓起桌上的4只沙包，然后翻手接住落下的沙包，沙包不得落地。如沙包落地就算输，然后换人操作，没有落地就算赢，可继续来一把。

丢沙包（2020年，孙清序绘）

车铁箍（环） 时兴于50年代。选用6.5毫米粗的钢筋，弯成圆形并用电焊焊接，再做一根长短合适顶端有凹形钩子的铁棍，用凹形铁钩钩住铁箍往前推，铁箍便向前滚动，发出"哐啷哐啷"的声音。孩子们喜欢在田岸上举行车铁箍比赛，看谁车得快。学

车铁箍（2020年，孙清序绘）

校也把车铁箍作为比赛项目。至70年代逐渐消失。

打铜板 50—60年代最时兴。游戏由2个以上的孩子参与，人越多越精彩。首先，选一个比较宽敞平坦的场地，找一块比较大的方砖（长30厘米左右为适宜），参与者每人出一个铜板，叠放在砖的中间，用猜拳的方法决定出场次序。第一个出场者，站在方砖旁选好合适的位置，手握铜板照准方砖上的铜板打，被打落在地的铜板就归自己。然后把剩下的铜板叠好，再依次打，直到把方砖上的铜板打完为止。70年代后基本消失。

滚铜板 时兴于50—60年代。滚铜板游戏一般有3—5个孩子参与，在一块平整的场地上，用两块砖搭出一个45度角的斜面，在砖台前5—8米的地方划出一条横线，然后用猜铜板正反的方式决定出场次序。参与者依次捏住铜板，对准砖面用巧劲将铜板甩出，使铜板借力向前滚，铜板最靠近横线又不出线者为首。为首者拿自己的铜板向地面上最容易击中的铜板击去，被击中的铜板归自己，连中则连击，击不中则让后者击，以此类推，直到将铜板击完为止。滚铜板讲究策略，要将铜板滚到对自己有利的位置，既不让别人击中，又便于反击。70年代逐渐消失。

打铜板（2020年，孙清序绘）

滚铜板（2020年，孙清序绘）

打弹子（玻璃球） 打弹子兴于50—60年代，是小学生喜欢的游戏之一。弹子一般是用家中破旧物品从货郎手中换取的。打弹子游戏人数不限。活动参与者选好平整场地，挖4—5个比弹子大一点的洞，前几个洞距离相等，最后一个洞远一点，称为"老虎洞"，参与者用猜拳的方法决定出场次序。游戏时，将弹子弹出，逐一进洞过关，第一个打进"老虎洞"的称为"老虎"，然后"老虎"在洞边守着。未当"老虎"的弹子滚到哪里就停在哪里。大家弹完后，"老

打弹子（2020年，孙清序绘）

"虎"开始击弹子，击中的归自己，连中则连击，击不中的弹子放在该处不再动。然后未进入"老虎洞"的人依次向"老虎洞"进军，当上"老虎"后也开始击别人的弹子，依次进行，直到把场上的弹子击完为止。70年代逐渐消失。

削水片 削水片在农村古时就有。村民在劳作之余或平时休闲漫步时，一时兴起随手即玩。削水片可以一人玩，也可多人玩，人多更有趣。在河边、路边、墙角找一块手感适宜的瓦片、缸片，走到河边，使劲将瓦片、缸片削向水面，随着一声声"嗒、嗒、嗒"的声响，瓦

削水片（2020年，孙清序绘）

片在水面打出一连串漂亮的水花。削水片看似简单，却有讲究，要有一定的技巧，才能削出水平。一是要有力，二是要有速度，三是要使瓦片、缸片平贴水面，掠水而行，在水面激起一串串涟漪，涟漪由近而远，由大而小，溅起一朵朵美丽的"白莲花"，煞是好看，乐趣无限。

扇洋片子 "洋片子"又叫娱乐片、花片，是一种彩色的卡片，画面上有《三国演义》《水浒传》《封神榜》等连环画中的人物，小商店、货郎担均有出售。玩洋片盛于50—60年代。把一整张（有50片或100片）的洋片剪成单片，游戏时3—4个孩子一组，用猜拳方法决定出场顺序。一个人翻扇洋片前，其他人将洋片放在地上，正面朝下。扇时

扇洋片子（2020年，孙清序绘）

只要将洋片扇得翻过来，洋片就归自己。有时一扇可同时扇翻2张，有时扇不过来，没扇动的则要再拿一张洋片放在原地让人扇，依次循环。70年代逐步消失。

跳绳 跳绳的历史久远，男女皆宜，有益于身体健康。跳绳一直流传至今，在中小学作为一项体育运动项目。跳绳技术性亦很强，有一人跳、二人跳、多人跳，一根绳可以玩出千变万化的内容。跳绳对场地要求不高，是一项适合大众的健身运动。

跳绳（2020年，孙清序绘）

放风筝 放风筝也叫放鹞子。风筝制作比较简单，竹篾做成骨架，用纸或绢糊在骨架上，在骨架中间的重心处系一根长线就成了。风筝的形状有蝴蝶状、菱形、百脚状、蜻蜓状，大的可做成龙形，长达几十米，跃上空中，威风八面。放风筝时要选择一块空旷地，并要选择有三四级微风的晴天。一个人拿着风筝，一个人牵着线绳，乘着风势放出风筝。放飞时不断调节线的长度牵引风筝，风筝借着风势越飞越高。放风筝是民间喜闻乐见的一项活动。

放风筝（2020年，孙清序绘）

老鹰捉小鸡 人们孩童时代都喜欢的一项游戏。"老鹰捉小鸡"兴于50—60年代，现在课外活动还偶尔能见。7—8个孩子玩最为适宜。需要2个比较灵活，且个子大一点的孩子，一个扮作"老鹰"，一个扮作"母鸡"。除"老鹰""母鸡"外，其他小

老鹰捉小鸡（2020年，孙清序绘）

孩依次躲在"母鸡"后面，后面的小孩拉住前面小孩的衣边，连成一条"龙"。"小鸡"随着"母鸡"转，"母鸡"保护"小鸡"不被"老鹰"捉住，游戏中跌跌撞撞，躲来躲去，直到"老鹰"捉住"小鸡"为止。

挑绷绷　兴于50—60年代。挑绷绷2个孩子为一组，取一根长80厘米的细线，把线的两头打结拴住。一人用10根手指将线钩成各种形状，让另一人用10根手指挑，你来我往，图形不断变换，直至变不出形状或变成死结，游戏也就结束。挑绷绷游戏中每次变换的形状叫法不一，有大方砖、大手巾、梭子块、花被单、做老K、降落伞、瞎子婆婆张蚊帐等。最后一招叫"牵磨"，二人各拉住两个线头，牵来牵去，很是有趣。70年代后期逐渐消失。

挑绷绷（2020年，孙清序绘）

上述游戏，除了放风筝、跳绳如今能正常开展，"老鹰捉小鸡"、捉迷藏游戏偶尔能在幼儿园看到外，其余的随着社会生产、生活环境的改变，特别是随着城镇化的发展，传统意义上的农村、农民、农业已离我们远去。城镇化的生活环境，使得乡土气息浓烈的民间游戏被慢慢淡化，并渐渐消失。如今，儿童、少年比较多的是玩电子游戏、魔方等智力开发游戏，高科技游戏活动替代了传统的智力体力兼有的活动。传统的民间游戏离我们远去，有的已成为一代人的回忆。

第十章 习俗方言

　　中华人民共和国成立初期,一批来自江苏兴化、泰兴等地农民落户新乐村。50年代初,新乐村6个自然村的村民,非昆山户籍的占65%。非昆山户籍村民和祖籍非昆山籍村民,在语言交流、生活、工作、学习、社交和岁时习俗、礼仪习俗等方面,与昆山本地居民有许多不同之处,形成了新乐特色。多数村民在工作、生活、学习中,保持原有的语言风格、语言习惯,有的村民习惯以家乡方言交流,昆山籍和非昆山籍村民的语言包容共存,形成了具有新乐特色的语言环境、生活习俗。随着时代的变迁和社会的发展,具有鲜明新乐特色的传统和风俗习惯、俗语、俚语,得到传承,有的在传承中有所演变,一并记录入志,传承后世。

第一节 岁时习俗

一、春节

农历正月初一为春节,古为岁首。是日,从凌晨到清晨,新乐村家家户户开门争放鞭炮礼花,开门欢庆新年。清晨要吃汤圆、圆团、年糕,意为一家和睦团圆。小孩子要穿上新衣服向长辈拜年,长辈会给小辈"压岁钱",意为岁岁平安。遇亲朋好友相互道贺,拱手互祝"新年好""恭喜发财"。在屋檐下、柴堆上插一束用红纸卷裹的冬青、柏枝、芝麻秸秆,意为四季常青、延年益寿、子孙繁衍、节节高升。

大年初一一般不外出,合家团聚。是日全天不扫地,不向外泼水,以示财富不外流。晚上家家户户放关门爆竹,早早入睡。旧时,初一不用剪刀、不用火柴、不扫地、不倒垃圾,谓之聚财。年初三开始,走亲访友相互拜年、馈赠礼品,互请吃饭(俗称"吃年酒")。初五财神日,家家都要接财神。财神即赵公明元帅,是民间掌管财富的偶像。接财神亦称"接路头",村民争接财神,祈求新年交好运,财运亨通。

二、元宵节

农历正月十五为"上元节",上元之夜称"元夜",又称"元宵"。相传元宵节的风俗与汉文帝即位有关,公元前180年,大将周勃戡平"诸吕之乱"拥立刘恒为帝,平乱之日正好是正月十五,所以汉文帝下旨,每逢正月十五,要张灯结彩,举国同庆,元宵节风俗就此形成。旧时入夜,家家户户门口挂灯笼、点彩灯,俗称"元宵夜",百姓有吃汤圆、饺子习俗。同时家家户户点香烛,陈设供品迎接灶君。晚饭后有各种习俗活动，有用稻草扎火把熏烤农田的四角，谓之"燂田角落"，边烤边喊"四角落，收收三石六""人家田里荸荠笋，我家田里大稻笋"，祈期来年丰收的活动；本地村民还有"扛田姑娘""放野火""猜灯谜"、放鞭炮等活动。

三、清明节

每年4月4日或4月5日为清明节。新乐村本地村民有"新清明""老清明"之分。"新清明"指家里有新亡者，要连续三年在清明节当天祭祀亡灵。"老清明"是本地习俗。清明扫墓，本地人和外地籍村民方式不同。本地村民过清明节，在清明节后10天，去踏青扫墓，上坟祭祀亡灵，坟前供奉青团子、水果糕点，焚香点烛化纸锭，然后按辈分依次跪拜（年长在先）。外地籍村民过清明，在清明节前10天过，行祭祀、扫墓之礼。60年代后期，改土葬为火葬。亡者骨灰盒放置家中供奉（设有灵堂）。2000年起，盛行热葬，在亡者火化后直接将骨灰盒葬于墓地，每年清明节亲人去凭吊、祭祀。

四、立夏

立夏在每年5月6日左右，标志着进入夏季。旧时乡间有"立夏吃三鲜"的习俗，即吃夏鱼、蚕豆、竹笋。亦有吃酒酿饼、咸鸭蛋的传统。将煮熟的咸鸭蛋在门槛上滚一滚，然后剥给孩子吃，意在孩子们能安然度夏。此外，还有称体重的习俗，意在防"疰夏"，期望人们身体健康。

五、端午节

农历五月初五称"端午节"，乡间有吃粽子的习俗。相传是为了纪念屈原。旧时，在农村还有"端午不吃粽，死了呒人送"的说法。是日，家家户户门上挂菖蒲、艾草蓬、大蒜头，意为驱瘟辟邪。屋内用苍术、白芷烟熏，并洒以雄黄水以驱虫。旧时，小孩身穿印有蜈蚣、蛤蟆、蛇、壁虎、蝎子等"五毒"的衣服，在额头上用雄黄酒写上"王"字，意为"压邪"和防毒虫叮咬。经济条件好的人家，要给孩子穿上虎头鞋、老虎衣，胸前挂百图（花布里包棉花制成的香囊）、彩色小粽（用各色丝线绕在用纸折成的粽子上）、樟脑丸、香袋（用丝线结成的小香囊），意在"压邪"，百无禁忌。

近些年，过端午节的习俗有所淡化，传统的端午节在悄然发生变化。以前过端午节家家户户要裹粽子，各家裹粽子的手艺各异，能裹出小脚粽、三角粽、枕头粽等花式品种。如今过端午节，仅有为数不多的人家还有裹粽子的习惯，年轻人多数不会裹粽子，更多的则是在线上或线下购买粽子，吃粽子已不仅限制于端午节这一天。节日意识也随之淡化，少了一份仪式感，裹粽子手艺也面临失传。

六、七巧节

农历七月初七谓"七巧节"，又称"巧日"，夜为"七夕"，相传为牛郎织女鹊桥相会之日。旧时有长辈与至亲要给孩子吃童子鸡的习俗，表示对孩子的关心，希望孩子身体强壮，健康成长。"七夕"又是男女之间表达爱意的日子。

七、中元节

农历七月十五日为中元节，俗称"七月半"，又称"鬼节"。新亡者人家请僧侣诵经超度谓"做新七月半"。农家过七月半，在客堂摆一桌酒菜，焚香点烛，烧锡箔纸钱，祭拜祖先。还要祭拜田神，以糕团、鸡鸭、瓜果、蔬菜等放在田岸的岔路口，叩拜祈祷。这一习俗在中华人民共和国成立后逐渐消失。

八、中秋节

农历八月十五日为中秋节，俗称"八月半"，又称"团圆节"。是日，民间普遍煮食糖芋艿。旧时，大户人家晚上在庭院内安放供桌，供有月饼、菱、藕、石榴、柿子、糖芋艿等时令果品、糕点，点燃香烛，全家团聚拜月，俗称"斋月供"。祭毕一起吃月饼、糖芋艿，赏月。中秋节前，亲友之间尤其是晚辈，要给亲人、长辈赠送月饼，以示礼仪。此风俗盛行至今。

九、重阳节

农历九月初九为重阳节。是日有吃重阳糕的习俗，因"糕"与"高"谐音，表示吉利。有"无山吃糕，有山登高"之说。

十、送灶君

农历十二月二十四日俗称"二十四夜",有送灶君上天庭的习俗。是日夜晚送灶君,必先祭供灶君,灶台之上供有年糕、团子,点燃香烛,供毕焚烧纸钱,敬送灶君。意在要其上奏天庭除恶扬善,以保来年人间平安。此日,家家要掸檐尘,清扫灶台喜迎新年。搬入集中居住区后家家户户住上新居,虽无老式灶台,但在厨房打扫卫生,里里外外清扫干净,除旧迎新,干干净净迎新年成为风尚。

十一、除夕

农历十二月三十日是年终的大节日,俗称"年三十"或"大年夜"。凡在外地工作、经商的都要回家过年,吃"团聚饭"。年夜饭被认为是一年之中最为隆重、最丰盛的晚餐。是日,家家户户要烧年夜饭,合家聚集吃年夜饭。自腊月二十四日起,村民就要着手置办鸡鸭鱼肉

为村民义务写春联(2020年,罗英摄)

等,俗称买年货。在新乐村,几乎家家户户有杀猪过年的习俗,俗称"杀过年猪"。2000年,村民动迁入住新乐锦园后家庭不再养猪,此习俗消失。

近年来,新乐村除夕吃年夜饭的形式已悄然发生变化,有的去酒店包桌吃年夜饭,也有的合家去旅游过年,在酒店吃年夜饭。吃年夜饭已不再拘泥于传统的、固定的、一成不变的居家聚餐的形式。有的家庭在酒店用罢年夜饭,即把来年的年夜饭预订好。总之,吃年夜饭的习俗已逐步跳出传统习惯,趋向现代、时尚、享受型消费,传统的年夜饭渐有步入高档消费的趋势。

除夕夜,家家门上贴春联,入夜要守岁,老人孩子要洗脚,旧时有一起吃炒蚕豆、花生米、瓜子等习俗,守岁到24点放烟花、爆竹,寓意是送走旧年、迎来新年。是夜,爆竹声不断,可谓"爆竹声中辞旧岁,梅花千朵迎新春"。

第二节　村民习俗

一、生活习俗

催生　孕妇在临产前一个月，女方父母为新生儿备好尿布、衣服、草纸、鸡、鱼、肉、蛋、核桃、桂圆、云片糕等送到女儿家。孕妇临产前称"重生女人""大肚皮"，生产后叫"舍姆娘"。

做满月　婴儿出生满一个月要"做满月"，办"满月酒"。父母备酒请客，亲朋好友送喜面、衣服、饰物等祝贺。

攀过房亲　攀过房亲是乡间常见的认亲方式，又称认干亲、认寄父寄母（又称"好爹好娘"）。旧时攀过房亲，要带上礼物，在红地毯上拜过神像，再下跪认寄父母，寄父母给寄子女见面礼，过年时须送见面钱。旧时，孩子在5—6岁或10岁左右时，父母为自己孩子找寄父母，要选定日子，父母带上孩子上门去认寄父母。一般形式有，孩子的父母备好6个盘，有鸡、鱼、肉、蛋、糖果、烟酒，请人担到寄父母家，孩子进门要行磕头礼，叫"好爹、好娘"。寄父母要备红包给孩子，这一过程和仪式叫"拜寿星"。逢年过节寄子女上门，寄父母要备红包。寄子女成年后去探望寄父母，要备礼物相送，寄父母就无须再掏红包。还有一种形式较为简单，但也显得陈旧。双方确定小孩认另一方为寄父母后，定好日子，父母领小孩去认亲，对方两长辈在房门口，拉上围裙（村民劳作时用，也叫腰裙）两端，让小孩从围裙下钻过去，意思是认寄父母，儿子叫寄名儿子，女儿叫寄名囡，孩子称呼寄父母为"好爹、好娘"，就此两家成为亲戚。

如今认干亲，已废去了以往的礼俗和形式。双方认为适合结为干亲的，有选择节日的，也有选择双休日的，携儿或女，双方小聚，就算认一门干亲。逢年过节，干儿子、干女儿要登门看望干爹娘，干爹娘要以红包相赠。干儿女成年或参加工作后，干爹娘一般不再给红包，但双方保持请客招待、礼尚往来之习俗。

寿庆 旧时，人到60岁（虚岁）生日，子女要为长辈庆寿。庆寿由子女给长者添置新衣，讲究仪式和排场，堂上点寿烛，吉时放鞭炮、吃寿面。富家庆寿设寿堂，正中挂寿星轴、对联，点寿烛，备酒席，宴请亲朋好友。也有请人唱堂会、表演宣卷的，场面热闹。现时，老人一般不做寿，也有在80岁以后做的，形式简单，儿孙辈在家中或酒店请客，并以红包赠给"寿星"。

造房 旧时，造房先请风水先生看好风水，选一块好宅基地，选定吉日。开工前要备"开工酒"。上梁要办"竖屋酒"，正梁上贴红纸，写上"福""禄""寿"等字，正柱上贴对联。亲朋好友吃"竖屋酒"要送礼。女方娘家要送造屋（房）礼，备米、糖果、香烟、馒头、糕、红绿被面、万年青、鞭炮等物。上梁前，将红绿被面挂在正梁中段，上梁时放鞭炮，将糖果、糕点等从梁上抛下，看热闹的人争抢，名为"抢抛梁"。新屋落成，迁新居要请"进屋酒"，亲朋好友前来祝贺乔迁之喜。

如今，农村造房日趋减少，较多的是村民乔迁至城镇商品房、入住动迁房。乡间原有的"竖屋酒""造屋礼"也随之改变。一般乔迁新居后，主人择日在酒店或新居中设席请客，替代原来意义上的"竖屋酒"。主人一般不收红包，客人以家用电器、厨房用品等礼物相送。

二、婚嫁习俗

定亲 旧时定亲，沿袭封建婚姻的包办形式，一般家庭的子女为"父母之命、媒妁之言"及"门当户对"的观念所支配。小孩在襁褓中，父母便为其选对象，叫"娃娃亲"，俗称"摇篮亲"。男女长到14—15岁时，父母为其选对象，先请媒人把女方的生辰八字写在红纸上，交予男方家。男方父母将两个孩子的生辰八字供在灶王龛前，请人排八字，如合就请媒人说合，不合就将八字退还女方。双方若同意联姻，男方家将选定吉日，准备鸡、肉、鱼、蛋、馒头、糕六样大礼送往女方家，称为"担盘"。这个过程叫定亲、攀亲。

现时定亲形式不同的是，有的男女在大学、工作单位相识相爱，便请一位德高望重的亲人或单位领导作为介绍人（也就是媒人），双方满意即可选定吉日定亲。定亲礼由双方商定，有以传统习俗定亲的，备足六样到八样礼物，包括鸡、鱼、肉、蛋、馒头、糕、烟、糖，也就是"担盘"；也有以现代方式定亲的，男方为女方送礼金。随着独生子女一代的出现，流行"两家并一家"。双方父母约定，一般生育2个孩子，第一胎随男方姓，第二胎随女方姓。

成亲 也称结婚。把婚期告知女方，这叫"担日脚"。女方在结婚之日前备好嫁妆，通知男方去接，谓之"接嫁妆"。男方到女方家接新娘称"迎娶"，女方称"过门"。婚礼一般为三天，第一天称"开厨"，第二天为"正日"，第三天为"荡厨"。"正日"是结婚最热闹的日子，男女双方都要备酒招待客人，有条件的男方备花轿迎娶新娘。旧时农村传统的婚嫁一般都用农船，搭上帐篷，男方要选请6—8个青年男女做伴郎和伴娘。80年代之后，婚嫁一般以轿车代替农船，婚车安排也讲究成双，其中一辆车作为新郎新娘坐的车。新娘进门，踏红地毯，鸣炮奏乐，点燃蜡烛，新郎新娘拜天地、拜高堂、夫妻对拜。礼毕，新郎新娘手牵系"同心结"的红绿"鸳鸯巾"，由花烛手送入洞房。旧时大户人家在新娘入洞房时，还有"移花烛"的形式，从客堂到新房仅几米的距离，"移花烛"则长达4—5小时，甚至更长。"移花烛"时，地铺新麻袋（用5只麻袋，从客堂铺向新房），新郎新娘手擎一对大蜡烛，每走过一只麻袋，就向前传递一只，并高喊"传代"，直至进入洞房。入洞房后，新郎用秤杆挑开新娘头上的红头巾，同饮交杯酒。至夜，新郎新娘再入厅堂祭祖，客厅内设2张八仙桌，供祭品、上香烛，当家主人向神磕头，酒巡三道行祭拜礼。由新郎携新娘与男方父母长辈、亲戚等礼见，长辈们要给"见面钱"。礼毕新郎新娘回新房，"闹新房"的亲朋好友随之入新房，向新郎新娘讨要喜糖、红蛋、喜烟等，嬉笑逗趣。民间有"三朝呒大小"的风俗。闹新房的人至深夜方散去。亲朋好友参加婚礼均要送礼，娘舅开喜簿，礼最重，亲朋好友"随行入市"。婚后第二天，新娘携新郎回娘家省亲，称作"双回门"，但必须当天返回新郎家，"月不空房"的风俗延至今日。新乐村设有喜事中心，村民办喜事一般选择在喜事中心，也有村民选择在酒店，场面同样喜庆热烈。

如今，办喜事形式和内容都有所改变。居住城镇化后，有条件的，较多选择在村会所内置办婚嫁酒席，不再放在家中置办。一般会请来厨师开伙，婚礼为期三天，设婚庆仪式等环节，场面热闹，已成为时尚。婚礼中的婚庆仪式，替代了传统婚礼的"拜天地""拜高堂"等礼仪习俗,这是婚嫁习俗发展的一个重要标志。也有选择在酒店置办宴席的,同样有婚庆仪式。婚庆仪式上播放新郎新娘的生活片段和婚庆场合花絮视频等,替代了传统习俗中的"闹新房",场面喜庆热闹。成亲内核没变,其形式变得新颖,更多体现时代和时尚的元素。

做女婿 旧时有两种形式,一种是男方家贫困,娶不起媳妇而到女方家做女婿;还有一种是女方无兄弟,为传宗接代而招女婿。男方到女方家得随女方姓,生育的儿女也随女方姓。中华人民共和国成立后,儿女姓氏可由双方约定,也有2个孩子分别随母亲姓和随父亲姓的。现代社会的做女婿,男方到女方家已不是经济条件等原因,男方在家庭中也得到尊重,家庭中第二代的姓氏,随男方的也较普遍。旧时世俗对做女婿的偏见已日渐消除。

三、殡葬习俗

旧时丧葬,一般经送终、暖尸、报丧、奔丧、小殓、设灵堂、出殡、回丧、设灵台、做七等过程。

送终 人临终时,亲人在旁守候,在外子女须赶回见上最后一面。

暖尸 人气绝后,先将逝者床帐卸下,然后以热水擦洗逝者身子,为其穿内衣、内裤。

报丧 由亲属或邻里给逝者亲戚、好友、工作单位报讯。

奔丧 亲友得知死讯,即告假奔丧。

小殓 为逝者更换寿衣,件数逢单;为逝者整理仪容、穿鞋、戴帽。

设灵堂 将遗体移至厅堂正中偏西门板上,鼻朝北,面蒙白布或锭纸。灵堂正南挂白幔(称"孝帘")、遗像。摆供桌,供祭品、置油灯。遗体西侧靠墙铺以稻草,供子媳、晚辈等亲属坐侍举哀之用。儿子守立孝帘一侧,向前来吊唁的亲友还礼,并按亲友辈分发给白束腰、白布(今佩黑纱),女儿于一旁举哀(哭泣)。入夜,亲属守侍逝者,也有请宣卷念佛的,俗称"陪夜",也叫"守灵"。

出殡 子女身着孝服,手捧灵位,行于灵柩之前,亲友随灵柩之后,鼓手吹奏哀乐送行。

回丧 出殡归来,送殡者得吃云片糕、喝糖茶,吃"回丧饭"。

设灵台 在厅堂西北隅设一座台,台后墙上挂逝者遗像,两侧挂挽联,台

前设置"七灯",彻夜不熄。台后靠墙处放置灵位,灵位前供祭品。

做七 自过世日起算,每七天一段,计七段,即七个"七",逢"七"必祭,称"做七",以"五七"为重。做"五七",亲友到场,女儿烧斋饭一桌,祭祀逝者。外地籍村民在亲人亡故后不做"五七"做"六七",形式与昆山人做"五七"相同。"七七"为"断七"。

中华人民共和国成立后,改革殡葬制度,丧事从简,一些习俗日渐消失。原先的披麻戴孝、焚烧纸钱、吊唁跪拜,分别被佩黑纱、赠花圈和鞠躬取代。推行火葬后,骨灰有埋于自留地的,有买墓穴安葬的,也有寄存殡仪馆的。2000年以后,骨灰均安葬于墓园。

现在,丧家治丧烧"豆腐饭",一般选择在村会所置办的较多,治丧风俗为期三天。也有治丧人家把传统的"回丧饭"选择在酒店置办的,这比传统的治丧形式相对简单些。近几年,盛行丧家在大殓结束的第二天,把传统的"五七"接着一起办,称之为"五七连着做"。这样的治丧形式,乡间称之为四天排场。这是一种全新的治丧形式,内容、时间与传统的习俗有所不同,但从经济角度考量,则对丧家更为有利。这一治丧形式的出现,是对传统的殡葬文化的改良,逐渐得到社会认可和接受。

第三节 方言、谚语、歇后语

一、方言

新乐方言,是昆山地方语言的一个组成部分。新乐村面积不大,但是村域的语言却是丰富。历史上的新乐村,有3个自然村全部由外来村民迁入居住而形成,这部分村民大多来自苏北地区。有的同乡而居,有的以族为聚,也有的同姓为居，使用同一种方言。旧时新乐村地处偏僻，陆路交通非常不便，交通相对闭塞，与外界交流偏少，有一个相对比较稳定的语言环境，新乐村的方言是南北语言杂处，特色鲜明。

新乐方言有一个很有趣的现象，长期以来形成了昆山方言和移居新乐村村民的家乡方言两个语言流派（见表10-1至表10-9），且两个流派的方言互不同化，长期共存，互通互用。新乐方言听起来有点土，写出来却很雅，地方气息比较浓。了解新乐方言，可以了解和挖掘新乐的文化底蕴，提升语言文字方面的修养，进一步增强新乐人的地方自豪感和文化亲和力。

表10-1　时间类方言

普通话	昆山方言	苏北方言	普通话	昆山方言	苏北方言
上午	上昼	早上	白天	热里	依里
中午	中朗响	中尚	晚上	夜里响	夜里
下午	下昼里	晚上	今天	今朝	今额着
明天	明朝	明额着	夏天	热天	热天
后天	后尼	后天	秋天	秋场里	秋天
前年	前年	前年着	冬天	寒场里	冷天
去年	旧年	去年头	夏收夏种	黄梅里	黄梅
明年	开年	明年额	大暑天	大伏天	大伏天
春天	二三月里	春朗	什么时候	啥晨光	什么时候

表10-2　气象类方言

普通话	昆山方言	苏北方言	普通话	昆山方言	苏北方言
打雷	雷响	响雷	起风	发风	刮风
阵雨	阵头雨	雷阵雨	闪电	霍显	划歇
雾	雾露	下雾	太阳	热头	太阳
秋雨连绵	秋拉洒	毛毛雨	雷阵雨	起阵头	雷阵雨
阴天	阴水天	阴天	晴天	天好	好天

表10-3 地理类方言

普通话	昆山方言	苏北方言	普通话	昆山方言	苏北方言
地基	宅基	擦基	走近路	抄近路、石斜角田	跑近路
池塘	溇潭	塘	田埂	田岸	小田岸
河浜	浜斗、溇稍头	沟头	河滩	河滩头	码头上
小河	小河	小江河	屋后	屋后头	家后头
土丘	泥堆堆	土墩	厨房	灶屋间	厨房间
田边	田横头	田汪头	场前	下场头	场前头
啥地方	啥场化、拉朗	什业地方	自然村	村窠	村庄

表10-4 生活类方言

普通话	昆山方言	苏北方言	普通话	昆山方言	苏北方言
客厅	客堂	堂屋家	床单	被单	被褥子
台阶	阶沿石	门口	蚊帐	蚊帐	帐子
门框	门堂子	门框	棉絮	棉花胎	棉花胎
开间	开间	开间	毛巾	手巾	手巾
进深	进深	进深	拖把	拖畚	拖把
门闩	门扇	门梢	洗脸	揩面	洗脸
卧室	房里	房间	睡觉	困告	喉告
水壶	吊子	水壶	打瞌睡	打瞌冲	打瞌虚
铝锅	钢宗锅子	钢宗锅子	玩	别相	玩
保温瓶	热水瓶	热水瓶	休息	歇工、吃烟	歇工、歇省
镊子	捡砚	砚子	干活	做生活	做活子
汤匙	抄	汤查	散步	荡荡、兜圈子	转转
洗衣服	汏衣裳	洗衣裳	吃早餐	吃粥	吃早饭
理发	剃头	剃头	吃午餐	吃饭	吃中饭
洗澡	汏浴	洗澡	吃晚餐	吃夜饭	吃夜饭
洗脚	汏脚	洗脚	送饭	担饭	送饭
针	引线	针	锅巴	饭糍	锅巴
被褥	被头	被单	粉丝	唆粉	粉丝

表 10-5 文娱类方言

普通话	昆山方言	苏北方言	普通话	昆山方言	苏北方言
演戏	做戏	唱戏	放风筝	放鹞子	放鹞武
摔跤	勃跤	打玩	摄影	拍照	拍照
捉迷藏	盘野猫	躲猫猫	猜谜	猜妹妹子	猜谜语
翻跟斗	豁虎跳	豁连叉			

表 10-6 商贸类方言

普通话	昆山方言	苏北方言	普通话	昆山方言	苏北方言
便宜	强	便宜	贪污	捞钞票	贪（太）污
贵	居	贵	人民币	钞票	钱
有盈利	有赚头	有得赚	欠账	赊账	欠账
开支	出账	用掉几钱	找零	找头	找零钱
收入	进账	收入	小偷	三只手	扒手
缺斤短两	克秤头	克秤	租金	租钿	租金
算账	拍账	算账	定金	定头钿	押金

表 10-7 动植物类方言

普通话	昆山方言	苏北方言	普通话	昆山方言	苏北方言
鹅	白乌居	鹅仔	青鱼	妻鱼	青鱼
老母鸡	老婆鸡	老母鸡	鳖	甲鱼	鳖
母（公）鸡	雌（雄）鸡	母（雄）鸡	鳝鱼	黄鳝	长鱼
蚯蚓	曲蟮	河蚓	昂刺鱼	屋额鱼	昂刺
蟋蟀	攒节	蛐决	乌龟	乌居	乌龟
蝉	知老蝉	家溜仔	鲢鱼	花鲢头、白姆	花鲢、胖鲢
萤火虫	萤火虫	火萤虫	鳗鱼	螨鱼	毛鱼
麻雀	麻将	麻雀	玉米	番麦	番麦
青蛙	田鸡	田鸡	油菜	菜籽	油菜
刺猬	偷瓜畜	偷瓜畜	黄豆	油菜毛豆	黄豆

续表

普通话	昆山方言	苏北方言	普通话	昆山方言	苏北方言
肥料	肥料	化肥	土豆	洋芋头	洋山芋
蔬菜	青头	蔬菜	红花草	花草	花草
花生	长生果	花生	金花菜	杜草、草头	大草
辣椒	辣茄	青椒			

表 10-8 农业生产类方言

普通话	昆山方言	苏北方言	普通话	昆山方言	苏北方言
畚箕	土挞	担子	船板	平几	柱板
铁耙	铁镲	钉耙	桅杆	樯子	桅子
麻袋	麻车袋	麻袋	拉纤	背纤	拉纤
锄头	莳头	锄头	帆船	扯篷船	浪风船
镰刀	镲子	弯刀	停泊	停船	靠船
割稻	捉稻	刮稻	下帆	落篷	下篷

表 10-9 日常用语类

普通话	昆山方言	苏北方言	普通话	昆山方言	苏北方言
厉害	结棍	凶	娶妻	讨娘子	讨女娘
不诚实	滑头	油腔滑调	坐牢	吃官司	犯法
不负责任	卸肩胛	烂好人	差劲	推板	不来山
能干	来赛	有本事	下流	下作	下流坯
有把握	笃定	一句话	立场不稳	杨树头	坏虫
讲话	讲闲话	说话	开玩笑	寻开心	说格玩
违法	犯法	犯法	不精明	洋盘	二不嬉
告诉你	脱嫩讲	跟你说	徒劳无益	白白里	白弄
好玩	好别相	好玩	不感兴趣	茄门相	没得兴趣
怀孕	重生	带身子	没想到	勿壳帐	勿曾想到
定亲	订婚	订婚	没关系	勿搭界	没碍事

续表

普通话	昆山方言	苏北方言	普通话	昆山方言	苏北方言
他们	伊特	他额的	打架	打相打	斗架
我们	我俚	吭额的	吵架	夹舌头、盘咸话	盘淡话
你们	吭纳	你额的			
挑拨离间	触壁脚	挑拨离间	恶心	倒胃口	难过
出事	出纰漏	出事	郁闷	昏闷	郁闷
随便他	随便伊	不管他	亲戚	亲眷	亲子
刚才	刚刚	江才	进退两难	握拉不出	不得弄头
走快点	走快点	跑快点	讨厌	讨厌	讨厌
大便	拆屎	乌屎	懊悔	懊牢	懊牢
小便	拆水	乌水	找麻烦	捉板头	找麻烦
啥东西	啥格末事	什业东西	不满意	惹气	触心
小女孩、小男孩	小细娘、小活狲	小丫头、小猴仔	胡说	瞎三话四	瞎说
			乱搞男女关系	轧姘头	偷人
起床	落起来	起床	不好	勿灵	不好
节俭	做人家	省省	可惜	作孽	可惜
突然	陌生头里、凭空、冷陌生里	凭空	不可以	勿作兴	不扎兴
			串门	走勃相	串门
看热闹	轧闹猛	看益热潮	表现好	蛮张气	蛮争气
佩服他	服帖嫩	佩服他	看病	看毛病	看病
有可能	弄出来看	吃不准	浪费	浪费、招塌	浪费
干净	清爽	干净	恶劣	恶劣	恶劣
没什么	吭啥啥	没得什业	一塌糊涂	一天世界	一塌糊涂
吃力	洒惰	吃力	脏	邋遢	脏
家人	屋里相	家里人	不灵活	戆呆头、戆呆脑	呆头、呆脑
热闹	闹猛	热潮			
正宗	正式	不假	工具	家生	东西
舒服	写意、适意	写意	辛苦	苦恼	苦

续表

普通话	昆山方言	苏北方言	普通话	昆山方言	苏北方言
许多	混淘淘、交交关、混赤赤	太多	挤得很	轧得来	轧得不得了
			不干净	邋遢、邋里邋遢	不清爽
清晰	弹眼落睛	清爽	傻瓜	戆大	哈仔
忍不住	熬勿牢、并勿牢	熬不住	指责	戳背心、戳脊梁骨	捣节头
逛街	荡马路、荡街廊	转额折			
价格	价钿	价钱	打赌	枉东道	枉东道
最后一次	阿末一趟	阿末一回	文盲	开眼瞎子	睁眼瞎子
一点儿	一眼眼、一滴滴	滴家勃	没有	呒不	没得

二、谚语

一年之计在于春，一日之计在于晨。

庄稼一枝花，全靠肥当家。

一寸麦不怕一尺水，一尺麦怕一寸水。

娘好囡好，秧好稻好。

秧好半年稻，稻好要肥料。

种田人勿识天，哪能种好田。

伏里不搁稻，秋后喊懊恼。

三分种，七分管。

腊肥一滴，春肥一勺。

小暑发棵，大暑发粗。

稻田要干耕，胜过浇趟粪。

早莳一棵，叫声阿哥。

混水插秧，浅水耘稻。

小暑里莳秧大暑里荡，三石一亩稳定当。

处暑里的雨，草窠里的米。

六月稻里拔棵草，冬至可以吃一饱。

小暑插老秧，过年卖老娘。

大暑不耘稻，到老吃好稻。

立秋勿拔草，处暑勿长稻。

三耥九耘田，砻糠变白米。

秋前不搁稻，秋后喊懊牢。

寒露到割籼稻，霜降到割糯稻。

麦绣风来甩，稻绣雨来淋。

稻绣只怕风来摇，麦绣只怕雨来浇。

人怕老来穷，稻怕寒露风。

割青不割青，三天一百斤。

寒露种麦，前十天不早，后十天不晚。

人冷要盖被，麦冷盖层泥。

油菜籽，七成熟，十成收；十成熟，七成收。

稻熟要养，麦熟要抢。

白露白迷迷，秋分稻绣齐。

寒露呒青稻，霜降一齐倒。

若要病虫少，除尽田边草。

立冬小雪麦黄梅。

白露早，寒露迟，秋分种麦正当时。

人在岸上跳（热），稻在田里笑。

六月不热，五谷不结。

麦熟过条桥，稻熟过三朝。

昏咚咚，六月初三浸稻种。

瑞雪兆丰年。

冬雪是宝，春雪似刀。

邋遢冬至干净年，干净冬至邋遢年。

立春下雨到清明。

风行东，车马通；风行北，好晒谷；风行南，水龙潭；风行西，雨凄凄。

清明一落雨，小麦烂成屎。

上看初二三，下看十六七。

久雨必晴，久晴必雨。

开门一斜，关门一夜。

白露里的雨，到一荡坏一荡。

秋天落雨，落一场凉一场。

大伏天落雨，落一场热一场。

重阳无雨一冬晴。

蚂蚁搬家要落雨。

捂三春，冻八九。

一落（下雨）一个泡，落过天就好。

小暑一声雷，重新做黄梅。

东北风，雨太公。

热在大伏，冷在四九。

若要暖，要过二月半。

乌头风，白头雨。

日枷风，夜枷雨。

一场秋雨一场寒，十场秋雨穿棉衣。

卯时秋，阴飕飕；午时秋，热吼吼。

春天要捂，秋天要冻。

头九暖，二九寒，三九冻煞百鸟乱，四九冻煞看牛囡。

一九二九，吃饭见面躬走；三九四九，相逢不出手；五九六九，游河去牵牛；七九河冻开，八九燕子来；九九加一九，耕牛遍地走。

白露身不露，赤膊是猪猡。

朝霞不出门，晚霞行千里。

省吃俭用，一世勿穷。

吃勿穷，穿勿穷，打算不通一世穷。

新三年、旧三年，缝缝补补又三年。

满饭好吃，满话难讲。

金（敬）乡邻，银（迎）亲眷。

勿听老人言，吃苦在眼前。

坐得正、立得稳，不怕和尚尼姑合板凳。

偷鸡勿着蚀把米。

牛皮勿天亮，只怕上真账。

越吃越馋，越困越懒。

一个篱笆三个桩，一个好汉三个帮。

宁跟讨饭的娘，勿跟做官的爷。

金窠银窠，不及屋里狗窠。

树老根出，船破钉出，人老筋出。

一只碗勿响，两只碗叮当。

三个臭皮匠，凑个诸葛亮。

上梁不正下梁歪，

敬酒不吃吃罚酒。

别人家癞子癞腥气，自家癞子炒米香。

乡下锣鼓乡下鼓，乡下狮子乡下调。

牛吃稻柴鸭吃谷，各人头上一爿福。

额角头上七个字，只吃别人勿吃自。

铜钿眼里迁跟斗。

狗嘴里吐勿出象牙。

嘴上呒毛，做事勿牢。

杀猪人死脱，勿吃带毛猪。

瓦爿粒息也有翻身日。

造屋请着箍桶匠。

人老弯腰，船老搭梢。

弯刀宰瓢切菜，破锅子对豁锅盖。

拐爹爹对瞎奶奶，破坛子对臭咸菜。

只有千年做贼，没有千年防贼。

要想动动手，家生不凑手。

三、歇后语

砻糠搓绳——开头难。

卫生口罩——嘴浪（上）一套。

鸭吃砻糠——空欢喜。

棺材里伸手——死要钱。

陆家浜鼓手——只吃勿动手。

木匠打娘子——一斧头。

蜻蜓吃尾巴——自吃自。

乌龟吃大麦——糟蹋粮食。

狗咬吕洞宾——勿识好人心。

顶石臼做戏——吃力勿讨好。

刀切豆腐——二面光。

十五样小菜——七荤八素。

十五只吊桶吊水——七上八下。

泥菩萨过河——自身难保。

瞎子吃馄饨——心里有数。

橄榄核垫台脚——活里活络。

棉花店里死脱老板——勿能谈（弹）。

造屋请着箍桶匠——寻错人。

癞蛤蟆想吃天鹅肉——瞎想。

门缝缝里看人——把人看扁。

哑子吃黄连——有苦说不出。

哑子打官司——有理说勿清。

两个哑子困勒一横头——呒话说。

黄鼠狼给鸡拜年——勿安好心。

叫花子吃死蟹——只只鲜。

小癞子撑伞——无发（法）无天。

汏脚布揩面——勿分上下。

老鼠跌勒风箱里——两头受气。

飞机上钓蟹——远空八只脚。

驼子跌跤——两头勿着实。

墙头上刷白水——白刷（说）。

癞痢头妮子——自家好。

六十岁嫁人——心勿定。

王小二过年——一年不如一年。

六月里做亲——勿要棉被（面皮）。

阎罗王的阿爹——老居（鬼）。

带泥萝卜——吃一段揩一段。

蛇吃黄鳝——死屏。

陌生人吊孝——死人肚里有数。

茅坑里的石头——又硬又臭。

歪嘴淌鼻涕——顺路。

弄堂里拔木头——直来直去。

脚踏西瓜皮——滑到哪里算哪里。

城头上出棺材——远兜远转。

三只指头捏田螺——笃定。

小和尚念经——有口无心。

肉骨头敲鼓——荤（昏）咚咚。

秃子头上的虱子——明摆着。

姜太公钓鱼——愿者上钩。

大姑娘坐花轿——第一次。

算盘珠——拨一拨，动一动。

狗捉老鼠——多管闲事。

额角头上搁扁担——头挑。

老母鸡生疮——毛里有病。

鬼道里相打——生病人晦气。

小满里的日头——晚娘的拳头。

鸡蛋里寻骨头——寻事情（挑刺）。

猴子抱不上树——无可救药。

第十一章　人物荣誉

新乐村这片热土孕育了众多仁人志士，在各个历史时期、各条战线、各个行业，涌现了诸多代表性人物，其中有农业生产的劳动模范，有教师、当代军人、医务工作者、能工巧匠、在外乡贤等，可谓人才济济。至2020年，新乐村有劳动模范3名，任职教师33名，医务工作者8名，大学本科生67名，研究生5名，副科级以上人员11名，副高级以上职称人员9人，退伍军人49名，各类工匠51人。

至2020年，新乐村获得各级政府颁发的集体荣誉48项、个人荣誉67项。一批乡贤和能人为新乐村的生产建设、经济发展做出了贡献，是新乐人的优秀代表，是激励新乐人努力奋发向上的榜样，是鼓舞新乐人不断开拓进取的精神力量，为新乐人所铭记和学习。

第一节 人物简介

张友旺（2020 年，
新乐村村民委员会提供）

张友旺 男，1925 年 9 月出生，1959 年 7 月加入中国共产党。1958—1979 年，担任新乐大队第 7、9、12 生产队队长。1961—1963 年，任大队民兵营长。1965 年 1 月至 1979 年 12 月，任新乐大队贫下中农协会主任。1980 年 1 月至 1982 年 12 月，任新乐大队治保主任。

陈金林 男，1936 年 4 月出生，1956 年加入中国共产党。1954 年入伍，1958 年退伍。1964—1967 年，任新乐大队民兵营营长。1996 年退休。

罗乔林 男，1941 年 10 月出生，1964 年 6 月加入中国共产党。1960 年 9 月入伍，1968 年 3 月退伍。1969—1970 年，任新乐大队治保主任。2001 年 8 月退休。

陈金林
（2020 年，新乐村村民委员会提供）

罗乔林
（2020 年，新乐村村民委员会提供）

张纪成 男，1944年8月出生，1966年5月加入中国共产党。1963年9月至1968年6月，在北京工业学院（今北京理工大学）学习。1968年9月至1989年12月，在374厂一车间工作，历任劳资科厂办技术组长、副科长、副厂长、代厂长、党委书记。1989年12月至2015年3月，任职于中国运载火箭技术研究院等单位。获得各级科技奖励16次。2003年，荣立系统研制三等功。2004年，获"优秀共产党员"称号。

张纪成（2020年，新乐村村民委员会提供）

李春发 男，1949年10月出生，大专学历，1968年12月加入中国共产党。1968年3月入伍，历任班长、排长、政治处干事、主任、区政治处科长、政委等职。1979年，参加对越自卫还击战。1986年立三等功，多次被评为优秀共产党员和先进个人。1991年10月，转业至昆山经济技术开发区工作，历任昆山经济技术开发区党工委副书记，纪律检查委员会书记，党政办公室主任，党群工作部部长，武装部政委、部长等职。1999年3月，被评为"江苏省优秀党务工作者"。

李春发（2020年，新乐村村民委员会提供）

沈卫群 男，1949年10月出生，1975年12月加入中国共产党。1966年毕业于苏州市第二中学，1968年10月，插队新乐大队第4生产队。1973年3月至1982年12月，任城北公社农技员、同心大队党支部书记、城北公社党委委员、城北公社革命委员会副主任。1976年12月，作为昆山知青代表，参加第二次全国农业学大寨会议。1978—1982年，当选第五届全国人民代表大会代表。1983年至2007年12月，任共青团昆山县委副书记、巴城镇党委书记、昆山市委党校校长、昆山市副市长、昆山市委常委、昆山市纪委书记、昆山市委政法

沈卫群（2020年，新乐村村民委员会提供）

委书记、昆山市委副书记、昆山市政协主席。1995—2003 年，担任昆山市创建国家卫生城市和创建昆山文明城市总指挥，为昆山市创建国家卫生城市和创建文明城市做出贡献。

朱锂坤（2020 年，新乐村村民委员会提供）

朱锂坤 男，1966 年 5 月出生，1999 年 5 月加入中国共产党。1988 年 7 月，毕业于南京化工学院（今南京工业大学）机械系化工自动化专业。1988 年 8 月至 1994 年 11 月，任苏州第四制药厂职员。1994 年 12 月至 1995 年 2 月，任苏州高新技术创业服务中心职员。1995 年 3 月至 2000 年 5 月，任苏州新区燃气发展管理公司职员、副经理、经理。2003 年 6—10 月，任苏州新区建设管理局党委委员。2003 年 11 月至 2009 年 12 月，任苏州华润燃气有限公司董事、总经理。2009 年 12 月起，任华润燃气（集团）有限公司总经理助理、副总经理、党委委员、党委副书记、高级副总裁。2003—2004 年度，获华润集团总经理特别奖。2012 年，获华润集团董事长奖。

李建平（2020 年，新乐村村民委员会提供）

李建平 男，1967 年 3 月出生，1987 年 6 月加入中国共产党。1989 年，毕业于大连理工大学化工设备与机械专业。1989 年 7 月至 2014 年 3 月，任中国石化集团南京化学工业有限公司磷肥厂秘书、副书记、书记，化机厂党委副书记、纪委书记、厂长。2014 年 8 月至 2018 年 3 月，任中国石化集团南京化学工业有限公司总经理助理兼人力资源处处长。2018 年 3 月，任中国石化集团共享服务有限公司南京分公司党委副书记、纪律检查委员会书记、工会主席。2007 年获"江苏省优秀青年企业家"称号。2012 年，获中国石化十二届企业管理现代化创新成果一等奖、江苏首第十八届企业管理现代化创新成果一等奖、第十九届国家级企业管理现代化创新成果二等奖。2013 年，获"中国石化劳动模范"称号。2014 年，获中国石化科技进步二等奖。2015 年，获江苏省科学技术奖三等奖。

陈建中　男，1968 年 3 月出生，1991 年 11 月加入中国共产党。1987 年 10 月入伍，历任部队文书、排长、副政治指导员、政治指导员。1988—1991 年，受嘉奖 4 次。1992—1997 年，被评为先进个人 4 次，立三等功 2 次。2000 年 9 月至 2020 年，历任昆山市住房和城乡建设局房产科科员、副局长，昆山市自来水集团有限公司总经理、董事长，昆山市政府副秘书长、办公室副主任，昆山市交通运输局局长、党委副书记、党委书记，昆山市周市镇党委书记。2012 年、2015 年，被昆山市人民政府授予三等功 2 次。2020 年，被苏州市委、市政府办公室评为 2019 年度"担当作为好干部"，被苏州市委组织部、苏州军分区政治工作处评为"2020 年度基层党管武装好书记"。

陈建中（2020 年，新乐村村民委员会提供）

第二节　人物名录

一、退伍军人名录

2020 年，新乐村有退伍军人 49 名（见表 11-1）。其中，参加解放战争 1 名，参加抗美援朝战争 2 名，"两参"（参加抗美援朝、对越自卫还击战）人员 2 名。立三等功 6 名，五好战士 1 名，受嘉奖 5 名，优秀士兵 15 名。

表 11-1　2020 年新乐村退役军人名录

序号	姓名	性别	出生年月	入伍时间	退伍时间	备注
1	闵福安	男	1928 年 10 月	1951 年 3 月	1955 年 3 月	参加抗美援朝
2	张有才	男	1929 年 3 月	1947 年 7 月	1955 年 7 月	参加解放战争
3	严万松	男	1929 年 3 月	1951 年 6 月	1955 年 3 月	参加抗美援朝
4	陈金林	男	1936 年 4 月	1954 年 3 月	1958 年 12 月	
5	罗乔林	男	1941 年 10 月	1960 年 9 月	1968 年 3 月	五好战士
6	张辉林	男	1949 年 4 月	1970 年 12 月	1976 年 3 月	
7	李春发	男	1949 年 10 月	1968 年 3 月	1991 年 10 月	三等功、优秀士兵、"两参"
8	李金男	男	1949 年 12 月	1971 年 1 月	1975 年 3 月	
9	赵根宝	男	1950 年 2 月	1973 年 1 月	1977 年 3 月	三等功
10	李盛荣	男	1951 年 7 月	1971 年 1 月	1975 年 3 月	
11	朱惠根	男	1954 年 4 月	1970 年 3 月	1977 年 3 月	
12	李春平	男	1954 年 10 月	1973 年 1 月	1976 年 3 月	
13	时金龙	男	1954 年 12 月	1975 年 1 月	1978 年 4 月	
14	金建国	男	1956 年 4 月	1976 年 2 月	1989 年 10 月	
15	张扣林	男	1956 年 10 月	1977 年 1 月	1980 年 12 月	"两参"
16	孙国良	男	1957 年 10 月	1976 年 2 月	1980 年 2 月	
17	崔巧根	男	1957 年 12 月	1977 年 1 月	1981 年 1 月	
18	周金男	男	1959 年 2 月	1978 年 1 月	1981 年 1 月	
19	盛惠荣	男	1960 年 1 月	1978 年 3 月	1983 年 1 月	
20	李金球	男	1962 年 7 月	1981 年 1 月	1987 年 1 月	
21	吴连辉	男	1962 年 7 月	1981 年 1 月	1987 年 1 月	嘉奖、优秀士兵
22	王建良	男	1965 年 1 月	1985 年 1 月	1989 年 3 月	
23	崔阿明	男	1966 年 9 月	1986 年 11 月	1990 年 2 月	
24	朱向阳	男	1967 年 2 月	1987 年 11 月	1991 年 12 月	
25	赵红宝	男	1967 年 7 月	1985 年 10 月	1990 年 3 月	

续表

序号	姓名	性别	出生年月	入伍时间	退伍时间	备注
26	陈建中	男	1968年3月	1987年10月	2000年9月	嘉奖、优秀士兵、三等功
27	罗林忠	男	1968年12月	1987年11月	1991年1月	
28	时金宝	男	1970年3月	1990年12月	1993年11月	
29	苏秦龙	男	1971年7月	1989年4月	1991年12月	
30	罗海根	男	1972年3月	1991年3月	1994年8月	
31	苏秦宝	男	1972年7月	1990年12月	1994年12月	
32	朱长学	男	1973年5月	1992年12月	1996年12月	三等功
33	吴雪峰	男	1976年8月	1995年12月	1998年12月	三等功、优秀士兵
34	夏志强	男	1977年2月	1997年12月	1999年12月	优秀士兵
35	花文明	男	1979年7月	1997年12月	2000年12月	优秀士兵
36	刘嘉	男	1986年10月	2006年12月	2008年12月	
37	王刚	男	1987年2月	2004年12月	2006年12月	优秀士兵
38	吴康生	男	1987年4月	2007年11月	2009年11月	优秀士兵
39	高娟	女	1988年10月	2007年12月	2012年12月	优秀士兵
40	张俊	男	1989年1月	2009年12月	2011年12月	优秀士兵
41	刘宁	男	1989年5月	2006年12月	2019年7月	嘉奖、优秀士兵
42	沈剑	男	1989年6月	2008年12月	2013年12月	优秀士兵
43	李枷驰	男	1989年8月	2007年12月	2009年12月	
44	支翔	男	1990年1月	2011年12月	2015年12月	优秀士兵
45	夏晓晨	男	1990年7月	2010年12月	2012年12月	优秀士兵
46	严彬	男	1992年3月	2011年12月	2013年12月	三等功、优秀士兵
47	徐天鹏	男	1993年12月	2013年9月	2015年9月	嘉奖
48	马天亮	男	1996年3月	2014年9月	2016年9月	嘉奖
49	戴金勇	男	1997年3月	2016年9月	2018年9月	

二、大学本科及以上毕业生名录

至2020年,新乐村大学本科及以上毕业生72名,其中本科生67名、研究生5名,见表11-2。

表11-2　1968—2020年新乐村大学本科以上毕业生名录

组别	姓名	性别	出生年月	院校名称	毕业年份	学历
1	陈丽霞	女	1965年2月	苏州大学	1987	本科
1	吴蓓蕾	女	1985年2月	南京理工大学	2008	本科
1	陆婷婷	女	1985年4月	江苏大学	2008	本科
1	盛俊君	男	1986年4月	淮海工学院	2009	本科
1	陆筱晨	女	1987年6月	盐城师范学院	2009	本科
1	吴玉琴	女	1987年7月	江苏科技大学	2010	本科
1	季燕妮	女	1989年6月	江苏师范大学	2012	本科
1	徐思远	女	1994年6月	苏州大学	2016	本科
1	赵佳	女	1993年3月	南京师范大学泰州学院	2016	本科
2	孙颖	女	1983年1月	东南大学	2009	研究生
2	孙忆心	女	1993年7月	宜春学院	2015	本科
3	李建平	男	1967年3月	大连理工大学	1989	研究生
3	卞文超	男	1986年5月	江南大学太湖学院	2009	本科
3	杨旭镓	男	1996年11月	合肥工业大学	2018	本科
4	洪丽敏	女	1966年12月	苏州大学	1988	本科
4	周萍	女	1982年10月	苏州大学	2005	本科
4	叶秋芳	女	1983年7月	吉林大学	2008	研究生
4	盛小燕	女	1985年3月	南通大学	2007	本科
4	盛俊杰	男	1986年5月	江苏大学	2015	研究生
4	盛敏	女	1987年10月	淮阴师范学院	2008	本科
4	盛婕妤	女	1987年10月	南京师范大学	2010	本科
4	盛微微	女	1989年7月	淮阴师范学院	2011	本科

续表

组别	姓名	性别	出生年月	院校名称	毕业年份	学历
4	盛方园	女	1990年11月	南京审计学院	2013	本科
4	盛晓芸	女	1993年12月	江苏师范大学	2019	本科
4	金施羽	女	1996年4月	常州工学院	2019	本科
4	胡盛一	男	1998年8月	南京财经大学红山学院	2020	本科
5	张纪成	男	1944年8月	北京工业学院	1968	本科
5	高新生	男	1970年9月	南京粮食经济学院	1992	本科
5	罗 婷	女	1989年8月	扬州大学广陵学院	2011	本科
5	钱怡婕	女	1992年1月	江苏科技大学	2016	本科
5	罗 丹	女	1993年10月	南京师范大学泰州学院	2016	本科
5	张 琴	女	1993年11月	江苏师范大学	2016	本科
5	王旻靖	女	1995年11月	淮阴师范学院	2018	本科
5	高宇翔	男	1996年8月	南京师范大学	2019	本科
5	吴文杰	男	1995年7月	江苏师范大学	2017	本科
6	夏国华	男	1976年10月	上海交通大学中欧国际工商学院	2009	研究生
6	夏 妍	女	1986年9月	南京师范大学泰州学院	2009	本科
6	夏 萍	女	1990年11月	上海财经大学	2012	本科
6	崔人杰	男	1997年2月	南京财经大学	2018	本科
7	陆雅平	男	1985年10月	南京林业大学	2008	本科
7	夏明网	男	1985年3月	武汉理工大学	2007	本科
7	钱 超	男	1985年11月	天津理工大学	2008	本科
7	范 樑	男	1989年5月	扬州大学	2012	本科
7	夏雨飞	女	1994年1月	南京师范大学	2016	本科
7	马佳慧	女	1995年2月	东北师范大学	2017	本科
7	费 烨	女	1996年7月	天津师范大学	2019	本科
7	夏昕磊	男	1996年7月	宿迁学院	2018	本科
8	许 良	男	1983年5月	哈尔滨商业大学	2007	本科

续表

组别	姓名	性别	出生年月	院校名称	毕业年份	学历
8	朱 枫	男	1988年1月	南京邮电大学	2020	本科
8	周 燕	女	1989年5月	南京财经大学	2011	本科
8	宋静婷	女	1990年5月	南京林业大学	2013	本科
9	杨春明	男	1981年4月	江南大学	2003	本科
9	丁 蓉	女	1985年12月	南通大学	2008	本科
9	严 萍	女	1989年6月	扬州大学广陵学院	2012	本科
9	吴春生	男	1991年3月	南京师范大学泰州学院	2014	本科
9	朱颖杰	男	1993年11月	浙江树人学院	2016	本科
9	李 荟	女	1995年9月	江苏师范大学	2018	本科
9	孙思敏	女	1997年9月	南京财经大学	2019	本科
9	曹振飞	男	1998年2月	盐城师范学院	2020	本科
10	刘志阳	男	1985年9月	长春理工大学光电信息学院	2008	本科
10	金 静	女	1986年11月	南京炮兵学院	2009	本科
10	张 玮	男	1988年10月	南京信息工程大学	2011	本科
10	高 静	女	1990年9月	徐州工程学院	2012	本科
10	郑 妮	女	1992年11月	江苏大学	2015	本科
10	王文雄	男	1990年1月	南京林业大学	2014	本科
10	王雯倩	女	1994年10月	中国传媒大学南广分院	2017	本科
10	郑 歆	女	1994年4月	常州大学	2017	本科
10	朱 靓	女	1994年9月	南京师范大学泰州学院	2016	本科
10	高 敏	女	1996年2月	南通大学	2019	本科
10	王 宁	男	1998年9月	苏州大学	2017	本科
10	袁文彬	男	2002年2月	无锡太湖学院	2020	本科
10	李彩薇	女	1996年2月	江苏理工学院	2018	本科

三、教师名录

至2020年，新乐村籍教师33名，见表11-3。

表 11-3 2020 年新乐村籍教师名录

序号	姓名	性别	出生年月	毕业院校	任教学校	备注
1	陆建甲	男	1942 年 3 月	高邮师范学校	新乐小学	退休
2	张金娥	女	1947 年 1 月	江苏省吴江师范学校	新乐小学	退休
3	丁扣林	男	1956 年 11 月	江苏省昆山中学	昆山高新区小河岸小学	退休
4	陈丽霞	女	1965 年 2 月	苏州大学	西交利物浦大学附属太仓实验学校	
5	洪丽敏	女	1966 年 12 月	苏州大学	江苏省昆山第二中等专业学校	
6	徐黎明	男	1970 年 11 月	江苏教育学院	昆山市柏庐实验小学	
7	李梅英	女	1971 年 12 月	苏州大学	昆山高新区西塘实验小学	
8	张芝芳	女	1972 年 3 月	昆山市城北中学	昆山市城北富士康幼儿园	
9	徐林花	女	1979 年 11 月	东吴外国语师范学校	昆山市高科园小学	
10	唐瑜妹	女	1983 年 3 月	江苏省太仓师范学校	昆山市城北中心小学	
11	丁 蓉	女	1985 年 12 月	南通大学	昆山开发区实验小学	
12	陆晓红	女	1986 年 1 月	东北师范大学	昆山西塘街幼儿园	
13	张 婷	女	1986 年 9 月	健雄职业技术学院	昆山市实验小学	
14	卞文君	女	1987 年 9 月	苏州大学	昆山司徒街小学	
15	吴 云	女	1988 年 12 月	南京晓庄学院	昆山开发区震川小学	
16	高 静	女	1990 年 9 月	徐州工程学院	昆山市玉山镇同心小学	
17	吴春生	男	1991 年 3 月	南京师范大学泰州学院	昆山市石牌中心小学校	
18	赵 佳	女	1993 年 3 月	南京师范大学泰州学院	昆山市淀山湖中心小学	
19	孙忆心	女	1993 年 7 月	宜春学院	昆山高新区紫竹小学	

续表

序号	姓名	性别	出生年月	毕业院校	任教学校	备注
20	罗 丹	女	1993年10月	南京师范大学泰州学院	昆山开发区绿地幼儿园	
21	张 琴	女	1993年11月	江苏师范大学	昆山市周市镇永平小学	
22	盛晓芸	女	1993年12月	江苏师范大学	昆山市震川中学	
23	夏雨飞	女	1994年1月	南京师范大学	昆山市石浦中心小学校	
24	徐思远	女	1994年6月	苏州大学	昆山市第二中学	
25	马佳慧	女	1995年2月	东北师范大学	昆山市陆杨中心小学	
26	吴文杰	男	1995年7月	江苏师范大学	昆山市陆家中心小学	
27	李 荟	女	1995年9月	江苏师范大学	昆山市新镇中学	
28	赵孟頔	女	1996年1月	应天职业技术学院	昆山高新区紫竹幼儿园	
29	李彩薇	女	1996年2月	江苏理工学院	昆山开发区实验小学	
30	金施羽	女	1996年4月	常州工学院	昆山市新镇中心小学	
31	费 烨	女	1996年7月	天津师范大学	昆山高新区紫竹小学	
32	高宇翔	男	1996年8月	南京师范大学	昆山市蓬朗中学	
33	曹振飞	男	1998年2月	盐城师范学院	昆山市培本实验小学	

四、医务人员名录

至2020年,新乐村籍医务人员8名,见表11-4。

表11-4　2020年新乐村籍医务人员名录

序号	姓名	性别	工作单位	职务
1	程 慧	女	昆山爱尔眼耳鼻喉医院	医生
2	叶秋芳	女	昆山市第一人民医院	药剂师
3	丁柯尹	女	昆山市康复医院	护士

续表

序号	姓名	性别	工作单位	职务
4	赵素琴	女	昆山正仪社区卫生服务站	护士
5	汪艳	女	昆山市第一人民医院	护士
6	马介豪	男	昆山市中医医院	护师
7	高敏	女	太仓市第一人民医院	医生
8	钱娟	女	昆山昆海医院	护士

五、各类工匠名录

各类工匠指泥瓦匠、木匠、竹匠、漆匠、鞋匠、铁匠、裁缝、理发师等，本志收录新乐村各类工匠51名（见表11-5）。各类工匠日常为村民提供服务，为社会做出了贡献。

表11-5　2020年新乐村各类工匠名录

组别	姓名	性别	职业	组别	姓名	性别	职业
1	卞正坤	男	理发师	3	李健	男	木匠
1	盛建青	男	木匠	3	杨永泉	男	泥瓦匠
1	吴锦华	男	泥瓦匠	3	李菊明	男	泥瓦匠
1	姚仲康	男	裁缝	3	倪美英	女	裁缝
1	吴锦玉	女	裁缝	3	杨小民	男	理发师
1	吴建英	女	裁缝	3	闵宝庆	男	竹匠
1	陆建刚	男	裁缝	3	卞宝师	男	木匠
2	杨三花	男	铁匠	4	叶根生	男	木匠
2	杜菊林	男	裁缝	4	陈培兴	男	泥瓦匠
2	芮炳良	男	铁匠	4	盛水林	男	泥瓦匠
2	芮国良	男	铁匠	4	盛寿元	男	泥瓦匠
2	王永	男	泥瓦匠	4	盛和尚	男	竹匠
3	沈玉林	男	泥瓦匠	4	叶惠泉	男	木匠

续表

组别	姓名	性别	职业	组别	姓名	性别	职业
5	张玉明	男	木匠	10	沈春旺	男	木匠
6	夏长明	男	木匠	10	高锁扣	男	木匠
6	夏林贵	男	裁缝	10	金巧林	男	木匠
6	夏志忠	男	漆匠	10	唐殿元	男	木匠
6	夏传宝	男	木匠	10	高双福	男	鞋匠
7	夏 时	男	泥瓦匠	11	朱友坤	男	木匠
7	周林敏	男	漆匠	11	陆维平	男	泥瓦匠
7	夏 全	男	鞋匠	14	李扣碗	男	泥瓦匠
7	陆凤妹	女	裁缝	15	严永才	男	理发师
8	宋庆弟	男	裁缝	15	吴新龙	男	木匠
8	许文开	男	理发师	15	陈 正	男	木匠
9	陈金于	男	木匠	15	朱正云	男	木匠
9	陈素兰	女	裁缝	—	—	—	—

六、在外副科级以上人员名录

至2020年，新乐村籍在外副科级以上人员11名，见表11-6。

表11-6 2020年新乐村籍在外副科级以上人员名录

组别	姓名	性别	工作单位
1	陈建中	男	周市镇党委
2	金建国	男	昆山市检察院
2	孙首华	男	苏州市相城区气象局
3	李建平	男	中国石化集团共享服务有限公司南京分公司
6	崔阿明	男	昆山高新区行政审批局
7	徐永红	男	昆山市农业农村局
7	朱里萍	女	昆山人力资源市场

续表

组别	姓名	性别	工作单位
7	朱锂坤	男	华润燃气（集团）有限公司
9	李春发	男	昆山经济技术开发区
9	张林晓	男	昆山经济技术开发区党群工作部
10	袁志根	男	周市镇人民政府

七、在外副高职称以上人员名录

至2020年，新乐村籍在外副高职称以上人员9名，见表11-7。

表11-7　2020年新乐村籍在外副高职称以上人员名录

组别	姓名	性别	工作单位	职称
1	陈丽雅	女	苏州市第十中学	高级教师
1	徐黎明	男	昆山市柏庐实验小学	高级教师
1	李梅英	女	昆山高新区西塘实验小学	高级教师
2	何　婷	女	昆山市高科园小学	高级教师
5	张纪成	男	中国运载火箭技术研究院	研究员
7	徐林花	女	昆山市高科园小学	高级教师
7	陆红晓	女	昆山高新区西塘幼儿园	高级教师
9	丁扣林	男	昆山高新区小河岸小学	高级教师
9	张　婷	女	昆山市实验小学	高级教师

八、下乡知青名录

1963—1967年，有15名知识青年插队落户新乐大队，其中苏州13名、昆山2名。见表11-8。

表11-8 1963—1967年新乐大队落户社会青年名录

序号	姓名	性别	迁入			迁出
			原籍	年份	生产队	年份
1	吴福康	男	苏州	1963	3	1979
2	王培福	男	苏州	1963	3	1979
3	陈裕东	男	苏州	1963	3	1979
4	张菊生	男	苏州	1963	5	1979
5	朱梅龙	男	昆山	1963	5	1979
6	杜成发	男	苏州	1963	6	1979
7	李禹	男	苏州	1963	6	1979
8	谢佰荣	男	苏州	1963	9	1979
9	周海林	男	苏州	1963	9	1979
10	徐海根	男	苏州	1964	1	昆山工作
11	沈家源	男	苏州	1966	1	1974
12	张勤	男	苏州	1966	1	1976
13	张小英	女	苏州	1966	2	1976
14	朱慧敏	女	苏州	1966	2	1976
15	江佩清	女	昆山	1967	3	1979

1968年10月至1974年，18名苏州知识青年、3名昆山知识青年插队新乐大队。见表11-9。

表11-9 1968—1974年新乐大队插队知识青年名录

序号	姓名	性别	迁入			迁出
			原籍	年份	生产队	年份
1	王国强	男	苏州	1968	1	1979
2	周剑平	男	苏州	1968	3	1974
3	袁源	男	苏州	1968	3	1974
4	陈鑫	男	苏州	1968	3	1974

续表

序号	姓名	性别	迁入			迁出
			原籍	年份	生产队	年份
5	沈卫群	男	苏州	1968	4	昆山工作
6	袁卫祖	男	苏州	1968	4	1974
7	戚慕荷	女	苏州	1968	6	1974
8	陈芝余	女	苏州	1968	6	1974
9	赵荣华	女	苏州	1968	6	1974
10	许 慧	女	苏州	1968	6	1974
11	黄康妹	女	苏州	1968	8	1974
12	姜 超	男	昆山	1968	8	1977
13	姜 玲	女	昆山	1968	8	1977
14	王新红	女	苏州	1968	8	1979
15	董荷琴	女	苏州	1968	10	1979
16	余坚武	女	苏州	1968	10	1974
17	徐慕珍	女	苏州	1969	3	1979
18	许素珍	女	苏州	1969	3	1975
19	王林坤	男	昆山	1969	8	1977
20	余玉坤	男	苏州	1974	7	1977
21	王祥生	男	苏州	1974	7	1977

九、城镇居民安家落户名录

1959—1975 年，来自上海、无锡、昆山等地 15 户城镇居民共 71 人落户新乐大队，参加集体生产劳动。其中，有的家庭在 70 年代后期先后返回原户籍地工作。

1959—1975 年新乐大队城镇居民安家落户情况见表 11-10。

表 11-10 1959—1975 年新乐大队城镇居民安家落户名录

序号	落户队别	户主	年份	原户籍所在地	家庭人口/人
1	7	葛福康	1959	上海	7
2	9	倪玉林	1962	昆山	7
3	12	汤志德	1962	无锡	8
4	11	陆孝先	1963	昆山	6
5	10	傅秀英	1963	常州	3
6	8	周二孝	1963	昆山	2
7	3	翁志熊	1963	昆山	2
8	7	钱立生	1963	昆山	4
9	7	马福根	1965	上海	6
10	8	王玉田	1965	苏州	6
11	3	程锦钰	1967	昆山	4
12	4	韩惠良	1971	昆山	6
13	1	孙炳文	1971	昆山	5
14	1	陈德民	1971	昆山	1
15	8	李春明	1975	昆山	4

第三节 荣 誉

一、集体荣誉

1978—2020 年,新乐村(大队)获昆山市(县)级以上先进称号 48 项。其中江苏省级 7 项（见表 11-11）、苏州市级 15 项（见表 11-12）、昆山市（县）级 26 项（见表 11-13）。

表 11-11　2003—2020 年新乐村获江苏省级荣誉一览表

序号	称号	授予单位	授予时间
1	2001—2002 年江苏省文明村	江苏省精神文明建设指导委员会	2003 年
2	江苏省卫生村*	苏州市爱国卫生运动委员会	2003 年
3	江苏省生态村	江苏省环境保护委员会	2005 年
4	江苏省生态村	江苏省环境保护委员会	2006 年
5	江苏省生态村	江苏省环境保护委员会	2009 年
6	《江苏省机关团体企业事业单位档案工作规范》二星标准	江苏省档案局	2011 年
7	江苏省民主法治示范村	中共江苏省委全面依法治省委员会办公室、江苏省司法厅、江苏省民政厅	2020 年

注："江苏省卫生村"此项荣誉由苏州市爱国卫生运动委员会代为颁发。

表 11-12　2000—2020 年新乐村获苏州市级荣誉一览表

序号	称号	授予单位	授予时间
1	"四好"妇代会	苏州市妇女联合会	2000 年
2	2000—2001 年度苏州市文明村	苏州市精神文明建设指导委员会	2002 年
3	2002—2003 年度苏州市文明村	苏州市精神文明建设指导委员会	2004 年
4	"亿万农民健康促进行动"苏州市先进村	苏州市"行动"领导小组	2004 年
5	2004—2005 年度苏州市文明村	苏州市精神文明建设指导委员会	2006 年
6	实践"三个代表"实现"两个率先"先锋村	中共苏州市委员会	2006 年

续表

序号	称号	授予单位	授予时间
7	2003—2006年度老年体育工作先进集体	苏州市体育局、苏州市老年人体育协会	2006年
8	村务公开民主管理示范村	苏州市村务公开民主管理工作领导小组	2006年
9	苏州市民主法治村	苏州市依法治市领导小组办公室、苏州市司法局、苏州市民政局	2007年
10	2006—2008年度苏州市创建文明村工作先进村	苏州市精神文明建设指导委员会	2009年
11	平安村示范点	苏州市社会治安综合治理委员会办公室、苏州市平安村创建活动领导小组	2010年
12	苏州市公共文化服务示范村	苏州市广电新闻出版局	2011年
13	苏州市规范化村人民调解委员会	苏州市司法局	2013年
14	2015—2017年度苏州市文明村	苏州市精神文明建设指导委员会	2018年
15	2020年度苏州市农村人居环境整治工作示范村	中共苏州市委农村工作领导小组、苏州市农村人居环境整治工作联席会议	2020年

表11-13　1978—2020年新乐村（大队）获昆山市（县）级荣誉一览表

序号	称号	授予单位	授予时间
1	1978年决战娄江高速优质工程	昆山县娄江工程指挥部城北营	1978年
2	昆山县1983年血吸虫病防治工作"双无村"	昆山县人民政府	1984年
3	昆山市"六有十无"双文明村	中共昆山市委员会、昆山市人民政府	1994年
4	绿化造村"千佳村"	昆山市绿化委员会	1997年
5	昆山市卫生村	昆山市爱国卫生运动委员会	1998年
6	昆山市"村民自治模范村"	昆山市民政局	2000年

续表

序号	称号	授予单位	授予时间
7	昆山市"双文明建设先进村"	中共昆山市委员会、昆山市人民政府	2001年
8	以"三个代表"思想为指导，村办市赛，为我市发展精神文明建设作贡献	昆山市老年人体育协会	2002年
9	昆山市2000—2002年度人口与计划生育工作先进集体	中共昆山市委员会、昆山市人民政府	2003年
10	2002—2003年度老龄工作先进集体	昆山市老龄工作委员会、昆山市人事局	2003年
11	2004年度昆山市老年体育工作先进集体	昆山市老年人体育协会	2004年
12	昆山市农村精神文明建设先进村	昆山市精神文明建设指导委员会	2004年
13	昆山市双人制门球赛亚军	昆山市门球协会	2005年
14	昆山市2003—2005年度安置帮教工作先进集体	昆山市司法局	2006年
15	昆山市民主法治示范村	昆山市依法治市领导小组	2006年
16	昆山市关心下一代工作先进集体	昆山市关心下一代工作委员会、昆山市精神文明建设指导委员会	2006年
17	昆山市农村精神文明建设特色村	昆山市精神文明建设指导委员会	2007年
18	昆山市党员干部现代远程教育示范站点	昆山市农村党员干部现代远程教育领导小组办公室	2008年
19	昆山市"闹元宵"老年人健身风采展演荷花奖	昆山市老年人体育协会	2008年
20	2011年度昆山市农村投诉站先进集体	昆山市消费者权益保护委员会	2011年
21	昆山市文明村	中共昆山市委员会、昆山市人民政府	2012年
22	优秀健身站点	昆山市体育局	2013年
23	昆山市二级优秀晨晚健身站点	昆山市体育局	2015年

续表

序号	称号	授予单位	授予时间
24	2017年度昆山市文明村	昆山市精神文明建设指导委员会	2018年
25	2019年度昆山市文明村	昆山市精神文明建设指导委员会	2020年
26	昆山市先锋基层党组织	中共昆山市委员会	2020年

二、个人荣誉

在社会主义建设事业中，新乐村村民勤劳智慧，奋发向上，无私奉献。他们的精神和成绩得到各级政府部门的表彰和嘉奖。其中，江苏省级荣誉1人（见表11-14），苏南地区级荣誉1人（见表11-15），苏州市级荣誉5人（见表11-16），昆山市（县）级荣誉18人27项（见表11-17），昆山高新区、玉山镇级荣誉17人33项（见表11-18）。

表11-14　2001—2020年获江苏省级荣誉一览表

序号	姓名	名称	授予单位	授予时间
1	徐帮富	江苏省人民满意警察称号、三等功	江苏省公安厅	2001年

表11-15　1952年获苏南地区级荣誉一览表

序号	姓名	名称	授予单位	授予时间
1	陈永福	苏南地区劳动模范	苏南行政公署	1952年

表11-16　1987—2000年获苏州市级荣誉一览表

序号	姓名	名称	授予单位	授予时间
1	夏长静	苏州市先进党务工作者	苏州市教育局	1987年
2	范爱琪	1992年度苏州市科学技术进步奖四等奖	苏州市人民政府	1993年
3	苏洪根	苏州市1997—1998年基层党校"创先争优"活动优秀教员	中共苏州市委宣传部、中共苏州市委组织部	1999年

续表

序号	姓名	名称	授予单位	授予时间
4	朱粉小	苏州市农民致富能手	中共苏州市委员会、苏州市人民政府	2000年
5	朱玲芳	苏州市"双学双比"竞赛活动先进女能手标兵	苏州市"双学双比"竞赛活动领导小组	2000年

表11-17 1965—2020年获昆山市（县）级荣誉一览表

序号	姓名	名称	授予单位	授予时间
1	苏洪根	"学理论学党章"知识竞赛一等奖	中共昆山市委宣传部、中共昆山市委组织部、中共昆山市纪律检查委员会	1986年
2	夏长静	1988—1989年度环境保护工作先进个人	昆山市人民政府	1990年
3	张培文	昆山市农村集体经济"好管家"	昆山市委农工部、乡镇工业局	1991年
4	范爱琪	1990年度昆山市科学技术进步奖	昆山市人民政府	1993年
5	苏洪根	1998年度昆山市基层党校先进工作者	中共昆山市委宣传部、中共昆山市委组织部、中共昆山市纪律检查委员会、中共昆山市委党校	1999年
6	朱玲芳	昆山市"双学双比"劳动竞赛生产能手	昆山市"双学双比"劳动竞赛协调小组	2000年
7	朱粉小	昆山市劳动模范	昆山市人民政府	2002年
8	朱粉小	昆山市百家科技兴农示范户	昆山市科技局、昆山市科学技术协会	2003年
9	朱粉小	文明家庭标兵户	昆山市精神文明建设指导委员会办公室、昆山市妇女联合会	2004年
10	王建良	昆山市"见义勇为"荣誉	昆山市见义勇为基金会	2005年
11	汤稍心	昆山市"见义勇为"荣誉	昆山市见义勇为基金会	2005年

续表

序号	姓名	名称	授予单位	授予时间
12	徐志成	昆山市"见义勇为"荣誉	昆山市见义勇为基金会	2005年
13	张培文	"法治江苏合格市"创建工作热心人士	昆山市依法治市领导小组办公室	2007年
14	卞玉香	昆山市好婆媳	昆山市委宣传部、昆山市精神文明建设办公室、昆山市妇女联合会、昆山市文化广播电视管理局、昆山日报社	2007年
15	倪学贵	昆山市"见义勇为"荣誉	昆山市见义勇为基金会	2007年
16	盛惠华	第二次全国农业普查先进个人	昆山市统计局、昆山市第二次全国农业普查领导小组办公室	2008年
17	盛惠华	第六次全国人口普查先进个人	昆山市统计局、昆山市第六次全国人口普查领导小组办公室	2011年
18	张建春	昆山市劳动模范	昆山市人民政府	2011年
19	严根才	昆山市"见义勇为"荣誉	昆山市见义勇为基金会	2013年
20	张 杰	先进工作者	中共昆山人力资源市场委员会、昆山人力资源市场管理委员会、昆山人力资源市场集团有限公司	2015年
21	张 杰	文明风尚奖	中共昆山人力资源市场委员会	2017年
22	张 杰	先进工作者	中共昆山人力资源市场委员会、昆山人力资源市场管理委员会	2018年
23	苏洪根	2017年度昆山市基层党校优秀教员	中共昆山市委宣传部、中共昆山市委组织部、中共昆山市委党校	2018年
24	袁为林	昆山市"见义勇为"荣誉	昆山市见义勇为基金会	2019年
25	沈田民	昆山市"见义勇为"荣誉	昆山市见义勇为基金会	2019年
26	韩学根	昆山市"见义勇为"荣誉	昆山市见义勇为基金会	2020年
27	张 杰	"精准引才"先进个人	昆山人力资源市场管理委员会	2020年

表 11-18　1983—2020 年获镇级荣誉一览表

序号	姓名	名称	授予单位	授予时间
1	夏船虎	城北乡电工比赛第四名	城北乡人民政府	1988 年
2	苏洪根	1990 年度优秀党员	中共昆山市城北镇委员会	1991 年
3	苏洪根	1991 年度先进个人	城北镇人民政府	1992 年
4	强芬珠	1991 年度"双学双比"竞赛活动粮农妇女生产能手	城北镇人民政府	1992 年
5	夏长川	尊老爱幼先进个人	城北镇妇女联合会	1992 年
6	李扣碗	1991 年度先进个人	城北镇人民政府	1992 年
7	夏船虎	1991 年度先进个人	城北镇人民政府	1992 年
8	苏洪根	1992 年度先进个人	中共昆山市城北镇委员会、城北镇人民政府	1993 年
9	夏长川	1992 年尊老爱幼工作三等奖	城北镇人民政府	1993 年
10	范爱琪	1992 年度先进个人	城北镇人民政府	1993 年
11	李建刚	1995 年度先进个人	城北镇人民政府	1996 年
12	苏洪根	1995 年度优秀党务工作者	中共昆山市城北镇委员会	1996 年
13	苏洪根	1996 年度先进个人	中共昆山市城北镇委员会、城北镇人民政府	1997 年
14	苏洪根	1998 年度先进个人	中共昆山市城北镇委员会、城北镇人民政府	1999 年
15	朱粉小	副业养殖大户先进个人	中共昆山市城北镇委员会、城北镇人民政府、农工商总公司	1999 年
16	赵伟	城北镇十佳优秀青年	城北镇人民政府	1999 年
17	朱粉小	镇级经济先进个人	中共昆山市城北镇委员会、城北镇人民政府	2000 年
18	强芬珠	玉山镇精神文明建设特色家庭	玉山镇妇女联合会	2001 年
19	强芬珠	玉山镇十佳科技致富带头户	玉山镇妇女联合会	2002 年

续表

序号	姓名	名称	授予单位	授予时间
20	夏志云	社会治安综合治理创安工作先进个人	昆山高新区法制宣传领导小组办公室	2003年
21	朱粉小	玉山镇三十佳文明家庭致富型家庭标兵户	玉山镇妇女联合委员会	2004年
22	李建华	2005年度先进个人	玉山镇人民政府	2006年
23	盛惠华	2006年度玉山镇先进个人	中共玉山镇委员会、玉山镇人民政府	2007年
24	盛惠华	2007年度玉山镇先进个人	中共玉山镇委员会、玉山镇人民政府	2008年
25	盛惠华	2008年度玉山镇先进个人	中共玉山镇委员会、玉山镇人民政府	2009年
26	夏志云	民兵预备役先进个人	玉山镇武装部	2010年
27	卞玉香	昆山高新区十佳优秀母亲	昆山高新区妇女联合会	2012年
28	盛惠华	优秀共产党员	中共昆山市委高新技术产业开发区工作委员会	2012年
29	朱文琴	梦想之星"慈善三星"	昆山高新区管委会	2014年
30	李建荣	昆山高新区老龄工作先进个人	昆山高新区老龄工作委员会	2016年
31	盛月娥	昆山高新区好婆媳	昆山高新区妇女联合会	2016年
32	盛惠华	昆山高新区（玉山镇）市镇两级人大代表法律法规知识竞赛活动三等奖	昆山市玉山镇人大主席团、昆山高新区社会事业局、昆山高新区法制宣传领导小组办公室	2018年
33	李建荣	优秀门球队队长	昆山高新区门球协会	2018年

第十二章　新乐印记

在社会主义建设各个历史时期，勤劳聪慧的新乐人，发扬革命传统，争取更大光荣。50年代，村民陈永福组建起全县第一个农业生产互助组、全县第一个农业生产合作社，把村民组织起来，走发展集体农业生产之路，发挥"领头羊"作用。80年代，村民陆永明成为城北乡第一批、新乐村第一个种田大户，为农业规模经营起到示范作用。村民王永做"泥水匠"成为"万元户"。90年代，村民朱粉小发展家庭特种畜禽养殖，勤劳致富，成为苏州市农民致富能手、昆山市劳动模范。新乐村村民交公粮、卖余粮，连续多年获得城北镇秋粮入库进度第一名等。诸多新乐故事，至今脍炙人口，令人记忆犹新。

第一节 人物风采

一、致富能手朱粉小

朱粉小特禽养殖（2020年，孙清序绘）

1992年，朱粉小开挖14亩鱼塘，利用塘埂种植饲草，养大白鹅400余羽，用鹅粪喂鱼，取得良好经济效益。朱粉小抓住机遇，向村里租赁8亩地，于1999年春投资20多万元开办庆林特禽场，年孵化苗鹅28万余羽，除供应村内20多户养殖户外，江苏常熟、太仓、江都和浙江萧山、安徽明光等地的客户闻讯前来订购苗鹅。

在养殖大白鹅和孵化苗鹅的基础上，1992年，朱粉小养殖珍珠鸡3 000羽，并且获得成功。全年饲养三批总计1万多羽，珍珠鸡成为市场抢手货，经济效益显著。2000年，朱粉小又扩建养殖大棚480平方米，先后引进中国黑凤鸡和日本丝光鸡、芦花鸡等特禽品种养殖，均获得较好的经济效益。2000年，朱粉小被评为"苏州市农民致富能手"。2002年4月，被评为昆山市劳动模范。2003年12月，朱粉小家庭被评为昆山市"百家科技兴农示范户"。

二、助人为乐陆建刚

2017年10月9日，昆山玉山中队辅警陆建刚在玉山镇东大桥执勤时，接到

2位来自天津的年轻人的求助，称他俩乘火车从天津到昆山，在昆山火车站南广场下车，打摩的到巴黎春天商厦时，不慎将装有珠宝的包裹遗忘在摩的踏板上。陆建刚急人所急，通过火车站南广场的保安查询拉客摩的司机信息，经过2个多小时的排查，终于找到摩的司机，并顺利地取回包裹，内有核桃手链12件、玉器项链10件、名贵玉石16块，价值7万余元。失主以物酬谢，被陆建刚婉拒。

三、一片爱心朱文琴

66岁的朱文琴经营着一家钢材公司，她乐于助人，还热心社会公益事业。从汶川地震、玉树地震到抗击新冠疫情，朱文琴先后捐款数万元。老家泰兴筑乡村公路时，她捐助1.2万元。1995年，朱文琴为韩乃强送去1 000元钱，资助他的孙子韩蒋财上学读书（韩蒋财自幼丧父，由韩乃强抚养）。韩蒋财

朱文琴（2020年，罗英摄）

从上小学到初中，朱文琴连续8年为其资助学费（每年1 000元）。逢年过节还向韩乃强家赠送生活用品。朱文琴家庭被昆山高新区评为"2011—2013年文明和谐家庭示范户"。2020年，被评为"文明和谐家庭""最美家庭"。2020年冬，朱文琴出资向村里58位80岁以上老人赠送"暖宝宝"。

四、尊老敬老王荣根

2019年，王荣根母亲陈年珍70岁，患有精神疾病45年，王荣根和妻子李庆花商量，自己辞职回家照顾母亲。是年，王荣根从公司辞职，照顾母亲的日常生活。平时他把母亲抱上轮椅去室外散心、晒

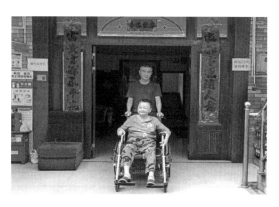

王荣根和母亲（2020年，罗英）

太阳，妻子李庆花洗衣做饭、照顾婆婆。在儿子儿媳的悉心照料下，陈年珍老人病情稳定，精神状态也有好转。村民称赞王荣根夫妻是尊老爱老的好儿子、好儿媳。

第二节　新乐首事

一、第一个生产互助组

1951年春，在周墅区毛竖乡的指导下，村民陈永福在新乐村组建了周墅区第一个农民伴工组，有6户村民参加。伴工组按照传统的"亲帮亲、邻帮邻、亲朋好友混做，人工换畜力"的互助形式组织生产。

新乐村陈永福生产互助组
（2020年，孙清序绘）

1951年6月，在原伴工组的基础上，改建常年性生产互助组，名为"陈永福生产互助组"，这是昆山县农民组织的第一个生产互助组。互助组制定了生产计划和生产管理制度，带领村民，逐步提高组织化生产程度。1952年，获得水稻亩产240公斤好收成，一般互助组亩产量225公斤左右，陈永福生产互助组在周墅区乃至昆山县农村起到了示范和带领作用。1952年2月，陈永福生产互助组被评为苏南地区模范互助组，陈永福被评为苏南地区劳动模范，出席苏南地区劳模代表大会。

二、第一个农业生产合作社

1953年3月，在昆山县农会工作组直接指导下，新乐村成立新乐初级农业生产合作社，是全县第一个成立的半社会主义性质的初级社。初级社以陈永福生产互助组为核心，参加初级社的农户有25户，其中雇农2户、贫农17户、中农6户，入社土地419亩，孙伯锦任社长，陈永福任副社长，金伯生任会计。初级社生产管理做到农田统一规划、农具统一使用、劳动力统一安排，实行记工取酬。建社初始，就显示出比互助组更多的优越性。新乐村原有100多亩圩心田，历史上是"小雨小灾、大雨大灾、十年九荒"。中华人民共和国成立后，村民早就想开一条河，改善圩心田灌排条件，但在一家一户分散经营的情况下，谁也无法解决既要花人工，又要挖掉田的问题。初级社成立后，社内派出60个劳动力，花3天时间开了一条出水河，圩心田的引排水环境得到改善。初级社改良水稻品种，实施精耕细作，组织社员大积自然肥料。建社第一年，水稻产量提高近三成，社员普遍增加了收入，25户社员有23户增收，最多的一户增收稻谷2 650多公斤。在社员增加收入的同时，初级社先后购买了2.75头牛、1条农船、1部轧稻机，搭建了1个船棚、2个牛棚。初级社添置大型农具、增加了生产资料，有效改善了农业生产条件。新乐初级社成功的做法和所取得成绩，向全县农民显示了组织起来开展农业生产的优越性。1954年春，新乐初级社入社的农户增加至62户。

1954年2月17—26日，在昆山县委组织举办的合作社干部训练班上，新乐初级社作为"老社"介绍办社经验，起到了示范引导作用。

三、第一个"万元户"

王永是新乐村出名的"匠人师傅"。村里人造屋建房一般都请他，新乐人熟悉他，泥水匠活做得好，有口碑。70年代初，15岁的王永拜师学艺，跟师学徒3年。之后进入周市公社建筑队做瓦工。随着政策开放，可以个人找建筑市场独立工作，王永与10名同行合作，搭班拉起一支建筑队伍，当上作头师傅。70年代中后期，农村经济形势好转，村民先是把草房改建成瓦房，之后又是把平房改建成楼房，王永带领他的建筑队伍，不论工地大小，不计较干活的苦和累，

王永（2020年，罗英摄）

只要能赚钱，不论多与少，都乐意做。

80年代中期，农村经济大发展，新乐村村民普遍平房改建楼房，王永投资1 000元添置2副专用造楼房的脚手架，带着他的建筑队，专为新乐村村民造楼房，平均一年春、冬两季为村里村民建造平房、楼房7—8户。王永先后为乡间农户家建造平房、楼房40多幢。他自己家于1986年，建造了四开间一转头的九路楼房。

王永的泥水匠做得最好时，年收入过万元。那个年代，新乐村村民年平均收入水平200多元。"万元户"体现了一个时代的农民，吃苦耐劳的精神风貌和善于搏击市场经济的勇气。

四、第一个种田大户

陆永明夫妇（2020年，罗英摄）

1986年12月，第1村民小组村民陆永明承包农田57.78亩，成为城北乡第一批、新乐村第一位种田大户。当时36岁的陆永明，曾担任多年生产队队长，熟悉水稻、小麦、油菜的种植，懂农业生产技术，对承包农田做大农户有底气、信心足。承包次年，夏熟获得丰收，其中20亩小麦，亩产189.15公斤，总产量3 783公斤；14亩大麦，亩产184.95公斤，总产量2 589公斤；12亩油菜籽，亩产93.5公斤，总产量1 122公斤。夏熟一季净收入2 301.78元，人均收入309元，劳均收入1 151元。

陆永明率先承包土地搞规模经营，得到村委会的支持，得到了乡政府给予的一台东风12型手扶拖拉机、开沟机和迷雾机的奖励，这使他搞规模经营的劲头更足了。随着村镇工业的不断发展，农村劳动力逐步向务工、经商、搞副业转移。有的农户愿意减少承包土地面积，将土地流转给种田大户耕种。1995—1998年，陆永明承包经营的土地面积扩大至106.24亩，1999—2001年增加至145.04亩。常年水稻、小麦亩产量稳定在550公斤和250公斤左右。陆永明农田规模经营历经15个年头，总计向国家出售粮食71.64万公斤。

五、秋粮入库"三连冠"

1989—1991年，新乐村秋粮入库进度连续三年获得城北镇第一名。以往新乐村秋收，存在收脱进度慢，缺少船只卖粮难，以致出现全村秋粮入库进度慢现象。为改变秋粮入库的被动局面，1989年秋收前夕，村党支部统一思想，提出秋粮入库在全镇争先进的要求。党支部要求党员干部带头，抢晴天抓紧水稻收割脱粒，同时，村委会召开村民小组组长、种田大户会议和村广播会，要求农户抓住晴天抢收脱，力争秋粮入库进度城北镇第一。

实施家庭联产承包责任制后，一般农户家庭主要劳动力外出务工，村民要做到务工和售粮两不误，客观上有一定困难。村委会设法约请城北镇粮库工作人员进村为农户收粮，方便农户售粮。1989年12月下旬，镇粮库在第7、8村民小组和第11村民小组，设3个临时收粮点。

秋粮入库场景（2020年，新乐村村民委员会提供）

收粮当天，镇粮库密切配合，配足收粮司磅员、验粮员。村干部协助安排农户售粮，农户粮船即到、即验粮、即过磅。有的农户稻谷数量多，运输船只小，就分成两次进行，确保当天完成售粮任务。有的农户缺劳动力，在村干部帮助下也按时完成售粮任务。经过村委会精心组织安排，在镇粮库的支持和全村农户的配合下，仅用1天时间，新乐村就完成当年秋粮入库任务，获1989年城北镇秋粮入库进度第一名。在1990年、1991年，新乐村又获得城北镇秋粮入库进度第一名。

 附 录

江苏昆山市玉山镇新乐村依托"大数据+积分"
——破解人口倒挂治理难题

"你往窗外丢了一袋垃圾,还被拍下来,害我被扣了积分。喏,合约上写得清楚,这属于解约事项,你赶紧搬走吧!"10月的一天,房东张培文一大早就找到租客,要求解除租房合同,租客赶紧道歉,可张培文还是坚持与对方解约。"这可不是我小题大做,我有十几间房子出租,每年租金是一笔不小的收益,不在乎积分换的那点粮油物资。可是分数高低,事关脸面,而且破坏环境,我要被村里人戳脊梁骨的。"张培文向记者念叨着自己发火的原因。

张培文的家在江苏省苏州市昆山市玉山镇新乐村。因为地处江苏昆山高新区,周边聚集着大量企业,这里出租房屋众多,外来人口是本地户籍人口的10倍,曾经面临严峻的治理难题。然而,近一年多来,新乐村发生了日新月异的变化。村里人追着村党总支书记、村委会主任朱彩华调侃:"老朱,你这是要把新乐村的小街搞成'人民路'(昆山市的一条市区主干道)。"如今新乐村已获得江苏省级民主法治示范村、苏州市农村人居环境整治工作示范村等多项荣誉。"我们采取'大数据+积分'的'智'理模式,又制定了符合新乐村实际的积分规则,用积分可以换取生活物资和服务,下了一番功夫,取得明显实效。"朱彩华介绍。

难题:10个村干部和1万外来人口

2003年底,新乐村全村6个自然村(牛长泾、大村、小村、东横泾、曹里浜、大竹园）321户家庭迁入新乐锦园。新乐锦园成为集中居住的新型农村小区，占地面积22.61万平方米，有自建房468栋，其中本村户籍321户，政府安置外村动迁147户。

2019年7月，朱彩华到新乐村任职。刚到村里转了一圈，朱彩华就感到了头疼——村里户籍人口1 300多人、外来人口超过1万人，村里有百十来家街边餐馆、二三十家小网吧，村民用自建房开的小卖部、小作坊、中介机构等各种铺面更是杂乱无章……最大的难点是排查消防隐患。"468栋自建房，仅有22栋全部用来自住，几乎家家都有出租房。每栋自建房内少则有十几间，多则二三十间。而且租户们烧饭用的是液化气罐，有的塞在公共厨房里，有的放楼道间、房间里。每栋房子有15到20个液化气罐，粗略一算，村里大约有8 000个罐子！"朱彩华说。问题严峻，要改变现状就要有足够的治理力量，但是村干部只有10个。

朱彩华与村干部们商量，村里的现状是人少事多环境差，仅靠从上而下的管理还不够，只有激发村民自治、调动外来户的自我管理积极性，才有可能打通治理脉络。"疏比堵要管用。"朱彩华跟村里干部们说。

2020年年初，新乐村决定采取积分制管理手段，并向村民征集积分管理的意见。针对出租房多的现状，不少村民提出建议，比如房内不得存放、使用液化气罐，出租房屋外窗不得设置影响逃生和灭火救援的金属栅栏等障碍物。外来户何新燕介绍，在村里征集积分管理意见时，她重点提出了规范安装烟感设备的建议。

村委会还特别增加了加分项，村民如果获得美丽庭院奖项、热心村里公益事业、积极参与村内志愿服务等，都会获得相应加分。"我们拟定的初始方案提到，村民为村庄做出重大贡献应有加分。在征集意见时，群众提出'重大贡献'的提法不具体，不好操作。尊重群众意见，我们将这一项改为'村"两委"认定可以加分的项目'，明确这一项加分要由村'两委'开会决定，避免争议。"村干部解健介绍。

治理："智"理激发自治活力

2020年5月，在充分尊重村民意见的基础上，新乐村通过了《昆山高新区

新乐村积分管理细则》（以下简称《管理细则》）。《管理细则》分为"人居环境""房屋安全""垃圾分类""乡风文明"等项目。《管理细则》因地制宜，针对新乐村现状，结合当地消防安全整治要求，大幅度对租房行为进行规制，不仅参考了村民和租户的意见，要求出租房屋外窗不得设置影响逃生和灭火救援的金属栅栏，禁止房东存放、使用燃气，还禁止在出租房内生产、储存、经营、堆放易燃、易爆、有毒等危险物品，并规定房东应当在出租的每间居室配备2套防烟雾口罩、报警哨、手电筒及1具3公斤以上 ABC 干粉灭火器……

根据《管理细则》，有本村户籍的家庭拥有家庭卡，每个月有300分的基础分。如果违反了《管理细则》相对应的项目就会被扣分。房东对租户有管理职责，租户有乱晒衣服、乱扔垃圾等违反《管理细则》的行为，房东会被扣分。为发挥党员先锋模范作用，对党员积分管理更加严格，党员扣分标准比群众高5—20分。

为了调动广大租户的积极性，《管理细则》规定，租户可自愿申请个人卡，参与村内积分管理。拥有个人卡的租户参加村里志愿服务等加分项，也会获得相应积分，积分效用和本地村民的积分效用相同。

村里聘请了专业的公司，在"乐民乡村"微信公众号上开发了"新乐村智慧社区管理平台"，村民可通过用户名、密码登录查看自己的积分情况，接收后台发来的扣分和加分信息。"大数据+积分"的"智"理模式基本建立起来。

村"两委"工作人员轮流值班，每天7点到村里，针对小区的屋前屋后乱堆放、占道经营、黑色小广告、违规停车等问题走街串巷进行巡察。如有发现违规违约行为，村"两委"工作人员会拍照发给后台，由网管员审核，通过"新乐村智慧社区管理平台"推送给相应的村民，扣除相应分数。村民当时就能在手机上看到自己的扣分事项。"要是村民主动整改，我们会把分数还给他；如果村民是在村干部的监督提醒下配合整改，我们会扣除一半分数；要是村民拒绝整改，就会被扣除全部分数，而且会被强制整改。积分可以兑换米面粮油等生活物资，可以赠与他人。每年，村里会公示排名靠后的十个户籍家庭。"朱彩华表示。"大数据+积分"的"智"理模式，很快受到村民的重视，村干部盛小燕说："有村民被扣了分，心急火燎地跑到村委会表态马上改，让我们千万不要扣分。也有村民来村委会反应，是其他人把没有分类的垃圾倒进了他的垃圾桶，造成了扣分。总之，大家越来越看重积分。"

据悉，截至目前，村"两委"已检查上报整改问题2 469个，全部得到妥善整改。

成效：数千液化气罐被清理村庄换新颜

在积分制推行之后，村内400多个自建房内数千个液化气罐很快被清理干净，同时，在违章建筑里经营的98家餐饮店、38家中介机构、28家网吧等被关闭，私拉的电线和户外的水管也得到了整改。

为消除安全隐患，新乐村对出租房屋进行全面排查，并免费帮助各出租房安装7 690余套烟感报警器，全方位监管小区内充电桩设备、出租户消防安全情况等。只要发现火情，平台会自动给房东和工作人员发送报警信息，大屏会同步在相应楼栋亮出红点，消防应急分队会第一时间到场，形成5分钟智慧安全监管链条。

新乐村的环境焕然一新。

何新燕是电子厂的一名女工，在新乐村已经租房居住了十几年。"从我家到我上班的工厂，骑车只需要10分钟。以前住在这里是因为房租低、通勤时间短。但现在，我对村里的居住环境相当满意。"何新燕说，现在的新乐村村居环境鸟语花香，街道连一张废纸都找不到。《管理细则》要求每间出租房的居室人均使用面积不得低于4平方米，厨房安排了电磁炉代替液化气罐，提高了租户的居住舒适度和居室的安全性。"我还参与村里的志愿者服务，赚取积分。有了积分，我带着4岁的女儿可以去活动室娱乐，还可以免费看电影。虽然是租来的房子，但越来越像个家了。"何新燕说。

朱彩华介绍，为了进一步提升积分的效用，村"两委"决定丰富兑换范围。"下一步，我们将在乐民服务平台启动积分兑换家庭服务板块。积分不但能兑换粮油物资，还可以兑换全屋保洁、家电维修、开锁换锁、弱电维修、搬家、管道疏通等服务，这一板块将在年前启动使用。"朱彩华表示，"希望通过我们的努力，'大数据+积分'的'智'理模式将起到更大效用，让新乐村成为群众快乐生活的新村。"

（原载于2021年12月23日《农民日报》第005版，记者：李婧，有改动）

本土文艺队乡土味浓牌子才响

"跳起来,跳起来!把脸转向这一边,要知道,背对着观众是不礼貌的。""哈哈……"11月14日下午,玉山镇新乐村文体活动室里传来阵阵爽朗的笑声,原来,又到村文艺队训练的时间了。记者在现场看到,在指导老师带领下,队员们合着欢快的节拍,全身心地投入排练。这些从田间走来的队员,有的虽然表演还略显拘谨和生疏,但他们脸上流露出的愉快和对多彩生活的幸福感受却四处洋溢。

新乐村文艺队成立于去年年初。刚成立时,组织者考虑到:队员们都是"洗完泥脚刚上台"的,多数没有什么文化,更谈不上乐感和文艺修养,如何训练显得十分重要。为此,村妇女主任、文艺队队长周芬英可没少动脑筋。难题难不倒有心人,她了解到村里嫁出去的卞玉香是个文艺积极分子,现在又退休在家,便想到请玉香"出山"。

从昆山商厦退休的卞玉香听说"娘家"想请她当文艺队的指导老师,高兴地答应了下来。她最爱唱戏,但她知道文艺队不能只唱戏。为了教好学生,她先苦练内功,扭秧歌、跳健身操、打腰鼓样样学,等练到一定"火候"了再教学生。这两年,新乐村在文明村建设方面下了大功夫,先后获得"江苏省文明村""江苏省生态村""昆山市精明文明建设先进村"等荣誉称号。看到"娘家"日新月异的变化,卞玉香发自内心地高兴,她自编自导小品、歌舞等节目,把新乐村的新变化编进了文艺作品中。

周巧云和李荷女是村文艺队的老队员,她们从文艺队成立起就参加了,一直坚持到现在。谈到文艺队,周巧云笑得合不拢嘴:"自从加入文艺队后,我的体重减掉了9公斤!就是夏天,我也坚持练习跳舞。这不仅能锻炼身体,也充实了我的生活。"今年中秋节,新乐村举办了一场主题为"共创生态家园,共贺中秋佳节"的文艺晚会,文艺队大显身手,充满乡土气息的表演一炮走红,赢得阵阵掌声。正是由于节目乡土味浓郁,这支农民文艺队名气一下子叫响了。这不,明年1月份他们还要参加市里组织的送戏下乡活动呢。他们精心准备的节目是《东北大秧歌》。陈阿姨说:"以前是在熟悉的乡亲们面前表演表演,这下要到市里其他地方演出,心里还有些紧张呢,我一定要练好。"领头人周芬英则表示：如何丰富村民特别是中老年村民的文化生活，是村干部一直关注的事。新乐村文艺队的名气还不够大，还要多努力。

（原载于 2005 年 11 月 18 日《昆山日报》，记者：傅玲玲，有改动）

昆山农业生产互助合作第一村

昆山高新区新乐村，在昆山的农业发展历史进程中，曾经创下了"三个第一"：昆山县周墅区第一个农民伴工组；昆山县第一个农业生产互助组——陈永福生产互助组；昆山县第一个农业生产合作社——新乐初级农业生产合作社。

20世纪50年代初，新乐村隶属于周墅区毛竖乡。1950年1月，有牛长泾、大村、小村、曹里浜、东横泾、大竹园6个自然村组成联村，建立新乐行政村，卞正坤任村长，孙伯锦任村农会主任。全村有农户80户，总人口280人。有土地1 343亩，户均土地16.78亩，人均土地4.8亩。全村有638.31亩农田常年被水淹，水深8—10厘米，俗称水沤田，一年只能种一熟水稻。新乐村的经济在毛竖乡属一般，但是群众基础好、农民思想觉悟高，是全乡最好的村之一。

昆山县周墅区第一个农民伴工组

1951年初，昆山全面完成了土地改革，原来无地、少地的农民分得了土地，摆脱了封建剥削，农民的劳动生产热情高涨。1951年春，昆山县委根据中共中央《关于农业生产互助合作的决议》，按照"积极发展稳步前进"的方针和"自愿互利"的原则，采取典型示范、逐步推广的方法，由点到面发展农业生产合作组织。但是由于历史原因，大多数分得土地的农民家底薄，有的农户生产资料不足，有的农户缺乏生产资料，特别是劳动力少、人口多的农户，在生产上存在着和发生了很大的困难（周墅区出现了个别农民出卖土地的现象）。为了迅速把农民组织起来，发展农业生产，1951年3月，昆山县委召开农业生产积极分子代表大会，会议要求把全县农民组织起来，开展春耕生产。会上有巴城区龙潭乡曹阿大等农业生产典型户，介绍了把农民组织起来搞互助生产的好处以及经验和做法。

新乐村陈永福（1907年7月—1995年）参加了县委召开的生产积极分子代表大会，受到教育，很受启发，对组织农民搞互助生产有了初步的认识。是年，陈永福44岁，全家5口人，有土地26.89亩，夫妻俩抚养3个孩子，人均土地5.38亩，家庭经济条件在新乐村属一般户。会议之后，周墅区委领导王秀同志要求陈永福带头组织互助生产，并和陈永福一起上门做农户的思想工作，动员了陈永福的近邻、好友6户农民（其中1户雇农杜阿全，当年秋后病故），组织起来搞互助生产。在陈永福的带领下，新乐村组建了周墅区第一个农民伴工组。伴工组按照传统的"亲帮亲、邻帮邻、亲朋好友混做，人工换畜力"的形式，开展伴工生产。经过3个月的互助伴工，农户都真切感受到组织互助生产，依靠集体的力量，确实要比单干好处多、实惠多，互助生产有发展前途。

昆山县第一个农业生产互助组

在伴工组的农民亲身感受到互助生产带来好处、得到实惠的基础上，1951年6月，在周墅区和毛竖乡的支持下，伴工组改建为常年性互助组，名为"陈永福生产互助组"。陈永福任组长，杜文明（大村的）任副组长，组内设有1名记工员、1名读报组长。互助组订有《苏南大众》和《华东农民》画报各1份。这是昆山农民组织的全县第一个生产互助组。

陈永福生产互助组由5户农民组成，其中3户中农、2户贫农，男劳动力7名，女劳动力4名，总人口22人。全组有土地90亩，耕牛2头，大、中农船2条，牛力水车2部，人力水车4部，新式步犁1张，这是互助组所有的生产资料，也是互助组所有的"家当"。按照"自愿互助、等价交换"的原则组织生产，农民的土地仍归各户种植，收支自负盈亏。互助组制定了农户使用生产资料的规定、评定人工（工资）的规定，制订和完善了评工记分、生产计划、生产管理和学习与会议等制度。

农户使用生产资料的规定：使用大船1天，折合大米6市斤，小船1天4市斤。农忙时使用耕牛耕田1天，折合大米10市斤，农闲时为4.5市斤。使用步犁1天，折合大米2市斤，使用耙1天，折合1.5市斤。使用农具等价交换，以兑现大米为最终结算形式，这一经济结算形式，现在看似相当原始的理财方式，在当时对互助组而言，是唯一的选择，也是最佳的经济结算方式。

评定人工（工资）的规定：按照生产、农事季节与劳动辛苦程度计算工资，农忙时挑草泥、插秧一天，得大米10市斤，平时劳动为5市斤，略重些的农活为8市斤。结账分为五个阶段：一是从收割小麦至插秧结束；二是水稻田间管理，耘稻、耥稻结束；三是秋收开始前结算一次；四是水稻脱粒结束；五是秋收结束。结账就是把人与人之间发生的人工数、户与户之间发生的经济往来全

部结算清楚,做到不发生宕欠(账),这就是当年的"秋后算账"。

评工记分规定:方法有两种,一是"死分活评"。以每天为1个人工定10分为标准,如果农活做得既快又好,记工分可以超出10分的标准,反之,则按标准记工在10分以下。二是"田边清"。就是以完成某一块田的农活为标准记工分,如一块5亩田的农活定为50个工分,按时、按标准要求完成的记50分,如节约了时间、比规定的标准要求做得好,就可以记50分以上。反之,达不到质量要求的,即使完成了只能评为50分以下。

学习与会议制度:互助组每晚召集会议,主要是记工评分,同时安排落实第二天的劳动生产。每5天组织一次小组读报学习,农忙时节为10天(规定时间最长不能超过10天),学习《苏南大众》和《华东农民》画报。每7天召开一次生产、生活检讨会,着重检查全体农户的生产积极性和劳动责任性。每10天布置和落实一次生产计划,总结前10天的生产情况,同时做好记工(工分)的小结和检查工作。陈永福生产互助组组建之初,没有建立评工计分制度,也没有制订生产计划,生产管理制度也不够健全。互助组的生产形式和管理形式仍较粗放,相对原始。在周墅区委的指导和帮助下,互助组相关的农业生产管理制度得到健全和落实。

1952年春,做水稻秧田,互助组率先运用"合式秧田"和"落谷稀匀"的育秧新技术,为周边的互助组和单干户做出样子,起到了农业新技术运用的示范和带头作用。1952年4月,昆山县委组织全县农民开展爱国增产运动,全县有5个互助组参加全国性竞赛,有35个互助组参加华东、苏南地区竞赛。松江县的陈永康生产互助组,向昆山县新乐村的陈永福生产互助组发出爱国增产竞赛运动的挑战。陈永福生产互助组积极响应和接受挑战。

陈永康(1907年4月—1985年3月),今上海市松江区人(1949年5月13日,松江解放,苏南行政公署设松江专区,专署驻松江,松江为县;1953年,恢复江苏省后,松江专区隶属江苏省;1958年3月,江苏省松江专区撤销,松江县划归苏州专区;1958年11月,松江县划归上海市。笔者注),1951年,首创全国单季晚稻亩产716.5公斤纪录,被评为华东和全国水稻丰产模范,并推广他的水稻丰产经验。开展爱国增产竞赛运动,松江的农业生产典型陈永康,挑战昆山的农业生产典型陈永福,说来也巧,挑战者和应战者有着诸多的相同,他们同姓、同庚、同办互助组、同是农业生产带头人、同属一个专区。两个互助组挑战和应战，带动和推进了两地的互助生产，竞赛活动开展得轰轰烈烈。在与松江陈永康互助组开展竞赛的同时，陈永福生产互助组向昆山全县的互助组和农民兄弟发起爱国增产竞赛活动挑战，得到了响应。以互助组为中心的爱国增产竞赛运动，促进了农业生产发展，促进了昆山农业生产互助组的巩固和提高。

互助组组织生产，提高了农业生产的组织化程度，收到了明显的成效。一是有效调配了劳动力的余缺，合理解决了农户缺少劳动力的困难。二是合理调配了大型农具、牛力的余缺，做到了有效使用。三是农户无生产资料，缺耕牛、无农船、少农具的生产矛盾得到有效缓解，农业生产得到协调发展。互助组的生产生活发生了很大变化。1952年，水稻亩产480市斤（1951年为314市斤），获得总产量43 200市斤的好收成；一般互助组的亩产量为450—470市斤。互助组组建一年，生产资料增加了人力水车和牛力水车各1部、农船1条、步犁2张。5户农民建造了4间草房、5间瓦房，饲养生猪14头。5户农民储存大米7 455市斤（上年1 908市斤）。5户农民负债225万元，上年为795万元，一年减少了570万元（以上均为旧币）。组内的贫困户杜凤林，有12亩田，全家3口人1个劳动力，生产资料有1部人力水车和几把铁锸。全家日子过得很艰辛，还背上了债务。参加互助组后解决了缺农具、少劳力的困难，水稻产量有所增加，家庭生活水平得到提高，在还清了债务、供兄弟上学的开销之外，还添置了五分之一大船1条，家中储存大米750多市斤，还饲养了4头生猪。

参加互助组后，农民的思想觉悟有了提高，生产发展快、农业产量高，收入有增加、生活变化大。陈永福生产互助组在周墅区乃至昆山县影响大。昆山县农民协会及时总结了陈永福生产互助组的生产经验和工作方法并在全县推广。昆山县政府按照"自愿互利、等价交换、民主管理"的原则，以陈永福生产互助组典型经验引导和鼓励农民组织农忙临时互助组，并逐步发展为常年性互助组。至1954年，全县共组织常年性互助组1 933个，参加互助组的农户，占全县农户总数的70.2%。1952年2月，陈永福被评为苏南地区模范互助组兼劳动模范，并出席苏南地区劳模代表大会。同时，昆山县政府给予陈永福生产互助组双轮双铧犁1张、龙骨水车1部的奖励。

昆山县第一个农业生产合作社

1952年12月,在苏南区党委关于试办合作社的指示下,昆山县委把新乐村选为昆北办社试点村。昆山县农会主席姜殿正带领工作组到新乐村蹲点,试办初级农业合作社。具体办社工作分三步进行。第一步做好宣传教育和发动工作,训练办社骨干,制订工作方案,发动农民报名入社。第二步成立筹备(办社)组织,处理和落实好相关的农业政策,选举代表、酝酿干部人选。第三步选举干部,制定合作社章程。划分生产小队,制订生产计划,组织生产。经过三个月的"严格、细致、扎实"的筹备工作,1953年3月3日(农历正月十八),新乐村正式成立以陈永福生产互助组为核心的新乐初级农业生产合作社,简称初级社,这是昆山县试办的第一个成立的半社会主义性质的初级农业生产合作社。

新乐初级农业生产合作社,孙伯锦(1925年3月—1989年12月)任社长,陈永福任副社长,金伯生(1931年12月—1996年11月)任会计。合作社有中共党员2名,预备党员1名,共青团员7名,劳动模范1名。合作社设社务委员会委员9名,设有正副主任和生产小队长。合作社设社务委员会,委员选举办法是,在委员候选人座凳背后置一空碗,由全体社员投蚕豆计数,得蚕豆数多的候选人就自然当选。入社农户25户(有11户困难户),其中,中农6户、贫农17户、雇农2户。入社土地419亩,总人口100名,男53人、女47人。整劳动力47人,男29人、女18人;半劳动力13人,男4人、女9人。生产资料有耕牛5头,其中2头是社员自愿折价卖给合作社的,属公养公用。卖牛款由合作社在总收入中扣除,分3年付清,每年按时付给利息,但比银行同期利息稍低。有载重5吨农船1条,载重2吨农船7条,小船1条。由社员自愿折价卖给合作社,卖船款分5年付清,每年按时付给利息。大犁8张,小犁10张,耙5张。牛力水车4部,人力水车14部,人力轧稻机1部,均为社员私有。

合作社农民的土地评产入股,劳动评工记分,全年收益按土地和劳动工分比例分配,俗称"土劳分红"。水稻定产部分,劳动力得60%,土地得40%;水稻增产部分,劳动力得70%,土地得30%。社员土地作股入社,先"评产"后入股。经社员大会集体讨论,民主协商,入股的土地按质量优劣、耕作的难易程度、田块布局远近及常年产量等为参考依据,首先评定出"标准田",再根据标准田，评定全社农田的亩产量，并依次列出各田块的等级和产量。全社定为一等水田的有117.613亩，亩产量定为407市斤；二等水田88.86亩，亩产量370市斤。一等水旱田128.184亩，亩产量为425市斤；二等水旱田81.306亩，亩产量为390市斤。全社水稻平均亩产量定为400市斤。

合作社的管理实行"六统一"，即农田统一规划种植、统一组织生产、统一劳动力安排、统一农具使用、统一记工取酬，统一年终分配。从建社开始，合作社就显示出比互助组更多的优越性。新乐村原有100多亩"圩心田"，是全村地势最低的田，俗称镬底田。历史上是"小雨小灾、大雨大灾、十年九荒"。土地改革以后，农民就想开一条河，改善"圩心田"的灌排条件，但在一家一户分散经营的情况下，谁也无法解决既要花人工，又要挖掉农田的大问题。农业生产合作社成立后，社内安排了60个劳动力，花4天时间开了一条出水河，使"圩心田"的耕种条件得到改善。接着，合作社又抽调以妇女劳动力为主的50个人工，回填约10亩面积的圩岸沟复耕为农田，弥补了开挖"圩心田"出水河道时挖掉的农田。

建社初期，合作社面临着247亩水稻田插秧缺少基肥，有170亩农田没有肥料，其中的108亩农田为"白板田"（水沤田）没有冬耕等困难。合作社合理组织生产，发挥管理优势和劳动力作用，带领全体社员逐一克服困难。全体社员生产热情高涨，春季，合作社组织社员罱河泥，积自然肥料，安排32名男女劳动力，去上海郊区割野草（沤肥）。留下的18个整、半劳动力做秧田（用于育秧备419亩水稻田栽秧），仅有5名男劳动力，其余是进入哺乳期的妇女。王和尚双脚有疾，不能从事田间劳动，合作社分工他饲养30头生猪，全年为合作社积猪窠肥40亩。全社社员奋战一个月，积野草肥150亩，罱河泥75亩，解决了水稻移栽基肥不足的难题，夏季插秧稻田全部施上了基肥。从而改变了一直以来，传统的水稻种植有肥料就施、无肥料就白种（不施肥）的种田陋习。社内外、村内外反响强烈，群众说，合作社仅用一个月时间，积上200多亩田肥料，只有组织起来的合作社才能做得到。

1953年夏种，合作社率先选用盐水浸选稻种、水稻秧田"落谷稀匀"、水稻移栽"合理密植"、水稻后期管理"适时搁田"等农业新技术，打破了传统种田"无师自通"的陈旧观念，是对传统农业生产的革新，是对农民固有的种田旧传统、旧思想、旧习俗的革命。合作社充分发挥了示范引领作用。

合作社还根据土壤土质、田块高低布置茬口，对一部分低田种植籼稻"大子籼"，可有效减少抛荒。对200亩较好的农田（水旱田）种植中熟晚稻，比农户单干时扩大种植面积150亩（农户单干时以抛荒为多）。中熟晚稻亩产量比籼稻高30市斤，所出售稻谷单价比籼稻高140元，仅此一项全社增加收入840万元（以上均为旧币）。建社初期，合作社对80亩土质较差的"瘦田"实施"施足基肥用牛力翻耕"的办法，使以往亩产量300市斤的田块产量有所增加。合作社组织生产，带动和帮助了一部分困难户、贫困户，改造了低产田，达到了均衡生产、均衡发展，合作社水稻产量比互助组增三成，总体经济增效显著。合作社添置了生产资料，买耕牛2.75头（0.75头为与人合养，俗称混养），购大船1条、轧稻机1部、大犁2张，建造船棚1个、牛棚2间，修理船棚2个、牛棚2间、大犁2张、木船5条，社员收入普遍比上年有所增加。全社25户农民，水稻增收200市斤有6户，增收500市斤有2户，增收500—1 000市斤有6户，增收1 000—2 000市斤有3户，增收2 000市斤以上有5户，最高一户比1952年增收5 000市斤。有2户农民比上年减少了收入，其中1户主要劳动力患病、1户主要劳动力没有参加集体生产劳动（做贩卖耕牛营生）。社员孙炳元全家有5年没有做新衣裳，丰收后孙炳元买了半丈蓝布、半丈条子呢和花布，为全家老小7人做新衣裳。王和尚（单生）多年没有蒸糕，年底蒸了一斗米的糕过年。

农业生产合作社成功建立和成功发展，鼓舞了全体社员，社员们说，土地改革是人民翻身，参加合作社是人、田都翻身。合作社调动了农民参加劳动生产的积极性，显示了组织起来发展集体农业生产的优越性，显示了合作社较强的组织和协作能力，显示出半社会主义性质的合作社强大的生命力。1954年初，新乐初级农业生产合作社入社农户增加至56户，占新乐村农户总数的94.91%。1954年2月17日至26日，昆山县委组织举办全县合作社干部训练班，新乐初级农业生产合作社作为全县的"老社"，为训练班干部现身说法，介绍办社经验和成功做法，起到了示范引领作用，收到良好效果。

新乐村的"三个第一"，是个体农民单干到生产互助、走向合作化生产的必由之路。"三个第一"，为建立高级农业生产合作社、人民公社，在思想上、组织上、物质上做好了准备、提供了保障，为初级社向高级社顺利过渡打下了良好基础。新乐村这一段独有的历史，是一种资源，值得珍藏，不应被埋没。

（原载于昆山市政协文化文史委员会编《昆山文史》2022年第三十四期，作者：张人华，有改动）

 ## 编后记

《新乐村志》编纂工作于2020年5月启动，历经四载，按照"广征、核准、精编"和"严、细、实"的要求，在编写过程中，编纂组先后查阅有关档案120件，查阅《昆山县志》《昆山县农业志》《昆山县水利志》《新昆山五十一年（1949.5—2000.12）》等志书20册，《昆山年鉴》《昆山统计年鉴》等17册，《昆山市农村经济年鉴》等7册，《昆山市玉山镇志》《昆山市城北镇志》等4册，其他文史资料25册；采访"五老"代表40人次，召开"五老"座谈会6次，召开村民小组长座谈会5次；修志人员参与研讨例会14次，参加昆山高新区村志编纂办公室志稿编纂评审会10次，向有关知情人士和老同志征求意见50人次，同时召开各种形式座谈会8次。本志从初稿、修改稿到定稿，其间做了三次较大修改，有关工作人员付出了辛勤劳动。本志为编纂组全体成员共同努力的成果。

值此《新乐村志》付梓之际，我们衷心感谢特聘总纂晓鼎老师的专业指导，感谢昆山市地方志编纂委员会办公室、昆山高新区（玉山镇）村志系列丛书编纂办公室的直接帮助和指导，感谢新乐村党总支和村委会的关心、支持，并向关心和支持村志编写工作的所有同志表示诚挚的谢意。我们也衷心期望《新乐村志》能为大家所喜欢。

限于编者水平，本书难免有疏漏和不妥之处，敬请各级领导、专家学者、同仁和读者不吝赐教。

《新乐村志》编纂组
2023年10月

昆山高新区（玉山镇）村志系列丛书

新乐村志

村民家庭记载

XINLE CUNZHI CUNMIN JIATING JIZAI

昆山高新区（玉山镇）村志系列丛书编纂委员会 编

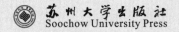

图书在版编目（CIP）数据

新乐村志. 村民家庭记载 / 朱彩华主编；昆山高新区（玉山镇）村志系列丛书编纂委员会编. -- 苏州：苏州大学出版社，2023.12

（昆山高新区（玉山镇）村志系列丛书）

ISBN 978-7-5672-4664-5

Ⅰ. ①新… Ⅱ. ①朱… ②昆… Ⅲ. ①村史-昆山 Ⅳ. ①K295.35

中国国家版本馆CIP数据核字（2023）第240223号

新乐村志　村民家庭记载

编　　者	昆山高新区(玉山镇)村志系列丛书编纂委员会
主　　编	朱彩华
责任编辑	马德芳
助理编辑	祝文秀
装帧设计	刘　俊
出版发行	苏州大学出版社
地　　址	苏州市十梓街1号
邮　　编	215006
电　　话	0512-67481020
网　　址	http://www.sudapress.com
邮　　箱	sdcbs@suda.edu.cn
印　　刷	苏州市越洋印刷有限公司
开　　本	787 mm×1 092 mm　1/16　插页16　印张29.75(共两册)　字数486千
版　　次	2023年12月第1版
印　　次	2023年12月第1次印刷
书　　号	ISBN 978-7-5672-4664-5
定　　价	120.00元(共两册)

版权所有　侵权必究

目 录

村民家庭记载

001 / 一、新乐村村民小组、户数、人数一览表
002 / 二、新乐村村民家庭记载
002 / 　新乐村第 1 村民小组
013 / 　新乐村第 2 村民小组
023 / 　新乐村第 3 村民小组
033 / 　新乐村第 4 村民小组
048 / 　新乐村第 5 村民小组
066 / 　新乐村第 6 村民小组
085 / 　新乐村第 7 村民小组
105 / 　新乐村第 8 村民小组
115 / 　新乐村第 9 村民小组
133 / 　新乐村第 10 村民小组

 # 村民家庭记载

截至 2020 年 12 月，新乐村有 10 个村民小组，村民家庭住户 329 户，总人口 1 767 人。其中，男性 876 人、女性 891 人。

本记载将新乐村家庭住户 329 户、居住人口 1 767 人悉数载入。记载的编排，以村民小组流水编号为序。记载以住户家庭实际居住、生活人员为准，不受户籍的限制，故所记载的住户数量和居住人口均大于户籍在册登记数。记载中的"家庭大事"，根据村民家庭户主或家庭主要人员口述加以记录整理，尊重村民家庭的真实意愿，仅对每户家庭所提供的若干阶段家庭成员生活片段作记录，不作为动迁安置、财产统计等事项的佐证资料。

一、新乐村村民小组、户数、人数一览表

新乐村村民家庭人口统计表

组别	户数（户）	人口（人）	男性（人）	女性（人）
第 1 村民小组	23	131	66	65
第 2 村民小组	22	120	59	61
第 3 村民小组	21	110	50	60
第 4 村民小组	30	193	94	99
第 5 村民小组	39	216	105	111
第 6 村民小组	38	206	110	96
第 7 村民小组	44	233	107	126
第 8 村民小组	22	96	48	48
第 9 村民小组	34	194	106	88
第 10 村民小组	56	268	131	137
合计	329	1767	876	891

二、新乐村村民家庭记载

新乐村第1村民小组

	姓名	与户主关系	性别	出生年月	民族
现有家庭人员	陈金林	户主	男	1936年4月	汉
	陈建中	儿子	男	1968年3月	汉
	李红梅	儿媳	女	1972年2月	汉
	陈鹤鸣	孙子	男	1996年8月	汉

家庭大事	1954—1958年，陈金林服兵役。 1956年，陈金林加入中国共产党。 1964—1967年，陈金林任新乐大队民兵营营长。 1975年，在群力中心河西（1队）建造三间平房。 1987—2000年，陈建中服兵役。 2001年，动迁移宅至新乐锦园。 2013年，获昆山高新区"文明家庭"称号。

	姓名	与户主关系	性别	出生年月	民族
现有家庭人员	赵小弟	户主	男	1962年9月	汉
	沈月红	妻子	女	1964年11月	汉
	赵 剑	儿子	男	1986年11月	汉
	陆圣英	儿媳	女	1984年12月	汉
	赵思淇	孙女	女	2017年7月	汉

家庭大事	1983年，在群力中心河西（1队）建造三间平房。 2004年，动迁移宅至新乐锦园。 2007年，赵剑毕业于建东职业技术学校。 2007年，陆圣英毕业于美国博立顿大学。

	姓名	与户主关系	性别	出生年月	民族
现有家庭人员	高仲明	户主	男	1955年3月	汉
家庭大事	1986年，平房翻建楼房。				

	姓名	与户主关系	性别	出生年月	民族
现有 家庭人员	赵德胜	户主	男	1945年8月	汉
	宋忙孝	妻子	女	1945年7月	汉
	赵彩平	儿子	男	1970年3月	汉
	朱小妹	儿媳	女	1970年1月	汉
	赵佳	孙女	女	1993年3月	汉
	陈超	孙女婿	男	1991年2月	汉
	陈梓欣	曾孙女	女	2017年9月	汉
	赵小妹	母亲	女	1926年10月	汉

家庭大事

1975年前，在大村河北（1队）建造三间平房。
1975年，翻建三间平房。
2004年，动迁移宅至新乐锦园。
2011年，陈超毕业于江苏广播电视大学昆山学院。
2012年，陈超应征入伍。
2014年，陈超加入中国共产党。
2016年，赵佳毕业于南京师范大学泰州学院。

	姓名	与户主关系	性别	出生年月	民族
现有 家庭人员	吴锦华	户主	男	1964年8月	汉
	钱雪珍	妻子	女	1965年3月	汉
	吴玉琴	女儿	女	1987年7月	汉
	钱峰	女婿	男	1984年7月	汉
	钱玥辰	孙女	女	2017年12月	汉
	吴雪琴	母亲	女	1941年4月	汉

家庭大事

1982年前，在大村河南（1队）建造三间平房。
1985年，原地翻建楼房。
2003年，动迁移宅至新乐锦园。
2010年，吴玉琴毕业于江苏科技大学。
2020年，钱峰毕业于复旦大学。

	姓名	与户主关系	性别	出生年月	民族
现有家庭人员	陆小妹	户主	女	1938年8月	汉
	孙根红	儿媳	女	1961年11月	汉
	陆婷婷	孙女	女	1985年4月	汉
	邹亚清	孙女婿	男	1983年3月	汉
	陆喻义	曾孙	男	2009年11月	汉
	邹喻言	曾外孙女	女	2015年2月	汉
家庭大事	1974年,建造三间平房。 1983年,翻建三间平房。 2002年,动迁移宅至新乐锦园。 2006年,邹亚清加入中国共产党;是年,毕业于扬州大学。 2007年,陆婷婷加入中国共产党。 2008年,陆婷婷毕业于江苏大学。				

	姓名	与户主关系	性别	出生年月	民族
现有家庭人员	卞长江	户主	男	1957年5月	汉
	卞玉香	姐姐	女	1949年10月	汉
	徐海根	姐夫	男	1945年11月	汉
	徐黎明	外甥	男	1970年11月	汉
	李梅英	外甥媳妇	女	1971年12月	汉
	徐思远	外甥孙女	女	1994年6月	汉
	卞六江	弟弟	男	1963年7月	汉
	花春妹	弟媳	女	1963年3月	汉
	卞文君	侄女	女	1987年9月	汉
家庭大事	1982年,徐海根加入中国共产党。 1986年前,有两间平房。 1986年,原地翻建三间平房;是年,徐海根毕业于安徽省合肥供销学校。 2003年,动迁移宅至新乐锦园。 2004年,卞玉香被昆山市体育局聘为二级体育指导员。 2005年,卞玉香参加苏州地区京剧票友演唱联谊赛获优秀奖。 2006年,卞玉香被玉山镇评为"优秀文艺工作者"。 2008年,卞文君毕业于苏州大学。 2013年,卞玉香被昆山市体育局评为"优秀社会体育指导员"。 2016年,徐思远毕业于苏州大学。				

现有家庭人员	姓名	与户主关系	性别	出生年月	民族
	盛雪生	户主	男	1962年9月	汉
	许当英	妻子	女	1964年2月	汉
	盛俊君	儿子	男	1986年4月	汉

家庭大事	2002年前，在大村河南（1队）建造三间平房。 2002年，动迁移宅至新乐锦园。 2009年，盛俊君毕业于淮海工学院。

现有家庭人员	姓名	与户主关系	性别	出生年月	民族
	季耀明	户主	男	1952年4月	汉
	季伟伟	儿子	男	1976年9月	汉

家庭大事	1986年前，在大村河北（1队）建造两间平房。 1986年，在原地翻建三间平房。 2004年，动迁移宅至新乐锦园。

现有家庭人员	姓名	与户主关系	性别	出生年月	民族
	叶素珍	户主	女	1957年3月	汉
	吴美娟	长女	女	1979年3月	汉
	叶小冬	长女婿	男	1981年1月	汉
	吴叶烨	外孙	男	2004年1月	汉
	叶彧麟	外孙	男	2017年11月	汉
	吴玲玲	次女	女	1981年7月	汉

家庭大事	1986年前，在大村河北（1队）建造一间半平房。 1986年，购买楼房。 2002年，动迁移宅至新乐锦园。 2020年，吴玲玲毕业于兰州大学。

	姓名	与户主关系	性别	出生年月	民族
现有家庭人员	陆金男	户主	男	1962 年 2 月	汉
	徐凤英	妻子	女	1966 年 4 月	汉
	陆 伟	儿子	男	1985 年 8 月	汉
	薛圣革	儿媳	女	1988 年 5 月	汉
	陆俊逸	孙子	男	2012 年 5 月	汉
家庭大事	1980 年前，在大村河北（1 队）建造三间平房。 1980 年，移迁到大村河北群力中心河西（1 队）建造三间平房。 2002 年，动迁移宅至新乐锦园。 2007 年，陆伟毕业于江苏广播电视大学昆山学院。				

	姓名	与户主关系	性别	出生年月	民族
现有家庭人员	季耀华	户主	男	1948 年 1 月	汉
	倪美芳	妻子	女	1948 年 12 月	汉
	季倪敏	女儿	女	1969 年 8 月	汉
	奚马林	女婿	男	1966 年 12 月	汉
	季燕妮	外孙女	女	1989 年 6 月	汉
	陈晓峰	外孙女婿	男	1988 年 8 月	汉
	陈 菀	外曾孙女	女	2014 年 8 月	汉
	季 昀	外曾孙女	女	2016 年 6 月	汉
家庭大事	1970 年，在大村河北（1 队）建造五间平房。 1970—1973 年，倪美芳担任新乐大队妇女主任。 2004 年，动迁移宅至新乐锦园。 2012 年，季燕妮毕业于江苏师范大学。				

	姓名	与户主关系	性别	出生年月	民族
现有家庭人员	卞小江	户主	男	1960年4月	汉
	俞阿彩	妻子	女	1962年3月	汉
	卞海燕	女儿	女	1986年3月	汉
	罗平年	女婿	男	1984年12月	汉
	卞罗锐	外孙	男	2008年10月	汉
	罗雨宣	外孙女	女	2017年10月	汉
家庭大事	1989年，卞小江参加向阳花演出，获昆山市民族唱法二等奖。 2004年前，在大村河南（1队）建造三间平房。 2004年，动迁移宅至新乐锦园。 2005年，卞海燕毕业于昆山市教师进修学校。				

	姓名	与户主关系	性别	出生年月	民族
现有家庭人员	盛思根	户主	男	1952年3月	汉
	严金妹	妻子	女	1952年1月	汉
	盛明华	儿子	男	1978年2月	汉
	潘卫珍	儿媳	女	1979年3月	汉
	盛嘉炜	孙子	男	2004年7月	汉
家庭大事	1982年前，在大村河北（1队）建造两间平房。 1982年，移迁到大村河北群力中心河西建造三间平房。 2004年，动迁移宅至新乐锦园。				

	姓名	与户主关系	性别	出生年月	民族
现有家庭人员	赵德华	户主	男	1956年3月	汉
	顾丽亚	妻子	女	1965年1月	汉
	赵孟頫	女儿	女	1996年1月	汉
	陈宁凌	女婿	男	1996年1月	汉
家庭大事	2004年前，在群力中心河西（1队）建造三间平房。 2004年，动迁移宅至新乐锦园。 2017年，赵孟頫毕业于应天职业技术学院。				

	姓名	与户主关系	性别	出生年月	民族
现有家庭人员	吴连辉	户主	男	1962年7月	汉
	赵晓萍	妻子	女	1965年11月	汉
	吴康生	长子	男	1987年4月	汉
	宋　佳	长媳	女	1987年5月	汉
	宋承桓	孙子	男	2011年1月	汉
	吴康林	次子	男	1989年5月	汉
	刘　敏	次媳	女	1996年1月	汉
	吴昊恩	孙子	男	2019年4月	汉
	赵长洲	岳父	男	1946年11月	汉
	朱文兰	岳母	女	1947年6月	汉
家庭大事	1981—1987年，吴连辉服兵役。 1983年，吴连辉加入中国共产党。 1989年，赵长洲加入中国共产党。 1996年，在大村河南（1队）购买楼房。 2003年，动迁移宅至新乐锦园。 2007—2009年，吴康生服兵役，服役期间荣获"优秀士兵"称号。 2011年，吴康生加入中国共产党。				

	姓名	与户主关系	性别	出生年月	民族
现有家庭人员	朱小平	户主	男	1972年12月	汉
	胡建英	妻子	女	1974年10月	汉
	朱紫瑶	女儿	女	1996年3月	汉
	戴永刚	女婿	男	1994年4月	汉
	陆文华	弟弟	男	1975年3月	汉
	于 莉	弟媳	女	1978年11月	汉
	陆诗语	侄女	女	2004年12月	汉
	陆永明	父亲	男	1950年11月	汉
	朱惠芬	母亲	女	1949年11月	汉
家庭大事	1980年，在大村河北（1队）建造三间平房。 1986年，陆永明成为新乐村第一个农田承包经营户。 1987年，移迁到大村河南群力中心河西（1队）建造楼房和两间平房。 1995年，朱小平加入中国共产党。 2003年，动迁移宅至新乐锦园。 2018年，朱紫瑶毕业于南京理工大学。				

	姓名	与户主关系	性别	出生年月	民族
现有家庭人员	陆建刚	户主	男	1965年10月	汉
	闵永芳	妻子	女	1968年1月	汉
	陆嘉宇	儿子	男	2003年8月	汉
家庭大事	1980年，在大村河北群力中心河西（1队）建造四间平房。 2004年，动迁移宅至新乐锦园。 2014年，陆建刚荣获"见义勇为"称号。				

	姓名	与户主关系	性别	出生年月	民族
现有家庭人员	孙金文	户主	男	1962年12月	汉
	顾梅芳	妻子	女	1963年4月	汉
	吴蓓蕾	女儿	女	1985年2月	汉
	李伯阳	外孙	男	2010年12月	汉
	吴雪琴	母亲	女	1941年4月	汉
家庭大事	1985年，原地翻建楼房和平房。 2004年，动迁移宅至新乐锦园。 2008年，吴蓓蕾毕业于南京理工大学。				

	姓名	与户主关系	性别	出生年月	民族
现有家庭人员	吴雪平	户主	男	1966年4月	汉
	尤小红	妻子	女	1968年9月	汉
	吴一	儿子	男	1992年4月	汉
	张雨婷	儿媳	女	1990年2月	汉
	吴雨熙	孙女	女	2017年5月	汉
	吴菊芳	母亲	女	1945年6月	汉
家庭大事	1986年前，在大村河北（1队）建造一间半平房。 1986年，原地翻建楼房。 2002年，动迁移宅至新乐锦园。 2013年，吴一毕业于苏州工业职业技术学院。				

	姓名	与户主关系	性别	出生年月	民族
现有家庭人员	季秀珍	户主	女	1945年9月	汉
	陆小英	长女	女	1966年10月	汉
	李金球	长女婿	男	1962年7月	汉
	陆筱晨	外孙女	女	1987年6月	汉
	潘敏杰	外孙女婿	男	1987年5月	汉
	潘婧涵	外曾孙女	女	2014年4月	汉
	陆逸航	外曾孙	男	2017年1月	汉
	陆小琴	次女	女	1969年3月	汉
	朱卫彪	次女婿	男	1969年8月	汉
	朱冬	外孙	男	1992年12月	汉

家庭大事	1977年，在大村河北群力中心河西（1队）建造四间平房。 1981—1987年，李金球服兵役。 1984年，李金球加入中国共产党。 2004年，动迁移宅至新乐锦园。 2010年，潘敏杰毕业于中国人民解放军炮兵学院。 2010年，陆筱晨毕业于盐城师范学院。 2013年，朱冬毕业于镇江市高等专科学院。

	姓名	与户主关系	性别	出生年月	民族
现有家庭人员	盛思明	户主	男	1949年2月	汉
	李梅娥	妻子	女	1949年4月	汉
	盛建青	儿子	男	1971年12月	汉
	孙冬梅	儿媳	女	1975年1月	汉
	盛佳军	孙子	男	1996年4月	汉

家庭大事	1986年前，在大村河北（1队）建造两间平房。 1986年，原地翻建楼房和平房。 2004年，动迁移宅至新乐锦园。

	姓名	与户主关系	性别	出生年月	民族
现有家庭人员	陆纪明	户主	男	1956 年 3 月	汉
	陈小凤	妻子	女	1957 年 11 月	汉
	陆亚平	儿子	男	1981 年 9 月	汉
	倪亚琴	儿媳	女	1981 年 2 月	汉
	陆弈舟	孙子	男	2007 年 9 月	汉
	陆弈辰	孙子	男	2013 年 10 月	汉
家庭大事	2003 年，动迁移宅至新乐锦园。 2002 年，倪亚琴、陆亚平毕业于南京工程学院。				

新乐村第 2 村民小组

	姓名	与户主关系	性别	出生年月	民族
现有家庭人员	孙国良	户主	男	1957 年 10 月	汉
	王小英	妻子	女	1962 年 1 月	汉
	孙 颖	女儿	女	1983 年 1 月	汉
	梁锦君	女婿	男	1979 年 10 月	汉
	梁粤玥	外孙女	女	2010 年 4 月	汉
	孙梁粤娆	外孙女	女	2011 年 7 月	汉
家庭大事	1976—1980 年，孙国良服兵役。 2002 年，动迁移宅至新乐锦园。 2009 年，孙颖毕业于东南大学。				

	姓名	与户主关系	性别	出生年月	民族
现有家庭人员	陈万夫	户主	男	1950 年 6 月	汉
	金昌秀	妻子	女	1953 年 5 月	汉
	陈 民	儿子	男	1978 年 7 月	汉
	郑贵平	儿媳	女	1979 年 8 月	汉
	陈益斌	孙子	男	2012 年 10 月	汉
家庭大事	1978 年前，在大村阔端河北（2 队）建造三间平房。 1978 年，移迁到群力中心河西建造四间平房。 1994 年，陈万夫成为种粮承包大户。 2002 年，动迁移宅至新乐锦园。				

现有家庭人员	姓名	与户主关系	性别	出生年月	民族
	马金华	户主	男	1967年3月	汉
	骞妹芳	妻子	女	1968年8月	汉
	马丽君	女儿	女	1991年1月	汉
	朱剑峰	女婿	男	1988年10月	汉
	朱梓豪	外孙	男	2014年6月	汉
	马梓浩	外孙	男	2016年9月	汉
	梁月英	母亲	女	1944年9月	汉
家庭大事	1978年前，在大村阔端河南（2队）建造三间草房。 1978年，移迁到群力中心河西（2队）建造四间平房。 1990年，原地翻建楼房。 2001年，动迁移宅至新乐锦园。 2008年，被评为玉山镇"农村思想道德'三评三讲'示范户"（三星级文明户）。				

现有家庭人员	姓名	与户主关系	性别	出生年月	民族
	梁炳法	户主	男	1946年8月	汉
家庭大事	2002年，住新乐村打工楼。				

现有家庭人员	姓名	与户主关系	性别	出生年月	民族
	杜月英	户主	女	1944年12月	汉
家庭大事	2004年前，在大村阔端河北（2队）建造三间平房，后翻建为楼房。				

现有家庭人员	姓名	与户主关系	性别	出生年月	民族
	陈万荣	户主	男	1957年8月	汉
	陈 杰	儿子	男	2007年10月	汉
家庭大事	2006年，分配经济适用房。				

现有家庭人员	姓名	与户主关系	性别	出生年月	民族
	王金华	户主	男	1945年2月	汉

家庭大事	2004年前，在大村阔端河北（2队）有两间房。 2004年，拆迁时宅基地转让，现居住在新乐村打工楼。

现有家庭人员	姓名	与户主关系	性别	出生年月	民族
	陆妹妹	户主	女	1937年5月	汉
	孙爱珍	女儿	女	1958年1月	汉
	潘雪明	女婿	男	1957年3月	汉
	孙良	外孙	男	1981年5月	汉
	杜云	外孙媳	女	1977年4月	汉
	孙雅雯	外曾孙女	女	2005年5月	汉

家庭大事	1990年前，在大村河南（2队）建造三间平房。 1990年，原地翻建楼房。 2002年，动迁移宅至新乐锦园。

现有家庭人员	姓名	与户主关系	性别	出生年月	民族
	杜平	户主	男	1973年6月	汉
	沈维娟	妻子	女	1974年5月	汉
	杜天云	女儿	女	1998年6月	汉
	时超	女婿	男	1997年3月	汉
	杜娟	姐姐	女	1970年3月	汉
	赵桂英	母亲	女	1949年7月	汉

家庭大事	1978年前，在大村河南（2队）建造两间草房。 1978年，原地翻建三间平房。 1988年，原地翻建楼房。 2002年，动迁移宅至新乐锦园。

	姓名	与户主关系	性别	出生年月	民族
现有家庭人员	许小弟	户主	男	1962年4月	汉
	杜琴玉	妻子	女	1967年4月	汉
	杜　静	女儿	女	1988年4月	汉
	吴明峰	女婿	男	1986年2月	汉
	杜俊晨	外孙	男	2010年9月	汉
	吴琳慧	外孙女	女	2016年4月	汉
	杜文元	岳父	男	1939年2月	汉
	陈云娥	岳母	女	1941年11月	汉
家庭大事	2002年前，在大村河南（2队）建造四间平房。 2002年，动迁移宅至新乐锦园。 2015年，吴明峰毕业于南京农业大学。				

	姓名	与户主关系	性别	出生年月	民族
现有家庭人员	孙伯弟	户主	男	1938年4月	汉
	孙首华	儿子	男	1963年11月	汉
	夏　健	儿媳	女	1963年8月	汉
	孙丽娟	女儿	女	1970年8月	汉
	孙晨一	外孙	男	1992年12月	汉
	唐　丽	外孙媳	女	1994年8月	汉
家庭大事	1988年前，在大村河南（2队）建造三间平房。 1988年，原地翻建楼房。 2002年，动迁移宅至新乐锦园。 2014年，孙晨一毕业于昆山开放大学。				

	姓名	与户主关系	性别	出生年月	民族
现有家庭人员	杜菊林	户主	男	1963年7月	汉
	周玉芳	妻子	女	1963年4月	汉
	杜燕青	儿子	男	1986年10月	汉
	顾　青	儿媳	女	1987年8月	汉
	杜欣妍	长孙女	女	2013年8月	汉
	杜欣怡	次孙女	女	2015年8月	汉
	杜娣观	母亲	女	1935年12月	汉
家庭大事	1977年前，在大村河南（2队）建造一间半平房。 1977年，原地翻建三间平房。 1989年，原地翻建楼房。 2003年，动迁移宅至新乐锦园。 2008年，杜燕青毕业于苏州工业园区职业技术学院；是年，顾青毕业于江苏广播电视大学昆山学院。				

	姓名	与户主关系	性别	出生年月	民族
现有家庭人员	孙建华	户主	男	1965年2月	汉
	朱水珍	妻子	女	1965年1月	汉
	孙　龙	儿子	男	1988年11月	汉
	方媛岑	儿媳	女	1989年2月	汉
	孙千琋	孙女	女	2015年8月	汉
家庭大事	1986年前，在大村河南（2队）建造三间平房（兄弟俩合住）。 1986年，原地翻建楼房（兄弟俩各一半）。 2002年，动迁移宅至新乐锦园。				

现有家庭人员	姓名	与户主关系	性别	出生年月	民族
	罗文根	户主	男	1968 年 11 月	汉
	芮继红	妻子	女	1969 年 11 月	汉
	芮婷婷	女儿	女	1994 年 2 月	汉
	杨　振	女婿	男	1991 年 9 月	汉
	杨易寒	外孙	男	2015 年 12 月	汉
	芮国良	岳父	男	1947 年 11 月	汉
	梁巧英	岳母	女	1947 年 10 月	汉

家庭大事	1998 年前，在大村河南（2 队）建造三间平房。 1998 年，原地翻建楼房。 2002 年，动迁移宅至新乐锦园。 2014 年，杨振毕业于中国石油大学。 2016 年，芮婷婷毕业于常州大学。

现有家庭人员	姓名	与户主关系	性别	出生年月	民族
	孙建平	户主	男	1969 年 10 月	汉
	金凤英	妻子	女	1968 年 4 月	汉
	孙忆心	女儿	女	1993 年 7 月	汉
	杨亦译	女婿	男	1993 年 4 月	汉

家庭大事	1986 年前，在大村河南（2 队）建造三间平房（兄弟俩合住）。 1986 年，原地翻建楼房，三间附房（兄弟俩各一半）。 2002 年，动迁移宅至新乐锦园。 2015 年，孙忆心毕业于宜春学院。

	姓名	与户主关系	性别	出生年月	民族
现有家庭人员	王 永	户主	男	1957年12月	汉
	王玉芳	妻子	女	1958年3月	汉
	王 强	长子	男	1980年11月	汉
	刘秋玉	长媳	女	1983年7月	汉
	王宇轩	孙子	男	2006年11月	汉
	王 华	次子	男	1982年7月	汉
	陆 萍	次媳	女	1985年4月	汉
	王宇浩	孙子	男	2011年1月	汉
	陆芯妍	孙女	女	2013年10月	汉
	王凤英	岳母	女	1939年7月	汉
家庭大事	1977年前，在大村河南（2队）建造四间半平房。 1977年，原地翻建三间平房。 1986年，原地翻建楼房。 2000年，王强毕业于南京铁路运输学校。 2002年，动迁移宅至新乐锦园。 2005年，王华毕业于南京农业大学。 2007年，陆萍毕业于三江学院。				

	姓名	与户主关系	性别	出生年月	民族
现有家庭人员	倪振兴	户主	男	1944年9月	汉
	倪敏清	儿子	男	1969年12月	汉
	潘白妹	儿媳	女	1970年5月	汉
	倪 杰	孙子	男	1992年11月	汉
	孙 茜	孙媳	女	1993年3月	汉
	倪谨宁	曾孙女	女	2020年6月	汉
家庭大事	1989年前，在大村阔端河南（2队）建造三间平房。 1989年，原地翻建楼房。 1990—2000年，倪振兴任新乐拆旧厂厂长。 2003年，动迁移宅至新乐锦园。 2011年，倪杰毕业于苏州市电子信息技师学院。				

	姓名	与户主关系	性别	出生年月	民族
现有 家庭人员	倪振华	户主	男	1961年1月	汉
	归雪英	妻子	女	1964年9月	汉
	倪圣清	儿子	男	1986年1月	汉
	刘 玉	儿媳	女	1987年11月	汉
	倪子炎	孙子	男	2009年7月	汉
	倪正明	哥哥	男	1958年4月	汉
家庭大事	1982年前，在大村阔端河南（2队）分得一间半平房。 1982年，原地翻建楼房。 2002年，动迁移宅至新乐锦园。 2009年，刘玉毕业于江苏广播电视大学昆山学院。				

	姓名	与户主关系	性别	出生年月	民族
现有 家庭人员	金 鑫	户主	男	1985年4月	汉
	何 婷	妻子	女	1986年5月	汉
	金子意	儿子	男	2015年7月	汉
	严月兰	母亲	女	1962年9月	汉
家庭大事	1977年前，在大村阔端河南（2队）分得一间半平房。 1977年，移迁到大村阔端河南建造三间平房。 2002年，动迁移宅至新乐锦园。 2009年，何婷加入中国共产党。 2010年，何婷毕业于南京晓庄学院。 2013年，金鑫毕业于北京大学（成人自考）。				

	姓名	与户主关系	性别	出生年月	民族
现有家庭人员	陈小荣	户主	男	1962年3月	汉
	吴吉秀	妻子	女	1967年3月	汉
	陈 涛	儿子	男	1987年9月	汉
	潘程程	儿媳	女	1991年8月	汉
	陈星恒	孙子	男	2018年9月	汉
	陈 琪	女儿	女	1996年3月	汉
	秦 豪	女婿	男	1993年5月	汉
家庭大事	2004年前，在大村阔端河北（2队）建造三间平房。 2004年，动迁移宅至新乐锦园。 2009年，陈涛毕业于苏州大学。 2014年，潘程程毕业于南京师范大学。 2015年，秦豪毕业于苏州科技大学。 2018年，陈琪毕业于苏州大学。				

	姓名	与户主关系	性别	出生年月	民族
现有家庭人员	芮玉林	户主	男	1970年4月	汉
	陈 英	妻子	女	1971年7月	汉
	芮至力	儿子	男	1995年3月	汉
	魏 玲	儿媳	女	1995年8月	汉
	芮昕怡	孙女	女	2019年9月	汉
家庭大事	2002年前，在大村阔端河南（2队）建造三间平房。 2002年，动迁移宅至新乐锦园。 2015年，芮至力毕业于苏州福纳影视艺术学校。				

	姓名	与户主关系	性别	出生年月	民族
现有家庭人员	陆建平	户主	男	1955年2月	汉
	朱菊珍	妻子	女	1955年9月	汉
	陆敏峰	儿子	男	1979年12月	汉
	彭庆玲	儿媳	女	1978年1月	汉
	陆欣悦	孙女	女	2003年7月	汉
	陆欣怡	孙女	女	2010年4月	汉
	陆敏菊	女儿	女	1982年2月	汉
	徐军杰	女婿	男	1982年3月	汉
	徐 涵	外孙	男	2004年3月	汉
	徐 楠	外孙	男	2011年1月	汉
家庭大事	1982年，在大村阔端河南建造五间平房。 2003年，动迁移宅至新乐锦园。 2001年，陆敏菊毕业于江苏省海安针灸推拿学校。 2009年，陆敏峰毕业于华中科技大学。 2011年，徐军杰毕业于江苏建康职业学院。				

新乐村第3村民小组

	姓名	与户主关系	性别	出生年月	民族
现有家庭人员	胡建忠	户主	男	1953年6月	汉
	费兰凤	妻子	女	1956年9月	汉
	胡　建	儿子	男	1979年12月	汉
	吴秀静	儿媳	女	1979年10月	汉
	胡　昊	孙子	男	2004年10月	汉

家庭大事	1986年，在东横泾河北（3队）建造楼房。 1998年，吴秀静毕业于苏州市广播电视大学昆山分校。 2003年，动迁移宅至新乐锦园。 2006年，被评为昆山高新区"五好家庭户"。

	姓名	与户主关系	性别	出生年月	民族
现有家庭人员	刘强龙	户主	男	1963年8月	汉
	戴龙粉	妻子	女	1964年7月	汉
	刘　嘉	儿子	男	1986年10月	汉
	俞　洁	儿媳	女	1988年1月	汉
	刘皓轩	孙子	男	2010年5月	汉

家庭大事	1984年，在东横泾河北（3队）建造三间平房。 1996年，原地翻建楼房。 2003年，动迁移宅至新乐锦园。 2006—2008年，刘嘉服兵役，服役期间曾多次荣获标兵称号。 2008年，加入中国共产党。 2011年，刘嘉毕业于华中科技大学。

现有家庭人员	姓名	与户主关系	性别	出生年月	民族
	李菊平	户主	男	1967 年 3 月	汉
	李素芬	妻子	女	1967 年 7 月	汉
	李枷驸	儿子	男	1989 年 8 月	汉
	芮　静	儿媳	女	1990 年 1 月	汉
	李俊仪	孙子	男	2017 年 1 月	汉
	芮宁希	孙女	女	2018 年 9 月	汉
	李林根	父亲	男	1943 年 10 月	汉
	李爱妹	母亲	女	1947 年 1 月	汉

家庭大事	1986 年，在东横泾河南昆北公路东（3 队）建造楼房。 2004 年，动迁移宅至新乐锦园。 2007—2009 年，李枷驸服兵役。 2007 年，加入中国共产党。 2010 年，李枷驸毕业于江苏广播电视大学昆山学院。 2013 年，芮静毕业于南京财经大学。

现有家庭人员	姓名	与户主关系	性别	出生年月	民族
	李金林	户主	男	1958 年 2 月	汉
	朱玉秀	妻子	女	1963 年 8 月	汉
	李　瑛	女儿	女	1986 年 2 月	汉
	潘　琪	女婿	男	1986 年 1 月	汉
	潘　晴	外孙女	女	2004 年 7 月	汉
	潘凯豪	外孙	男	2010 年 2 月	汉

家庭大事	2004 年前，在东横泾河北（3 队）建造三间平房。 2004 年，动迁移宅至新乐锦园。

现有家庭人员	姓名	与户主关系	性别	出生年月	民族
	杨惠明	户主	男	1949年12月	汉
	姜慧珍	妻子	女	1949年11月	汉
	杨雪刚	儿子	男	1973年2月	汉
	林　妹	儿媳	女	1975年11月	汉
	杨旭镓	孙子	男	1996年11月	汉

家庭大事	1982年，在东横泾河北（3队）建造三间平房。 1987年，原地翻建楼房。 2003年，动迁移宅至新乐锦园。 2018年，杨旭镓毕业于合肥工业大学。

现有家庭人员	姓名	与户主关系	性别	出生年月	民族
	李建伟	户主	男	1957年1月	汉
	俞玉珍	妻子	女	1957年9月	汉
	李　洁	女儿	女	1982年1月	汉
	吴维清	女婿	男	1981年11月	汉
	吴思涵	外孙女	女	2007年9月	汉
	李艺涵	外孙女	女	2011年10月	汉

家庭大事	1985年，在东横泾河南昆北公路东（3队）建造楼房。 2003年，动迁移宅至新乐锦园。 2013年，李洁毕业于苏州大学。 2014年，吴维清毕业于天津理工大学。

	姓名	与户主关系	性别	出生年月	民族
现有家庭人员	李建刚	户主	男	1954年11月	汉
	李金凤	妻子	女	1955年5月	汉
	李 琼	女儿	女	1980年2月	汉
	袁 伟	女婿	男	1978年11月	汉
	李欣瑜	外孙女	女	2006年10月	汉
	李袁逸	外孙	男	2012年6月	汉
家庭大事	1977年，李建刚加入中国共产党。 1984年，在东横泾河南（3队）建造三间平房。 1985年，原地翻建楼房。 1976—1986年，李建刚先后担任新乐村团支部书记、会计、村委会主任、党支部书记；曾多次荣获玉山镇先进工作者称号。 1999年，李琼毕业于苏州市职业大学。 2003年，袁伟加入中国共产党。 2004年，动迁移宅至新乐锦园。				

	姓名	与户主关系	性别	出生年月	民族
现有家庭人员	闵建林	户主	男	1955年6月	汉
	沈袖珍	妻子	女	1953年12月	汉
	闵 芳	女儿	女	1981年10月	汉
	成文华	女婿	男	1978年4月	汉
	闵安琪	外孙女	女	2006年9月	汉
家庭大事	1985年，在东横泾河北（3队）建造楼房。 2003年，动迁移宅至新乐锦园。 2010年，闵芳加入中国共产党。 2012年，成文华加入中国共产党。 2015年，闵芳、成文华毕业于华中科技大学。				

	姓名	与户主关系	性别	出生年月	民族
现有家庭人员	李菊明	户主	男	1964年12月	汉
	李妹娟	妻子	女	1965年12月	汉
	李烽诚	儿子	男	1988年1月	汉
	徐欢欢	儿媳	女	1988年3月	汉
	李姵谊	孙女	女	2013年11月	汉
	李林根	父亲	男	1943年10月	汉
	李爱妹	母亲	女	1947年1月	汉
家庭大事	1980年，李林根加入中国共产党；曾多次荣获城北乡、镇先进个人称号。 1987年前，在东横泾河北（3队）建造三间平房。 1987年，原地翻建楼房。 2003年，动迁移宅至新乐锦园。 2007年，李烽诚毕业于扬州市职业大学。				

	姓名	与户主关系	性别	出生年月	民族
现有家庭人员	卞水根	户主	男	1957年1月	汉
	唐解萍	妻子	女	1957年4月	汉
	卞文超	儿子	男	1986年5月	汉
	陈 丽	儿媳	女	1987年8月	汉
	卞悠然	孙女	女	2017年12月	汉
家庭大事	1981年，在东横泾河南昆北公路东（3队）建造三间平房。 2003年，动迁移宅至新乐锦园。 2009年，陈丽、卞文超毕业于江南大学太湖学院。				

	姓名	与户主关系	性别	出生年月	民族
现有家庭人员	阚文元	户主	男	1936年1月	汉
	阚丽娟	女儿	女	1973年2月	汉
	孙玉林	女婿	男	1967年9月	汉
	阚文怡	外孙女	女	1995年7月	汉
	周强	外孙女婿	男	1993年10月	汉
家庭大事	1982年，在东横泾河北（3队）建造三间平房。 2003年，动迁移宅至新乐锦园。				

	姓名	与户主关系	性别	出生年月	民族
现有家庭人员	李健	户主	男	1974年2月	汉
	沈建琴	妻子	女	1975年11月	汉
	李珍妮	女儿	女	1999年8月	汉
	李建根	父亲	男	1949年1月	汉
	顾琴	母亲	女	1950年8月	汉
家庭大事	1985年，在东横泾河北（3队）建造楼房。 2003年，动迁移宅至新乐锦园。				

	姓名	与户主关系	性别	出生年月	民族
现有家庭人员	李　明	户主	男	1968年1月	汉
	倪美英	妻子	女	1966年3月	汉
	李静静	女儿	女	1991年6月	汉
	陆　红	女婿	男	1989年5月	汉
	陆奕萱	外孙女	女	2014年9月	汉
	李建荣	父亲	男	1947年3月	汉
	蒋春英	母亲	女	1946年2月	汉
	李英娣	祖母	女	1926年1月	汉
家庭大事	1983年，李建荣加入中国共产党。 1983—1993年，李建荣先后担任新乐村村委会主任、经济合作社社长、党支部副书记。 1985年前，在东横泾河南（3队）建造三间半平房。 1985年，在原地翻建楼房 2004年，动迁移宅至新乐锦园。 2005年，李明家庭获玉山镇"文明和谐家庭"称号。 2011年，李静静毕业于苏州市职业大学。					

	姓名	与户主关系	性别	出生年月	民族
现有家庭人员	刘强富	户主	男	1965年4月	汉
	周玉燕	妻子	女	1967年1月	汉
	刘　平	儿子	男	1987年11月	汉
	许　华	儿媳	女	1987年2月	汉
	刘轩豪	孙子	男	2011年2月	汉
家庭大事	2003年前，在东横泾河南昆北公路东（3队）建造三间平房。 2004年，动迁移宅至新乐锦园。 2010年，许华毕业于吉林大学。					

	姓名	与户主关系	性别	出生年月	民族
现有家庭人员	张 玲	户主	女	1950年1月	汉
	陆文荣	儿子	男	1970年2月	汉
	沙金女	儿媳	女	1969年12月	汉
	陆伟斌	孙子	男	1993年2月	汉
	徐凌芸	孙媳	女	1993年4月	汉
家庭大事	1985年，在东横泾河南（3队）建造楼房。 2003年，动迁移宅至新乐锦园。				

	姓名	与户主关系	性别	出生年月	民族
现有家庭人员	顾复珍	户主	女	1954年8月	汉
	李 勇	儿子	男	1979年6月	汉
	程 慧	儿媳	女	1982年8月	汉
	李佳蓉	孙女	女	2007年1月	汉
	李程辰	孙女	女	2013年1月	汉
家庭大事	1987年，在东横泾河北（3队）建造楼房。 1998年，李勇毕业于苏州市广播电视大学昆山分校。 2003年，动迁移宅至新乐锦园。 2004年，程慧毕业于新乡医学院。				

	姓名	与户主关系	性别	出生年月	民族
现有家庭人员	陆瑞华	户主	男	1967年1月	汉
	潘丽珍	妻子	女	1967年8月	汉
	陆雅婷	女儿	女	1989年7月	汉
	陆周圻	孙子	男	2012年5月	汉
	陆建甲	父亲	男	1942年3月	汉
	胡雪娥	母亲	女	1947年8月	汉
家庭大事	1980年，陆建甲在新乐小学任教，直至退休。 2004年前，在东横泾河南昆北公路东（3队）建造三间平房。 2004年，动迁移宅至新乐锦园。				

	姓名	与户主关系	性别	出生年月	民族
现有家庭人员	李建华	户主	男	1955年5月	汉
	王梅珍	妻子	女	1963年7月	汉
	李 清	儿子	男	1984年4月	汉
	朱雪红	儿媳	女	1982年12月	汉
	李羽婷	孙女	女	2007年5月	汉
	李宇晨	孙子	男	2012年12月	汉
	李英娣	母亲	女	1926年1月	汉
家庭大事	1995年，李建华成为种粮承包大户。 2003年前，在东横泾河南昆北公路东（3队）建造四间平房。 2003年，动迁移宅至新乐锦园；是年，李清毕业于苏州市广播电视大学昆山分校。 2005年，李建华当选为玉山镇人大代表；是年，被评为玉山镇先进个人。				

	姓名	与户主关系	性别	出生年月	民族
现有家庭人员	王瑞林	户主	男	1966年4月	汉
	胡正翠	妻子	女	1972年1月	汉
	王 燕	女儿	女	1988年11月	汉
	蒋根英	母亲	女	1939年10月	汉
家庭大事	1982年前，在东横泾（3队）购买三间平房。 2003年，动迁时宅基地转让给他人。				

	姓名	与户主关系	性别	出生年月	民族
现有家庭人员	李雪平	户主	男	1968年3月	汉
	陆雪芳	妻子	女	1968年11月	汉
	李立新	儿子	男	1992年2月	汉
	查桂琴	母亲	女	1934年5月	汉
家庭大事	1991年前，在东横泾河南昆北公路东（3队）建造四间平房。 2003年，动迁移宅至新乐锦园。 2004年，李雪平家庭获玉山镇"五好家庭示范户"称号。 2012年，李立新毕业于江苏省昆山第一职业高级中学。				

现有家庭人员	姓名	与户主关系	性别	出生年月	民族
	费根娣	户主	女	1967年5月	汉
家庭大事					

新乐村第 4 村民小组

	姓名	与户主关系	性别	出生年月	民族
现有家庭人员	洪先进	户主	男	1947 年 3 月	汉
	陈金娥	母亲	女	1925 年 9 月	汉

家庭大事	1979—1984 年，洪先进担任新乐大队农技员。 1982 年前，在小村河东（4 队）建造三间草房。 1982 年，移迁到小村西昆北公路东侧（4 队）建造楼房。

	姓名	与户主关系	性别	出生年月	民族
现有家庭人员	周建生	户主	男	1946 年 8 月	汉
	周培芬	女儿	女	1969 年 11 月	汉
	邵小龙	女婿	男	1969 年 5 月	汉
	周志华	外孙	男	1992 年 9 月	汉

家庭大事	1982 年前，在小村河西（12 队）建造三间草房。 1982 年，移迁到小村西昆北公路东侧（12 队）建造楼房、两间平房。 2001 年，动迁移宅至新乐锦园。

	姓名	与户主关系	性别	出生年月	民族
现有家庭人员	周利平	户主	男	1965 年 2 月	汉
	陆金芬	妻子	女	1966 年 11 月	汉
	周建峰	儿子	男	1988 年 6 月	汉
	邓小丽	儿媳	女	1988 年 10 月	汉
	周 阳	孙子	男	2010 年 10 月	汉

家庭大事	1987 年前，在小村河西（12 队）分到一间半草房。 1987 年，移迁到小村西昆北公路东侧（12 队）建造楼房、两间平房。 2002 年，动迁移宅至新乐锦园。

	姓名	与户主关系	性别	出生年月	民族
现有家庭人员	周金男	户主	男	1959年2月	汉
	李雪英	妻子	女	1961年12月	汉
	周建青	儿子	男	1983年11月	汉
	唐 艳	儿媳	女	1985年9月	汉
	周心蕾	孙女	女	2011年9月	汉
	周心辰	孙子	男	2017年10月	汉
	张婉珍	母亲	女	1939年5月	汉
家庭大事	1978—1981年，周金男服兵役。 1979年，在小村河西（12队）建造三间平房。 1986年，移迁到小村西昆北公路东侧（12队）建造楼房。 2002年，动迁移宅至新乐锦园。 2004年，周建青毕业于镇江市高等专科学校。				

	姓名	与户主关系	性别	出生年月	民族
现有家庭人员	盛利勇	户主	男	1971年10月	汉
	顾妹芳	妻子	女	1972年1月	汉
	盛新嘉	女儿	女	1995年12月	汉
	盛泓霖	儿子	男	2009年7月	汉
	盛丽琴	姐姐	女	1968年12月	汉
	董小友	姐夫	男	1969年3月	汉
	董伶俐	外甥女	女	1992年5月	汉
	陆晶兰	母亲	女	1948年6月	汉
家庭大事	1985年，在小村河西（12队）建造楼房。 2002年，动迁移宅至新乐锦园。 2015年，董伶俐毕业于浙江理工大学。 2017年，盛新嘉毕业于昆山登云科技职业学院。				

	姓名	与户主关系	性别	出生年月	民族
现有家庭人员	周祥兴	户主	男	1966 年 12 月	汉
	周雪琴	妻子	女	1967 年 12 月	汉
	周　萍	女儿	女	1991 年 4 月	汉
	张　莹	女婿	男	1993 年 4 月	汉
	周芯雨	孙女	女	2014 年 5 月	汉
家庭大事	2003 年，动迁增宅至新乐锦园。				

	姓名	与户主关系	性别	出生年月	民族
现有家庭人员	候梅娥	户主	女	1952 年 10 月	汉
	盛海琴	长女	女	1975 年 8 月	汉
	胡道春	长女婿	男	1972 年 2 月	汉
	胡盛一	外孙	男	1998 年 8 月	汉
	盛雪琴	次女	女	1979 年 2 月	汉
	朱　洁	次女婿	男	1974 年 3 月	汉
	朱敏敏	外孙女	女	2019 年 4 月	汉
家庭大事	1984 年，在小村河东（4 队）建造楼房。 2003 年，胡道春加入中国共产党。 2004 年，动迁移宅至新乐锦园。 2018 年，胡道春荣获人民警察三等功。 2020 年，胡盛一毕业于南京财经大学红山学院。				

现有家庭人员	姓名	与户主关系	性别	出生年月	民族
	周阿明	户主	男	1957 年 3 月	汉
	施雪珍	妻子	女	1957 年 11 月	汉
	周　萍	女儿	女	1982 年 10 月	汉
	吴　斌	女婿	男	1979 年 3 月	汉
	周筱瑜	外孙女	女	2009 年 1 月	汉
	吴安琪	外孙女	女	2013 年 8 月	汉
家庭大事	2003 年前，在小村河东（12 队）建造楼房。 2003 年，动迁移宅至新乐锦园。 1994 年，周阿明加入中国共产党。 2003 年，吴斌毕业于南京中医药大学。 2005 年，周萍毕业于苏州大学。				

现有家庭人员	姓名	与户主关系	性别	出生年月	民族
	盛惠荣	户主	男	1960 年 1 月	汉
	盛菊珍	妻子	女	1962 年 4 月	汉
	盛小燕	女儿	女	1985 年 3 月	汉
	黄　森	女婿	男	1984 年 11 月	汉
	黄柚宸	外孙	男	2013 年 7 月	汉
	盛熙宸	外孙	男	2017 年 11 月	汉
	陶凤珍	母亲	女	1935 年 12 月	汉
家庭大事	1978—1983 年，盛惠荣服兵役。 1981 年，盛惠荣加入中国共产党。 1984 年前，在小村河西（12 队）建造三间平房。 1984 年，在原地翻建楼房。 2002 年，动迁移宅至新乐锦园。 2007 年，盛小燕毕业于南通大学；是年，加入中国共产党。 2007 年，黄森毕业于淮阴工学院。 2019 年，盛小燕进新乐村村委会工作。				

	姓名	与户主关系	性别	出生年月	民族
现有 家庭人员	周永兴	户主	男	1973 年 4 月	汉
	盛　敏	妻子	女	1974 年 8 月	汉
	周　浩	儿子	男	1997 年 5 月	汉
	周永芳	妹妹	女	1975 年 8 月	汉
	王叶忠	妹夫	男	1972 年 8 月	汉
	王昕怡	外甥女	女	2002 年 2 月	汉
家庭大事	1995 年，在小村河西（12 队）建造楼房。 2003 年，动迁移宅至新乐锦园。 2017 年，周浩毕业于江苏联合职业技术学院。				

	姓名	与户主关系	性别	出生年月	民族
现有 家庭人员	盛伟康	户主	男	1967 年 8 月	汉
	蒋惠红	妻子	女	1967 年 4 月	汉
	盛方园	女儿	女	1990 年 11 月	汉
	候敏超	女婿	男	1991 年 12 月	汉
	候斐然	外孙	男	2019 年 5 月	汉
	陶凤珍	母亲	女	1935 年 12 月	汉
家庭大事	1986 年，在小村河西（12 队）建造楼房。 2003 年，动迁移宅至新乐锦园。 2012 年，盛方园加入中国共产党。 2013 年，盛方园毕业于南京审计学院。 2014 年，候敏超毕业于南京航空航天大学。 2018 年，候敏超加入中国共产党。				

	姓名	与户主关系	性别	出生年月	民族
现有家庭人员	沈益平	户主	男	1967年4月	汉
	盛玉兰	妻子	女	1969年10月	汉
	盛微微	女儿	女	1989年7月	汉
	许海峰	女婿	男	1988年6月	汉
	许盛阳	外孙	男	2015年3月	汉
家庭大事	2003年前，在小村河西（12队）建造楼房。 2003年，动迁移宅至新乐锦园。 2011年，许海峰、盛微微毕业于淮阴师范学院；是年，许海峰应征入伍。 2013年，许海峰加入中国共产党。				

	姓名	与户主关系	性别	出生年月	民族
现有家庭人员	陈振东	户主	男	1944年1月	汉
	盛丽芳	妻子	女	1947年3月	汉
	陈利民	长子	男	1969年5月	汉
	陈继忠	次子	男	1975年11月	汉
	管莲琴	次媳	女	1979年6月	汉
	管辰娅	孙女	女	2000年11月	汉
家庭大事	1984年，在小村河北（4队）建造楼房。 2003年，动迁移宅至新乐锦园。				

姓名	与户主关系	性别	出生年月	民族
陈培兴	户主	男	1962年3月	汉
盛月娥	妻子	女	1962年11月	汉
陈 强	儿子	男	1985年11月	汉
周 萍	儿媳	女	1985年10月	汉
陈周昱	孙子	男	2011年11月	汉
周丞昊	孙子	男	2014年7月	汉
陈媛媛	母亲	女	1935年11月	汉

现有家庭人员

家庭大事

2003年前，在小村河东（4队）建造楼房。
2003年，动迁移宅至新乐锦园。
2007年，陈强毕业于紫琅职业技术学院。
2008年，周萍毕业于南通大学。

姓名	与户主关系	性别	出生年月	民族
盛仁和	户主	男	1941年10月	汉
顾娣妹	妻子	女	1943年11月	汉
盛玉林	长子	男	1964年4月	汉
钱伟菊	长媳	女	1963年1月	汉
盛 敏	孙女	女	1987年10月	汉
刘剑峰	孙女婿	男	1982年3月	汉
刘宇飞	外曾孙	男	2012年4月	汉
盛玉明	次子	男	1971年3月	汉
杜光妹	次媳	女	1970年7月	汉
杜俊豪	孙子	男	1999年7月	汉
杜俊玉	孙女	女	2012年3月	汉

现有家庭人员

家庭大事

1985年，在小村河西（12队）建造楼房。
2004年，动迁移宅至新乐锦园；是年，刘剑峰毕业于河海大学。
2008年，盛敏毕业于淮阴师范学院。

	姓名	与户主关系	性别	出生年月	民族
现有家庭人员	盛菊民	户主	男	1963 年 3 月	汉
	金妹芳	妻子	女	1962 年 11 月	汉
	盛俊杰	儿子	男	1986 年 5 月	汉
	徐 静	儿媳	女	1990 年 6 月	汉
	盛思涵	孙女	女	2017 年 7 月	汉
家庭大事	1970 年前，在小村河西（12 队）建造三间平房（与弟同住）。 1982 年，移迁到小村西昆北公路东侧（12 队）建造楼房（与弟各一半）、两间平房（父母住）。 2002 年，动迁移宅至新乐锦园。 2009 年，盛菊民获"见义勇为"称号。 2011 年，徐静加入中国共产党。 2013 年，徐静毕业于丽水学院。 2015 年，盛俊杰毕业于江苏大学。				

	姓名	与户主关系	性别	出生年月	民族
现有家庭人员	盛菊伟	户主	男	1966 年 9 月	汉
	王永芳	妻子	女	1966 年 6 月	汉
	盛俊雯	长女	女	1989 年 3 月	汉
	盛俊蓉	次女	女	1989 年 3 月	汉
家庭大事	1970 年前，在小村河西（12 队）建造三间平房（与兄同住）。 1982 年，移迁到小村西昆北公路东侧（12 队）建造楼房（与兄各一半）、两间平房（父母住）。 2002 年，动迁移宅至新乐锦园。				

现有家庭人员	姓名	与户主关系	性别	出生年月	民族
	叶惠元	户主	男	1960年2月	汉
	顾雪琴	妻子	女	1960年6月	汉
	叶秋芳	女儿	女	1983年7月	汉

家庭大事	1984年，在小村河东（4队）建造楼房。 2002年，动迁移宅至新乐锦园。 2007年，叶秋芳加入中国共产党。 2008年，叶秋芳毕业于吉林大学。

现有家庭人员	姓名	与户主关系	性别	出生年月	民族
	周大伍	户主	男	1951年12月	汉
	曲彩珍	妻子	女	1954年2月	汉
	周凤娟	女儿	女	1975年11月	汉
	朱友明	女婿	男	1972年9月	汉
	周忆枫	外孙	男	1996年9月	汉

家庭大事	1984年，在小村河东（4队）建造楼房。 2004年，动迁移宅至新乐锦园。 2016年，周凤娟毕业于四川农业大学。

新乐村志·村民家庭记载

	姓名	与户主关系	性别	出生年月	民族
现有家庭人员	叶建平	户主	男	1970年8月	汉
	顾雪琴	妻子	女	1968年8月	汉
	叶 栋	儿子	男	1994年1月	汉
	刘益辰	儿媳	女	1994年9月	汉
	叶 梓	孙女	女	2020年2月	汉
	叶惠泉	父亲	男	1950年10月	汉
	顾凤珍	母亲	女	1949年11月	汉
家庭大事	1983年,在小村河东(4队)建造楼房。 2002年,动迁移宅至新乐锦园。 2008年,叶惠泉家庭被评为玉山镇"农村思想道德'三评三讲'示范户"(三星级文明户)。 2018年,刘益辰毕业于南京卫生学校。				

	姓名	与户主关系	性别	出生年月	民族
现有家庭人员	盛建明	户主	男	1951年12月	汉
	孙月宝	妻子	女	1951年9月	汉
	盛惠华	儿子	男	1971年3月	汉
	姚 芳	儿媳	女	1980年11月	汉
	盛晓芸	孙女	女	1993年12月	汉
	盛煜昕	孙女	女	2004年8月	汉
	盛惠芳	女儿	女	1970年2月	汉
	柳建林	女婿	男	1969年9月	汉
家庭大事	1986年,在小村河东(4队)建造楼房。 2003年,动迁移宅至新乐锦园。 2005年开始,盛惠华先后担任新乐村会计、村委会主任、党总支副书记兼第一党支部书记。 2013—2015年,盛晓芸多次获得国家奖学金。 2014年,盛晓芸加入中国共产党。 2016年,盛晓芸毕业于江苏师范大学。 2019年,盛晓芸就读于江苏师范大学研究生院。				

	姓名	与户主关系	性别	出生年月	民族
现有家庭人员	盛水林	户主	男	1957年2月	汉
	王菊珍	妻子	女	1956年8月	汉
	盛 伟	长子	男	1979年12月	汉
	周 云	长媳	女	1978年10月	汉
	盛云佳	孙女	女	2002年9月	汉
	盛 明	次子	男	1981年12月	汉
	周晓燕	次媳	男	1983年1月	汉
	盛驰宇	孙子	男	2007年3月	汉
家庭大事	1979年，在小村河东建造三间平房。 1985年，原地翻建楼房。 2003年，动迁移宅至新乐锦园。				

	姓名	与户主关系	性别	出生年月	民族
现有家庭人员	陈仕江	户主	男	1955年9月	汉
	叶惠英	妻子	女	1955年4月	汉
	叶 平	儿子	男	1977年2月	汉
	李运霞	儿媳	女	1976年1月	汉
	叶国强	孙子	男	2006年7月	汉
	叶妹芬	女儿	女	1976年3月	汉
	富佳倩	外孙女	女	1997年12月	汉
家庭大事	1984年，在小村河东（4队）建造楼房。 2003年，动迁移宅至新乐锦园。				

新乐村志·村民家庭记载

	姓名	与户主关系	性别	出生年月	民族
现有家庭人员	盛瑞元	户主	男	1959年11月	汉
	张雪珍	妻子	女	1957年9月	汉
	盛黎霞	女儿	女	1982年7月	汉
	谢 晶	女婿	男	1981年12月	汉
	谢晋宇	外孙	男	2008年4月	汉
	谢盛晋浩	外孙	男	2010年3月	汉
	周彩英	母亲	女	1939年4月	汉
家庭大事	1970年,在小村河东(4队)建造三间平房。 1982年,移迁到小村西昆北公路东(4队)建造楼房,后改造为别墅。 2003年,动迁移宅至新乐锦园。 2004年,盛黎霞毕业于苏州市职业大学;是年,谢晶毕业于中北大学。 2017年,盛黎霞加入中国共产党。				

	姓名	与户主关系	性别	出生年月	民族
现有家庭人员	叶建刚	户主	男	1971年6月	汉
	王金凤	妻子	女	1971年4月	汉
	叶 鑫	儿子	男	1998年11月	汉
	梁敏敏	儿媳	女	1997年11月	汉
	叶如瑾	孙女	女	2020年9月	汉
	叶云峰	伯父	男	1956年8月	汉
	叶剑峰	父亲	男	1945年1月	汉
	倪银花	母亲	女	1949年3月	汉
家庭大事	1987年,在小村河东(4队)建造楼房。 2003年,动迁移宅至新乐锦园。 2017年,叶鑫毕业于昆山登云科技职业学院。				

	姓名	与户主关系	性别	出生年月	民族
现有家庭人员	周小伍	户主	男	1954 年 10 月	汉
	杜凤珍	妻子	女	1956 年 1 月	汉
	杜敏忠	长子	男	1975 年 7 月	汉
	严小兰	长媳	女	1974 年 10 月	汉
	杜 佳	孙女	女	2000 年 9 月	汉
	杜敏华	次子	男	1980 年 4 月	汉
	俞 琴	次媳	女	1981 年 1 月	汉
	杜逸轩	孙子	男	2005 年 8 月	汉
家庭大事	1985 年前，在小村河东（4 队）建造三间草房。 1985 年，移迁到小村西昆北公路东（4 队）建造三间平房。 1992 年，原地翻建楼房。 2002 年，杜敏华毕业于南京经济学院。 2003 年，动迁移宅至新乐锦园。 2019 年，杜佳就读于南京理工大学继续教育学院。				

	姓名	与户主关系	性别	出生年月	民族
现有家庭人员	周小明	户主	男	1963 年 2 月	汉
	陈玉芳	妻子	女	1963 年 4 月	汉
	周 燕	女儿	女	1986 年 11 月	汉
	张 强	女婿	男	1982 年 11 月	汉
	闵雅馨	外孙女	女	2010 年 11 月	汉
	周浩宇	外孙	男	2012 年 9 月	汉
家庭大事	1994 年，在小村河西（12 队）建造别墅。 2003 年，动迁移宅至新乐锦园。 2009 年，周燕毕业于南京财经大学。				

现有家庭人员	姓名	与户主关系	性别	出生年月	民族
	盛和生	户主	男	1935年7月	汉
	陈惠英	妻子	女	1934年10月	汉
	盛正林	儿子	男	1964年12月	汉
	陈惠琴	儿媳	女	1964年12月	汉
	盛婕妤	孙女	女	1987年10月	汉
	吴吉玄	孙女婿	男	1986年10月	汉
	吴心霓	外曾孙女	女	2012年7月	汉
家庭大事	1973年，盛和生加入中国共产党。 1985年前，在小村河西（12队）建造三间平房。 1985年，原地翻建楼房。 2003年，动迁移宅至新乐锦园。 2008年，盛婕妤加入中国共产党。 2010年，盛婕妤毕业于南京师范大学；是年，吴吉玄毕业于南京医科大学。				

现有家庭人员	姓名	与户主关系	性别	出生年月	民族
	周云生	户主	男	1952年12月	汉
	王婉珍	妻子	女	1951年12月	汉
	周健康	儿子	男	1976年7月	汉
	浦　燕	儿媳	女	1981年10月	汉
	周隽炜	孙子	男	2002年10月	汉
	周美娟	女儿	女	1974年11月	汉
	顾永杰	女婿	男	1968年11月	汉
	顾昕怡	孙女	女	1999年10月	汉
家庭大事	1975年，周云生加入中国共产党。 1986年，在小村河西建造楼房。 2003年，动迁移宅至新乐锦园。				

	姓名	与户主关系	性别	出生年月	民族
现有家庭人员	盛雪平	户主	男	1968年9月	汉
	陶小兰	妻子	女	1967年12月	汉
	盛　晨	儿子	男	1991年7月	汉
	朱泳舟	儿媳	女	1992年10月	汉
	盛诗越	孙女	女	2018年3月	汉
	盛裕轩	孙子	男	2020年12月	汉
	盛雪花	妹妹	女	1975年2月	汉
	金利民	妹夫	男	1973年5月	汉
	金施羽	侄女	女	1996年4月	汉
	盛阿菊	父亲	男	1946年10月	汉
	施玉珍	母亲	女	1948年3月	汉
家庭大事	1968年，在小村河西（12队）建造三间平房。 1984年，原地翻建楼房。 2003年，动迁移宅至新乐锦园。 2019年，金施羽毕业于常州工学院。				

新乐村第5村民小组

	姓名	与户主关系	性别	出生年月	民族
现有家庭人员	韩乃强	户主	男	1949年6月	汉
	苏红女	妻子	女	1943年7月	汉
	韩桂珍	女儿	女	1979年1月	汉
	陈 昊	女婿	男	1983年4月	汉
	韩蒋财	外孙	男	2002年10月	汉
	陈红亮	外孙	男	2008年2月	汉
家庭大事	1975年，在群力中心河东（5队）建造三间平房。 2003年，韩桂珍分得经济适用房一套。				

	姓名	与户主关系	性别	出生年月	民族
现有家庭人员	姜培珍	户主	女	1935年9月	汉
	朱玲英	儿媳	女	1972年8月	汉
	张 驰	孙子	男	2002年9月	汉
家庭大事	1980年，在群力中心河东（5队）建造四间平房（1984年转让给他人）。 2002年，居住在购买的新乐村打工楼。				

	姓名	与户主关系	性别	出生年月	民族
现有家庭人员	李 军	户主	男	1981年11月	汉
	孙 琴	妻子	女	1982年10月	汉
	李子童	儿子	男	2007年2月	汉
	王秀英	母亲	女	1957年10月	汉
家庭大事	1984年前，在牛长泾房家公司（5队）建造三间草房。 1984年，移迁到群力中心河东（5队）建造楼房。 2002年，动迁移宅至新乐锦园；是年，孙琴毕业于中国地质大学。				

	姓名	与户主关系	性别	出生年月	民族
现有家庭人员	夏梅英	户主	女	1949年6月	汉
	张彤文	丈夫	男	1944年1月	汉
	张建新	长女	女	1974年8月	汉
	王永胆	长女婿	男	1970年7月	汉
	王旻靖	外孙女	女	1995年11月	汉
	张建兰	次女	女	1976年4月	汉
	陈 亮	次女婿	男	1974年4月	汉
	陈心怡	外孙女	女	2002年5月	汉
	陈俊哲	外孙	男	2011年8月	汉
家庭大事	1968年，张彤文加入中国共产党。 1975年前，在牛长泾河西（5队）建造三间草房（与兄各一半）。 1975年，在原宅翻建三间平房。 2000年，动迁移宅至新乐锦园。 2018年，王旻靖毕业于淮阴师范学院。				

	姓名	与户主关系	性别	出生年月	民族
现有家庭人员	高小明	户主	男	1946年3月	汉
	张大妹	妻子	女	1947年1月	汉
	高新生	儿子	男	1970年9月	汉
	徐金凤	儿媳	女	1971年1月	汉
	高宇翔	孙子	男	1996年8月	汉
	邵朱雨	孙媳	女	1996年4月	汉
	高新芳	女儿	女	1968年12月	汉
	钱　彬	女婿	男	1968年3月	汉
	钱怡婕	外孙女	女	1992年1月	汉
家庭大事	1970年前，在牛长泾河西（13队）南大渠道建造两间草房。 1970年，移迁到牛长泾河西（13队）建造三间草房。 1978年，移迁到群力中心河东（13队）建造三间平房。 2002年，动迁移宅至新乐锦园。 1992年，高新生毕业于南京粮食经济学院。 1993年，徐金凤毕业于南京大学。 2007年，高新生加入中国共产党。 2016年，钱怡婕毕业于江苏科技大学。 2019年，高宇翔毕业于南京师范大学。				

	姓名	与户主关系	性别	出生年月	民族
现有家庭人员	张建平	户主	男	1968年4月	汉
	王华艳	妻子	女	1969年11月	汉
	张　莉	女儿	女	1994年2月	汉
	王凤英	母亲	女	1946年2月	汉
家庭大事	1988年，在群力中心河东（5队）购买三间平房。 2001年，动迁移宅至新乐锦园。 2014年，张莉毕业于昆山开放大学。				

	姓名	与户主关系	性别	出生年月	民族
现有家庭人员	费银根	户主	男	1966 年 6 月	汉
	罗春英	妻子	女	1969 年 2 月	汉
	罗晓萍	长女	女	1989 年 6 月	汉
	董科立	长女婿	男	1987 年 6 月	汉
	董锦泽	外孙	男	2012 年 3 月	汉
	董泽西	外孙	男	2017 年 7 月	汉
	罗　霞	次女	女	1996 年 5 月	汉
	陆嘉豪	次女婿	男	1995 年 6 月	汉
	罗银林	岳父	男	1947 年 1 月	汉
	夏响所	岳母	女	1950 年 11 月	汉
家庭大事	1978 年前，在牛长泾河西（13 队）建造三间草房。 1978 年，移迁到群力中心河东建造三间平房。 2002 年，动迁移宅至新乐锦园。 2016 年，罗霞毕业于昆山开放大学。				

	姓名	与户主关系	性别	出生年月	民族
现有家庭人员	张林生	户主	男	1969 年 12 月	汉
	吴建珍	妻子	女	1971 年 8 月	汉
	张　凡	儿子	男	1993 年 9 月	汉
	丁柯尹	儿媳	女	1991 年 11 月	汉
	张舒然	孙女	女	2019 年 11 月	汉
	张耀明	父亲	男	1938 年 3 月	汉
	钮秀英	母亲	女	1941 年 1 月	汉
家庭大事	1988 年前，在牛长泾河西（13 队）建造三间草房（兄弟俩共住）。 1988 年，原地翻建楼房。 2001 年，动迁移宅至新乐锦园。 2014 年，丁柯尹毕业于泰州职业技术学院。 2017 年，张凡毕业于武汉大学。				

	姓名	与户主关系	性别	出生年月	民族
现有家庭人员	张国良	户主	男	1972年6月	汉
	陈竹翠	妻子	女	1973年4月	汉
	张 陈	儿子	男	1995年5月	汉
	王丽雯	儿媳	女	1997年1月	汉
	张沁瑶	孙女	女	2020年10月	汉
家庭大事	1985年前，在牛长泾河西（13队）建造三间草房。 1985年，原地翻建三间平房。 2002年，动迁移宅至新乐锦园。				

	姓名	与户主关系	性别	出生年月	民族
现有家庭人员	张林根	户主	男	1961年5月	汉
	夏银芬	妻子	女	1963年1月	汉
	张 倩	女儿	女	1987年1月	汉
	张思琦	外孙女	女	2012年3月	汉
	张耀明	父亲	男	1938年3月	汉
	钮秀英	母亲	女	1941年3月	汉
家庭大事	1988年前，在牛长泾河西（13队）建造三间草房（兄弟俩共住）。 1988年，翻建楼房。 1989—1992年，张林根担任新乐村村委会主任。 2001年，动迁移宅至新乐锦园。				

	姓名	与户主关系	性别	出生年月	民族
现有家庭人员	韩 琴	户主	女	1972年8月	汉
	刘 斌	侄子	男	1992年3月	汉
家庭大事	2001年前，在牛长泾房家公司（5队）和父亲韩春生居住。 2001年，动迁移宅至新乐锦园。				

现有家庭人员	姓名	与户主关系	性别	出生年月	民族
	李刚	户主	男	1993年9月	汉
	刘兴凤	母亲	女	1968年8月	汉

家庭大事	2002年前,在群力中心河东(5队)建造四间平房。 2002年,动迁移宅至新乐锦园。

现有家庭人员	姓名	与户主关系	性别	出生年月	民族
	罗林忠	户主	男	1968年12月	汉
	沈学芳	妻子	女	1968年6月	汉
	罗丹	女儿	女	1993年10月	汉
	杨杨	女婿	男	1993年7月	汉
	徐刘官	母亲	女	1938年12月	汉

家庭大事	1987—1991年,罗林忠服兵役。 2002年前,在牛长泾河西(13队)建造三间平房。 2002年,动迁移宅至新乐锦园。 2016年,罗丹毕业于南京师范大学泰州学院。 2020年,杨杨就读于江苏师范大学。

现有家庭人员	姓名	与户主关系	性别	出生年月	民族
	韩乃忠	户主	男	1951年12月	汉
	陈英	妻子	女	1956年6月	汉
	韩宝清	儿子	男	1980年1月	汉
	李飞燕	儿媳	女	1979年3月	汉
	韩思佳	孙女	女	2002年9月	汉
	韩俊基	孙子	男	2007年11月	汉

家庭大事	2001年前,在牛长泾房家公司(5队)建造三间平房。 2001年,动迁移宅至新乐锦园。

	姓名	与户主关系	性别	出生年月	民族
现有家庭人员	严荣根	户主	男	1970年8月	汉
	黄建芬	妻子	女	1973年1月	汉
	严 怡	女儿	女	1993年4月	汉
	沈晓军	女婿	男	1993年11月	汉
	严子航	儿子	男	2008年7月	汉
	肖阿英	母亲	女	1938年1月	汉
家庭大事	1984年前，在牛长泾河西（13队）建造三间平房。 1984年，往南移迁建造楼房。 2002年，动迁移宅至新乐锦园。				

	姓名	与户主关系	性别	出生年月	民族
现有家庭人员	罗英杰	户主	男	1963年8月	汉
	顾文娟	妻子	女	1968年8月	汉
	罗 婷	女儿	女	1989年8月	汉
	凌 浩	女婿	男	1990年1月	汉
	徐刘官	母亲	女	1938年12月	汉
家庭大事	2002年前，在牛长泾河西（13队）建造三间平房。 2002年，动迁移宅至新乐锦园。 2010年，罗婷加入中国共产党。 2011年，罗婷毕业于扬州大学广陵学院。 2012年，凌浩毕业于盐城工学院。				

	姓名	与户主关系	性别	出生年月	民族
现有家庭人员	张玉明	户主	男	1968年3月	汉
	姚建兰	妻子	女	1969年4月	汉
	张彦俊	儿子	男	1991年11月	汉
	赵雨薇	儿媳	女	1991年9月	汉
	张纪宗	父亲	男	1939年12月	汉
	朱玉珍	母亲	女	1941年10月	汉
家庭大事	1978年前，在牛长泾河西（13队）建造一间半草房。 1978年，移迁到群力中心河东（13队）建造三间平房。 1989年，回牛长泾河西（13队）建造楼房、二转间附房。 2001年，动迁移宅至新乐锦园。 2005年，张玉明家庭获得玉山镇"五好文明家庭户"称号。				

	姓名	与户主关系	性别	出生年月	民族
现有家庭人员	张建春	户主	男	1966年2月	汉
	王巧玲	妻子	女	1965年7月	汉
	张 翔	儿子	男	1988年12月	汉
	杜翠叶	儿媳	女	1993年12月	汉
	张栩祎	孙女	女	2016年10月	汉
	杜九久	孙女	女	2018年10月	汉
	王凤英	母亲	女	1946年2月	汉
家庭大事	1974年前，在牛长泾河西（5队）建造三间草房（与叔各一半）。 1974年，拆除东一间半草房，原地向东延伸一间半，建造三间平房（三兄弟合住）。 1985年，在原地往南建造三间平房。 1985—1997年，张建春先后担任新乐村治保主任、民兵营营长、团支部书记、村委会主任、经济合作社社长。 1992年，张建春加入中国共产党。 2001年，动迁移宅至新乐锦园。 2010年，张翔毕业于苏州经贸职业技术学院；是年，加入中国共产党。 2011年，张建春荣获"2008—2010年度昆山市劳动模范"称号。				

	姓名	与户主关系	性别	出生年月	民族
现有家庭人员	王志夫	户主	男	1963年5月	汉
	时银妹	妻子	女	1963年8月	汉
	王　燕	女儿	女	1987年11月	汉
	陈梓萱	外孙女	女	2012年10月	汉
	王语萱	外孙女	女	2014年8月	汉
家庭大事	1985年前，在牛长泾房家公司（5队）建造三间草房（兄弟俩各一半）。 1985年，在原地翻建三间平房。 1992年，在原地翻建楼房。 2002年，动迁移宅至新乐锦园。 2010年，王燕毕业于扬州市职业大学。				

	姓名	与户主关系	性别	出生年月	民族
现有家庭人员	罗彩英	户主	女	1965年5月	汉
	罗兰英	姐姐	女	1962年6月	汉
	朱建伟	外甥	男	1986年1月	汉
	徐刘官	母亲	女	1938年12月	汉
家庭大事	2002年前，在牛长泾河西（13队）与兄弟姐妹一起住。 2002年，增宅至新乐锦园。 2006年，朱建伟毕业于常州机电职业技术学院。				

	姓名	与户主关系	性别	出生年月	民族
现有家庭人员	张月明	户主	男	1967年6月	汉
	沈春珍	妻子	女	1967年5月	汉
	张　琴	女儿	女	1993年11月	汉
	金　磊	女婿	男	1994年1月	汉
家庭大事	2001年前，在群力中心河东（5队）建造三间平房。 2001年，动迁移宅至新乐锦园。 2016年，张琴毕业于江苏师范大学。				

现有家庭人员	姓名	与户主关系	性别	出生年月	民族
	张水泉	户主	男	1946年9月	汉
	韩玉洪	妻子	女	1946年3月	汉

家庭大事	1985年前,在牛长泾河西（13队）建造三间草房。 1985年,原地翻建三间平房。 2002年,动迁移宅至新乐锦园。

现有家庭人员	姓名	与户主关系	性别	出生年月	民族
	韩春生	户主	男	1945年1月	汉
	张梅珍	妻子	女	1951年12月	汉
	韩 芳	女儿	女	1967年12月	汉
	韩国兴	外孙	男	1989年4月	汉
	王秀秀	外孙媳	女	1991年10月	汉
	韩 婷	外曾孙女	女	2006年4月	汉
	韩智恩	外曾孙女	女	2011年7月	汉

家庭大事	1978年前,在牛长泾房家公司（5队）建造三间草房。 1978年,在原地翻建五间平房。 2001年,动迁移宅至新乐锦园。

现有家庭人员	姓名	与户主关系	性别	出生年月	民族
	王建忠	户主	男	1970年6月	汉
	肖盘芬	妻子	女	1971年2月	汉
	王 强	儿子	男	1993年4月	汉
	王志银	父亲	男	1948年11月	汉

家庭大事	2004年前,在群力中心河东建造三间平房。 2004年,动迁移宅至新乐锦园。 2016年,王强毕业于苏州大学。

新乐村志·村民家庭记载

	姓名	与户主关系	性别	出生年月	民族
现有家庭人员	时金龙	户主	男	1954年12月	汉
	冯秀英	妻子	女	1957年1月	汉
	时 军	儿子	男	1984年8月	汉
	时周涛	孙子	男	2008年9月	汉
	时金宝	弟弟	男	1970年3月	汉
	吴妹娟	弟媳	女	1972年10月	汉
	吴文杰	侄子	男	1995年7月	汉
	时文进	父亲	男	1930年4月	汉

家庭大事	1975—1978年,时金龙服兵役。 1977年,时金龙加入中国共产党。 1988年前,在群力中心河东(5队)建造三间平房。 1988年,原地翻建楼房。 1990—1993年,时金宝服兵役。 1992年,时金宝加入中国共产党。 2002年,动迁移宅至新乐锦园。 2005年,时军毕业于江苏省苏州技师学院。 2017年,吴文杰毕业于江苏师范大学。

	姓名	与户主关系	性别	出生年月	民族
现有家庭人员	马阿龙	户主	男	1958年10月	汉
	葛月兰	妻子	女	1961年11月	汉
	马雪琴	女儿	女	1982年8月	汉
	赵明飞	女婿	男	1983年3月	汉
	马汐昀	外孙女	女	2005年8月	汉
	张小妹	母亲	女	1932年11月	汉

家庭大事	1978年前,在牛长泾河西(13队)建造三间平房。 1978年,移迁到群力中心河东(13队)建造四间平房。 2002年,动迁移宅至新乐锦园。

	姓名	与户主关系	性别	出生年月	民族
现有家庭人员	张培文	户主	男	1957年5月	汉
	李世春	妻子	女	1962年12月	汉
	张建伟	儿子	男	1985年8月	汉
	张 慧	儿媳	女	1988年11月	汉
	张梓晨	孙子	男	2010年12月	汉
家庭大事	1980年前，在牛长泾河西（5队）建造三间草房（兄弟俩各一半）。 1980年，移迁到群力中心河东（5队）建造三间平房。 1989—1995年，张培文任新乐村会计、村委会代主任。 1991年，张培文荣获"昆山市农村集体经济好管家"称号；是年，张培文加入中国共产党。 2001年，动迁移宅至新乐锦园。 2004—2013年，张培文任新乐村村委会主任、经济合作社社长，直至退休。 2007年，张培文荣获"昆山市法治江苏合格市创建工作热心人士"称号。 2007年，张建伟毕业于南京工业职业技术学院。					

	姓名	与户主关系	性别	出生年月	民族
现有家庭人员	王志强	户主	男	1957年12月	汉
	马荷珍	妻子	女	1962年7月	汉
	王 剑	儿子	男	1985年12月	汉
	周 际	儿媳	女	1994年1月	汉
	王嘉俊	孙子	男	2007年9月	汉
家庭大事	1980年前，在牛长泾房家公司（5队）建造三间草房（兄弟俩各一半）。 1980年，在群力中心河东（5队）建造三间平房。 2002年，动迁移宅至新乐锦园。					

现有家庭人员	姓名	与户主关系	性别	出生年月	民族
	张文明	户主	男	1962 年 8 月	汉
	杨荣平	妻子	女	1968 年 10 月	汉
	张 军	儿子	男	1990 年 4 月	汉
	贾 玲	儿媳	女	1992 年 1 月	汉
	张珉睿	孙女	女	2016 年 12 月	汉
	贾茗羽	孙女	女	2020 年 11 月	汉

家庭大事：
2002 年前，在牛长泾河西（5 队）河北建造三间平房。
2002 年，动迁移宅至新乐锦园。
2011 年，张军毕业于苏州市职业大学。
2020 年，贾玲加入中国共产党。

现有家庭人员	姓名	与户主关系	性别	出生年月	民族
	朱小龙	户主	男	1957 年 1 月	汉
	王 琼	妻子	女	1963 年 11 月	汉
	朱汉忠	儿子	男	1985 年 6 月	汉
	田德花	儿媳	女	1989 年 12 月	汉
	朱文涛	孙子	男	2008 年 6 月	汉
	朱元涛	孙子	男	2019 年 8 月	汉

家庭大事：
1978 年前，在牛长泾房家公司（5 队）建造三间草房。
1978 年，移迁到群力中心河东（5 队）建造三间平房。
2000 年，动迁移宅至新乐锦园。
2004 年，朱汉忠毕业于苏州市轻工业学校。

	姓名	与户主关系	性别	出生年月	民族
现有家庭人员	张伟兴	户主	男	1949 年 1 月	汉
	王凤兰	妻子	女	1954 年 5 月	汉
	张　军	儿子	男	1977 年 4 月	汉
	顾晓华	儿媳	女	1976 年 10 月	汉
	张欣怡	孙女	女	2000 年 7 月	汉
	张枫伟	孙子	男	2004 年 4 月	汉
	张弈晨	孙子	男	2016 年 8 月	汉
家庭大事	1984 年前，在牛长泾河西（5 队）建造三间平房。 1984 年，购买群力中心河东四间平房。 1995 年，顾晓华毕业于南京师范大学附属幼儿师范学校。 2003 年，动迁移宅至新乐锦园。				

	姓名	与户主关系	性别	出生年月	民族
现有家庭人员	张云警	户主	男	1968 年 9 月	汉
	韩桂林	妻子	女	1972 年 11 月	汉
	韩　雯	女儿	女	1993 年 9 月	汉
	姚　双	女婿	男	1988 年 1 月	汉
	韩之欣	外孙	男	2018 年 7 月	汉
	韩之宇	外孙	男	2018 年 7 月	汉
家庭大事	1975 年，在群力中心河东（5 队）建造三间平房。 2004 年，动迁移宅至新乐锦园。				

	姓名	与户主关系	性别	出生年月	民族
现有家庭人员	王 军	户主	男	1987年3月	汉
	刘 媚	妻子	女	1988年12月	汉
	王羽柔	女儿	女	2012年7月	汉
	王宇浩	儿子	男	2014年9月	汉
家庭大事	1978年前，在牛长泾房家公司（13队）建造两间草棚。 1978年，移迁到群力中心河东（13队）建造四间平房。 1983年，原地翻建楼房。 2003年，动迁移宅至新乐锦园。 2009年，刘媚毕业于苏州经贸职业技术学院。				

	姓名	与户主关系	性别	出生年月	民族
现有家庭人员	张凤珍	户主	女	1954年7月	汉
	张玉峰	儿子	男	1980年5月	汉
	卞书兰	儿媳	女	1981年9月	汉
	张文杰	孙子	男	2010年6月	汉
家庭大事	1975年前，在牛长泾河西（5队）建造三间平房。 1975年，移迁到群力中心河东（5队）建造两间平房。 2003年，动迁移宅至新乐锦园。				

	姓名	与户主关系	性别	出生年月	民族
现有家庭人员	王介北	户主	男	1954年1月	汉
	费梅兰	妻子	女	1957年12月	汉
	王祚龙	长子	男	1979年2月	汉
	候海玲	长媳	女	1982年11月	汉
	王心蕊	孙女	女	2001年10月	汉
	王欣皓	孙子	男	2008年8月	汉
	王欣茹	孙女	女	2016年10月	汉
	王 斌	次子	男	1980年12月	汉
	王 芳	次媳	女	1981年11月	汉
	王笑宇	孙子	男	2003年9月	汉
家庭大事	1978年前，在牛长泾房家公司（13队）建造两间草棚。 1978年，移迁到群力中心河东（13队）建造三间平房。 1983年，原地翻建楼房。 2003年，动迁移宅至新乐锦园。 2005年，候海玲毕业于东北财经大学。				

	姓名	与户主关系	性别	出生年月	民族
现有家庭人员	张建明	户主	男	1948年2月	汉
	夏存粉	妻子	女	1946年4月	汉
	张彩英	女儿	女	1968年10月	汉
	张国峰	女婿	男	1967年12月	汉
	张则栋	外孙	男	1991年7月	汉
	许 蓝	外孙媳	女	1992年11月	汉
	张许安	外曾孙	男	2017年10月	汉
家庭大事	1980年前，在牛长泾河西（13队）河北建造三间草房。 1980年，移迁到群力中心河东（13队）建造三间平房。 1988年，原地翻建楼房。 2002年，动迁移宅至新乐锦园。 2009年，张国峰加入中国共产党。 2015年，张则栋毕业于扬州大学。 2016年，许蓝毕业于盐城师范学院。				

	姓名	与户主关系	性别	出生年月	民族
现有家庭人员	罗乔林	户主	男	1941年10月	汉
	吴冬英	妻子	女	1943年11月	汉
	罗海松	长子	男	1970年6月	汉
	李 莉	长媳	女	1976年11月	汉
	罗嘉伟	孙子	男	1999年12月	汉
	罗海根	次子	男	1972年3月	汉
	陈静娟	次媳	女	1975年4月	汉
	罗 鑫	孙女	女	1997年4月	汉
	罗海妹	女儿	女	1968年2月	汉
	李小兵	女婿	男	1969年3月	汉
	李煜星	外孙	男	1992年4月	汉
家庭大事	1960—1968年，罗乔林服兵役，服役期间获"五好战士"称号。 1964年，罗乔林加入中国共产党。 1978年前，在牛长泾河西（13队）建造三间平房。 1978年，移迁到群力中心河东（13队）建造四间平房。 1991—1994年，罗海根服兵役。 2004年，动迁移宅至新乐锦园。				

	姓名	与户主关系	性别	出生年月	民族
现有家庭人员	时小龙	户主	男	1966年6月	汉
	范秀珍	妻子	女	1967年9月	汉
	时 颖	女儿	女	1989年9月	汉
	施 聪	女婿	男	1986年8月	汉
家庭大事	2003年前，在群力中心河东（5队）建造三间平房。 2003年，动迁移宅至新乐锦园。 2008年，时小龙获评单位"先进个人"。 2011年，时颖毕业于苏州评弹学校；是年，施聪毕业于南京师范大学。				

	姓名	与户主关系	性别	出生年月	民族
现有家庭人员	张建芬	户主	女	1973年1月	汉
	徐 栋	丈夫	男	1972年1月	汉
	徐欣怡	女儿	女	1996年6月	汉
	王金娣	母亲	女	1951年6月	汉
家庭大事	1980年前，在牛长泾河西（5队）建造三间草房（与小叔各一半）。 1980年，移迁到群力中心河（5队）建造三间平房。 1993年，平房卖给大伯。				

新乐村第 6 村民小组

	姓名	与户主关系	性别	出生年月	民族
现有家庭人员	崔巧根	户主	男	1957 年 12 月	汉
	崔阿军	儿子	男	1982 年 8 月	汉
	付美燕	儿媳	女	1983 年 4 月	汉
	崔文轩	孙子	男	2005 年 5 月	汉
	崔士杰	父亲	男	1925 年 2 月	汉
家庭大事	1977—1981 年，崔巧根服兵役。 1990 年前，在牛长泾河东（6 队）建造三间平房。 1990 年，原地翻建楼房。 2004 年，动迁移宅至新乐锦园。				

	姓名	与户主关系	性别	出生年月	民族
现有家庭人员	张春宝	户主	男	1967 年 3 月	汉
	罗红英	妻子	女	1967 年 1 月	汉
	张 靖	儿子	男	1992 年 10 月	汉
	冉 婷	儿媳	女	1993 年 8 月	汉
	张铭志	弟弟	男	1973 年 7 月	汉
	汤卫花	弟媳	女	1978 年 11 月	汉
	张 晨	侄女	女	2002 年 2 月	汉
	刘粉扣	母亲	女	1941 年 1 月	汉
家庭大事	1975 年前，在牛长泾河东（6 队）建造三间草房。 1975 年，移迁到群力中心河（6 队）建造三间平房。 1990 年，原地翻建楼房、三间附房。 2004 年，动迁移宅至新乐锦园。 2020 年，张晨就读于南京师范大学。				

	姓名	与户主关系	性别	出生年月	民族
现有 家庭人员	夏根云	户主	男	1961 年 11 月	汉
	严荣芳	妻子	女	1963 年 1 月	汉
	夏　妍	女儿	女	1986 年 9 月	汉
	沈丹君	女婿	男	1984 年 4 月	汉
	沈逸谦	外孙	男	2013 年 9 月	汉
	夏逸悠	外孙女	女	2018 年 8 月	汉
家庭大事	1984 年前，在牛长泾河东（6 队）建造三间平房（与弟合住）。 1984—1989 年，夏根云担任新乐村会计、民兵营营长、治保主任。 1988 年，原地建造楼房（与弟合住）。 2002 年，动迁移宅至新乐锦园。 2009 年，夏妍毕业于南京师范大学泰州学院；是年，沈丹君毕业于弗林德斯大学。 2016 年，夏妍加入中国共产党。 2019 年，夏妍进新乐村村委会工作。					

	姓名	与户主关系	性别	出生年月	民族
现有 家庭人员	徐　进	户主	男	1970 年 2 月	汉
	杨明芳	妻子	女	1970 年 6 月	汉
	徐文豪	儿子	男	1993 年 7 月	汉
家庭大事	1986 年，在牛长泾河东（6 队）建造三间平房。 2000 年，动迁增宅至新乐锦园。 2015 年，徐文豪毕业于西安交通大学苏州研究院。					

	姓名	与户主关系	性别	出生年月	民族
现有家庭人员	赵粉宝	户主	男	1942年10月	汉
	邵才喜	妻子	女	1943年8月	汉
	赵素英	次女	女	1967年2月	汉
	王建良	次女婿	男	1965年1月	汉
	赵平	外孙	男	1990年3月	汉
	秦晴	外孙媳	女	1992年10月	汉
	赵浚萧	外曾孙	男	2017年9月	汉
	赵素梅	三女	女	1970年6月	汉
	王永明	三女婿	男	1970年7月	汉
	王意	外孙女	女	1996年11月	汉
家庭大事	1980年前，在牛长泾河东（6队）建造两间半草房。 1980年，移迁到群力中心河东（6队）建造四间平房。 1985—1989年，王建良服兵役。 1989年，王建良加入中国共产党。 1996年，原地翻建楼房。 2000年，动迁移宅至新乐锦园。 2005年，王建良获得昆山市"见义勇为"称号。 2012年，赵平毕业于苏州高博软件技术职业学院。 2013年，秦晴毕业于机械工业苏州高级技工学校。 2016年，王意毕业于无锡商业职业技术学校。				

	姓名	与户主关系	性别	出生年月	民族
现有家庭人员	夏林根	户主	男	1955年3月	汉
	杨秋珍	妻子	女	1963年3月	汉
	夏国英	女儿	女	1982年11月	汉
	李　胜	女婿	男	1985年11月	汉
	李泽荣	外孙	男	2016年1月	汉
	夏泽天	外孙	男	2018年10月	汉
	夏春玉	父亲	男	1935年12月	汉
家庭大事	1988年前，在群力中心河东（6队）建造三间平房。 1988年，原地翻建楼房。 2002年，动迁移宅至新乐锦园。 2004年，夏国英毕业于苏州大学。				

	姓名	与户主关系	性别	出生年月	民族
现有家庭人员	陈为银	户主	男	1955年11月	汉
	杨国萍	妻子	女	1959年1月	汉
	陈德金	儿子	男	1981年8月	汉
	石秀丽	儿媳	女	1987年11月	汉
	陈笔玉	孙子	男	2009年1月	汉
	陈习文	孙子	男	2014年3月	汉
家庭大事	1996年，购买牛长泾河东（6队）三间平房。 2001年，动迁移宅至新乐锦园。 2002年，陈德金毕业于常熟高等专科学校。				

	姓名	与户主关系	性别	出生年月	民族
现有家庭人员	夏长城	户主	男	1947年1月	汉
	崔玉兰	妻子	女	1955年2月	汉
	夏志强	儿子	男	1977年2月	汉
	王秀霞	儿媳	女	1976年12月	汉
	夏　宇	孙子	男	2002年3月	汉
家庭大事	1978年，在群力中心河东（6队）建造三间平房。 1985年，夏长城加入中国共产党。 1988年，原地翻建楼房。 1997—1999年，夏志强服兵役，服役期间荣获"优秀士兵"称号。 1998年，夏志强加入中国共产党。 2001年，动迁移宅至新乐锦园。				

	姓名	与户主关系	性别	出生年月	民族
现有家庭人员	韩巧喜	户主	女	1959年6月	汉
	赵苏芳	女儿	女	1981年7月	汉
	顾建峰	女婿	男	1979年4月	汉
	赵顾斌	外孙	男	2005年4月	汉
	赵素琴	女儿	女	1989年10月	汉
家庭大事	1988年前，在群力中心河东（6队）建造三间平房。 1988年，原地翻建楼房。 2001年，动迁移宅至新乐锦园。 2004年，赵苏芳毕业于苏州大学。 2012年，赵素琴毕业于苏州大学。				

现有家庭人员	姓名	与户主关系	性别	出生年月	民族
	华金根	户主	男	1965年10月	汉
	张　敏	妻子	女	1976年6月	汉

家庭大事	1982年前，在牛长泾河东（6队）建造两间附房、两间草房（兄弟俩共住）。 1982年，在原地翻建三间平房（兄弟俩各一半）。 2001年，动迁移宅至新乐锦园。

现有家庭人员	姓名	与户主关系	性别	出生年月	民族
	夏林贵	户主	男	1962年2月	汉
	杨粉妹	妻子	女	1968年10月	汉
	夏　萍	女儿	女	1990年11月	汉
	杨均棋	孙子	男	2018年7月	汉
	夏均航	孙子	男	2020年9月	汉
	夏春玉	父亲	男	1935年5月	汉

家庭大事	2002年前，在牛长泾河东（6队）建造三间平房。 2002年，动迁移宅至新乐锦园。 2012年，夏萍毕业于上海财经大学。

现有家庭人员	姓名	与户主关系	性别	出生年月	民族
	崔粉根	户主	男	1963年6月	汉
	秦冬珍	妻子	女	1962年12月	汉
	崔金芳	女儿	女	1986年4月	汉
	周洪全	女婿	男	1982年3月	汉
	崔文俊	外孙	男	2008年8月	汉
	崔士杰	父亲	男	1925年2月	汉

家庭大事	2000年前，在牛长泾河东（6队）建造三间平房。 2000年，动迁移宅至新乐锦园。 2003年，周洪全毕业于湖北省机械工业学校。 2009年，周洪全加入中国共产党。 2020年，崔金芳毕业于山东大学继续教育学院。

现有家庭人员	姓名	与户主关系	性别	出生年月	民族
	夏根虎	户主	男	1974年12月	汉
	陈加芝	妻子	女	1976年4月	汉
	夏枫玲	女儿	女	2004年2月	汉
	夏兰珍	姐姐	女	1971年8月	汉
	张粉女	母亲	女	1948年9月	汉

家庭大事	2001年前，在牛长泾河东（6队）建造三间平房。 2001年，动迁移宅至新乐锦园。

	姓名	与户主关系	性别	出生年月	民族
现有家庭人员	夏长川	户主	男	1939年1月	汉
	夏浦红	孙女	女	1994年8月	汉
	谷 平	孙女婿	男	1992年9月	汉
	夏诗涵	外曾孙女	女	2016年10月	汉
家庭大事	1992年,夏长川荣获"尊老爱幼先进个人"称号。 2002年前,在牛长泾河东(6队)建造三间平房(兄弟三人合住)。 2002年,动迁移宅至新乐锦园。				

	姓名	与户主关系	性别	出生年月	民族
现有家庭人员	刘正兔	户主	男	1963年5月	汉
	张春林	妻子	女	1964年1月	汉
	刘 君	儿子	男	1986年7月	汉
	沈宜燕	儿媳	女	1987年2月	汉
	夏欢女	母亲	女	1933年4月	汉
家庭大事	1987年前,在牛长泾河东(6队)建造三间平房。 1987年,原地翻建楼房。 2004年,动迁移宅至新乐锦园。 2008年,刘君毕业于江苏食品职业技术学院。				

	姓名	与户主关系	性别	出生年月	民族
现有家庭人员	杨德锦	户主	男	1947年6月	汉
	杨菊芳	长女	女	1968年12月	汉
	陈家云	长女婿	男	1964年9月	汉
	杨 琛	外孙	男	1991年1月	汉
	陈秋逸	外孙媳	女	1991年11月	汉
	杨业晟	外曾孙	男	2016年10月	汉
	陈业榕	外曾孙	男	2019年4月	汉
	杨明妹	次女	女	1977年3月	汉
	李雨阳	外孙	男	2003年4月	汉
家庭大事	1984年，陈家云应征入伍，服役期间多次获嘉奖。 1987年，陈家云加入中国共产党。 1998年，杨菊芳加入中国共产党。 2001年前，在牛长泾河东（6队）建造楼房。 2001年，动迁移宅至新乐锦园。 2003年，陈家云毕业于苏州市职业大学。 2005年，杨菊芳毕业于武汉理工大学。 2006年，杨明妹毕业于武汉理工大学。 2013年，杨琛毕业于常州大学。 2016年，陈秋逸毕业于江苏第二师范学院。				

	姓名	与户主关系	性别	出生年月	民族
现有家庭人员	崔根孝	户主	男	1945年9月	汉
	夏船桂	妻子	女	1946年10月	汉
	崔阿明	儿子	男	1966年9月	汉
	丁银珍	儿媳	女	1966年2月	汉
	崔文婷	孙女	女	1991年6月	汉
	张煜捷	孙女婿	男	1991年6月	汉
	崔士杰	父亲	男	1925年2月	汉
家庭大事	1978年前，在牛长泾河东（6队）建造两间草房。 1978年，原地翻建三间平房。 1986—1990年，崔阿明服兵役。 1988年，移迁到公场建造楼房；是年，崔阿明加入中国共产党。 1990—2000年，崔阿明担任新乐村团支部书记、村委会主任、党支部书记。 1997年，丁银珍加入中国共产党。 2001年，动迁移宅至新乐锦园。 2010年，崔文婷到美国留学。 2011年，崔阿明、丁银珍同时毕业于中共昆山市委党校。				

	姓名	与户主关系	性别	出生年月	民族
现有家庭人员	夏根羊	户主	男	1955年4月	汉
	陆秀娣	妻子	女	1956年7月	汉
	夏冬梅	女儿	女	1980年12月	汉
	花文明	女婿	男	1979年7月	汉
	夏　鑫	外孙	男	2003年11月	汉
	夏　勋	外孙	男	2010年7月	汉
	纪美英	母亲	女	1924年4月	汉
家庭大事	1981年，在牛长泾河东（6队）建造三间平房。 1991年，原地翻建楼房。 1997—2000年，花文明服兵役，服役期间荣获"优秀士兵"称号。 2000年，花文明毕业于北京交通大学。 2001年，动迁移宅至新乐锦园；是年，夏冬梅毕业于苏州市广播电视大学昆山分校。				

	姓名	与户主关系	性别	出生年月	民族
现有家庭人员	崔阿友	户主	男	1969年9月	汉
	吴凤英	妻子	女	1969年9月	汉
	崔文蕾	女儿	女	1993年10月	汉
	程达山	女婿	男	1993年11月	汉
	崔文蓓	女儿	女	1993年10月	汉

家庭大事	2001年前，在牛长泾河东（6队）公场建造楼房。 2001年，动迁移宅至新乐锦园。 2013年，崔文蕾、崔文蓓同时毕业于昆山登云科技职业学院。

	姓名	与户主关系	性别	出生年月	民族
现有家庭人员	夏长华	户主	男	1954年4月	汉
	王根珍	妻子	女	1952年2月	汉
	夏志富	儿子	男	1981年7月	汉
	王妹妹	儿媳	女	1982年1月	汉
	夏鹏	孙子	男	2004年7月	汉

家庭大事	1984年前，在牛长泾河东（6队）建造三间平房。 1984年，原地翻建三间平房。 1995—1998年，夏长华成为种粮承包大户。 2001年，动迁移宅至新乐锦园。 2010年，夏志富毕业于江苏广播电视大学。 2020年，夏鹏就读于南通师范高等专科学校。

	姓名	与户主关系	性别	出生年月	民族
现有家庭人员	夏长明	户主	男	1957 年 5 月	汉
	刘建华	妻子	女	1962 年 8 月	汉
	夏志发	儿子	男	1984 年 6 月	汉
	陶　娟	儿媳	女	1983 年 6 月	汉
	夏钲清	孙子	男	2008 年 8 月	汉
	夏子清	孙女	女	2017 年 9 月	汉
家庭大事	2001 年，在牛长泾河东（6 队）建造三间平房。 2001 年，动迁移宅至新乐锦园。 2003 年，陶娟毕业于苏州市职业大学。 2017 年，夏志发毕业于常州大学。				

	姓名	与户主关系	性别	出生年月	民族
现有家庭人员	夏志云	户主	男	1965 年 5 月	汉
	朱建英	妻子	女	1967 年 10 月	汉
	夏　雯	女儿	女	1989 年 1 月	汉
	徐　涛	女婿	男	1989 年 4 月	汉
	徐欣瑜	外孙女	女	2013 年 6 月	汉
	夏欣皓	外孙	男	2016 年 9 月	汉
家庭大事	1988 年前，在牛长泾河东（6 队）建造三间平房（与兄合住）。 1988 年，原地北移建造楼房（与兄合住）。 1997 年，夏志云加入中国共产党。 1997—2020 年，夏志云担任新乐村民兵营营长、治保主任、经济合作社社长；任职期间多次获玉山镇"社会治安综合治理创安工作先进个人"称号，多次获玉山镇人武部"民兵预备役先进个人"称号。 2001 年，动迁移宅至新乐锦园。 2004 年，夏雯毕业于上海托普信息技术学院。 2012 年，徐涛毕业于苏州大学。				

	姓名	与户主关系	性别	出生年月	民族
现有家庭人员	华金敏	户主	男	1962年12月	汉
	张秀英	妻子	女	1964年10月	汉
	华 玲	女儿	女	1988年12月	汉
	沈岐锋	女婿	男	1989年1月	汉
	沈昕妍	外孙女	女	2013年2月	汉
家庭大事	1982年前,在牛长泾河东(6队)建造两间附房、两间草房(与弟合住)。 1982年,原地翻建三间平房(与弟合住)。 2000年,动迁移宅至新乐锦园。 2009年,华玲毕业于九州职业技术学院;是年,沈岐锋毕业于江苏财经职业技术学院。				

	姓名	与户主关系	性别	出生年月	民族
现有家庭人员	赵根宝	户主	男	1950年2月	汉
	夏才云	妻子	女	1954年11月	汉
	赵 伟	儿子	男	1978年4月	汉
	罗凌娟	儿媳	女	1979年11月	汉
	赵悦良	孙子	男	2006年4月	汉
	赵 英	女儿	女	1979年12月	汉
家庭大事	1973—1977年,赵根宝服兵役,服役期间立三等功。 1976年,赵根宝加入中国共产党。 1977—1984年,赵根宝任新乐村民兵营营长。 1985年,在牛长泾河东(6队)建造楼房。 1999年,赵伟荣获城北镇"十佳优秀青年"称号。 2001年,动迁移宅至新乐锦园。				

	姓名	与户主关系	性别	出生年月	民族
现有家庭人员	刘宝阳	户主	男	1979年12月	汉
	王小华	妻子	女	1977年6月	汉
	刘 琦	儿子	男	2002年10月	汉
	刘 毅	儿子	男	2009年9月	汉
	刘正扣	父亲	男	1955年4月	汉
	张兴妹	母亲	女	1957年5月	汉
	夏欢女	祖母	女	1933年4月	汉
家庭大事	1975年前，在牛长泾河东（6队）购买三间平房。 1975年，原地翻建三间平房。 1986年，原地翻建楼房。 2000年，动迁移宅至新乐锦园。				

	姓名	与户主关系	性别	出生年月	民族
现有家庭人员	崔根林	户主	男	1950年4月	汉
	夏春英	妻子	女	1951年3月	汉
	崔阿生	儿子	男	1974年1月	汉
	冯小萍	儿媳	女	1973年1月	汉
	崔人杰	孙子	男	1997年2月	汉
	崔士杰	父亲	男	1925年2月	汉
家庭大事	1976年前，在牛长泾河东（6队）建造三间草房。 1976年，原地翻建三间平房。 1984年，原地翻建楼房。 2002年，动迁移宅至新乐锦园。 2018年，崔人杰毕业于南京财经大学。				

	姓名	与户主关系	性别	出生年月	民族
现有家庭人员	崔阿华	户主	男	1977年9月	汉
	季秋妹	妻子	女	1980年1月	汉
	季文靖	女儿	女	2000年7月	汉
	崔文杰	儿子	男	2004年7月	汉
家庭大事	2002年,动迁增宅至新乐锦园。 2006年,崔阿华毕业于中共昆山市委党校。 2019年,季文靖就读于厦门工学院。				

	姓名	与户主关系	性别	出生年月	民族
现有家庭人员	赵望宝	户主	男	1953年10月	汉
	陈学琼	妻子	女	1958年8月	汉
	赵素霞	女儿	女	1982年10月	汉
	孙延锋	女婿	男	1977年12月	汉
	赵孙正和	外孙	男	2006年1月	汉
	孙正仁	外孙	男	2013年7月	汉
家庭大事	2000年,孙延锋毕业于南京农业大学。 2002年前,在大竹园(11队)建造三间平房。 2002年,动迁移宅至新乐锦园。 2015年,赵素霞毕业于昆山开放大学。				

	姓名	与户主关系	性别	出生年月	民族
现有家庭人员	伍德洪	户主	男	1975年1月	汉
	赵咏梅	妻子	女	1975年9月	汉
	伍斌	儿子	男	1998年3月	汉
	夏银女	母亲	女	1950年1月	汉
家庭大事	1996年前,在牛长泾河东(6队)建造三间平房。 1996年,移迁到群力中心河东(6队)建造三间平房。 2004年,动迁移宅至新乐锦园。 2019年,伍斌毕业于昆山开放大学。				

	姓名	与户主关系	性别	出生年月	民族
现有家庭人员	夏芝忠	户主	男	1972年10月	汉
	马天亮	儿子	男	1996年3月	汉

家庭大事	2002年前，在牛长泾河东（6队）建造三间平房。 2002年，动迁移宅至新乐锦园。 2014—2016年，马天亮服兵役，服役期间受嘉奖。

	姓名	与户主关系	性别	出生年月	民族
现有家庭人员	赵小红	户主	女	1958年3月	汉
	夏春花	女儿	女	1981年4月	汉
	卢红波	女婿	男	1977年8月	汉
	夏栋梁	外孙	男	2004年8月	汉
	夏婧涵	外孙女	女	2006年1月	汉

家庭大事	1988年，在小村西昆北公路东侧（4队）购买楼房。 2001年，卢红波毕业于西安工业大学。 2002年，夏春花毕业于南京邮电大学吴江职业学院。 2004年，动迁移宅至新乐锦园。

	姓名	与户主关系	性别	出生年月	民族
现有家庭人员	夏林荣	户主	男	1952年9月	汉
	周小香	妻子	女	1957年3月	汉
	夏国华	儿子	男	1976年10月	汉
	耿娅媛	儿媳	女	1978年10月	汉
	夏梓睿	孙女	女	2009年11月	汉
	夏梓媛	孙女	女	2012年3月	汉
	夏春玉	父亲	男	1935年5月	汉

家庭大事	1980年，在群力中心河东（6队）建造三间平房。 2000年，耿娅媛毕业于扬州大学。 2003年，动迁移宅至新乐锦园。 2009年，夏国华毕业于上海交通大学中欧国际工商学院。

	姓名	与户主关系	性别	出生年月	民族
现有家庭人员	夏芝国	户主	男	1974年12月	汉
	邹金华	妻子	女	1975年4月	汉
	夏 玮	儿子	男	1998年8月	汉
	夏芝银	姐姐	女	1972年7月	汉
	周静华	姐夫	男	1971年3月	汉
	周 鸿	外甥	男	1993年10月	汉
	夏长静	父亲	男	1942年1月	汉
	王桂英	母亲	女	1950年9月	汉
家庭大事	1970年前，在牛长泾河东（6队）建造两间草房。 1970年，移迁到群力中心河东（6队）建造三间平房。 1974—1984年，夏长静担任村农技员、会计、村委会主任、党支部书记。 1980年，加入中国共产党。 1987年，夏长静获评苏州市先进党务工作者。 1989年，原地翻建楼房。 1995年，夏长静获昆山市教育局"优秀个人"称号。 2004年，动迁移宅至新乐锦园。					

	姓名	与户主关系	性别	出生年月	民族
现有家庭人员	王兴国	户主	男	1977年9月	汉
	杨月兰	妻子	女	1976年11月	汉
	王 琴	长女	女	2002年11月	汉
	王 易	次女	女	2008年8月	汉
	夏桂芬	母亲	女	1954年9月	汉
家庭大事	2002年前，在牛长泾河东（6队）建造三间平房。 2002年，动迁移宅至新乐锦园。 2007年，王兴国加入中国共产党。					

	姓名	与户主关系	性别	出生年月	民族
现有家庭人员	王桂凤	户主	男	1958年4月	汉
	徐水英	妻子	女	1960年1月	汉
	王新红	女儿	女	1982年3月	汉
	王 刚	儿子	男	1987年2月	汉
	王红玲	儿媳	女	1987年4月	汉
	王承洁	孙女	女	2008年6月	汉
	王承涵	孙子	男	2015年3月	汉
家庭大事	1987年，在群力中心河东（6队）建造3间平房。 2003年，动迁移宅至新乐锦园。 2004—2006年，王刚服兵役，服役期间荣获"优秀士兵"称号。 2006年，王刚加入中国共产党。 2010年，王刚毕业于中共昆山市委党校。 2017年开始，王刚先后任新乐村民兵营营长、治保主任、经济合作社社长。				

	姓名	与户主关系	性别	出生年月	民族
现有家庭人员	唐吉高	户主	男	1945年3月	汉
	高小红	妻子	女	1952年1月	汉
	唐建华	儿子	男	1994年6月	汉
	朱美婷	儿媳	女	1994年7月	汉
	唐正岩	孙子	男	2016年2月	汉
	唐梓安	孙子	男	2017年7月	汉
家庭大事	1985年，在群力中心河东（6队）建造三间平房。 2003年，动迁移宅至新乐锦园。				

现有家庭人员	姓名	与户主关系	性别	出生年月	民族
	王宝银	户主	男	1941年12月	汉

家庭大事	2000年前，在牛长泾河东（6队）建造两间平房。 2020年，居住在乐养堂（新乐村五保户之家）。

现有家庭人员	姓名	与户主关系	性别	出生年月	民族
	赵红宝	户主	男	1967年7月	汉
	汪月妹	妻子	女	1974年1月	汉
	汪 艳	女儿	女	1996年12月	汉
	陆 彬	女婿	男	1996年6月	汉
	陆铭琪	外孙	男	2020年1月	汉

家庭大事	1985—1990年，赵红宝服兵役。 2001年前，在群力中心河（8队）建造三间平房。 2001年，拆迁时宅基地转给他人。 2017年，汪艳毕业于江苏省徐州医药高等职业学校。

新乐村第7村民小组

	姓名	与户主关系	性别	出生年月	民族
现有家庭人员	夏存义	户主	男	1949年11月	汉
	徐婉珍	妻子	女	1953年8月	汉
	夏国华	儿子	男	1979年9月	汉
	易晓青	儿媳	女	1975年8月	汉
	夏 琳	孙女	女	2003年1月	汉
	夏才芳	长女	女	1973年12月	汉
	夏小萍	次女	女	1976年8月	汉
	秦阿林	母亲	女	1930年7月	汉
家庭大事	1978年前,在曹里浜河南(7队)建造三间平房。 1978年,原地翻建楼房。 2002年,动迁移宅至新乐锦园。				

	姓名	与户主关系	性别	出生年月	民族
现有家庭人员	范建昆	户主	男	1965年10月	汉
	周建英	妻子	女	1969年3月	汉
	范亚琴	女儿	女	1989年8月	汉
	范子惮	外孙女	女	2012年3月	汉
家庭大事	2010年,范亚琴毕业于苏州中山进修学院。				

现有家庭人员	姓名	与户主关系	性别	出生年月	民族
	陆寿根	户主	男	1967 年 8 月	汉
	刘小兰	妻子	女	1966 年 12 月	汉
	陆 莹	女儿	女	1990 年 12 月	汉
	王 恒	女婿	男	1993 年 10 月	汉
	王惟毅	外孙	男	2019 年 7 月	汉

家庭大事	2002 年前，在曹里浜河南（7 队）建造三间平房。 2002 年，动迁移宅至新乐锦园。 2013 年，陆莹毕业于中华女子学院。 2017 年，王恒毕业于苏州大学文正学院。

现有家庭人员	姓名	与户主关系	性别	出生年月	民族
	夏亚平	户主	女	1987 年 10 月	汉
	刘贞显	丈夫	男	1983 年 5 月	汉
	夏艺宁	女儿	女	2010 年 11 月	汉
	夏艺轩	儿子	男	2016 年 3 月	汉
	夏船宝	父亲	男	1964 年 4 月	汉
	王桂芳	母亲	女	1961 年 11 月	汉

家庭大事	1995 年前，在曹里浜河南（7 队）同心中心河东建造三间平房。 1995 年，在原地翻建楼房。 2002 年，动迁移宅至新乐锦园。 2006 年，刘贞显毕业于江西渝州科技职业学院。 2007 年，夏亚平毕业于南京大学。

	姓名	与户主关系	性别	出生年月	民族
现有家庭人员	夏船虎	户主	男	1950 年 4 月	汉
	秦巧珍	妻子	女	1949 年 9 月	汉
	夏国平	儿子	男	1971 年 3 月	汉
	刘桂芬	儿媳	女	1971 年 6 月	汉
	夏昕磊	孙子	男	1996 年 7 月	汉
	顾怡雯	孙媳	女	1995 年 9 月	汉
	夏　允	曾孙	男	2020 年 10 月	汉
	夏彩平	女儿	女	1973 年 8 月	汉
	朱雪峰	女婿	男	1973 年 12 月	汉
	朱逸君	外孙	男	1998 年 6 月	汉
家庭大事	1975 年，在曹里浜河南（7 队）建造三间平房。 1986 年，原地翻建楼房。 1992—1994 年，夏船虎获城北镇"先进个人"称号。 2003 年，动迁移宅至新乐锦园。 2018 年，夏昕磊毕业于宿迁学院。					

	姓名	与户主关系	性别	出生年月	民族
现有家庭人员	朱庆玲	户主	男	1969 年 10 月	汉
	朱　俊	儿子	男	1992 年 11 月	汉
	许　茜	儿媳	女	1992 年 11 月	汉
	朱粉小	父亲	男	1948 年 7 月	汉
	强芬珠	母亲	女	1947 年 1 月	汉
家庭大事	1978 年前，建造三间草房。 1978 年，在曹里浜河南同心中心河东（14 队）建造三间平房。 1983 年，原地翻建楼房、平房。 1999 年，朱粉小开办玉山镇庆林特禽场孵化苗禽，养殖特种禽类。 2000 年，朱粉小获"苏州市农民致富能手"称号。 2002 年，朱粉小获"昆山市劳动模范"称号。 2003 年，动迁移宅至新乐锦园；是年，朱粉小家庭荣获昆山市"百家科技兴农示范户"称号。 2013 年，朱俊毕业于江苏广播电视大学昆山学院。					

现有家庭人员	姓名	与户主关系	性别	出生年月	民族
	强金明	户主	男	1962年3月	汉

家庭大事	2004年前，在曹里浜河南（7队）建造三间平房。 2004年，动迁移宅至新乐锦园。

现有家庭人员	姓名	与户主关系	性别	出生年月	民族
	强友兰	户主	女	1982年1月	汉
	聂隆虎	丈夫	男	1979年1月	汉
	强安琪	女儿	女	2003年12月	汉
	强哲宇	儿子	男	2012年8月	汉
	强加平	父亲	男	1961年3月	汉
	张兔英	母亲	女	1963年12月	汉

家庭大事	1993年，在曹里浜河南同心中心河西（14队）购买三间平房。 1997年，原地翻建三间平房。 2003年，动迁移宅至新乐锦园。

现有家庭人员	姓名	与户主关系	性别	出生年月	民族
	费杭友	户主	男	1966年5月	汉
	苏红娟	妻子	女	1966年5月	汉
	费云	儿子	男	1989年3月	汉
	王益云	儿媳	女	1988年11月	汉
	费思蕊	孙女	女	2013年9月	汉
	费宇帆	孙子	男	2018年4月	汉

家庭大事	1989年前，在曹里浜河南同心中心河西（14队）建造三间平房。 1989年，原地翻建楼房。 2004年，动迁移宅至新乐锦园。 2009年，王益云毕业于西南财经大学。 2010年，费云毕业于西南财经大学。

现有家庭人员	姓名	与户主关系	性别	出生年月	民族
	费三小	户主	男	1957 年 3 月	汉
	赵凤英	妻子	女	1960 年 2 月	汉
	费阿红	女儿	女	1983 年 1 月	汉
	周 斌	女婿	男	1980 年 9 月	汉
	费晨轩	外孙	男	2005 年 11 月	汉
	费晨依	孙外女	女	2011 年 5 月	汉

家庭大事	1985 年前，在曹里浜河南同心中心河西（14 队）建造三间平房。 1985 年，原地翻建楼房。 2000 年，周斌应征入伍。 2003 年，动迁移宅至新乐锦园；是年，费阿红毕业于苏州市职业大学。

现有家庭人员	姓名	与户主关系	性别	出生年月	民族
	袁卫明	户主	男	1956 年 5 月	汉
	徐桂巧	妻子	女	1950 年 11 月	汉
	袁菊花	女儿	女	1981 年 11 月	汉
	邓学晏	女婿	男	1982 年 7 月	汉
	袁欢欢	外孙	男	2005 年 2 月	汉
	仝袁媛	外孙女	女	2014 年 1 月	汉

家庭大事	1974 年前，有两间草房。 1974 年，在曹里浜河南同心中心河西（14 队）建造四间平房。 1996 年，原地翻建楼房、三间平房。 2002 年，动迁移宅至新乐锦园。

现有家庭人员	姓名	与户主关系	性别	出生年月	民族
	李阿二	户主	男	1933 年 3 月	汉
	李金娥	女儿	女	1953 年 4 月	汉

家庭大事	2004 年前，在曹里浜河南建造楼房。 2004 年，动迁移宅至新乐锦园。

	姓名	与户主关系	性别	出生年月	民族
现有家庭人员	夏存银	户主	男	1957年1月	汉
	陆妹芳	妻子	女	1959年10月	汉
	夏明网	儿子	男	1985年3月	汉
	朱利华	儿媳	女	1988年4月	汉
	夏紫依	孙女	女	2011年5月	汉
	夏子睿	孙子	男	2018年3月	汉
家庭大事	1981年，在曹里浜河南（7队）建造三间平房。 1995年，原地翻建楼房。 2002年，动迁移宅至新乐锦园。 2007年，夏明网毕业于武汉理工大学。 2009年，朱利华毕业于常州纺织服装职业技术学院。				

	姓名	与户主关系	性别	出生年月	民族
现有家庭人员	马桃喜	户主	男	1938年10月	汉
	毛雪萍	儿媳	女	1974年8月	汉
	马介豪	孙子	男	1999年11月	汉
家庭大事	2004年前，在曹里浜河南同心中心河东（7队）建造三间平房及六间附房。 2004年，动迁移宅至新乐锦园。 2019年，马介豪毕业于南京卫生高等职业技术学校。				

	姓名	与户主关系	性别	出生年月	民族
现有家庭人员	马爱明	户主	男	1969年12月	汉
	裘梅芳	妻子	女	1970年1月	汉
	马佳慧	女儿	女	1995年2月	汉
	张其林	女婿	男	1994年7月	汉
	郑梅英	母亲	女	1951年2月	汉
	马爱珍	妹妹	女	1971年12月	汉
家庭大事	1987年，在曹里浜河南（7队）建造楼房。 2003年，动迁移宅至新乐锦园。 2017年，马佳慧毕业于东北师范大学。				

	姓名	与户主关系	性别	出生年月	民族
现有家庭人员	朱桂林	户主	男	1949年1月	汉
	包玉珍	妻子	女	1948年12月	汉
	朱向阳	儿子	男	1967年2月	汉
	陆荣妹	儿媳	女	1968年4月	汉
	朱成峰	孙子	男	1992年9月	汉
	包秋慧	孙媳	女	1991年10月	汉
	朱玉卿	曾孙女	女	2019年9月	汉
	朱向妹	女儿	女	1969年11月	汉
	钱武军	女婿	男	1969年6月	汉
	钱娅雯	外孙女	女	1992年12月	汉
家庭大事	1986年，在曹里浜河南（7队）建造楼房。 1987—1991年，朱向阳服兵役。 1990年，朱向阳加入中国共产党。 2003年，动迁移宅至新乐锦园。 2014年，朱成峰毕业于江苏开放大学。 2020年，包秋慧毕业于南京师范大学泰州学院。				

现有家庭人员	姓名	与户主关系	性别	出生年月	民族
	朱向前	户主	男	1972年8月	汉
	毕春怡	妻子	女	1973年1月	汉
	朱青云	女儿	女	2000年5月	汉

家庭大事	2004年,朱向前毕业于苏州市广播电视大学昆山分校。 2015年,增宅至新乐锦园。 2019年,朱青云就读于南京师范大学泰州学院。

现有家庭人员	姓名	与户主关系	性别	出生年月	民族
	费二小	户主	男	1949年9月	汉
	马芬红	妻子	女	1948年7月	汉
	费爱国	儿子	男	1971年1月	汉
	陆建红	儿媳	女	1970年12月	汉
	费强	孙子	男	1994年2月	汉

家庭大事	1980年,在曹里浜河南同心中心河西(14队)建造三间平房。 2003年,动迁移宅至新乐锦园。 2013年,费强毕业于苏州建设交通高等职业技术学校。

现有家庭人员	姓名	与户主关系	性别	出生年月	民族
	夏红珍	户主	女	1967年12月	汉
	周林敏	丈夫	男	1966年1月	汉
	夏晓晨	儿子	男	1990年7月	汉
	李怡	儿媳	女	1990年4月	汉
	夏钰轩	孙子	男	2014年1月	汉
	赵秀连	母亲	女	1950年6月	汉

家庭大事	1994年,在曹里浜河南(7队)建造楼房。 2003年,动迁移宅至新乐锦园。 2010年,夏晓晨毕业于江苏联合职业技术学院。 2010—2012年,夏晓晨服兵役,服役期间荣获"优秀士兵"称号。 2012年,夏晓晨加入中国共产党。 2013年,李怡毕业于金陵科技学院。

	姓名	与户主关系	性别	出生年月	民族
现有家庭人员	范爱琪	户主	男	1946年2月	汉
	夏当英	妻子	女	1944年1月	汉
	方雪娥	儿媳	女	1966年12月	汉
	范 俊	孙子	男	1992年2月	汉
	丁丽萍	孙媳	女	1992年2月	汉
	范丁博裕	曾孙	男	2014年6月	汉
家庭大事	1984年，在曹里浜河南（7队）建造楼房。 1993年，范爱琪荣获昆山市科学技术进步奖，荣获城北镇人民政府"先进个人"称号。 2003年，动迁移宅至新乐锦园。 2013年，范俊、丁丽萍毕业于无锡科技职业学院。				

	姓名	与户主关系	性别	出生年月	民族
现有家庭人员	钱立生	户主	男	1935年12月	汉
	马粉旗	妻子	女	1936年2月	汉
	钱扣妹	女儿	女	1960年12月	汉
	钱 超	孙子	男	1985年11月	汉
	王 璐	孙媳	女	1987年4月	汉
	钱晔堂	曾孙	男	2015月10月	汉
家庭大事	1978年，在曹里浜河南同心中心河东（7队）建造三间平房。 2003年，动迁移宅至新乐锦园。 2008年，钱超毕业于天津理工大学。 2010年，王璐毕业于南京师范大学。 2012年，钱超加入中国共产党。				

	姓名	与户主关系	性别	出生年月	民族
现有家庭人员	葛海林	户主	男	1944年10月	汉
	梁桂珍	妻子	女	1949年3月	汉
	葛正华	儿子	男	1977年6月	汉
	黄苏	儿媳	女	1980年4月	汉
	葛子昕	孙女	女	2006年12月	汉
	葛梓辰	孙子	男	2012年8月	汉
家庭大事	2003年前，在曹里浜河北（9队）建造三间平房。 2003年，动迁移宅至新乐锦园。				

	姓名	与户主关系	性别	出生年月	民族
现有家庭人员	夏存红	户主	男	1957年12月	汉
	朱寿云	妻子	女	1962年10月	汉
	夏明华	儿子	男	1984年1月	汉
	徐园芳	儿媳	女	1982年6月	汉
	夏心蕾	孙女	女	2008年1月	汉
家庭大事	1994年，在曹里浜河南（7队）建造楼房。 2003年，动迁移宅至新乐锦园。 2006年，夏明华、徐园芳毕业于北京圆明园职业学院。 2019年，夏明华就读于江苏科技大学。				

	姓名	与户主关系	性别	出生年月	民族
现有家庭人员	沈林根	户主	男	1961年8月	汉
	陆秀妹	妻子	女	1963年9月	汉
	陆雅平	儿子	男	1985年10月	汉
	陆红晓	儿媳	女	1986年1月	汉
	陆亦岑	孙女	女	2009年7月	汉
	陆亦翀	孙子	男	2015年4月	汉
家庭大事	1975年。在曹里浜河南同心中心河东（14队）建造三间平房。 2003年，动迁移宅至新乐锦园。 2008年，陆雅平毕业于南京林业大学；是年，陆红晓毕业于东北师范大学。				

	姓名	与户主关系	性别	出生年月	民族
现有家庭人员	范新春	户主	男	1954年12月	汉
	倪桂芳	妻子	女	1956年5月	汉
	范永康	儿子	男	1980年7月	汉
	吴苗燕	儿媳	女	1985年2月	汉
	范雨欣	孙女	女	2005年1月	汉
	范宇俊	孙子	男	2008年8月	汉
家庭大事	1971年，在曹里浜河南（7队）建造三间平房。 1980年，原地翻建楼房。 1992—1999年，范新春成为种粮承包大户。 2003年，动迁移宅至新乐锦园。				

	姓名	与户主关系	性别	出生年月	民族
现有家庭人员	曹文海	户主	男	1957年12月	汉
	张桂珍	妻子	女	1957年1月	汉
	曹春满	儿子	男	1978年5月	汉
	张世兰	儿媳	女	1979年12月	汉
	曹梦影	孙女	女	2001年11月	汉
	曹昊宸	孙子	男	2009年8月	汉
家庭大事	1991年，购买曹里浜河南同心中心河西（14队）三间平房。 2003年，动迁移宅至新乐锦园。 2008年，曹春满毕业于南京农业大学。 2019年，曹梦影到俄罗斯留学。				

	姓名	与户主关系	性别	出生年月	民族
现有家庭人员	唐忠根	户主	男	1968年9月	汉
	李卫娟	妻子	女	1970年9月	汉
	唐佳妮	女儿	女	1999年12月	汉
家庭大事	2003年前，在曹里浜河南同心中心河西（14队）建造三间平房。 2003年，动迁移宅至新乐锦园。 2018年，唐佳妮就读于苏州大学。				

	姓名	与户主关系	性别	出生年月	民族
现有家庭人员	夏存森	户主	男	1969年4月	汉
	赵金娥	妻子	女	1971年3月	汉
	夏雨飞	女儿	女	1994年1月	汉
家庭大事	1993年，在曹里浜河南（7队）建造楼房。 2003年，动迁移宅至新乐锦园。 2016年，夏雨飞毕业于南京师范大学。				

	姓名	与户主关系	性别	出生年月	民族
现有家庭人员	赵秀明	户主	男	1965 年 1 月	汉
	张黎芸	妻子	女	1967 年 11 月	汉
	赵　怡	女儿	女	1990 年 8 月	汉
	徐曼若	外孙女	女	2014 年 2 月	汉
	费春林	母亲	女	1947 年 2 月	汉

家庭大事	1987 年，在曹里浜河南（7 队）建造楼房（兄弟俩合住）。 2003 年，动迁移宅至新乐锦园。 2010 年，赵怡毕业于江苏广播电视大学昆山学院。 2017 年，赵怡加入中国共产党。

	姓名	与户主关系	性别	出生年月	民族
现有家庭人员	葛巧珍	户主	女	1951 年 9 月	汉
	夏卫情	儿子	男	1977 年 6 月	汉
	韩素环	儿媳	女	1978 年 3 月	汉
	夏寒萍	孙女	女	2000 年 11 月	汉
	夏子涵	孙女	女	2009 年 5 月	汉

家庭大事	1985 年，在曹里浜河南（7 队）购买楼房。 2003 年，动迁移宅至新乐锦园。 2019 年，夏寒萍就读于徐州医科大学。

	姓名	与户主关系	性别	出生年月	民族
现有家庭人员	赵秀仁	户主	男	1968年2月	汉
	陆巧妹	妻子	女	1968年2月	汉
	赵伟冬	儿子	男	1991年11月	汉
	张秀娟	儿媳	女	1991年11月	汉
	赵辰睿	孙子	男	2015年9月	汉
	费春林	母亲	女	1947年2月	汉
家庭大事	1987年，在曹里浜河南（7队）建造楼房（兄弟俩合住）。 2003年，动迁移宅至新乐锦园。 2012年，赵伟冬毕业于江苏广播电视大学昆山学院。				

	姓名	与户主关系	性别	出生年月	民族
现有家庭人员	徐帮富	户主	男	1955年4月	汉
	马秧素	妻子	女	1955年3月	汉
	徐林花	女儿	女	1979年12月	汉
	邹　浩	女婿	男	1977年11月	汉
	邹韵涵	外孙女	女	2005年10月	汉
	徐韵怡	外孙女	女	2016年1月	汉
家庭大事	1982年，徐帮富担任城北乡保卫组保卫干事、联防大队长。 1983年，徐帮富加入中国共产党。 1984年，徐帮富到昆山市公安局城北派出所工作，任职期间曾多次获昆山市优秀民警、市局优秀公务员、市政机关优秀党员等称号。 1996年，邹浩应征入伍。 1999年，邹浩加入中国共产党。 2000年，徐林花毕业于东吴外国语师范学校。 2001年，徐帮富获"江苏省人民满意警察"称号。 2003年，动迁增宅至新乐锦园；是年，邹浩毕业于中共江苏省委党校。				

	姓名	与户主关系	性别	出生年月	民族
现有家庭人员	朱锂坤	户主	男	1966 年 5 月	汉
	潘　环	妻子	女	1967 年 7 月	汉
	朱悦佳	女儿	女	1996 年 7 月	汉
	朱尔民	父亲	男	1935 年 1 月	汉
	柏玉珍	母亲	女	1944 年 10 月	汉
家庭大事	1968 年，朱尔民任新乐大队管委会大队长。 1971 年，朱尔民加入中国共产党。 1968—1979 年，朱尔民担任新乐大队会计。 1989 年，在曹里浜河南同心中心河西（14 队）建造三间平房。 2003 年，动迁移宅至新乐锦园。				

	姓名	与户主关系	性别	出生年月	民族
现有家庭人员	范明华	户主	女	1967 年 9 月	汉
	凌金福	丈夫	男	1963 年 2 月	汉
	范　樑	儿子	男	1989 年 5 月	汉
	俞　娟	儿媳	女	1991 年 7 月	汉
	范文颖	孙子	男	2018 年 1 月	汉
	范爱瑜	父亲	男	1943 年 11 月	汉
	陆阿妹	母亲	女	1947 年 11 月	汉
家庭大事	1974 年，在曹里浜河南（7 队）建造三间平房。 1984 年，原地翻建楼房。 2003 年，动迁移宅至新乐锦园。 2010 年，范樑加入中国共产党。 2012 年，范樑毕业于扬州大学。 2013 年，俞娟加入中国共产党。 2014 年，俞娟毕业于南通大学。				

	姓名	与户主关系	性别	出生年月	民族
现有家庭人员	李惠平	户主	男	1975年9月	汉
	何翠平	妻子	女	1978年1月	汉
	李 佳	长女	女	2002年5月	汉
	李双雨	次女	女	2005年2月	汉
	李扣碗	父亲	男	1949年1月	汉
	周阿玉	母亲	女	1952年1月	汉
家庭大事	1979年，在曹里浜河南同心中心河东（14队）建造三间平房。 1987年，原地翻建楼房。 1992年，李扣碗获城北镇"先进个人"称号。 2003年，动迁移宅至新乐锦园。 2013年，李惠平获昆山市"见义勇为"称号。				

	姓名	与户主关系	性别	出生年月	民族
现有家庭人员	徐玉喜	户主	男	1965年1月	汉
	朱新扣	妻子	女	1964年2月	汉
	徐 荣	儿子	男	1988年8月	汉
	谢 梅	儿媳	女	1990年1月	汉
	徐榴萍	孙女	女	2017年5月	汉
家庭大事	1987年，在曹里浜河南同心中心河西（14队）建造楼房。 2003年，动迁移宅至新乐锦园。 2013年，谢梅毕业于淮阴师范学院。				

	姓名	与户主关系	性别	出生年月	民族
现有家庭人员	夏雪华	户主	男	1981年9月	汉
	邱建萍	妻子	女	1979年10月	汉
	夏振涛	长子	男	2005年11月	汉
	夏振凯	次子	男	2013年11月	汉
家庭大事	1985年，在曹里浜河南同心中心河东建造两间平房。 2003年，动迁移宅至新乐锦园。				

	姓名	与户主关系	性别	出生年月	民族
现有家庭人员	周玉明	户主	男	1966年2月	汉
	朱文妹	妻子	女	1969年8月	汉
	周平	儿子	男	1991年2月	汉
	张玲	儿媳	女	1989年3月	汉
	周铭泺	孙子	男	2018年5月	汉
家庭大事	1987年，在曹里浜河南同心中心河西（14队）建造楼房。 2000年，原地翻建楼房。 2003年，动迁移宅至新乐锦园。 2011年，周平毕业于硅湖职业技术学院。				

	姓名	与户主关系	性别	出生年月	民族
现有家庭人员	周玉林	户主	男	1964年9月	汉
	徐雨珍	妻子	女	1963年4月	汉
	周 斌	儿子	男	1988年2月	汉
	周 仙	儿媳	女	1985年11月	汉
	周梦琪	孙女	女	2010年9月	汉
	周梦萌	孙女	女	2012年7月	汉
	陆阿宝	母亲	女	1933年6月	汉
家庭大事	1977年,在曹里浜河南同心中心河东(7队)建造三间平房。 1989年,原地翻建楼房。 2003年,动迁移宅至新乐锦园。				

	姓名	与户主关系	性别	出生年月	民族
现有家庭人员	朱马昆	户主	男	1966年4月	汉
	李永珍	妻子	女	1966年5月	汉
	朱 芸	女儿	女	1990年11月	汉
	朱继萍	妹妹	女	1971年6月	汉
	许 茜	外甥女	女	1992年11月	汉
	朱明生	父亲	男	1944年9月	汉
	杜金妹	母亲	女	1942年12月	汉
家庭大事	1975年,在曹里浜河南同心中心河西(14队)建造三间平房。 2003年,动迁移宅至新乐锦园。				

	姓名	与户主关系	性别	出生年月	民族
现有家庭人员	费杭东	户主	男	1972年11月	汉
	费烨	女儿	女	1996年7月	汉
	费士进	父亲	男	1944年12月	汉
	马兰锁	母亲	女	1944年11月	汉

家庭大事
1986年前，在曹里浜河南同心中心河西（14队）建造三间平房。
1986年，原地翻建楼房。
2003年，动迁移宅至新乐锦园。
2018年前，费杭东多次获昆山市"先进个人"称号。
2019年，费烨毕业于天津师范大学。

	姓名	与户主关系	性别	出生年月	民族
现有家庭人员	李林根	户主	男	1965年3月	汉
	张建芬	妻子	女	1969年3月	汉
	李凡平	儿子	男	1992年4月	汉
	金晓莉	儿媳	女	1993年3月	汉
	李予荣	孙女	女	2019年6月	汉

家庭大事
1987年前，在曹里浜河南同心中心河西（14队）建造三间平房。
1987年，原地翻建楼房。
2003年，动迁移宅至新乐锦园。
2013年，李凡平毕业于南京城市职业学院。
2014年，金晓莉毕业于南京师范大学。

	姓名	与户主关系	性别	出生年月	民族
现有家庭人员	袁为林	户主	男	1958年3月	汉

家庭大事
2004年前，在曹里浜河南建造三间平房。
2004年，动迁移宅至新乐锦园。

	姓名	与户主关系	性别	出生年月	民族
现有家庭人员	徐林森	户主	男	1971年8月	汉
	朱玲芳	妻子	女	1971年10月	汉
	徐天鹏	儿子	男	1993年12月	汉
	朱荷英	母亲	女	1949年1月	汉
	袁小民	继父	男	1951年4月	汉
家庭大事	1973年，在曹里浜河南同心中心河西（14队）建造三间平房。 1990年，原地翻建楼房。 2000年，朱玲芳获昆山市"双学双比"竞赛活动先进女能手标兵称号。 2003年，动迁移宅至新乐锦园。 2013年，徐天鹏毕业于江苏广播电视大学昆山学院。 2013—2015年，徐天鹏服兵役，服役期间受嘉奖。				

新乐村第8村民小组

现有家庭人员	姓名	与户主关系	性别	出生年月	民族
	张土林	户主	男	1950年11月	汉

家庭大事	1988年前,在曹里浜河北同心中心河东侧(8队)建造三间平房。 1998年,将房子出售。 2002年,居住在新乐村打工楼。

现有家庭人员	姓名	与户主关系	性别	出生年月	民族
	朱兆同	户主	男	1942年3月	汉

家庭大事	2002年,居住在敬老院由新乐村集中供养。

现有家庭人员	姓名	与户主关系	性别	出生年月	民族
	张虎洪	户主	男	1938年5月	汉
	唐连凤	妻子	女	1947年6月	汉

家庭大事	2002年前,在曹里浜河北同心中心河西侧(8队)建造三间平房。 2002年,拆迁时宅基地转让给他人,现居住在新乐村打工楼。

现有家庭人员	姓名	与户主关系	性别	出生年月	民族
	汤粉林	户主	男	1955年3月	汉
	周惠琴	妻子	女	1968年10月	汉

家庭大事	2002年前,在曹里浜河北(8队)建造两间平房。 2002年,居住在新乐村打工楼。

	姓名	与户主关系	性别	出生年月	民族
现有家庭人员	常雪龙	户主	男	1976年1月	汉
	常梦园	女儿	女	2000年7月	汉
	常桂香	姐姐	女	1974年7月	汉
	常之博	外甥	男	2000年10月	汉
家庭大事	1980年,在曹里浜河北(8队)建造一间半草房。 1985年,在曹里浜河北同心中心河西侧建造三间平房。 2002年,动迁移宅至新乐锦园。				

	姓名	与户主关系	性别	出生年月	民族
现有家庭人员	汤阿二	户主	男	1950年3月	汉
	汤卫强	儿子	男	1981年8月	汉
	冯爱霞	儿媳	女	1984年12月	汉
	汤天阳	孙子	男	2005年9月	汉
	汤天宝	孙子	男	2015年8月	汉
	汤卫花	女儿	女	1978年11月	汉
	张铭志	女婿	男	1973年7月	汉
	张 晨	外孙女	女	2002年2月	汉
家庭大事	1993年前,在曹里浜河北(8队)建造三间平房。 1993年,原地翻建楼房。 2004年,动迁移宅至新乐锦园。 2005年,汤卫强毕业于中央广播电视大学。 2020年,张晨就读于南京师范大学。				

现有家庭人员	姓名	与户主关系	性别	出生年月	民族
	汤卫国	户主	男	1976年3月	汉
	顾晓芬	妻子	女	1975年7月	汉
	汤天时	孙子	男	2000年4月	汉
	汤阿大	父亲	男	1947年12月	汉
	朱秀珍	母亲	女	1952年10月	汉

家庭大事	1971年，在曹里浜河北群力中心河东建造三间平房。 1986年，原地翻建楼房。 2003年，动迁移宅至新乐锦园。 2010年，汤卫国毕业于硅湖职业技术学院。

现有家庭人员	姓名	与户主关系	性别	出生年月	民族
	刘梅芳	户主	女	1972年10月	汉
	吉三小	丈夫	男	1969年10月	汉
	刘益辰	女儿	女	1994年9月	汉
	叶 栋	女婿	男	1994年1月	汉
	叶 梓	外孙女	女	2020年2月	汉

家庭大事	1987年，在曹里浜河北（8队）建造楼房（兄妹俩各一半）。 2003年，动迁移宅至新乐锦园。 2013年，吉三小获昆山高新区消防灭火比赛第一名。 2018年，刘益辰毕业于南京卫生高等职业技术学校。

	姓名	与户主关系	性别	出生年月	民族
现有家庭人员	宋庆弟	户主	男	1963年8月	汉
	沈月珍	妻子	女	1969年3月	汉
	宋静婷	女儿	女	1990年5月	汉
	陈　建	女婿	男	1991年7月	汉
	陈鑫耀	外孙	男	2019年4月	汉
	宋忙扣	母亲	女	1930年5月	汉
家庭大事	1971年，在曹里浜河北（8队）建造三间平房。 2004年，动迁移宅至新乐锦园。 2011年，宋静婷、陈建加入中国共产党。 2012年，陈建毕业于南通大学。 2013年，宋静婷毕业于南京林业大学。				

	姓名	与户主关系	性别	出生年月	民族
现有家庭人员	王　刚	户主	男	1967年7月	汉
	江建芳	妻子	女	1970年5月	汉
	王欣宇	长女	女	2000年2月	汉
	王洁羽	次女	女	2002年4月	汉
	王金芳	父亲	男	1940年3月	汉
	王素英	母亲	女	1942年9月	汉
家庭大事	1971年，在曹里浜河北（8队）建造三间平房。 1987年，原地翻建楼房。 2004年，动迁移宅至新乐锦园。				

	姓名	与户主关系	性别	出生年月	民族
现有家庭人员	李春平	户主	男	1954年10月	汉
	孙桂芬	妻子	女	1957年9月	汉
	李　雅	女儿	女	1981年12月	汉
	刘　凯	女婿	男	1973年6月	汉
	刘亦李	外孙女	女	2007年1月	汉
	李源刘	外孙	男	2011年10月	汉
家庭大事	1975年，在曹里浜河北（8队）建造三间平房。 1973—1976年，李春平服兵役。 1994年，李春平加入中国共产党。 2003年，动迁移宅至新乐锦园；是年，李雅毕业于南京工业大学。				

	姓名	与户主关系	性别	出生年月	民族
现有家庭人员	张向东	户主	男	1965年5月	汉
	徐玉霞	妻子	女	1963年4月	汉
	张亚兰	女儿	女	1987年1月	汉
家庭大事	2003年前，在曹里浜河北群力河站西（8队）建造三间平房。 2003年，动迁移宅至新乐锦园。 2019年，张向东获昆山市公安局记功表彰。				

	姓名	与户主关系	性别	出生年月	民族
现有家庭人员	朱家红	户主	男	1966年4月	汉
	吴红兰	妻子	女	1966年9月	汉
	朱 枫	儿子	男	1988年1月	汉
	陆雪芳	儿媳	女	1987年5月	汉
	朱琪恩	孙女	女	2013年8月	汉
	朱妍霏	女儿	女	1991年8月	汉
	徐 虹	女婿	男	1990年7月	汉
	徐卿瑶	外孙女	女	2020年3月	汉
	朱阿五	父亲	男	1932年2月	汉
	高小英	母亲	女	1938年11月	汉
家庭大事	1986年，在曹里浜河北（8队）建造楼房。 2003年，动迁移宅至新乐锦园。 2009年，陆雪芳加入中国共产党；是年，毕业于南京师范大学。 2019年，朱枫加入中国共产党。 2020年，朱枫毕业于南京邮电大学。				

	姓名	与户主关系	性别	出生年月	民族
现有家庭人员	周洪春	户主	男	1963年3月	汉
	张向妹	妻子	女	1967年10月	汉
	周 燕	女儿	女	1989年5月	汉
	吴玥萱	外孙女	女	2017年7月	汉
家庭大事	1995年前，在曹里浜河北（8队）购买三间平房。 1995年，移迁到曹里浜河北群力中心河西侧（8队）建造楼房。 2003年，动迁移宅至新乐锦园。 2011年，周燕毕业于南京财经大学。				

	姓名	与户主关系	性别	出生年月	民族
现有家庭人员	李阿三	户主	男	1958年6月	汉
	许巧英	妻子	女	1960年3月	汉
	许　良	儿子	男	1983年5月	汉
	贺欣欣	儿媳	女	1982年3月	汉
	许鸿博	孙子	男	2009年10月	汉
	许溪博	孙子	男	2016年7月	汉
家庭大事	1974年，在曹里浜河北同心中心河西侧（8队）建造三间平房。 2003年，动迁移宅至新乐锦园。 2006年，许良加入中国共产党；是年，贺欣欣毕业于哈尔滨商业大学。 2007年，许良毕业于哈尔滨商业大学。				

	姓名	与户主关系	性别	出生年月	民族
现有家庭人员	周洪根	户主	男	1957年9月	汉
	朱良方	妻子	女	1958年3月	汉
	周晓庆	女儿	女	1982年12月	汉
	姚建峰	女婿	男	1981年1月	汉
	姚天麟	外孙	男	2005年8月	汉
家庭大事	1990年前，在曹里浜河北同心中心河西侧（8队）建造三间平房。 1990年，原地翻建楼房。 2003年，动迁移宅至新乐锦园。 2016年，周晓庆毕业于华中科技大学。 2017年，姚建锋毕业于华中科技大学。				

	姓名	与户主关系	性别	出生年月	民族
现有家庭人员	朱永根	户主	男	1967年1月	汉
	许米英	妻子	女	1967年8月	汉
	朱凤娟	女儿	女	1990年4月	汉

家庭大事	1987年，在曹里浜河北（8队）建造楼房（兄妹俩各一半）。 2003年，动迁移宅至新乐锦园。 2012年，朱凤娟毕业于江苏联合职业技术学院。

	姓名	与户主关系	性别	出生年月	民族
现有家庭人员	常粉香	户主	女	1967年11月	汉
	常晓雪	女儿	女	1995年1月	汉
	王佳伟	女婿	男	1990年10月	汉

家庭大事	1979年，在曹里浜河北群力中心河西建造三间平房。 1992年，常粉香获城北镇"先进个人"称号。 2003年，动迁移宅至新乐锦园。

	姓名	与户主关系	性别	出生年月	民族
现有家庭人员	朱惠根	户主	男	1954年4月	汉
	朱利华	儿子	男	1981年11月	汉
	罗 燕	儿媳	女	1981年12月	汉
	朱毅然	孙女	女	2006年1月	汉
	罗欣然	孙女	女	2010年12月	汉

家庭大事	1970—1977年，朱惠根服兵役。 1976年，朱惠根加入中国共产党。 1985年，在曹里浜河北群力中心河东（8队）建造楼房。 2000年，罗燕加入中国共产党。 2003年，动迁移宅至新乐锦园。 2004年，罗燕毕业于鞍山师范学院。

	姓名	与户主关系	性别	出生年月	民族
现有家庭人员	吴 牧	户主	男	1948年11月	汉
	朱巧珍	妻子	女	1951年11月	汉
	吴雪峰	儿子	男	1976年8月	汉
	胡婕妤	儿媳	女	1977年10月	汉
	吴奕铭	孙子	男	2013年1月	汉
家庭大事	1985年，在曹里浜河北（8队）建造三间平房。 1995—1998年，吴雪峰服兵役，服役期间获三等功，获"优秀士兵"称号。 1997年，吴雪峰加入中国共产党。 2000年，胡婕妤毕业于南京师范大学。 2003年，动迁移宅至新乐锦园。 2017年，吴雪峰毕业于苏州科技大学。 2020年，吴牧家庭获昆山高新区"文明和谐家庭"称号。				

	姓名	与户主关系	性别	出生年月	民族
现有家庭人员	于 芳	户主	女	1973年5月	汉
	胡永陈	丈夫	男	1974年4月	汉
	于逸凡	儿子	男	1999年2月	汉
	于惠民	父亲	男	1935年4月	汉
家庭大事	1983年，在曹里浜河北（8队）建造三间平房。 2003年，动迁移宅至新乐锦园。 2017年，于逸凡到新加坡留学。				

	姓名	与户主关系	性别	出生年月	民族
现有 家庭人员	杜永春	户主	男	1968年4月	汉
	王敏珠	妻子	女	1970年10月	汉
	杜心怡	女儿	女	1991年3月	汉
	江 枫	女婿	男	1991年6月	汉
	江凯乐	外孙	男	2017年7月	汉
	杜永娟	妹妹	女	1972年8月	汉
	张金娥	母亲	女	1947年1月	汉
家庭大事	1984年，在曹里浜河北（8队）建造楼房；是年，张金娥获新乐小学"优秀教师"称号。 2003年，动迁移宅至新乐锦园。 2005年，杜永春家庭获玉山镇"文明和谐家庭"称号。 2014年，杜心怡毕业于南京工业大学。				

新乐村第9村民小组

现有家庭人员	姓名	与户主关系	性别	出生年月	民族
	吉海扣	户主	男	1949年10月	汉

家庭大事	2004年前，在曹里浜河北（9队）建造两间平房。 2004年，拆迁时将宅基地转让，搬至在新乐村打工楼。

现有家庭人员	姓名	与户主关系	性别	出生年月	民族
	倪金富	户主	男	1958年11月	汉

家庭大事	2020年，居住在新乐村乐养堂。

现有家庭人员	姓名	与户主关系	性别	出生年月	民族
	张闲于	户主	男	1951年4月	汉

家庭大事	2002年，居住在新乐村打工楼。

现有家庭人员	姓名	与户主关系	性别	出生年月	民族
	朱小根	户主	男	1957年6月	汉
	周粉英	妻子	女	1956年8月	汉
	朱建华	儿子	男	1981年12月	汉
	王 丽	儿媳	女	1982年1月	汉
	朱钰曼	孙女	女	2007年8月	汉

家庭大事	1989—2007年，周粉英担任新乐村妇女主任。 1993年前，在曹里浜河北（9队）建造三间平房。 1993年，在原地翻建楼房、一间平房。 1994年，周粉英加入中国共产党。 2000年，王丽毕业于江苏省昆山第一中等专业学校。 2001年，动迁移宅至新乐锦园。 2002年，朱建华毕业于苏州市广播电视大学昆山分校。

	姓名	与户主关系	性别	出生年月	民族
现有家庭人员	李克忠	户主	男	1968年8月	汉
	周 涛	妻子	女	1975年1月	汉
	李 荟	女儿	女	1995年9月	汉

家庭大事	1982年前，在牛长泾房家公司建造三间草房。 1982年，在曹里浜河北（9队）购买三间平房。 2002年，动迁移宅至新乐锦园。 2018年，李荟毕业于江苏师范大学。

	姓名	与户主关系	性别	出生年月	民族
现有家庭人员	杨玉兔	户主	男	1955年2月	汉
	王兆娣	妻子	女	1955年1月	汉
	杨冬明	儿子	男	1981年1月	汉
	余建霞	儿媳	女	1979年7月	汉
	杨丰齐	孙子	男	2004年7月	汉
	杨丰闻	孙子	男	2011年7月	汉

家庭大事	2004年前，在曹里浜河北（9队）建造三间平房。 2004年，动迁移宅至新乐锦园。 2003年，杨冬明毕业于无锡商业职业技术学院。

	姓名	与户主关系	性别	出生年月	民族
现有家庭人员	孙高强	户主	男	1972年2月	汉
	张 莉	妻子	女	1988年2月	汉
	孙 祎	儿子	男	2009年11月	汉
	孙连福	父亲	男	1946年7月	汉
	陆桂珍	母亲	女	1950年1月	汉

家庭大事	1993年前，在曹里浜河北（15队）建造三间平房。 1993年，原地翻建楼房。 2004年，动迁移宅至新乐锦园。

	姓名	与户主关系	性别	出生年月	民族
现有家庭人员	丁扣林	户主	男	1956年11月	汉
	王莲英	妻子	女	1957年2月	汉
	丁继勤	长女	女	1981年7月	汉
	陈　阳	长女婿	男	1979年5月	汉
	丁胤哲	外孙	男	2011年4月	汉
	丁靖哲	外孙	男	2016年7月	汉
	丁　蓉	次女	女	1985年12月	汉
家庭大事	1976年，丁扣林任新乐小学教师，为民办教师。 1995年，丁扣林转为公办教师。 1997年，丁扣林任民乐小学校长。 2003年前，在曹里浜河北（9队）建造楼房。 2003年，动迁移宅至新乐锦园；是年，丁继勤毕业于江苏广播电视大学。 2005年，陈阳毕业于中国矿业大学。 2007年起，丁继勤先后担任新乐村妇女主任、会计。 2007年，丁继勤当选昆山市人大代表。 2008年，丁蓉毕业于南通大学。 2012年，丁继勤加入中国共产党。				

	姓名	与户主关系	性别	出生年月	民族
现有家庭人员	陈金余	户主	男	1951年12月	汉
	李和英	妻子	女	1954年7月	汉
	陈建华	儿子	男	1982年3月	汉
	於小丽	儿媳	女	1984年11月	汉
	陈智贤	孙子	男	2010年9月	汉
	陈　萍	女儿	女	1979年5月	汉
	唐玉峰	女婿	男	1978年5月	汉
	唐家乐	外孙	男	2007年11月	汉
	唐家悦	外孙女	女	2016年6月	汉

家庭大事	1985年前，在曹里浜河南（10队）建造四间平房。 1985年，移迁到曹里浜河北（9队）建造楼房。 1999年，唐玉峰毕业于苏州市广播电视大学昆山分校。 2002年，动迁移宅至新乐锦园。 2004年，陈建华毕业于常熟理工学院；是年，陈萍毕业于南京审计学院。 2006年，於小丽毕业于职业学校。 2011年，陈金余家庭获玉山镇"文明和谐家庭示范户"称号。

	姓名	与户主关系	性别	出生年月	民族
现有家庭人员	苏洪根	户主	男	1949年11月	汉
	吉冬英	妻子	女	1950年3月	汉
	苏秦龙	长子	男	1971年7月	汉
	石凤妹	长媳	女	1974年7月	汉
	苏紫樯	孙子	男	1995年6月	汉
	苏秦宝	次子	男	1972年7月	汉
	郭雪萍	次媳	女	1976年9月	汉
	苏紫颖	孙女	女	1997年11月	汉
	张　强	孙女婿	男	1995年7月	汉
家庭大事	1972年，苏洪根加入中国共产党。 1972—1973年，苏洪根担任新乐大队团支部书记。 1974—1976年，苏洪根担任新乐大队民兵营营长。 1979—1982年，苏洪根担任新乐大队党支部副书记。 1983—1984年，苏洪根担任新乐村党支部书记。 1989—1991年，苏秦龙服兵役。 1989—1994年，苏洪根担任新乐村党支部书记。 1990年，苏秦龙加入中国共产党。 1990—1994年，苏秦宝服兵役。 1994年，苏秦宝加入中国共产党。 1995年，苏秦宝毕业于中共昆山市委党校。 2004年前，在洋河洋河南（9队）建造三间平房（兄弟俩共同居住）。 2004年，动迁移宅至新乐锦园。				

	姓名	与户主关系	性别	出生年月	民族
现有家庭人员	吴新丰	户主	男	1968年3月	汉
	费根妹	妻子	女	1969年2月	汉
	吴　剑	儿子	男	1991年4月	汉
	吴　铭	儿媳	女	1990年4月	汉
	吴姝语	孙女	女	2015年10月	汉
家庭大事	1987年，在曹里浜河北（15队）建造三间平房。 2002年，吴新丰加入中国共产党。 2003年，动迁移宅至新乐锦园。 2012年，吴铭毕业于对外经济贸易大学。 2013年，吴剑毕业于南京特殊教育职业技术学院。				

	姓名	与户主关系	性别	出生年月	民族
现有家庭人员	李春堂	户主	男	1953年4月	汉
	朱文琴	妻子	女	1954年11月	汉
	李　俊	儿子	男	1978年8月	汉
	顾玉红	儿媳	女	1978年11月	汉
	李泉辰	孙子	男	2008年10月	汉
家庭大事	1974年，在曹里浜河北（9队）建造三间平房。 1997年，李春堂加入中国共产党。 1999年，顾玉红毕业于江苏省太仓师范学校。 2003年，动迁移宅至新乐锦园。 2011年，李俊毕业于江苏科技大学南徐学院。 2012年，李春堂家庭获玉山镇"文明和谐家庭示范户"称号。				

	姓名	与户主关系	性别	出生年月	民族
现有家庭人员	沈桂明	户主	男	1976年3月	汉
	陈 云	妻子	女	1981年6月	汉
	沈东钰	儿子	男	2005年12月	汉
	沈雨昕	女儿	女	2019年7月	汉
	唐阿巧	母亲	女	1949年1月	汉
家庭大事	1990年前，在曹里浜河北（15队）建造三间平房。 1990年，原地翻建楼房。 2003年，动迁移宅至新乐锦园。 2012年，沈桂明家庭获玉山镇"文明和谐家庭示范户"称号。				

	姓名	与户主关系	性别	出生年月	民族
现有家庭人员	吴新龙	户主	男	1965年10月	汉
	华金兰	妻子	女	1967年12月	汉
	吴 云	女儿	女	1988年12月	汉
	胡庆飞	女婿	男	1990年2月	汉
	胡令仪	外孙女	女	2013年9月	汉
	吴繁星	外孙	男	2017年4月	汉
家庭大事	1995年前，在曹里浜河北（15队）建造三间平房。 1995年，原地翻建楼房。 2003年，动迁移宅至新乐锦园。 2010年，胡庆飞毕业于淮海工学院。 2011年，吴云毕业于南京晓庄学院。 2019年，吴新龙家庭获昆山高新区"五好家庭"称号。				

姓名	与户主关系	性别	出生年月	民族
苏红生	户主	男	1956年11月	汉
李春香	妻子	女	1956年9月	汉
苏秦峰	儿子	男	1979年5月	汉
李 菊	儿媳	女	1988年1月	汉
苏裕航	孙子	男	2017年2月	汉
苏秦萍	女儿	女	1981年9月	汉
徐国平	女婿	男	1980年8月	汉
苏徐豪	外孙	男	2004年3月	汉

家庭大事

1990年，苏红生加入中国共产党。
1997年，在曹里浜河北（15队）建造楼房。
2003年，动迁移宅至新乐锦园；是年，苏秦萍毕业于苏州市广播电视大学昆山分校。
2012年，李菊毕业于云南中医学院。

姓名	与户主关系	性别	出生年月	民族
严永才	户主	男	1949年6月	汉
刘才年	妻子	女	1948年11月	汉
严巧红	长女	女	1971年3月	汉
严 彬	外孙	男	1992年3月	汉
黄雨静	外孙媳	女	1994年6月	汉
严怿宸	外曾孙	男	2020年3月	汉
严巧兰	三女	女	1973年4月	汉
费惠明	三女婿	男	1974年1月	汉
费嘉琳	外孙女	女	1997年12月	汉

家庭大事

1990年，在曹里浜河北（15队）建造楼房。
2003年，动迁移宅至新乐锦园。
2011—2013年，严彬服兵役，服役期间立三等功，获"优秀士兵"称号。
2013年，严彬加入中国共产党。
2016年，严彬毕业于南通科技职业学院。

	姓名	与户主关系	性别	出生年月	民族
现有家庭人员	杨福兔	户主	男	1949年3月	汉
	高巧珍	妻子	女	1958年7月	汉
	杨春明	儿子	男	1981年4月	汉
	朱 勤	儿媳	女	1980年11月	汉
	杨 珂	孙子	男	2005年9月	汉
	朱彦箐	孙女	女	2008年10月	汉
家庭大事	1987年，在曹里浜河北（9队）建造楼房。 2002年，朱勤毕业于南京财经大学。 2003年，动迁移宅至新乐锦园；是年，杨春明毕业于江南大学。				

	姓名	与户主关系	性别	出生年月	民族
现有家庭人员	李盛荣	户主	男	1951年7月	汉
	李扣珍	妻子	女	1954年4月	汉
	李 昆	儿子	男	1979年5月	汉
	张华艳	儿媳	女	1980年5月	汉
	李 伟	孙子	男	2003年11月	汉
家庭大事	1971—1975年，李盛荣服兵役。 1973年，李盛荣加入中国共产党。 1987年，在曹里浜河北（9队）建造楼房。 2003年，动迁移宅至新乐锦园。				

现有家庭人员	姓名	与户主关系	性别	出生年月	民族
	张明强	户主	男	1968年3月	汉
	陈 琴	妻子	女	1971年1月	汉
	张 杰	儿子	男	1992年7月	汉
	金 叶	儿媳	女	1993年10月	汉
	张子奕	孙子	男	2020年8月	汉
	张子卿	孙子	男	2020年8月	汉
家庭大事	1978年，在曹里浜河北（9队）建造三间平房。 2003年，动迁移宅至新乐锦园。 2014年，金叶毕业于苏州大学。 2018年，张杰被昆山人力资源市场管理委员会评为先进工作者。				

现有家庭人员	姓名	与户主关系	性别	出生年月	民族
	王荣根	户主	男	1970年8月	汉
	李庆花	妻子	女	1976年12月	汉
	王 磊	儿子	男	1998年11月	汉
	陈年珍	母亲	女	1949年2月	汉
家庭大事	2003年前，在曹里浜河南（2队）建造三间平房。 2003年，动迁移宅至新乐锦园。				

	姓名	与户主关系	性别	出生年月	民族
现有家庭人员	朱根义	户主	男	1946年10月	汉
	苏红珍	妻子	女	1947年10月	汉
	朱长伟	儿子	男	1968年11月	汉
	赵米凤	儿媳	女	1969年11月	汉
	朱佳豪	孙子	男	1994年2月	汉
家庭大事	1969年，在曹里浜河北（15队）建造三间平房。 1986年，原地翻建楼房。 1986—1989年，苏红珍任新乐村村委会主任。 1989—1993年，苏红珍任新乐村塑料厂厂长。 1993—1994年，苏红珍负责村务工作。 2003年，动迁移宅至新乐锦园。				

	姓名	与户主关系	性别	出生年月	民族
现有家庭人员	支一锋	户主	男	1966年2月	汉
	丁扣英	妻子	女	1965年2月	汉
	支　翔	儿子	男	1990年1月	汉
	王红萍	儿媳	女	1992年9月	汉
	支艺清	孙子	男	2019年7月	汉
	李梅英	母亲	女	1941年4月	汉
家庭大事	1996年，在曹里浜河北（15队）建造三间平房。 2003年，动迁移宅至新乐锦园。 2011—2015年，支翔服兵役，服役期间荣获"优秀士兵"称号。 2012年，王红萍毕业于苏州大学。 2013年，支翔加入中国共产党。				

	姓名	与户主关系	性别	出生年月	民族
现有家庭人员	黄粉扣	户主	男	1953年3月	汉
	鲍荣芳	妻子	女	1958年4月	汉
	黄斌	儿子	男	1982年2月	汉
	吴雯娟	儿媳	女	1989年12月	汉
	黄浩晨	孙子	男	2006年10月	汉
	黄浩铭	孙子	男	2018年2月	汉
	黄彩凤	女儿	女	1979年2月	汉
	顾明	女婿	男	1979年2月	汉
	施文轩	外孙	男	2001年6月	汉
家庭大事	1987年前，在曹里浜河北（15队）建造三间平房。 1987年，原地翻建楼房。 2003年，动迁移宅至新乐锦园。				

	姓名	与户主关系	性别	出生年月	民族
现有家庭人员	戴坤明	户主	男	1974年1月	汉
	杨春金	妻子	女	1975年5月	汉
	戴金勇	儿子	男	1997年3月	汉
	戴五男	父亲	男	1952年1月	汉
	严粉年	母亲	女	1953年8月	汉
家庭大事	1982年，在曹里浜河北（15队）建造三间平房。 1996年，原地翻建楼房。 2003年，动迁移宅至新乐锦园。 2016年，戴金勇毕业于江苏联合职业技术学院。 2016—2018年，戴金勇服兵役。 2019年，戴坤明家庭获昆山高新区"五好家庭"称号。				

现有家庭人员	姓名	与户主关系	性别	出生年月	民族
	张明文	户主	男	1966年4月	汉
	石花妞	妻子	女	1963年3月	汉
	张 俊	儿子	男	1989年1月	汉
	陆晓燕	儿媳	女	1991年8月	汉

家庭大事	1983年，在曹里浜河北（9队）建造三间平房。 2003年，动迁移宅至新乐锦园。 2009—2011年，张俊服兵役，服役期间荣获"优秀士兵"称号。 2011年，张俊加入中国共产党。

现有家庭人员	姓名	与户主关系	性别	出生年月	民族
	严根才	户主	男	1967年1月	汉
	齐红霞	妻子	女	1969年7月	汉
	严 萍	女儿	女	1989年6月	汉
	袁 磊	女婿	男	1988年4月	汉
	袁嘉言	外孙	男	2016年4月	汉

家庭大事	2000年前，在曹里浜河北（15队）建造三间平房。 2000年，动迁移宅至新乐锦园。 2012年，严萍加入中国共产党。 2012年，严萍毕业于扬州大学广陵学院。 2012年，严根才获昆山市"见义勇为"称号。

现有家庭人员	姓名	与户主关系	性别	出生年月	民族
	陈 剑	户主	男	1989年11月	汉
	李 婷	妻子	女	1989年10月	汉
	陈宇轩	儿子	男	2014年3月	汉
	董弟弟	父亲	男	1966年1月	汉
	陈素兰	母亲	女	1964年6月	汉
	陈顺章	外祖父	男	1934年10月	汉
家庭大事	1987年前，在曹里浜河北（9队）建造三间平房。 1987年，在原地翻建楼房。 2003年，动迁移宅至新乐锦园。 2010年，陈剑毕业于硅湖职业技术学院。				

现有家庭人员	姓名	与户主关系	性别	出生年月	民族
	曹中明	户主	男	1974年10月	汉
	刘 琴	妻子	女	1973年9月	汉
	曹振飞	儿子	男	1998年2月	汉
	曹中良	弟弟	男	1978年3月	汉
	曹友宏	父亲	男	1947年10月	汉
	王根英	母亲	女	1950年6月	汉
家庭大事	1987年，在曹里浜河北（15队）建造楼房、两间平房。 2003年，动迁移宅至新乐锦园。 2007年，曹中明毕业于武汉理工大学。 2018年，曹中明加入中国共产党。 2020年，曹振飞毕业于盐城师范学院。				

	姓名	与户主关系	性别	出生年月	民族
现有家庭人员	马羊珍	户主	女	1946年5月	汉
	吴玉香	长女	女	1969年9月	汉
	黄建国	长女婿	男	1965年3月	汉
	吴春生	外孙	男	1991年3月	汉
	杨 洁	外孙媳	女	1990年11月	汉
	吴 迪	外曾孙	男	2017年8月	汉
	吴 双	外曾孙	男	2020年12月	汉
	吴玉兰	次女	女	1973年6月	汉
	荣金华	次女婿	男	1973年4月	汉
	吴玉英	三女	女	1978年6月	汉
	沈奕玮	外孙女	女	2004年2月	汉
家庭大事	1992年在曹里浜河北（9队）建造楼房。 2003年，动迁移宅至新乐锦园。 2014年，吴春生毕业于南京师范大学泰州学院。 2013年，杨洁毕业于赣南医学院。				

	姓名	与户主关系	性别	出生年月	民族
现有家庭人员	沈桂兰	户主	女	1972年9月	汉
	孙思敏	女儿	女	1997年9月	汉
	蔡 丰	女婿	男	1993年2月	汉
家庭大事	1993年前，在曹里浜河北（15队）建造三间平房。 1993年，原地翻建楼房。 2003年，动迁移宅至新乐锦园。 2015年，蔡丰毕业于常熟理工学院。 2019年，孙思敏毕业于南京财经大学。				

	姓名	与户主关系	性别	出生年月	民族
现有家庭人员	张树林	户主	男	1949 年 12 月	汉
	吴阿扣	妻子	女	1949 年 11 月	汉
	张芝芳	长女	女	1972 年 3 月	汉
	张建刚	长女婿	男	1971 年 4 月	汉
	张家铭	外孙	男	1994 年 11 月	汉
	顾娱娱	外孙媳	女	1995 年 3 月	汉
	张芝兰	次女	女	1976 年 4 月	汉
	张惠明	次女婿	男	1977 年 1 月	汉
	张书溢	外孙	男	1999 年 12 月	汉
	张继萍	三女	女	1978 年 5 月	汉
	王 明	三女婿	男	1979 年 7 月	汉
	吴锦阳	外孙	男	2003 年 3 月	汉
	张友旺	父亲	男	1925 年 9 月	汉
	丁六宝	母亲	女	1932 年 2 月	汉
家庭大事	1959 年，张友旺加入中国共产党。 1961—1982 年，张友旺先后担任新乐大队民兵营长、贫协主任、治保主任。 1975 年，在曹里浜河北（9 队）建三间平房。 1992 年，原地翻建楼房。 2005 年，动迁移宅至新乐锦园。 2015 年，张友旺家庭获昆山高新区"五好家庭"称号。 2016 年，张家铭去丹麦留学。				

	姓名	与户主关系	性别	出生年月	民族
现有家庭人员	朱长学	户主	男	1973年5月	汉
	李 英	妻子	女	1977年1月	汉
	朱紫妍	女儿	女	2001年1月	汉
	朱根如	父亲	男	1942年10月	汉
	孙春喜	母亲	女	1942年4月	汉
家庭大事	1986年，在曹里浜河北（15队）建造楼房。 1992年，朱根如家庭成为种粮承包大户。 1992—1996年，朱长学服兵役，服役期间立三等功。 1993年，朱长学加入中国共产党。 2003年，动迁移宅至新乐锦园。 2007—2019年，朱长学先后担任新乐村村委会主任、党支部书记、党总支书记。				

	姓名	与户主关系	性别	出生年月	民族
现有家庭人员	张树剑	户主	男	1964年2月	汉
	吴新珍	妻子	女	1963年9月	汉
	张 婷	女儿	女	1986年9月	汉
	顾 平	女婿	男	1986年4月	汉
	顾紫欣	外孙女	女	2010年4月	汉
	张紫琰	外孙女	女	2013年9月	汉
	张友旺	父亲	男	1925年9月	汉
	丁六宝	母亲	女	1932年2月	汉
家庭大事	1982年前，在曹里浜河北（9队）建造三间平房。 2005年，顾平毕业于徐州职业技术学院。 2006年，张婷毕业于健雄职业技术学院。 2008年，增宅至新乐锦园。 2011年，张婷毕业于江苏教育学院。				

	姓名	与户主关系	性别	出生年月	民族
现有家庭人员	朱长仁	户主	男	1970年3月	汉
	周卫勤	妻子	女	1973年11月	汉
	朱颖杰	儿子	男	1993年11月	汉
	朱根如	父亲	男	1942年10月	汉
	孙春喜	母亲	女	1942年4月	汉
家庭大事	1986年，在曹里浜河北（9队）建造楼房。 2003年，动迁移宅至新乐锦园。				

新乐村第 10 村民小组

现有家庭人员	姓名	与户主关系	性别	出生年月	民族
	沈根扣	户主	男	1963 年 9 月	汉
	沈文婷	女儿	女	1990 年 2 月	汉

家庭大事	2003 年，拆迁时分到经济适用房一套，搬至胜利小区。 2011 年，沈文婷毕业于南京审计学院。

现有家庭人员	姓名	与户主关系	性别	出生年月	民族
	李献忠	户主	男	1968 年 8 月	汉
	戴军兰	母亲	女	1948 年 6 月	汉

家庭大事	2002 年，居住在新乐村打工楼。

现有家庭人员	姓名	与户主关系	性别	出生年月	民族
	郑金林	户主	男	1959 年 6 月	汉
	郑甜甜	女儿	女	1997 年 6 月	汉

家庭大事	2003 年前，在曹里浜河南（10 队）建造三间平房。 2003 年，拆迁后宅基地转让，搬至新乐村打工楼。 2017 年，郑甜甜毕业于上海应用技术大学。

现有家庭人员	姓名	与户主关系	性别	出生年月	民族
	陈 宝	户主	男	1948 年 1 月	汉

家庭大事	2000 年前，在曹里浜河南（10 队）建造两间平房。 2000 年，拆迁后宅基地转让。 2002 年，住在新乐村打工楼。

现有家庭人员	姓名	与户主关系	性别	出生年月	民族
	苏金山	户主	男	1954年5月	汉
	金椿英	妻子	女	1958年7月	汉
	金红根	儿子	男	1977年8月	汉
	鲁美香	儿媳	女	1985年4月	汉
	金雨欣	孙女	女	2002年11月	汉
	金红芳	女儿	女	1989年9月	汉
	费　斌	女婿	男	1989年8月	汉
	费欣蕊	外孙女	女	2012年5月	汉
	费欣晨	外孙	男	2017年5月	汉
家庭大事	1995年，在曹里浜河南建造楼房，后转让。 2020年，居住在购买的商品房内。				

现有家庭人员	姓名	与户主关系	性别	出生年月	民族
	钱存清	户主	男	1977年2月	汉
	沈　琴	妻子	女	1979年6月	汉
	钱依蕾	女儿	女	2003年7月	汉
	刘素珍	母亲	女	1950年11月	汉
家庭大事	2004年前，在大竹园（11队）建造楼房。 2004年，动迁移宅至新乐锦园。				

	姓名	与户主关系	性别	出生年月	民族
现有家庭人员	王国庆	户主	男	1967年11月	汉
	张惠青	妻子	女	1968年3月	汉
	王文雄	儿子	男	1990年1月	汉
	王志高	父亲	男	1940年3月	汉
	沈凤英	母亲	女	1942年8月	汉
家庭大事	1973年，在大竹园（11队）建造三间平房。 2003年，动迁移宅至新乐锦园。 2014年，王文雄毕业于南京林业大学。				

	姓名	与户主关系	性别	出生年月	民族
现有家庭人员	朱洪扣	户主	男	1970年5月	汉
	缪春兰	妻子	女	1968年7月	汉
	朱靓	女儿	女	1994年9月	汉
	祁琪	女婿	男	1992年10月	汉
家庭大事	2004年前，在大竹园（11队）建造三间平房。 2004年，动迁移宅至新乐锦园。 2015年，祁琪毕业于南京艺术学院。 2016年，朱靓毕业于南京师范大学泰州学院。				

	姓名	与户主关系	性别	出生年月	民族
现有家庭人员	朱来扣	户主	男	1966年4月	汉
	龚子芳	妻子	女	1977年7月	汉
	朱洁	女儿	女	1997年1月	汉
家庭大事	2002年前，在大竹园（11队）建造三间平房（兄弟俩共住）。 2002年，动迁移宅至新乐锦园。 2016年，朱来扣获"优秀民警"称号。				

新乐村志·村民家庭记载

	姓名	与户主关系	性别	出生年月	民族
现有家庭人员	刘 军	户主	男	1964年4月	汉
	朱福兰	妻子	女	1964年8月	汉
	朱苏生	儿子	男	1987年3月	汉
	沈 佳	儿媳	女	1987年8月	汉
	朱苓菲	孙女	女	2013年4月	汉
家庭大事	1987年，在大竹园（11队）建造楼房、五间附房。 2001年，动迁移宅至新乐锦园。 2006年，沈佳毕业于职业学校。 2008年，朱苏生加入中国共产党；是年，毕业于健雄职业技术学院。				

	姓名	与户主关系	性别	出生年月	民族
现有家庭人员	钱存银	户主	男	1974年12月	汉
	沈云仙	妻子	女	1973年9月	汉
	钱雅婷	女儿	女	1998年6月	汉
	刘素珍	母亲	女	1950年11月	汉
家庭大事	1994年前，在大竹园（11队）建造三间平房。 1994年，原地翻建楼房、五间附房。 2001年，动迁移宅至新乐锦园。 2019年，钱雅婷毕业于南京工业大学。				

	姓名	与户主关系	性别	出生年月	民族
现有家庭人员	汤稍心	户主	男	1959年3月	汉
	张小凤	妻子	女	1962年3月	汉
	汤胜荣	儿子	男	1982年6月	汉
	夏 清	儿媳	女	1985年11月	汉
	汤夏松玉	孙子	男	2010年4月	汉
家庭大事	2002年前，在大竹园（11队）建造四间平房。 2002年，动迁移宅至新乐锦园。 2005年，汤稍心获得昆山市公安局见义勇为基金会表彰。				

	姓名	与户主关系	性别	出生年月	民族
现有家庭人员	张桂林	户主	男	1971年6月	汉
	胡文娟	妻子	女	1968年8月	汉
	张　健	儿子	男	1995年3月	汉
家庭大事	2003年前，在曹里浜河南（10队）建造三间平房。 2003年，动迁增宅至新乐锦园。 2015年，张健毕业于昆山开放大学。				

	姓名	与户主关系	性别	出生年月	民族
现有家庭人员	王介竹	户主	男	1958年3月	汉
	高　霞	女儿	女	1983年7月	汉
	高　飞	儿子	男	1990年2月	汉
	顾晓燕	儿媳	女	1991年6月	汉
家庭大事	2004年前，在大竹园（11队）建造楼房、四间附房。 2004年，动迁移宅至新乐锦园；是年，高霞毕业于苏州市广播电视大学昆山分校。				

	姓名	与户主关系	性别	出生年月	民族
现有家庭人员	沈扣头	户主	男	1954年2月	汉
	蔡玉霞	妻子	女	1961年11月	汉
	沈春花	女儿	女	1982年1月	汉
	董　东	女婿	男	1982年6月	汉
	董祝妍	外孙女	女	2011年12月	汉
	沈新蕾	孙外女	女	2018年4月	汉
家庭大事	2001年前，在曹里浜河南（10队）建造三间平房。 2001年，动迁移宅至新乐锦园。 2006年，董东毕业于南京审计学院。				

	姓名	与户主关系	性别	出生年月	民族
现有家庭人员	张新林	户主	男	1966年4月	汉
	陶网凤	妻子	女	1966年4月	汉
	张 庆	儿子	男	1989年10月	汉
	范燕飞	儿媳	女	1990年8月	汉
	张熙妍	孙女	女	2014年1月	汉
	刘网娣	母亲	女	1934年4月	汉
家庭大事	1984年前，在曹里浜河南（10队）建造三间平房。 1984年，在原地翻建四间平房。 2003年，动迁移宅至新乐锦园。				

	姓名	与户主关系	性别	出生年月	民族
现有家庭人员	李献华	户主	男	1970年12月	汉
	周 艳	妻子	女	1978年4月	汉
	李昱婷	女儿	女	2008年5月	汉
家庭大事	1986年前，在曹里浜河南（10队）建造三间平房。 1986年，原地翻建砖木结构三间正房、五间附房。 2003年，动迁移宅至新乐锦园。				

	姓名	与户主关系	性别	出生年月	民族
现有家庭人员	周存根	户主	男	1967年2月	汉
	沈连珍	妻子	女	1967年1月	汉
	周 岑	女儿	女	1992年3月	汉
	倪 韬	女婿	男	1987年4月	汉
家庭大事	2003年前，在曹里浜河南（10队）购买三间平房。 2003年，动迁移宅至新乐锦园。 2008年，倪韬毕业于江苏食品职业技术学院。 2010年，周岑毕业于机械工业苏州高级技工学校。				

现有家庭人员	姓名	与户主关系	性别	出生年月	民族
	倪学贵	户主	男	1969年4月	汉
	周寿玉	妻子	女	1969年7月	汉
	韩鹏程	儿子	男	1994年10月	汉

家庭大事	2004年前，在大竹园（11队）建造三间正房、四间附房。 2004年，动迁移宅至新乐锦园。 2007年，倪学贵荣获昆山市"见义勇为"称号。 2015年，韩鹏程毕业于苏州市电子信息技师学院。

现有家庭人员	姓名	与户主关系	性别	出生年月	民族
	韩学根	户主	男	1963年9月	汉
	余冬助	妻子	女	1964年11月	汉
	韩 燕	女儿	女	1989年4月	汉
	张 页	女婿	男	1987年6月	汉

家庭大事	1996年前，在大竹园（11队）建造三间平房。 1996年，原地翻建楼房。 2003年，动迁移宅至新乐锦园。 2018年，韩燕毕业于南京审计大学。 2020年，韩学根获昆山市"见义勇为"称号。

现有家庭人员	姓名	与户主关系	性别	出生年月	民族
	王志刚	户主	男	1966年3月	汉
	张根妹	妻子	女	1967年8月	汉
	王文浩	儿子	男	2000年12月	汉
	肖春扣	母亲	女	1946年2月	汉

家庭大事	1986年前，在曹里浜河南（10队）建造两间半平房（兄弟俩共住）。 1986年，原地翻建楼房（兄弟俩共住）。 2003年，动迁移宅至新乐锦园。

	姓名	与户主关系	性别	出生年月	民族
现有家庭人员	郑国芳	户主	男	1971年8月	汉
	夏芝芳	妻子	女	1969年12月	汉
	郑　歆	女儿	女	1994年4月	汉
	郑炜程	儿子	男	1999年11月	汉
	夏爱年	母亲	女	1946年6月	汉
家庭大事	1992年前，在曹里浜河南（10队）建造三间平房。 1992年，原地翻建楼房。 1994年，郑国芳加入中国共产党。 1998—2006年，郑国芳先后担任新乐村村委会主任、党支部书记。 2003年，动迁移宅至新乐锦园。 2006年，郑国芳毕业于中共昆山市委党校。 2017年，郑歆毕业于常州大学。 2020年，郑炜程加入中国共产党。				

	姓名	与户主关系	性别	出生年月	民族
现有家庭人员	郑根林	户主	男	1947年3月	汉
	唐巧义	妻子	女	1948年11月	汉
	郑洪生	儿子	男	1969年7月	汉
	顾雪凤	儿媳	女	1968年8月	汉
	郑　妮	孙女	女	1992年11月	汉
	黄政一	曾孙	男	2020年3月	汉
家庭大事	1989年前，在曹里浜河南（10队）建造三间平房。 1989年，原地翻建楼房。 2003年，动迁移宅至新乐锦园。 2015年，郑妮毕业于江苏大学。				

现有家庭人员	姓名	与户主关系	性别	出生年月	民族
	王洪根	户主	男	1973年7月	汉
	刘秀华	妻子	女	1975年10月	汉
	王宁	儿子	男	1998年9月	汉
	曹珍英	母亲	女	1949年1月	汉

家庭大事	2003年前，在曹里浜河南（10队）建造三间平房。 2003年，动迁移宅至新乐锦园。

现有家庭人员	姓名	与户主关系	性别	出生年月	民族
	严红林	户主	男	1962年2月	汉
	龚福珍	妻子	女	1969年4月	汉
	严志国	儿子	男	1995年8月	汉

家庭大事	1996年前，在大竹园（11队）建造三间平房。 1996年，在原地翻建楼房。 2004年，动迁移宅至新乐锦园。 2008年，严红林向汶川地震灾区捐款5 000元。 2018年，严志国毕业于上海应用技术大学。

现有家庭人员	姓名	与户主关系	性别	出生年月	民族
	袁阿本	户主	男	1971年8月	汉
	徐小玉	妻子	女	1973年11月	汉
	袁文涛	儿子	男	1998年10月	汉
	袁福宝	父亲	男	1945年7月	汉
	高凤珍	母亲	女	1949年12月	汉

家庭大事	1974年，在曹里浜河南（10队）建造五间平房。 1987年，原地翻建楼房。 2003年，动迁移宅至新乐锦园。 2019年，袁文涛毕业于苏州工业职业技术学院。

	姓名	与户主关系	性别	出生年月	民族
现有家庭人员	缪向华	户主	男	1978年6月	汉
	范 军	妻子	女	1982年5月	汉
	缪军威	儿子	男	2005年2月	汉
	钱书英	母亲	女	1953年12月	汉
家庭大事	1979年,在大竹园（11队）建造三间平房。 2003年,范军毕业于苏州市职业大学。 2004年,动迁移宅至新乐锦园。				

	姓名	与户主关系	性别	出生年月	民族
现有家庭人员	朱于坤	户主	男	1954年2月	汉
	马柴桂	妻子	女	1955年8月	汉
	马苏华	长子	男	1979年1月	汉
	吴莲珍	长媳	女	1979年2月	汉
	马辰良	孙子	男	2015年1月	汉
	马辰美	孙女	女	2015年1月	汉
	朱苏强	次子	男	1981年12月	汉
	吴小娥	次媳	女	1986年1月	汉
	朱欣琴	孙女	女	2006年10月	汉
家庭大事	1971年,在大竹园（11队）建造三间平房。 1987年,原地翻建楼房。 2004年,动迁移宅至新乐锦园。				

现有家庭人员	姓名	与户主关系	性别	出生年月	民族
	高七扣	户主	男	1964年3月	汉
	朱受如	妻子	女	1965年9月	汉
	高　静	女儿	女	1990年9月	汉
	杨晓敏	女婿	男	1992年2月	汉

家庭大事	1987年，在曹里浜河南（10队）建造三间平房。 1984年，朱受如毕业于南京工程学院。 2003年，动迁移宅至新乐锦园。 2012年，高静毕业于徐州工程学院。 2014年，杨晓敏毕业于重庆大学。

新乐村志·村民家庭记载

	姓名	与户主关系	性别	出生年月	民族
现有家庭人员	张辉林	户主	男	1949年4月	汉
	刘粉香	妻子	女	1954年3月	汉
	张俊奎	儿子	男	1985年8月	汉
	陆银姿	儿媳	女	1985年7月	汉
	张桐桐	孙女	女	2010年12月	汉
	张浩炎	孙子	男	2012年9月	汉
	张爱华	长女	女	1977年9月	汉
	陈庆华	长女婿	男	1977年2月	汉
	陈　铭	外孙女	女	2002年4月	汉
	张爱芳	次女	女	1983年6月	汉
	冯林强	次女婿	男	1983年2月	汉
	冯鑫怡	外孙女	女	2008年2月	汉
	冯鑫宇	外孙	男	2016年2月	汉
家庭大事	1970年，张辉林应征入伍。 1985年，购买曹里浜河北（9队）三间平房。 1994年，购买曹里浜河南（10队）楼房。 2003年，动迁移宅至新乐锦园。 2006年，陈庆华加入中国共产党。 2007年，张俊奎毕业于江苏广播电视大学昆山学院。 2008年，陆银姿毕业于江苏大学。 2018年，陆银姿加入中国共产党。 2020年，陈铭就读于三江学院。				

	姓名	与户主关系	性别	出生年月	民族
现有家庭人员	袁金锁	户主	男	1952年10月	汉
	姜秀芹	妻子	女	1953年7月	汉
	袁建根	儿子	男	1980年9月	汉
	卢小白	儿媳	女	1982年8月	汉
	袁宇杰	孙子	男	2003年11月	汉
	袁银锁	哥哥	男	1950年10月	汉
家庭大事	1990年,在曹里浜河南(10队)建造楼房。 1998年,袁建根毕业于苏州市广播电视大学昆山分校。 2003年,动迁移宅至新乐锦园。				

	姓名	与户主关系	性别	出生年月	民族
现有家庭人员	唐中林	户主	男	1957年5月	汉
	曹美芳	妻子	女	1961年1月	汉
	唐瑜妹	女儿	女	1983年3月	汉
	王晓春	女婿	男	1982年2月	汉
	王宇琦	外孙	男	2008年6月	汉
家庭大事	1985年,在曹里浜河南(10队)建造三间平房。 2003年,动迁移宅至新乐锦园。 2004年,唐瑜妹毕业于江苏省太仓师范学校;是年,王晓春毕业于江苏工业学院。 2018年,王晓春加入中国共产党。				

现有家庭人员	姓名	与户主关系	性别	出生年月	民族
	高锁林	户主	男	1966年5月	汉
	郁红卫	妻子	女	1966年12月	汉
	高 兵	儿子	男	1989年5月	汉
	王晓依	儿媳	女	1992年8月	汉
	高毅涵	孙子	男	2015年12月	汉
	沈雨英	母亲	女	1937年12月	汉

家庭大事

1980年，在曹里浜河南（10队）建造三间平房。
1989年，高锁林加入中国共产党。
2004年，动迁移宅至新乐锦园。
2013年，高兵毕业于苏州教师进修学校。
2015年，王晓依毕业于无锡商业职业技术学院。

现有家庭人员	姓名	与户主关系	性别	出生年月	民族
	沈林扣	户主	男	1966年4月	汉
	卫兰风	妻子	女	1966年4月	汉
	沈 剑	儿子	男	1989年6月	汉
	沈蕗菲	孙女	女	2014年12月	汉

家庭大事

1987年，在曹里浜河南（10队）建造三间平房。
1995年，原地翻建楼房。
2003年，动迁移宅至新乐锦园。
2008—2013年，沈剑服兵役，服役期间荣获"优秀士兵"称号。
2015年，沈剑加入中国共产党。

	姓名	与户主关系	性别	出生年月	民族
现有家庭人员	高扣小	户主	男	1955年4月	汉
	王桂兰	妻子	女	1960年6月	汉
	高玉平	女儿	女	1980年9月	汉
	汤建刚	女婿	男	1982年8月	汉
	汤文杰	外孙	男	2005年12月	汉
	高文俊	外孙	男	2011年7月	汉
	沈雨英	母亲	女	1937年12月	汉
家庭大事	1976年，在曹里浜河南（10队）建造四间平房。 1987年，移迁到同心中心河西（14队）建造楼房。 2003年，动迁移宅至新乐锦园。				

	姓名	与户主关系	性别	出生年月	民族
现有家庭人员	张扣林	户主	男	1956年10月	汉
	徐九林	妻子	女	1960年10月	汉
	张 莉	女儿	女	1982年7月	汉
	顾志慧	女婿	男	1983年1月	汉
	顾煜鹏	外孙	男	2006年12月	汉
家庭大事	1977—1980年，张扣林服兵役。 1980年，张扣林加入中国共产党。 1987年，在曹里浜河南（10队）建造楼房。 2003年，动迁移宅至新乐锦园。 2004年，张莉毕业于紫琅职业技术学院；是年，顾志慧毕业于江苏省南通商贸高等职业学校。				

	姓名	与户主关系	性别	出生年月	民族
现有 家庭人员	高六扣	户主	男	1961年11月	汉
	许成云	妻子	女	1966年7月	汉
	高 娟	女儿	女	1988年10月	汉
	刘 宁	女婿	男	1989年5月	汉
	刘睿涵	外孙女	女	2016年6月	汉
	高韵捷	外孙女	女	2020年1月	汉
家庭大事	1995年前，在曹里浜河南建造三间平房。 1996年，原地翻建楼房。 2003年，动迁移宅至新乐锦园。 2006—2019年，刘宁服兵役，服役期间受嘉奖，荣获"优秀士兵"称号。 2007—2012年，高娟服兵役，服役期间荣获"优秀士兵"称号。 2009年，刘宁加入中国共产党。 2010年，高娟加入中国共产党；是年，刘宁毕业于中国人民解放军炮兵学院。 2015年，高娟毕业于昆山开放大学。				

	姓名	与户主关系	性别	出生年月	民族
现有 家庭人员	王洪扣	户主	男	1968年10月	汉
	王 英	妻子	女	1970年4月	汉
	王 伟	儿子	男	1994年6月	汉
	吴 瑶	儿媳	女	1994年6月	汉
	曹珍英	母亲	女	1949年1月	汉
家庭大事	1987年前，曹里浜河南（10队）建造三间平房。 1987年，原地翻建楼房。 2003年，动迁移宅至新乐锦园。				

	姓名	与户主关系	性别	出生年月	民族
现有 家庭人员	沈田民	户主	男	1975年11月	汉
	徐惠琴	妻子	女	1975年6月	汉
	沈文亮	儿子	男	1999年10月	汉
	沈林小	父亲	男	1952年10月	汉
	曹根妹	母亲	女	1953年11月	汉
	沈田中	弟弟	男	1977年12月	汉
	张丽琴	弟媳	女	1978年12月	汉
家庭大事	1986年，在曹里浜河南（10队）建造楼房。 1992—1994年，沈林小成为种粮承包大农户。 2003年，动迁移宅至新乐锦园。 2019年，沈田民获昆山市"见义勇为"称号。				

	姓名	与户主关系	性别	出生年月	民族
现有 家庭人员	刘根生	户主	男	1978年1月	汉
	徐秀华	妻子	女	1977年6月	汉
	刘勇	儿子	男	2000年8月	汉
	刘春华	父亲	男	1945年2月	汉
	李粉年	母亲	女	1946年1月	汉
家庭大事	1973年，在曹里浜河南建造三间平房。 1987年，原地翻建楼房。 2003年，动迁移宅至新乐锦园。				

现有家庭人员	姓名	与户主关系	性别	出生年月	民族
	沈春林	户主	男	1965年7月	汉
	黄翠萍	妻子	女	1974年2月	汉
	沈 阳	儿子	男	1999年10月	汉

家庭大事	2003年前，在曹里浜河南建造三间平房。 2003年，动迁移宅至新乐锦园。 2018年，沈阳就读于常熟理工学院。

现有家庭人员	姓名	与户主关系	性别	出生年月	民族
	袁志根	户主	男	1978年1月	汉
	周小凤	妻子	女	1979年9月	汉
	袁文彬	儿子	男	2002年2月	汉
	袁阿妹	姐姐	女	1974年5月	汉
	周春林	姐夫	男	1972年5月	汉
	周文静	外甥女	女	2002年5月	汉
	袁福宝	父亲	男	1945年7月	汉
	高凤珍	母亲	女	1949年12月	汉

家庭大事	1974年，在曹里浜河南（10队）建造三间平房。 1987年，原地翻建楼房。 1998年，袁志根毕业于江苏省城镇建设学校。 2005年，袁志根加入中国共产党。 2008年，购买新乐锦园楼房。 2020年，袁文彬就读于无锡太湖学院。

	姓名	与户主关系	性别	出生年月	民族
现有家庭人员	钱书银	户主	男	1969年7月	汉
	王四华	妻子	女	1973年9月	汉
	钱 娟	女儿	女	1995年7月	汉
	蔡朱君	女婿	男	1994年11月	汉
	蔡桐卓	外孙	男	2020年4月	汉
家庭大事	1982年，在大竹园（11队）建造三间平房。 2003年，动迁移宅至新乐锦园。 2015年，钱娟毕业于江苏护理职业学院。				

	姓名	与户主关系	性别	出生年月	民族
现有家庭人员	韩学兵	户主	男	1956年9月	汉
	韩 英	女儿	女	1979年11月	汉
	李 勇	女婿	男	1976年6月	汉
	李 燚	外孙	男	2000年4月	汉
	韩熙蕾	外孙女	女	2007年8月	汉
家庭大事	1987年，在大竹园（11队）建造三间平房。 1999年，韩英毕业于苏州大学。 2004年，动迁移宅至新乐锦园。 2018年，李燚就读于石河子大学。				

	姓名	与户主关系	性别	出生年月	民族
现有家庭人员	夏小龙	户主	男	1964年9月	汉
	姜 玲	妻子	女	1964年10月	汉
	夏 明	儿子	男	1990年1月	汉
	肖 静	儿媳	女	1988年8月	汉
	夏肖墨	孙女	女	2016年11月	汉
家庭大事	2003年前，在同心中心河西（14队）建造三间平房。 2003年，动迁移宅至新乐锦园。				

	姓名	与户主关系	性别	出生年月	民族
现有家庭人员	刘兴红	户主	男	1967年1月	汉
	费红英	妻子	女	1967年9月	汉
	刘晓倩	女儿	女	1990年8月	汉
	付秀英	母亲	女	1936年1月	汉
家庭大事	2003年前,在曹里浜河南(10队)建造三间平房。 2003年,动迁移宅至新乐锦园。 2010年,刘晓倩毕业于江苏广播电视大学昆山学院。				

	姓名	与户主关系	性别	出生年月	民族
现有家庭人员	高建平	户主	男	1971年4月	汉
	陆　玲	妻子	女	1971年11月	汉
	高　敏	女儿	女	1996年2月	汉
家庭大事	1987年,在曹里浜河南(10队)建造楼房。 2003年,动迁移宅至新乐锦园。 2019年,高敏毕业于南通大学。				

	姓名	与户主关系	性别	出生年月	民族
现有家庭人员	沈根孝	户主	男	1955年1月	汉
	张金妹	妻子	女	1957年8月	汉
	沈 强	儿子	男	1982年11月	汉
	周建丽	儿媳	女	1983年11月	汉
	沈周轩	孙子	男	2009年6月	汉
	沈静娟	女儿	女	1981年1月	汉
	李 华	女婿	男	1979年2月	汉
	李佳忆	外孙女	女	2006年2月	汉
家庭大事	1980年，在曹里浜河南（10队）建造三间平房。 1987年，原地翻建楼房。 1996年，李华应征入伍。 2001年，李华加入中国共产党。 2002年，沈静娟毕业于南京工业大学。 2003年，动迁移宅至新乐锦园。 2004年，沈强毕业于南京林业大学。 2008年，李华毕业于江苏省委党校。 2012年，周建丽加入中国共产党。				

	姓名	与户主关系	性别	出生年月	民族
现有家庭人员	王国龙	户主	男	1969年10月	汉
	姚小兰	妻子	女	1971年7月	汉
	王文婷	女儿	女	1992年12月	汉
	张 锐	女婿	男	1993年3月	汉
	王志高	父亲	男	1940年3月	汉
	沈凤英	母亲	女	1942年8月	汉
家庭大事	1987年，在曹里浜河北（11队）建造楼房。 2003年，动迁移宅至新乐锦园。 2015年，王文婷毕业于苏州大学。 2016年，张锐毕业于哈尔滨工业大学。				

现有家庭人员	姓名	与户主关系	性别	出生年月	民族
	李春景	户主	男	1965年12月	汉
	范　春	妻子	女	1970年4月	汉
	李采薇	女儿	女	1996年2月	汉
	栾金芳	母亲	女	1931年4月	汉

家庭大事	1975年，在大竹园（11队）建造三间平房。 1995年，李春景毕业于苏州市广播电视大学昆山分校。 1996年，李春景加入中国共产党。 2003年，动迁移宅至新乐锦园。 2018年，李采薇毕业于江苏理工学院。

现有家庭人员	姓名	与户主关系	性别	出生年月	民族
	金巧林	户主	男	1963年9月	汉
	高巧珍	妻子	女	1964年2月	汉
	金　静	女儿	女	1986年11月	汉
	诸　挺	女婿	男	1986年10月	汉
	诸彦博	外孙	男	2011年3月	汉
	金骏衡	外孙	男	2016年2月	汉

家庭大事	1980年，在曹里浜河南（10队）建造三间平房。 2003年，动迁移宅至新乐锦园。 2008年，金静加入中国共产党。 2009年，金静毕业于中国人民解放军炮兵学院南京分院；是年，诸挺毕业于河海大学。

	姓名	与户主关系	性别	出生年月	民族
现有家庭人员	刘根喜	户主	男	1962年4月	汉
	李春英	妻子	女	1961年1月	汉
	刘志阳	儿子	男	1985年9月	汉
	花梅芳	儿媳	女	1985年1月	汉
	刘伊灿	孙女	女	2012年8月	汉
	陈巧女	母亲	女	1939年10月	汉
家庭大事	1995年，在大竹园（11队）建造楼房。 2003年，动迁移宅至新乐锦园。 2008年，刘志阳毕业于长春理工大学光电信息学院。				

	姓名	与户主关系	性别	出生年月	民族
现有家庭人员	金马林	户主	男	1954年3月	汉
	高菊芳	妻子	女	1954年9月	汉
	金芳	女儿	女	1978年4月	汉
	汪沪军	女婿	男	1973年2月	汉
	金晨翌	外孙	男	2002年10月	汉
家庭大事	1985年前，在曹里浜河南（10队）建造楼房。 2003年，动迁移宅至新乐锦园。				

	姓名	与户主关系	性别	出生年月	民族
现有家庭人员	王国良	户主	男	1963年11月	汉
	芮玉兰	妻子	女	1965年11月	汉
	王文杰	儿子	男	1987年8月	汉
	颜小芳	儿媳	女	1990年9月	汉
	王嘉懿	孙女	女	2011年7月	汉
	王嘉若	孙女	女	2017年5月	汉
	王志高	父亲	男	1940年3月	汉
	沈凤英	母亲	女	1942年8月	汉
家庭大事	1987年，在曹里浜河北（11队）建造楼房。 2004年，动迁移宅至新乐锦园。				

	姓名	与户主关系	性别	出生年月	民族
现有家庭人员	张正林	户主	男	1965年2月	汉
	朱阿凤	妻子	女	1965年9月	汉
	张玮	儿子	男	1988年10月	汉
	胡静华	儿媳	女	1989年3月	汉
	张煜杰	孙子	男	2016年4月	汉
	沈扣年	母亲	女	1936年3月	汉
家庭大事	1986年，张正林加入中国共产党。 1987年前，在曹里浜河南（10队）建造三间平房。 1987年，原地翻建楼房。 2003年，动迁移宅至新乐锦园。 2011年，张玮毕业于南京信息工程大学。				

现有家庭人员	姓名	与户主关系	性别	出生年月	民族
	王 震	户主	男	1968年6月	汉
	曹美花	妻子	女	1971年2月	汉
	王雯倩	女儿	女	1994年10月	汉
	肖春扣	母亲	女	1946年2月	汉
家庭大事	1986年前,在曹里浜河南(10队)建造两间半平房(兄弟俩共住)。 1986年,原地翻建楼房(兄弟俩共住)。 2009年,购买新乐锦园楼房。 2017年,王雯倩毕业于中国传媒大学南广学院。